ADA

pour l'écriture
de composants logiciels
PROJET DE NORME ADA 9X

DANS LA MÊME COLLECTION

- Le langage APL. (2e édition).
  B. ROBINET

- Théorie et pratique de la programmation COBOL.
  J. VIGNES, C. COURTY-LAJEUNESSE et C. DEBOST-BENTZ

- Théorie et pratique du langage PASCAL et guide de portabilité pour Turbo-PASCAL.
  J.-L. NEBUT

- Théorie et pratique du langage TURBO C.
  Y. PERROT
  Tome 1. Compilateurs et outils.
  Tome 2. Bibliothèques

- UNIX pour l'utilisateur. Commandes et langages de commande.
  J.-L. NEBUT

- Le langage PROLOG. Exemples en Turbo-Prolog®
  J. LEGRAND

- FORTRAN. Le langage normalisé.
  M. DUBESSET et J. VIGNES

- Les spécificités du FORTRAN 90.
  M. DUBESSET et J. VIGNES

- Algorithmes numériques. Analyse et mise en œuvre.
  Tome 1. Arithmétique des ordinateurs. Systèmes linéaires.
  M. LA PORTE et J. VIGNES
  Tome 2. Équations et systèmes non linéaires.
  J. VIGNES avec la collaboration de R. ALT et M. PICHAT

- Algorithmes d'accélération de la convergence. Étude numérique.
  C. BREZINSKI

- Algorithmes et pratique de programmation linéaire.
  P. CHRÉTIENNE, Y. PESQUEUX et J.-C. GRANDJEAN

- Polynômes orthogonaux et approximants de Padé. Logiciels.
  A. DRAUX et P. VAN INGELANDT

- Les fractions continues. Théorie et applications.
  J. PATRY

- Ingénierie du contrôle de la précision des calculs sur ordinateur.
  M. PICHAT et J. VIGNES

collection informatique
sous la direction de Jean VIGNES
Professeur à l'Université Pierre et Marie Curie, Paris VI
Conseiller Scientifique à l'Institut Français du Pétrole

Jean-Louis NEBUT
Ingénieur ESTP
Maître de Conférences à l'Institut de Formation
Supérieure en Informatique et Communication (IFSIC)
Université de Rennes I

ADA

pour l'écriture de composants logiciels

PROJET DE NORME ADA 9X

1994
ÉDITIONS TECHNIP 27 RUE GINOUX 75737 PARIS CEDEX 15

ISBN 2-7108-0663-0

Table des matières

8 TABLEAU 119

9 ARTICLE 141

CHAPITRE **1**

Introduction

1.1 Historique

C'est en considérant le grand nombre de langages de programmation utilisés dans ses différents services que le Ministère américain de la défense (le DoD) eut l'idée de faire des économies à grande échelle en passant d'environ 450 langages à un seul. Pour être sûr de choisir le meilleur langage, il lança un appel d'offres international pour un langage qui pourrait à la fois combler les gestionnaires et les scientifiques, ceux qui programment en assembleur et ceux qui écrivent des programmes temps-réel.

C'est finalement le langage défini par l'équipe française de Jean Ichbiah qui fut le lauréat du concours ; il s'appela Ada, en souvenir de la fille de Lord Byron, Adelaïde Byron, qui avait été mathématicienne et avait envisagé d'automatiser les calculs.

1.2 Norme

Le standard définitif du langage parut en 1983 sous la référence ANSI/MIL-STD 1815 A. En même temps, une suite de validation était constituée : c'est un vaste ensemble de jeux de tests que doit subir chaque année tout compilateur dit "validé", c'est-à-dire respectant la norme. On fera souvent des renvois au Manuel de Référence (MR) qui décrit cette norme, puisqu'il fait la loi pour tous les compilateurs du marché validés. Ce manuel de référence accompagne normalement le manuel d'installation et le manuel décrivant l'environnement de programmation quand on achète un compilateur Ada.

Après quelques années de pratique, des utilisateurs se sont regroupés sous l'égide du DoD pour envisager des extensions au langage. Ces extensions sont rassemblées dans les propositions connues sous le nom de Ada 9X ; combinées avec le langage original, elles forment une proposition de norme enregistrée sous la référence

ANSI/MIL-STD 1815 B. Comme cette dernière norme n'est pas encore approuvée, nous n'en parlerons pas dans cet ouvrage, sauf dans le dernier chapitre qui y est entièrement consacré.

1.3 Objectifs du langage

Le premier objectif, déjà signalé, est celui d'unicité et de généralité : Ada est un langage unique à usage général. C'est surtout un langage de professionnels conçu comme pivot du génie logiciel : on doit pouvoir concevoir et réaliser en Ada des composants logiciels , c'est-à-dire des ensembles de code visant à fournir une fonctionnalité bien définie, et qui puissent figurer dans des catalogues comme il en existe pour les composants matériels. Ce deuxième objectif est de loin le plus important : Ada est le premier langage qui permet la réutilisation de programmes en tant que modules bien catalogués et bien documentés. Ces modules sont bien entendu paramétrés ; on dit en Ada qu'ils sont génériques : ce sont des modèles qui peuvent engendrer des programmes adaptés aux diverses circonstances.

La plupart des concepts définis par le langage vise à réaliser cette notion de composant avec tout ce que cela implique : une documentation lisible mais néanmoins formelle , de grandes possibilités de paramétrage, un cadre pour conserver et utiliser les composants, etc. Le paragraphe suivant introduit sur un exemple la plupart de ces concepts, pour donner un aperçu significatif des aspects qu'on vient d'évoquer.

1.4 Survol du langage

Nous avons dit qu'Ada est un langage pour les professionnels de l'informatique. Il semblerait normal d'illustrer ses propriétés sur un exemple de taille industrielle, pour lequel le langage est conçu ; on se heurterait malheureusement à de grosses difficultés :

— il faudrait être certain que le sujet est bien compris ; s'il est de taille normale, cela risquerait de prendre plusieurs pages ;

— il faudrait ensuite faire une analyse sérieuse et complète : là encore, il faudrait choisir, voire présenter la méthode d'analyse, et passer beaucoup de temps à justifier toutes les décisions ;

— il resterait enfin à faire le lien entre l'analyse et la programmation, ce qui conduirait à introduire quasiment tous les concepts du langage, embrouillant alors le lecteur au lieu de lui dégager les grandes lignes.

Nous préférons donc proposer un problème d'école sans aucune prétention réaliste, mais qui dégagera nous l'espérons les idées essentielles du langage.

1.4.1 Énoncé de l'exemple illustratif

Nous prenons donc un problème ridiculement petit, dont voici l'énoncé : *écrire un algorithme pour lire au clavier des entiers positifs, puis, lorsqu'un entier nul a été tapé, pour afficher les entiers lus dans l'ordre inverse de la lecture.* Par exemple, si l'utilisateur du programme qui met en œuvre l'algorithme tape la suite :

1 3 6 4 0

il doit voir à l'écran le résultat :

4 6 3 1

1.4.2 Analyse de l'exemple

L'algorithme à concevoir est simple : dans une première phase, on doit lire et stocker les entiers ; dans une deuxième phase, on doit déstocker et afficher les entiers. L'ordre d'affichage inverse de celui de la lecture fait penser à un stockage dans une pile : le premier entier stocké est le dernier déstocké. On peut donc dégager la stratégie informelle suivante :

```
Prendre une pile vide pouvant contenir des entiers positifs ;
Tant qu'il y a des entiers non nuls au clavier,
   Répéter : lire un entier et le mettre sur la pile
Tant que la pile n'est pas vide,
   Répéter : retirer l'entier en sommet de pile, et l'afficher
```

Deux sortes d'objets interviennent dans le texte précédent :

— des objets caractérisés par le type entier non négatif, en nombre indéterminé ;

— un objet de type pile d'entiers positifs.

Les opérations concernant ces sortes d'objets sont les suivantes :

— pour un objet entier, on doit savoir :

  — lire un entier ;

  — afficher un entier ;

  — comparer un entier (à zéro).

— pour un objet pile, on doit savoir :

  — obtenir une pile vide ;

— empiler un entier ;

— dépiler un entier ;

— tester si la pile est vide.

1.4.3 Réalisation en Ada

À chaque objet ou type d'objet, on fait correspondre une unité de programme appelée *paquetage*. Le paquetage est une des entités conservables et réutilisables qu'offre le langage. Pour programmer notre petit exemple, on doit commencer par regarder si Ada ne fournit pas les types d'objets découverts par l'analyse. On verra plus loin qu'il possède, on s'en serait douté, des types entiers munis des opérateurs usuels comme la comparaison. Le type dénommé ***NATURAL*** est même la sorte d'entiers dont on a besoin : les entiers positifs ou nuls connus de la machine.

Mais Ada ne fournit pas directement les opérations de lectures et d'affichage des nombres naturels ni le type pile. On regarde alors dans les bibliothèques de composants réutilisables de son installation ; l'organisation de ces bibliothèques et les outils pour y fouiner ne font pas partie du langage, mais de l'environnement obligatoire de toute programmation en Ada.

Supposons qu'on découvre avec le fouineur les paquetages suivants :

```
(1) package ES_de_naturels is
-- modules réalisant les entrées sorties de nombres naturels
...
(2) package Pile_de_naturels is
-- module comprenant une pile initialement vide de naturels
...
```

Notons que le paquetage (1) a été fabriqué à partir des composants de la bibliothèque standard : ses opérateurs sont dénotés par des identificateurs anglais ; par contre, le paquetage (2) est un composant local : ses opérateurs sont dénotés en français.

Dans le paquetage (1), l'opérateur ***GET(n)*** permet de lire au clavier un naturel, et l'opérateur ***PUT(n)*** permet d'afficher un naturel. Dans le paquetage (2), l'opérateur ***Empiler(n)***permet d'empiler le naturel ***n, Depiler*** retire et délivre le naturel en sommet de pile, et ***Est_Vide*** délivre vrai si la pile est vide.

Dans ces conditions, le programme qui traduit notre algorithme est le suivant :

```
with Pile_de_naturels ;                 -- les deux modules dont
with ES_de_naturels ;                   -- on a besoin
procedure Afficher_a_l_envers is        -- le programme
  n : NATURAL ; --  le dernier entier lu
begin
```

```
loop
   ES_de_naturels.GET(n) ;              -- n est lu
   exit when n = 0 ;                    -- condition de fin de lecture
   -- n > 0, on l'empile
   Pile_de_naturels.Empiler(n) ;
end loop ;
-- deuxième phase : boucle d'affichage à l'envers
loop
   exit when Pile_de_naturels.Est_vide ;
   ES_de_naturels.PUT(Pile_de_naturels.Depiler) ;
end loop ;
end Afficher_a_l_envers ;
```

Nous allons reprendre et commenter ce programme dans les paragraphes suivants. On peut d'ores et déjà constater l'adéquation du langage avec une analyse par objets de ce tout petit programme : les autres exemples ne contrediront pas cette remarque.

1.4.4 Le programme

Le programme principal, celui dont on demande l'exécution depuis le langage de commandes du système, est en Ada une procédure sans paramètre. C'est une *unité de compilation*; cependant, le programme n'est pas compilé *seul*, comme en C ou en Pascal : il est compilé dans une bibliothèque Ada; la bibliothèque en question doit contenir les modules utilisés par le programme, à savoir les deux paquetages du paragraphe précédent.

La commande de compilation dépend bien entendu de l'environnement utilisé, fourni par le vendeur du compilateur. Elle a néanmoins plusieurs arguments; ils peuvent être implicites, ou avoir des valeurs par défaut. Ce sont :

— le nom de la bibliothèque utilisée, dans laquelle est compilé le programme. L'environnement peut définir une bibliothèque comme étant un répertoire du système de fichiers, ou comme un fichier ayant un suffixe particulier... Il peut définir des conventions pour omettre cet argument : la bibliothèque est le répertoire courant, ou alors son nom est indiqué dans une variable définie par le langage de commande, ou encore son nom est défini dans le fichier de démarrage du compilateur...

— le nom de l'unité à compiler;

— le nom de l'exécutable qu'on veut obtenir si l'on enchaîne une édition de liens après la compilation. Là encore, l'environnement peut définir des noms par défaut, comme le traditionnel `a.out` sous UNIX, ou le nom de l'unité suffixé par `.EXE` sous MS/DOS.

Ainsi, la commande de compilation qui produisait le programme de notre exemple pourrait ressembler à :

ada ***afficher_a_l_envers ma_bbl.lib***

dans laquelle :

— **ada** est le nom de la commande de compilation enchaînant une édition de lien ;

— ***afficher_a_l_envers*** est le nom de l'unité qui sert de programme principal ;

— ***ma_bbl.lib*** est le nom de la bibliothèque qui contient les deux paquetages utilisés ;

— l'exécutable produit est absent : la commande fournit une valeur par défaut.

1.4.5 L'algorithme

Le programme traduit exactement l'algorithme initial. L'instruction itérative **loop**...**end loop** traduit une boucle à sortie(s) flottante(s) par l'instruction **exit when** (sortir quand...).

1.4.6 Utilisation des paquetages

Les paquetages utilisés sont cités en préambule, par une clause **with** : les deux clauses ici indiquent au compilateur qu'il doit aller chercher les spécifications des paquetages ***Pile_de_naturels*** et ***ES_de_naturels*** dans la bibliothèque, afin de vérifier si l'usage qu'on en fait est correct.

Dans le corps du programme, chaque référence à un composant des paquetages est préfixée par le nom du paquetage. Ainsi, l'instruction :

ES_de_naturels.GET(n)

est syntaxiquement un appel à la procédure ***GET*** définie dans le paquetage ***ES_de_naturels***. Le compilateur dispose de tous les éléments pour vérifier que cet opérateur ***GET*** est correctement appelé. De même, l'instruction :

ES_de_naturels.PUT(Pile_de_naturels.Depiler)

est un appel à la procédure ***PUT*** du paquetage ***ES_de_naturels*** auquel on donne en paramètre le résultat de l'appel de la fonction ***Depiler*** du paquetage ***Pile_de_naturels***.

1.5 Les composants

Les composants logiciels qui peuplent les bibliothèques sont de plusieurs sortes, qu'on peut pour l'instant regrouper en deux familles : les sous-programmes et les paquetages. Pour qu'ils soient (ré)utilisables, le programme a besoin de connaître leurs spécifications.

Informellement, une spécification :

— précise le rôle du composant ;

— donne son mode d'emploi ;

— définit exactement les paramètres des composants.

Ces informations sont données à la fois par des commentaires (le rôle) et par d'autres spécifications (de valeurs, d'opérateurs). Ainsi, pour pouvoir définir les composants, on doit pouvoir spécifier :

— les valeurs que le composant manipule : ces valeurs sont définies par des types ;

— les actions qu'offre le composant : ces actions prennent la forme de sous-programmes, qui sont des procédures ou des fonctions ;

— les objets au sens de la programmation à objets qui sont définis par le composant : ces objets (ou leur type) sont définis dans un paquetage.

On retrouve là les grands concepts véhiculés par les langages modernes :

— les valeurs sont typées, et même très fortement typées, ce qui permet au compilateur d'émettre des diagnostics d'erreur très précis, et au langage d'offrir des facilités bien agréables comme la surcharge. Plusieurs constructeurs de types permettent au programmeur de se définir toutes sortes de types conformes à ses besoins ;

— le sous-programme sert à factoriser des actions ; un sous-programme est une entité de compilation à lui seul (ce peut être un composant de bibliothèque) ou bien c'est un élément d'une structure de paquetage qui sert à en définir les opérateurs ;

— le paquetage est l'élément fondamental de structuration, reprenant à la fois le concept ancien de module et le concept plus moderne d'objet ou de modèle d'objet.

1.6 Paramétrisation des composants

Toutes ces constructions peuvent être paramétrées à des niveaux différents. Plusieurs *constructeurs de type* laissent des possibilités de paramétrisation, comme la précision d'un type réel ou le nombre d'éléments d'un type tableau. Les sous-programmes sont comme d'habitude paramétrés par des valeurs ou par des entités. Les sous-programmes et les paquetages peuvent être *génériques*, c'est-à-dire qu'ils peuvent engendrer des composants ayant des caractéristiques différentes : une entité générique est paramétrée par des types.

La notion de généricité donne au langage toute sa puissance pour construire des composants réutilisables : elle permet de construire des modèles de composants. Si l'on revient sur l'exemple illustrant ce chapitre, et si l'on fouille un peu plus profondément dans les bibliothèques, on trouvera vraisemblablement un paquetage générique comme celui-ci :

```
generic
   type element is ... ;
package Pile is   --  une pile d'éléments
   procedure Empiler(elem : in element) ;
   function Depiler return element ;
   function Est_vide return BOOLEAN ;
   ...
end Pile ;
```

Un tel composant générique n'est pas exécutable : c'est un *modèle*. Le composant que nous avons utilisé, `Pile_de_naturels`, a été obtenu en exemplarisant ce modèle, autrement dit en fabriquant un exemplaire de `Pile` pour lequel le paramètre formel `element` a été remplacé par le paramètre effectif `NATURAL`.

1.7 Les structures de commande

À côté des structures de commande traditionnelles, comme les sélections, les itérations, la récursivité et même les branchements, existent des structures plus originales : le mécanisme d'exception et le concept de tâche.

Le mécanisme d'*exception* vise à donner au programmeur les moyens de rester maître de la situation en présence d'erreurs lors de l'exécution. En prévoyant des traiteurs d'exception, le programmeur peut organiser ses défenses et réagir lorsque l'erreur survient : soit il traite localement l'erreur, soit il la transmet au composant appelant, à charge pour lui de réagir.

Le concept de *tâche* permet un schéma d'exécution en parallèle : une tâche modélise un processus qui s'exécute sur le processeur si la machine d'exécution est monoprocesseur, ou sur un processeur, si elle est multiprocesseur, en parallèle avec les autres tâches (le programme principal est considéré comme étant une tâche). Ada offre les outils pour définir des modèles de tâches, déclarer et activer des tâches, et des mécanismes qui permettent de synchroniser des tâches (les rendez-vous).

1.8 Structure d'un composant

Que ce soit un sous-programme ou un paquetage, un composant Ada a toujours la même structure, qui se décompose en trois parties :

— une partie déclaration pour commencer (éventuellement vide). Elle comprend des déclarations de types, de variables, de constantes, mais aussi de sous-programmes, de paquetages, d'exceptions, de tâches. Notons ici que ces sous-programmes et ces paquetages, même s'ils peuvent être compilés en dehors du composant qui les déclare, ne forment pas des composants : ce ne sont pas des unités qu'on peut retrouver individuellement dans une bibliothèque ; ce sont des sous-composants locaux ;

— une partie action (éventuellement vide dans le cas du paquetage). Elle contient la séquence d'instructions réalisée par le sous-programme ou le paquetage. L'exécution de cette partie peut contenir des appels à d'autres composants ; elle peut aussi déclencher des exceptions ;

— une partie traitement des exceptions pour finir (éventuellement absente), où sont concentrées les actions en réaction aux exceptions levées par l'exécution du composant ou par l'exécution d'un autre composant appelé.

Cette structure est connue sous le nom de structure de bloc : c'est une structure nécessaire puisque tout bloc contient des déclarations d'entités qui sont des blocs (les sous-programmes et les paquetages).

1.9 Présentation du langage

Le langage Ada est très cohérent et ses concepts se marient les uns aux autres : il est difficile de faire le tour de tous les aspects d'un concept sans se référer aux autres concepts. Autrement dit, la cohérence du langage est un obstacle pour sa présentation : il faut déjà savoir beaucoup de choses pour apprendre, apprécier et savoir pleinement utiliser une construction nouvelle. Par conséquent, la présentation du langage comporte inévitablement des références en avant et des retours en arrière, et peu de constructions seront abordées en une seule fois dans leur totalité.

L'ordre que nous avons choisi tente de mettre l'accent sur les qualités du langage qui permettent la structuration et la réutilisation des programmes et des composants. La fin de ce chapitre présente les caractéristiques lexicales du langage, et la façon dont nous présenterons la syntaxe.

Les chapitres 2 à 4 présentent les concepts qui permettent la spécification et la structuration des composants : les notions de type au chapitre 2, de sous-programme au chapitre 3, de paquetage au chapitre 4. Ce sont les concepts de base pour la réutilisation.

Les chapitres 5 à 7 exposent les entités, leurs manipulations et les structures de commande : constantes, variables et expressions au chapitre 5, instructions au chapitre 6, exceptions au chapitre 7. Le dernier mis à part, les concepts présentés dans ces chapitres sont très classiques.

Les chapitres 8 à 10 définissent plusieurs constructeurs de types : le tableau au chapitre 8, l'article au chapitre 9, les constructions dynamiques avec pointeurs au chapitre 10.

Le chapitre 11 apporte des possibilités nouvelles aux constructions des chapitres précédents en définissant et en illustrant la généricité. Le chapitre 12 est à la fois une application de la généricité et une présentation d'un type de données : il décrit les fichiers et les modèles de fichiers de texte de la bibliothèque standard, et donne les moyens de faire les entrées-sorties élémentaires. On notera que cette présentation introduit le fichier comme type de données : ce n'est pas un type primitif du langage, mais un type construit dans les bibliothèques et mis en œuvre par plusieurs paquetages. En fait, le chapitre 11 est peut-être le plus fondamental pour notre propos; c'est à partir de là qu'on peut commencer à écrire de vrais composants Ada.

Le chapitre 13 est consacré aux tâches.

Le chapitre 14 revient sur la structuration des programmes et des bibliothèques.

Le chapitre 15 aborde un sujet qui ne l'a pas encore été, celui de la liaison avec les réalités terre à terre du matériel d'exécution : les moyens d'adaptation d'un programme qui dépend de la machine d'exécution.

Le chapitre 16 expose les propositions de la norme Ada 9X sans s'attarder sur chaque détail, mais en justifiant ces propositions à partir de certaines lourdeurs ou impossibilités constatées dans les exemples des quinze premiers chapitres.

Les annexes contiennent la description des éléments prédéfinis du langage, un glossaire qui définit les termes utilisés dans cet ouvrage avec leur traduction anglaise de la norme, la table des programmes, sous-programmes, paquetages et tâches présentés, et une bibliographie commentée.

1.10 Métalangage de présentation

Le manuel de référence [MR 83] présente la syntaxe du langage Ada sous la forme de Backus-Naur. Nous utilisons dans cet ouvrage une formulation graphique connue sous le nom de *diagrammes syntaxiques.* Cette formulation est plus simple à assimiler visuellement.

Un diagramme syntaxique définit une règle de grammaire ; c'est un graphe à une entrée et à une sortie composé à partir des éléments suivants :

— les cercles (où les figures composées de deux parallèles et de deux demi-cercles) renferment les symboles terminaux du langage : les mots-clés, les caractères spéciaux ;

— les rectangles contiennent le nom d'une règle de grammaire ou d'une entité lexicale définie par ailleurs dans un autre diagramme ;

— les arcs relient les cercles et les rectangles pour indiquer l'ordre (ou les ordres) de composition de ces éléments.

Par exemple, le diagramme de la figure 1.1 montre la règle de construction d'une *expression simple* : une expression simple est un *terme* (défini par la règle terme), éventuellement précédé d'un signe "plus" ou "moins", et suivi éventuellement de plusieurs termes précédés d'un opérateur d'addition (+) de soustraction (−) ou de concaténation (&).

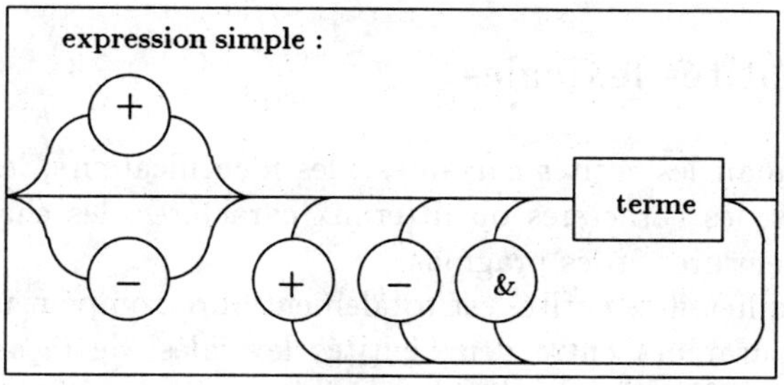

FIG. 1.1 : Expression simple.

1.11 Les éléments lexicaux

Ce paragraphe décrit le jeu de caractères utilisé pour écrire des programmes Ada, les différentes entités lexicales qui servent à écrire des phrases en Ada, et quelques règles d'écriture.

1.11.1 Le jeu de caractères

Tout programme Ada s'écrit avec un jeu de caractères qui comprend :

— les caractères de formatage : espace, tabulation, marque de fin de ligne, marque de fin de page ;

— les lettres majuscules A à Z ;

— les chiffres 0 à 9 ;

— les caractères spéciaux suivants :

" & ' ( ) * + − / . , : ; | _ = > <

Le caractère souligné (_) est appelé trait-bas dans la traduction de la norme Ada. Un programme Ada peut comporter également des caractères du jeu étendu comprenant :

— les lettres minuscules a à z ;

— les caractères spéciaux suivants :

! ? [ ] % @ # $ { } ˜ ˆ \

Ces derniers caractères ne rentrent dans aucune construction du langage. On peut remarquer que ce langage, bien que conçu par une équipe française, subit l'impérialisme américain et ne connaît pas les lettres accentuées, du moins dans sa version Ada 83.

1.11.2 Les entités lexicales

Le langage connaît les entités suivantes : les identificateurs, les nombres ou littéraux numériques, les caractères ou littéraux caractères, les chaînes ou littéraux chaînes, les commentaires et les pragmas.

L'écriture des différentes entités est totalement libre : on peut mettre un nombre quelconque de séparateurs entre deux entités lexicales, de façon à présenter les programmes de la manière la plus lisible possible.

Les séparateurs possibles sont les caractères de formatage. On retiendra qu'on ne peut pas mettre de séparateurs à l'intérieur d'une entité lexicale : par conséquent, un identificateur ou une chaîne ne peut pas être à cheval sur deux lignes (la marque de fin de ligne, qui peut être composée de un ou deux caractères, est un séparateur).

Toute entité lexicale est isolée par des *délimiteurs*. Les délimiteurs sont les autres entités lexicales s'il n'y a pas d'ambiguïté, les caractères spéciaux, et les délimiteurs longs suivants :

```
=>   ..   **   :=   /=   >=   <=   <<   >>   <>
```

Ces règles, qui peuvent sembler compliquées, sont appliquées instinctivement par le programmeur : elles sont dans l'ensemble tout à fait banales. On notera cependant que les mots-clés sont de même nature lexicale que les identificateurs : on ne peut pas accoler un identificateur et un mot-clé ; on ne peut pas non plus accoler un nombre entier à un identificateur : il faut un séparateur.

Par la suite, nous utilisons les diagrammes syntaxique pour présenter le langage qui définit les entités lexicales.

1.11.3 Les identificateurs

Les *identificateurs* sont utilisés comme noms et comme mots-clés. Les noms servent à définir la plupart des entités d'un programme : les types, les variables, les sous-programmes...

La règle de la figure 1.2 montre qu'un identificateur ne peut pas commencer ni se terminer par un souligné, et qu'on ne peut pas avoir deux soulignés consécutifs (ce qui est difficilement visible). Elle montre également que le nombre de caractères qui compose un identificateur n'est pas limité.

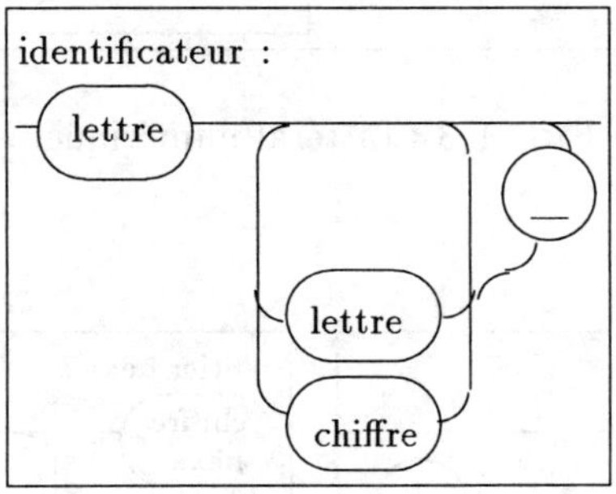

FIG. 1.2 : Identificateur.

Deux identificateurs écrits avec les mêmes lettres dans le même ordre sont identiques, même si des minuscules ou des majuscules sont employées pour les distinguer. Voici des exemples d'identificateurs :

Pile_de_naturels ***GET*** ***SommetDePile***

1.11.4 Les commentaires

Un commentaire commence par deux signes “moins” adjacents et se termine par une marque de fin de ligne ; il peut apparaître n'importe où dans un programme, et il est éliminé lors de la compilation. Normalement, un commentaire sert à expliquer le but des constructions d'un programme. Néanmoins les programmes d'un ouvrage didactique renferment deux sortes de commentaires (indiscernables syntaxiquement) :

— les commentaires normaux qui éclairent le lecteur du programme ;

— les commentaires qui expliquent à l'apprenant l'utilisation du concept illustré par l'exemple, et qui n'a rien à faire dans un programme normal.

Nous ne doutons pas que le lecteur sagace saura distinguer les deux sortes, qu'on imprimera en italique.

1.11.5 Les littéraux numériques

Un *nombre* peut s'écrire en base 10, et c'est alors un littéral décimal, ou dans une autre base, et c'est un littéral basé (fig. 1.3 et 1.4).

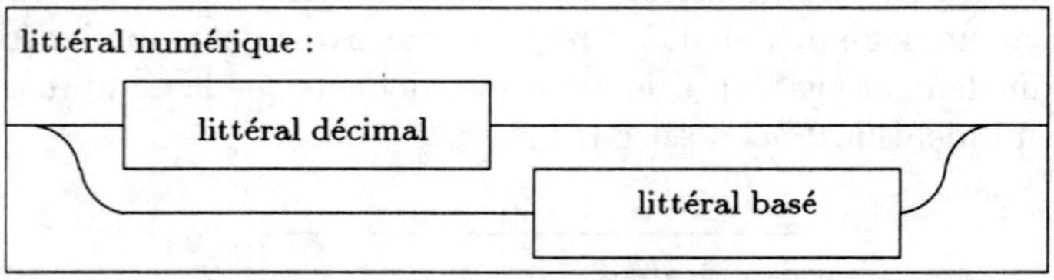

FIG. 1.3 : Littéral numérique.

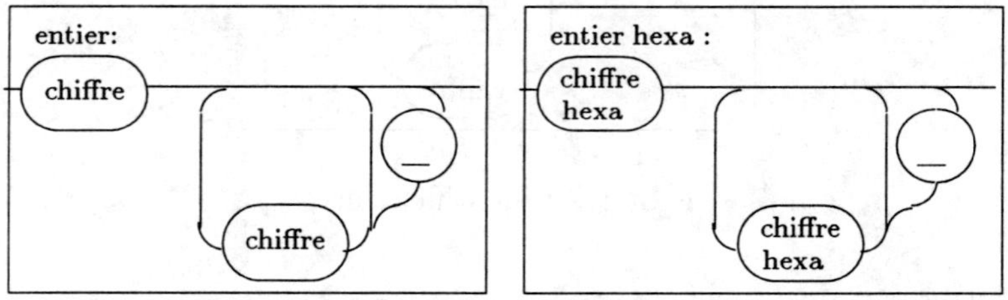

FIG. 1.4 : Entier et entier basé.

Un réel se distingue d'un entier par la présence d'un point décimal ou d'un exposant (fig. 1.5). La lettre **e** de l'exposant (qui se prononce *dix à la puissance*) peut s'écrire en minuscule ou en majuscule. Les soulignés dans un nombre n'ont

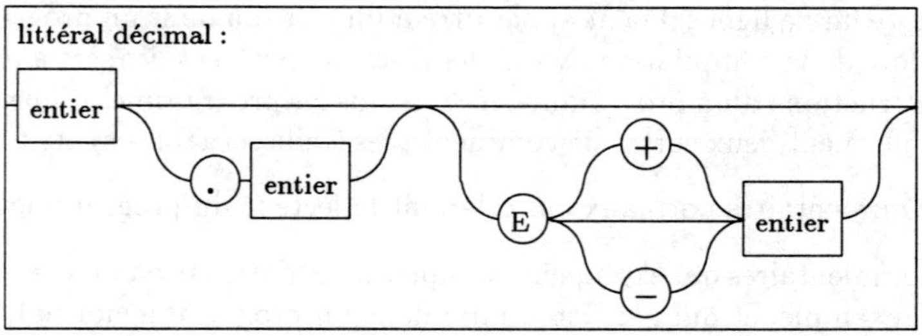

FIG. 1.5 : Littéral décimal.

aucune signification, et ne servent qu'à renforcer la lisibilité.

Dans les nombres basés (fig. 1.6), les chiffres qui servent à dénoter les valeurs de la base sont les chiffres de 0 à 9 et les lettres de A à F.

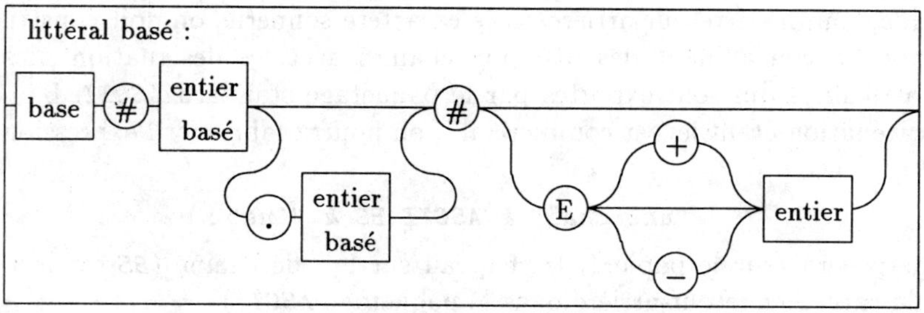

FIG. 1.6 : Littéral basé.

Voici des exemples de nombres :

16	8#10#	2#0010_0000	l'entier 16 en base 10, 8 et 2
0.1	8.315	3.14_15926	des réels sans exposant
	1E+6	4.582e–18	des réels avec exposant

1.11.6 Les littéraux caractères

Une valeur de caractère qui a une représentation graphique s'écrit en entourant cette représentation avec deux apostrophes (ou quotes). Voici des littéraux caractères :

'a' 'A' ' ' '''

respectivement le a minuscule, le A majuscule, l'espace et l'apostrophe.

1.11.7 Les littéraux chaînes

Une chaîne est une suite éventuellement vide de caractères encadrée par deux

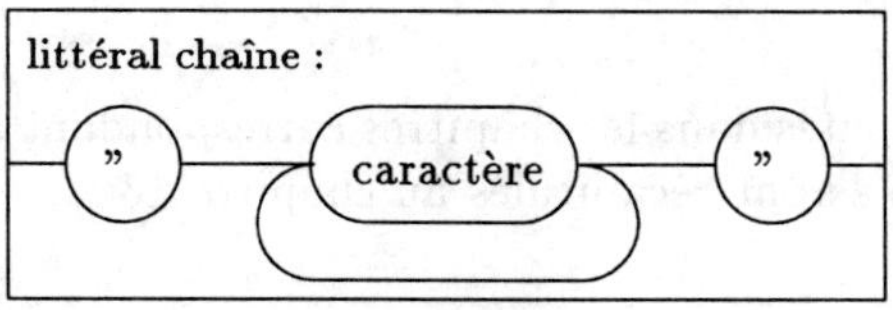

FIG. 1.7 : Littéral chaîne.

guillemets (figure 1.7). Le caractère guillemet dans une chaîne doit être doublé. Une chaîne a une longueur : c'est le nombre de caractères situés entre les deux délimiteurs "guillemets", les guillemets internes (et doublés) comptant pour un.

Pour introduire dans une chaîne des caractères qui n'ont pas de représentation graphique, comme le retour-arrière ou le caractère sonnerie, on doit construire une expression en concaténant des littéraux chaînes avec les désignations des caractères particuliers qui sont exportés par le paquetage standard ***ASCII***. L'opérateur de concaténation étant le "et commercial", on pourra fabriquer l'expression chaîne suivante :

```
"une chai" & ASCII.BS & "^ne"
```

qui superposera (sur le papier!) le chapeau sur le i de chaîne (***BS*** est le nom qui dénote le caractère retour-arrière dans le paquetage ***ASCII***).

1.11.8 Les pragmas

Un *pragma* sert à donner des indications au compilateur. Chaque pragma a un nom, et éventuellement des arguments (fig. 1.8). Les pragmas sont définis par le langage. Une implémentation peut définir de nouveaux pragmas qui seront ignorés sur d'autres implémentations. Ils peuvent apparaître après un point-virgule à la place d'une clause ou d'une déclaration. Leur zone d'influence dépend de chaque pragma.

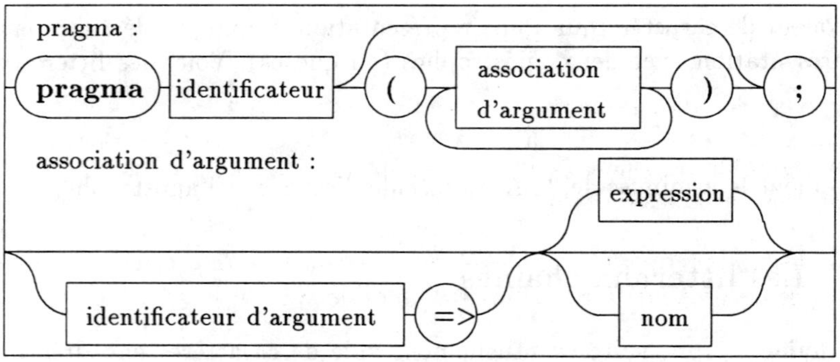

FIG. 1.8 : Pragma.

Les pragmas seront cités dans les chapitres correspondant à leur utilisation, mais les détails d'utilisation seront récapitulés au chapitre 15.

CHAPITRE **2**

Concept de type et types élémentaires

2.1 Généralités

Le langage Ada est un langage fortement typé : toutes les variables des programmes sont définies en association avec les valeurs qu'elles peuvent prendre et les opérations qu'on peut leur appliquer. Ces propriétés définissent un type de données.

2.1.1 Caractéristiques d'un type

Un type est caractérisé par deux ensembles :

— un ensemble de valeurs : les valeurs du type *T* sont les valeurs admissibles pour les variables de type *T*;

— un ensemble d'opérateurs : les opérateurs du type *T* définissent les manipulations qu'on peut faire sur les variables de type *T*.

Les opérateurs peuvent prendre plusieurs formes; cela peut être :

— un opérateur symbolique, comme le + des types entiers;

— un sous-programme, comme le *GET* du type fichier implicitement disponible dans le paquetage ***ES_de_naturels***;

— un attribut qui est une forme particulière de sous-programme fonction.

Tous les types, sauf les types privés limités (chapitre 4) et les types tâches (chapitre 13) sont munis des opérations d'affectation (notée :=), d'égalité (notée =) et d'inégalité (notée /=).

2.1.2 Utilisation des types

Les types sont à la base du processus de spécification : tout composant logiciel transforme ou produit des valeurs, et toute valeur appartient à l'ensemble des valeurs d'un type. Ainsi, les valeurs manipulées par les composants logiciels sont définies par des types.

Le langage fournit des *types de base* (ou types prédéfinis) en s'appuyant sur des valeurs indépendantes du langage (les valeurs universelles, comme les valeurs de Z en mathématiques), et offre des *constructeurs de type* pour que le programmeur puisse définir les types dont il a besoin. Un composant logiciel qui modélise une structure de données particulière pourra exporter un type construit et les opérateurs associés à ce type. La définition de ces opérateurs intervient donc dans le paquetage qui déclare le type .

2.1.3 Paramétrisation des types

On peut distinguer plusieurs sortes de types :

1. Le type comme modèle d'entité correspond à la définition précédente, et est équivalent aux types du langage Pascal.
2. Le type peut comporter une dose de liberté quant à certaines de ses caractéristiques : il est alors dit *non contraint* si cette dose concerne une absence de restriction sur un des domaines de valeurs qui le définit (par exemple, un type tableau dont le nombre d'éléments est laissé libre). Il est dit paramétré lorsqu'il s'agit d'un type article paramétré par une ou plusieurs valeurs de discriminant.
3. Le *type abstrait* est un type fabriqué par un paquetage : le composant exporte alors un type privé ou un type privé limité (chapitre 4).
4. Le *modèle de type* est un type ordinaire ou abstrait, paramétré par un type : c'est un type générique exporté par un paquetage générique.

Les types des sortes 2 et 4, paramétrés ou génériques, ne peuvent pas directement être utilisés pour déclarer des variables : il faut d'abord fixer le paramètre ou la contrainte, ou exemplariser le paquetage générique. Les trois dernières sortes de types seront étudiées dans les chapitres 4, 8 et 9.

2.1.4 Mélange des types

En règle générale, le mélange de valeurs de types différents est interdit. Dans une instruction comme :

```
x := y
```

ou dans une expression comme :

```
x + y
```

il est nécessaire que *x* et *y* soient du même type (à moins, dans le second cas, que le programmeur ait défini une opération nommée + entre des opérandes des types de *x* et de *y*). Cette règle impérative a des effets limités grâce à la notion de sous-type donnée plus loin.

2.1.5 Équivalence de type

L'affectation *x := y* n'est autorisée que si *x* et *y* ont même type. Le qualificatif *même* signifie en Ada que les deux variables sont déclarées ou bien ensemble dans la même déclaration de variable, ou bien en association avec le même identificateur de type désignant le même type.

Prenons l'exemple de types entiers et considérons les deux déclarations des variables entières *x* et *y* :

```
type de_x is range 0..10 ;  x : de_x ;
type de_y is range 0..10 ;  y : de_y ;
```

L'affectation *x := y* est interdite : les déclarations des deux types ont induit deux définitions de type structurellement identiques, mais deux types distincts. L'affectation aurait été autorisée si les variables avaient été déclarées ainsi :

```
x, y : INTEGER range 0..10 ;
```

ou bien si l'on avait associé les variables à une seule déclaration de type (parag. 2.2).

2.1.6 Extension de la notion de type

La déclaration de sous-type assouplit la règle draconienne sur les mélanges de types. Au contraire, la notion de type dérivé permet de faire intervenir cette règle là où normalement elle ne devrait pas intervenir.

Ces deux notions sont expliquées dans les paragraphes suivants. Notons cependant que la dernière déclaration des variables *x* et *y* ci-dessus associe les variables à une définition de sous-type, alors que la première déclaration associe les variables à deux types.

2.2 Déclaration des types

Toute déclaration de type produit un nouveau type. Une déclaration de type se situe comme toutes les déclarations, dans la partie déclarative d'un bloc : au début d'un sous-programme ou d'un paquetage.

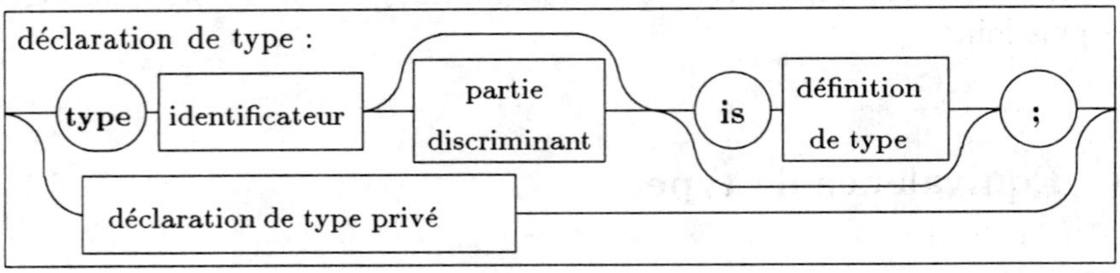

FIG. 2.1 : Déclaration de type.

Les types prédéfinis (comme le type ***INTEGER*** utilisé plus haut) sont déclarés dans le paquetage prédéfini ***STANDARD***, paquetage qui appartient toujours au contexte de compilation d'une unité Ada. Ce paquetage est décrit dans l'annexe C du manuel de référence et dans l'annexe D de cet ouvrage.

2.2.1 Déclaration complète ou incomplète de type

La figure 2.1 montre qu'une déclaration de type est :

— soit une déclaration de type privé : une telle déclaration n'a sa place que dans la partie déclarative d'une spécification de paquetage, et sert à définir un type abstrait (voir chapitre 4, page 75) ;

— soit une déclaration de type "ordinaire" : elle associe un identificateur à une définition de type ;

— soit une déclaration de type paramétré : le paramètre est défini ici par la règle partie discriminant ;

— soit une déclaration de type incomplet : dans ce cas, seul l'identificateur du type est déclaré. La même partie déclarative contiendra ultérieurement la définition complète du type : cet artifice est nécessaire entre autre à la déclaration des types accès (chapitre 10).

Notons qu'un type peut être anonyme, c'est-à-dire ne pas avoir de nom. La déclaration de type utilisée plus haut :

```
type de_x is range 0..10 ;
```

est conforme à la déclaration d'un type "ordinaire", et semble associer l'identificateur de type ***de_x*** au domaine des entiers compris entre 0 et 10. En fait, cette déclaration est interprétée comme la séquence suivante :

```
type un_type_anonyme is ... ;
subtype de_x is un type_anonyme range 0..10 ;
```

Autrement dit, la déclaration du type ***de_x*** déclare en fait un sous-type nommé ***de_x*** d'un nouveau type anonyme (nommé ici ***un_type_anonyme***). Ce type anonyme, appelé le type de base du sous-type, est "calculé" par le compilateur : le compilateur choisit parmi tous les types entiers prédéfinis celui qui a le plus petit domaine de valeurs incluant les bornes de l'intervalle. Le type ***un_type_anonyme*** est pour Ada un type dérivé.

2.2.2 Nature d'un type

C'est la définition de type qui caractérise le type et qui définit de manière explicite ou implicite le domaine des valeurs du type. La règle de la figure 2.2 montre la

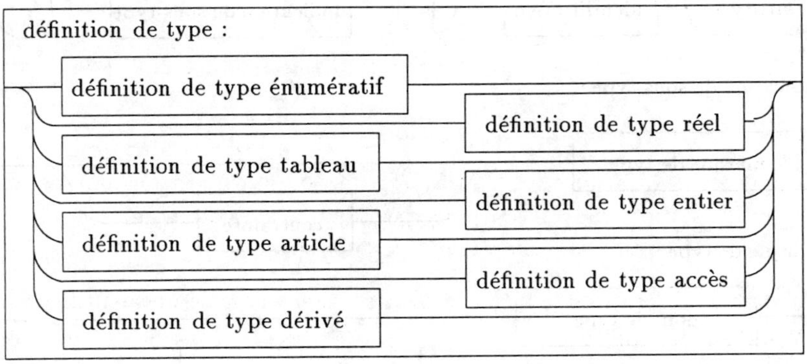

FIG. 2.2 : Définition de type.

classification que fait le langage entre tous les types. Les types tableaux, articles et accès sont étudiés dans des chapitres particuliers. Les opérateurs associés au type sont déclarés dans le paquetage qui déclare le type. Ainsi, les opérateurs comme +, -,... définis sur les entiers sont déclarés dans le paquetage ***STANDARD***.

Tous les types, par opposition aux sous-types, sont statiques : ils sont entièrement déterminés lors de la compilation, et ne font pas intervenir de valeurs calculables à l'exécution.

2.3 Les sous-types

Toute déclaration de type crée un nouveau type, et le mélange dans des expressions d'opérandes de types différents est interdit : si cette propriété est souvent nécessaire, elle est aussi souvent indésirable. Si l'on conçoit aisément qu'il est interdit de comparer un entier avec un caractère (des opérateurs de comparaison sont définis pour ces types-là), on a souvent besoin par contre de comparer deux entiers dont les valeurs ne sont pas forcément issues du même type. La notion de *sous-type* est là pour autoriser ce dernier cas.

2.3.1 Déclaration d'un sous-type

Une déclaration de sous-type associe un identificateur de sous-type à une indication de sous-type (fig. 2.3). Cette indication de sous-type est un nom de type ou de sous-type éventuellement affiné par une contrainte.

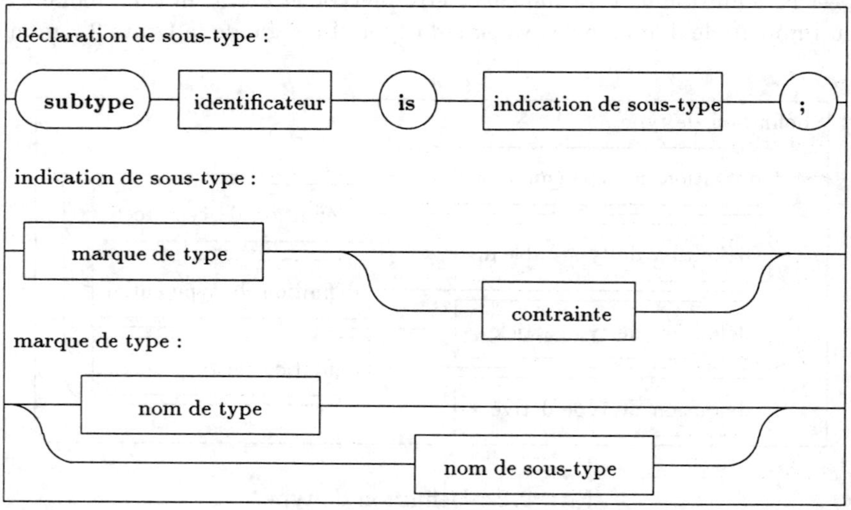

FIG. 2.3 : Déclaration de sous-type.

Par transitivité, un sous-type est toujours associé à un type qu'on appelle son type de base. De ce fait, un sous-type hérite des opérateurs définis sur son type de base et du domaine de valeurs associé à son type de base. La contrainte joue uniquement sur ce domaine de valeurs ; elle sert en général à restreindre le domaine, mais elle peut aussi l'étendre dans le cas où un sous-type est défini à partir d'un autre sous-type : on repart toujours sur le domaine du type de base. La figure 2.4 montre ces différents cas.

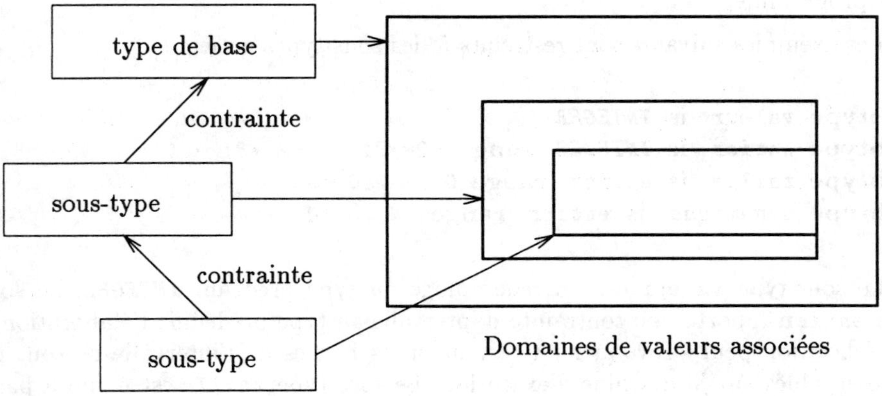

FIG. 2.4 : Domaine des valeurs des sous-types.

2.3.2 Caractéristiques des sous-types

La nature de la contrainte éventuellement apportée dépend du type de base. Pour un type scalaire, ce qui inclut les entiers et les réels, la contrainte est appelée contrainte d'intervalle et joue sur les bornes du domaine de valeurs. On parle de contrainte d'indice pour les types tableaux, de contrainte de discriminant pour les types articles, et de contrainte de précision pour les types réels (fig. 2.5).

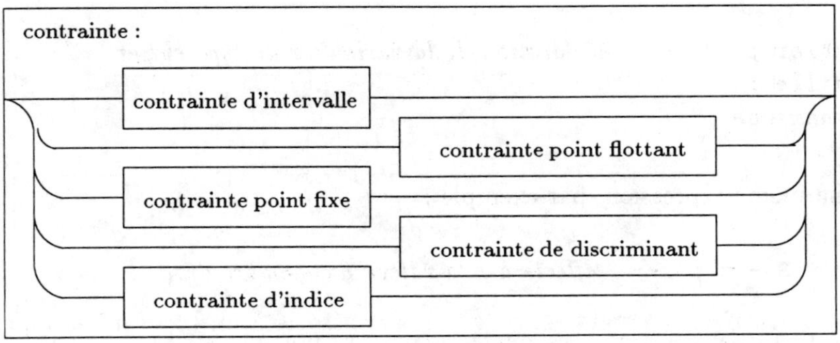

FIG. 2.5 : Contrainte.

Contrairement à un type, un sous-type est dynamique : la contrainte est évaluée à l'exécution, lors de l'élaboration des déclarations. Ainsi, un sous-type déclaré dans un sous-programme, par exemple, pourra dépendre de la valeur d'un paramètre du sous-programme.

Les exemples suivants sont restreints à des sous-types entiers :

```
subtype valeur is INTEGER ;
subtype entier is INTEGER range -2**31 .. +2**31 - 1 ;
subtype taille is entier range 0 .. 250 ;
subtype dynamique is entier range -N .. +N ;
```

Le sous-type `valeur` est un renommage du type prédéfini *INTEGER*. Le sous-type `entier` apporte une contrainte d'intervalle au type prédéfini ; l'élaboration de sa déclaration peut provoquer une erreur si les bornes de l'intervalle ne sont pas représentables sur la machine d'exécution. Le sous-type `taille` est défini à partir d'un autre sous-type ; son type de base est néanmoins le type *INTEGER*. Enfin, le sous-type `dynamique` est peut-être déterminé lors de l'exécution, si les expressions de ses bornes (ici, $\pm$*N*) ne sont pas calculables à la compilation (par exemple si *N* est un paramètre de sous-programme ou si c'est une variable dont la valeur est lue sur un fichier).

2.3.3 Calculs avec des valeurs issues de sous-types

La propriété essentielle des sous-types est d'autoriser le mélange dans une expression de valeurs issues de sous-types différents, pourvu que le type de base soit le même. Ainsi, on pourra combiner les variables suivantes :

```
x : entier ;        --  déclaration de la variable x de type entier
y : taille ;
z : dynamique ;
```

dans une même expression, par exemple :

```
x := y * 3 - z ;    --  affecte à x la valeur du membre droit
```

Le calcul de l'expression est fait dans le type de base : l'évaluation du membre droit de l'affectation est toujours possible, mais l'affectation au membre gauche peut déclencher une erreur si la valeur calculée déborde de la contrainte déterminée par le sous-type de `x`.

2.4 Les types dérivés

Les types dérivés répondent à une préoccupation inverse de celle qui a engendré les sous-types : on veut pouvoir rendre conceptuellement différents des types structurellement identiques. Montrons sur un exemple cette préoccupation : on veut manipuler des vitesses, des temps et des distances, qui sont des valeurs codées par les valeurs d'un type **reel** préalablement défini.

Avec des types ordinaires, qui définiraient de nouveaux types indépendants, ce n'est pas possible. La déclaration suivante est illégale :

```
type vitesse is reel ;    --  FAUX : pas de redéfinition de type en ADA
```

Avec des sous-types, on obtient :

```
subtype vitesse  is reel ;  --  des m/s
subtype temps    is reel ;  --  des secondes
subtype distance is reel ;  --  des mètres
```

On peut sans problème déclarer des variables ***d***, ***v*** et ***t*** ayant ces sous-types, puis calculer une distance :

```
d : distance ; v : vitesse ; t : temps ;
  ...
d := t * v ;
```

mais on peut aussi additionner des vitesses avec des temps ou des distances !

2.4.1 Définition d'un type dérivé

Un type dérivé est un type, et non un sous-type : chaque déclaration construit un nouveau type. La définition d'un type dérivé est obtenue en dérivant un type dit le type père, et produit à la fois un type et un sous-type dérivé. On peut donner une contrainte lors de la dérivation (fig. 2.6).

Sans contrainte, le domaine de valeurs du type dérivé est le même que celui du type père. Le type dérivé hérite automatiquement des opérateurs du type père.

Ainsi, le problème précédent est reprogrammé comme suit :

```
type vitesse  is new reel ;
type temps    is new reel ;
type distance is new reel ;
```

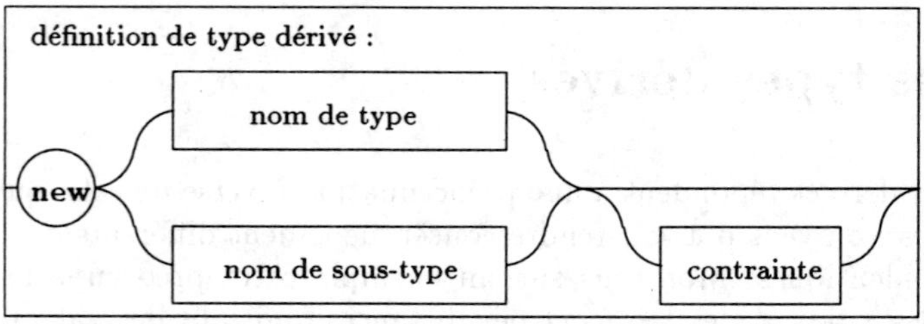

FIG. 2.6 : Définition de type dérivé.

Chacun des types dérivés hérite des opérateurs de son type père, comme plus (`+`), moins (`-`)..., mais il est devenu impossible d'ajouter une vitesse à une distance. Il est également devenu impossible d'obtenir une distance en multipliant un temps par une vitesse : on devra utiliser des conversions (paragr. 2.5.2) ou définir de nouveaux opérateurs.

2.4.2 Caractéristiques des types dérivés

Le type dérivé est une notion nécessaire pour mettre en œuvre les types abstraits. Lors de la phase de conception d'un problème, l'identification des objets amène une classification en autant de types d'objets. Dans l'exemple précédent, on a distingué des vitesses, des temps, des distances : on se réfère à ces types par leur nom pendant toute la conception, sans se préoccuper de leur mise en œuvre. Il ne faudrait pas cependant que lors de la phase de programmation, on puisse faire un amalgame avec toutes ces valeurs ; il faut, au contraire, que le langage apporte une aide efficace pour renforcer automatiquement les cloisonnements. De cette façon, on peut être assuré que la programmation ne trahit pas la conception.

Précisons les caractéristiques d'un type dérivé : le domaine de valeurs, les opérateurs.

2.4.3 Domaine de valeurs

Nous avons dit plus haut que le type dérivé hérite du domaine de valeurs défini par le type père, amputé éventuellement s'il y a une contrainte des valeurs qui ne satisfont pas à la contrainte du père. Ainsi, si la valeur 3.0 appartient au type ***reel***, le type père des types ***vitesse***, ***distance*** et ***temps***, peut-on dire que la valeur 3.0 appartient aussi aux types ***vitesse***, ***distance*** et ***temps*** ? La réponse est bien entendu non : chaque type a son propre domaine de valeurs, et les types servent à partitionner sans ambiguïté les valeurs. Il y a partage des valeurs entre un sous-type et son type de base, mais surtout pas entre un type dérivé et son type père.

Dire qu'il y a héritage du domaine de valeurs est donc un abus de langage, tout comme on dit qu'un processus UNIX hérite des variables de l'environnement de son père : le type dérivé hérite d'une copie du domaine de valeurs de son type père. Nous verrons du reste au chapitre 15 que la copie n'est pas forcément conforme à celle du type père. Dire que 3.0 est une valeur du type **reel** procède du même abus de langage : 3.0 est une valeur indépendante de tout type, indépendante du langage, et bien plus proche de la valeur mathématique 3 que de la valeur informatique 3.0. On dit en Ada que 3.0 est une valeur universelle et qu'elle est du type fictif *réel-universel*.

L'abus de langage est cependant licite : le compilateur n'analyse pas le littéral 3.0 dans l'absolu, mais dans un certain contexte, et il est capable de trouver tout seul que dans l'instruction :

```
d := 25.18;
```

le littéral 25.18 est du type **distance**. Il existe cependant de nombreux cas où le contexte ne permet pas de trouver le type d'une valeur : il faudra dans ce cas qualifier la valeur, ce qu'on verra au paragraphe 2.6 page 29.

2.4.4 Opérateurs

Un type dérivé hérite des opérateurs de son type père. D'où proviennent ces opérateurs ? Rappelons ce que nous avons dit au paragraphe 2.1.2 : les opérateurs sont définis dans le paquetage qui déclare le type. Ainsi, l'opérateur **Empiler** est déclaré dans le paquetage ***Pile***, et on le désigne par ***Pile.Empiler***; l'opérateur + est déclaré dans le paquetage prédéfini ***STANDARD*** pour deux opérandes du type prédéfini ***FLOAT***. On ne le désigne heureusement pas par ***STANDARD."+"*** (ce qu'on a le droit de faire), car le paquetage ***STANDARD*** est implicitement utilisé : c'est le compilateur qui transforme le préfixe ***STANDARD*** et la notation fonctionnelle qui en découle en notation infixe (on reviendra sur ces notations page 47).

Ainsi, lorsqu'on a dérivé le type **reel**, puis le type **distance** à partir de **reel**, a-t-on hérité des opérateurs + sur les types **reel** et **distance**; mais il n'est pas possible de les dénoter par ***STANDARD."+"***, car une déclaration d'opérateur + sur des réels ou des distances n'apparaît pas dans le paquetage ***STANDARD***. Le langage Ada met alors en lumière ce que la plupart des autres langages de programmation font sans le dire : les opérateurs comme + sont *surchargés* , c'est-à-dire qu'ils ont plusieurs sémantiques en fonction de leurs opérandes (dans le cas présent, + garde sa sémantique habituelle). Les opérateurs d'un type dérivé sont obtenus en surchargeant implicitement les opérateurs du type père. Si ***d1*** et ***d2*** sont deux distances, l'opération :

```
d1 + d2
```

est tout à fait licite et ne contient aucune ambiguïté : c'est le + sur les **distances** qui est utilisé. Le langage Ada permet au programmeur de surcharger explicitement les opérateurs pour ses types construits (paragr. 3.2.3 page 47).

2.5 Conversion de type

Les notions de type, sous-type et type dérivé conduisent naturellement au problème des conversions de valeur d'un type à un autre. Le problème ne se ramène pas à la question habituelle *peut-on ajouter un entier à un réel*, il est plus vaste du fait que le type de données réalise une partition stricte des valeurs. Les questions ici sont plutôt :

— faut-il convertir ?

— peut-on convertir ?

— y-a-t-il des conversions implicites ?

2.5.1 Conversion implicite

Les conversions implicites sont déclenchées pour satisfaire la règle des types : les opérandes d'une expression sont de même type. Les conversions implicites ne concernent que les conversions des valeurs universelles, dénotées par des littéraux numériques (comme 3 ou 3.22), des nombres nommés (comme ***pi***, si ***pi*** est un identificateur déclaré dans une déclaration de nombre, ce qu'on verra au paragraphe 5.1.1) ou par des attributs (paragr. 2.7). Les conversions implicites sont réalisables si le contexte ne permet qu'une seule interprétation.

Une conversion vers un type réel produit une valeur qui a la précision du (sous) type réel. Une conversion d'un réel en entier produit une valeur en faisant un arrondi (compte tenu de la précision du réel de départ).

Si ***d*** est une ***distance*** et ***i*** un entier du type prédéfini ***INTEGER***, alors il y a conversion implicite du littéral numérique dans les expressions suivantes :

```
d + 3.25 ;    --   conversion réel universel en distance
i + 3 ;       --   conversion entier universel en INTEGER ;
```

mais on ne peut pas écrire sans conversion explicite :

```
i + 3.25 ;    --   interdit : quel opérande faut-il convertir ?
```

2.5.2 Conversion explicite

La figure 2.7 montre qu'une conversion explicite s'exprime avec une notation fonctionnelle : la fonction est le nom du type (ou du sous-type), et le paramètre est la valeur à convertir.

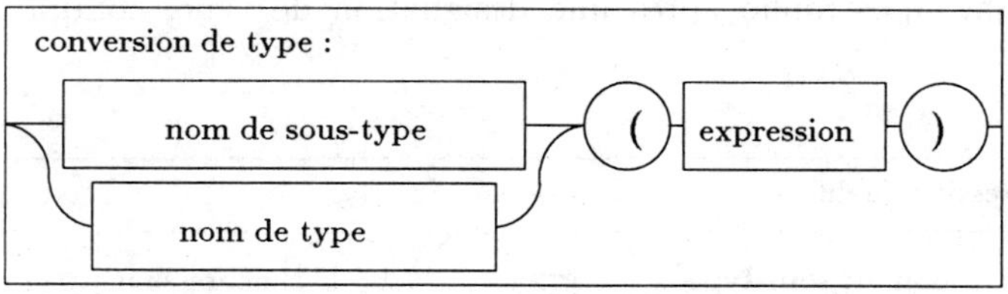

FIG. 2.7 : Conversion de type.

Une conversion explicite n'est autorisée qu'entre des valeurs de types apparentés :

— du type de base d'un sous-type vers le sous-type, mais avec une vérification de la contrainte du sous-type ;

— d'un type numérique vers un autre type numérique. La conversion est effectuée comme il a été dit plus haut pour les conversions implicites ;

— d'un type dérivé vers un autre type dérivé si, par transitivité, ils proviennent d'un même type père ;

— entre deux types tableaux satisfaisant un ensemble de conditions bien spécifiées, comme on le verra au chapitre 8.

Si `i` est un entier, `d`, `t` et `v` respectivement une `distance`, un `temps` et une `vitesse`, on pourra écrire :

```
i + INTEGER(3.25)
d := distance(reel(t) * reel(v))
```

Dans le deuxième exemple, l'opérateur de multiplication demande deux opérandes de même type. Lors des dérivations qui ont fabriqué les types `reel`, `distance`, `temps` et `vitesse`, les opérateurs suivants ont été construits :

`reel`	*	`reel`	produisant	`reel`
`distance`	*	`distance`	produisant	`distance`
`vitesse`	*	`vitesse`	produisant	`vitesse`
`temps`	*	`temps`	produisant	`temps`

Un `temps` ne dérive pas d'une `vitesse` et réciproquement : les seules possibilités pour multiplier un temps `t` par une vitesse `v` est d'utiliser l'opérateur `*` sur le type père `reel`, celui du père de `reel`. Le résultat produit est un `reel`, qu'on a le droit de convertir en une `distance`.

2.6 Qualification

Toute valeur doit être qualifiée quand il n'est pas possible d'en déterminer le type. La *qualification* consiste donc à indiquer le type de la valeur. La notation utilise une apostrophe après une désignation de type, comme le montre la figure 2.8.

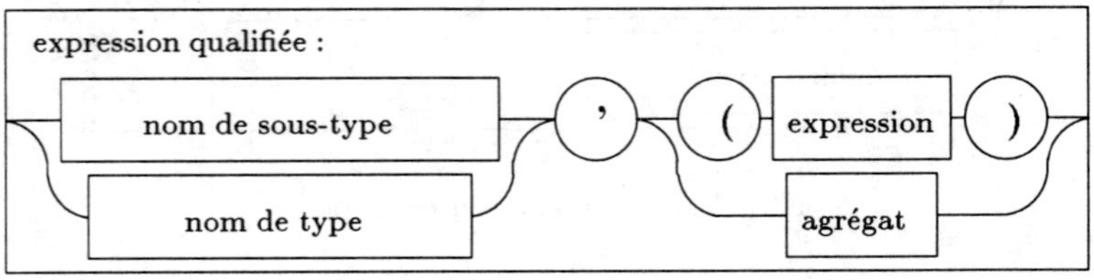

FIG. 2.8 : Expression qualifiée.

Les parenthèses sont nécessaires même si l'expression se ramène à une valeur. Les agrégats sont des valeurs multiples associées à des types tableaux ou articles.

C'est la possibilité de surcharge qui rend nécessaire la qualification. Si les types `torchon` et `serviette` sont des types dérivés qui ont le type `INTEGER` comme père, et si deux opérateurs `Laver` ont été déclarés, l'un pour laver des torchons, l'autre pour laver des serviettes, alors l'instruction :

```
Laver(25) ; -- interdit
```

est incorrecte, car on ne sait pas ce qu'on lave : 25 est une valeur universelle qu'on peut convertir implicitement dans le type `INTEGER`, le type père de `torchon` et de `serviette`, mais il est nécessaire de qualifier 25 pour déterminer lequel des deux opérateurs appliquer. Si 25 code une serviette, on la lavera par l'instruction :

```
Laver(serviette'(25)) ;
```

2.7 Attribut

Parmi des opérateurs définis sur un type figurent les opérateurs qui sont des attributs : un *attribut* est une opération de base qui s'applique sur un type, une valeur délivrée par une fonction (donc par un attribut) ou sur une entité (une variable). Un attribut peut produire une valeur, un type, un intervalle. Les attributs sont prédéfinis et récapitulés dans l'annexe A du Manuel de Référence, et toute mise en œuvre d'un compilateur peut définir ses propres attributs, à condition de les décrire dans l'annexe F.

Le préfixe de la figure 2.9 est un appel de fonction ou un nom. Nous étudierons au fur et à mesure de l'étude des types prédéfinis et des constructeurs de type les différents attributs. Néanmoins, l'attribut `BASE` est défini pour tout type ou sous-type `t`. L'expression :

```
t'BASE
```

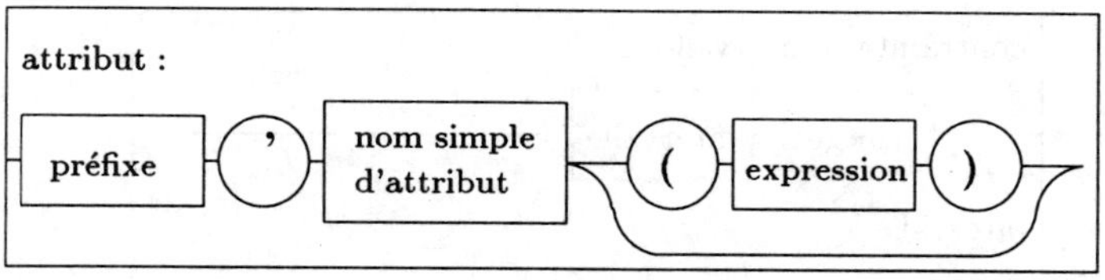

FIG. 2.9 : Attribut.

délivre le type de base de **t**, mais ne peut être utilisée qu'en tant que préfixe pour un autre attribut.

L'attribut est un outil important pour la fabrication des composants : c'est un moyen puissant pour paramétrer les composants, comme on le verra plus tard.

2.8 Les types scalaires

Nous venons de voir dans la première partie de ce chapitre l'ensemble des caractéristiques et des propriétés des types. Peu d'exemples l'ont illustrée, et pour cause : nous ne connaissons encore aucun des types fournis par le langage.

Avec les types scalaires commence l'étude plus concrète des types élémentaires du langage. Les types scalaires recouvrent les types *discrets* et les types réels. Les valeurs d'un type discret ont un numéro d'ordre qui a une valeur entière, ce qui n'est pas le cas pour les réels. Les types discrets se divisent en types énumératifs et types entiers. Enfin, les types réels et les types entiers se regroupent en types numériques.

2.8.1 Caractéristiques des types scalaires

Les types scalaires sont caractérisés par les éléments suivants :

— leur domaine de valeurs est ordonné, et ils sont munis de tous les opérateurs de relation et des opérateurs d'appartenance ;

— on peut fabriquer des sous-types scalaires en apportant une contrainte d'intervalle ;

— ils sont munis des deux attributs ***FIRST*** et ***LAST***.

L'intervalle d'une contrainte d'intervalle (fig. 2.10) est déterminé par les expressions (il peut donc y avoir des calculs) de sa borne inférieure et de sa borne supérieure, lesquelles font partie de l'intervalle, ou par l'intervalle délivré par l'attribut intervalle (***RANGE***) d'un type ou d'une entité tableau. L'élaboration d'une contrainte

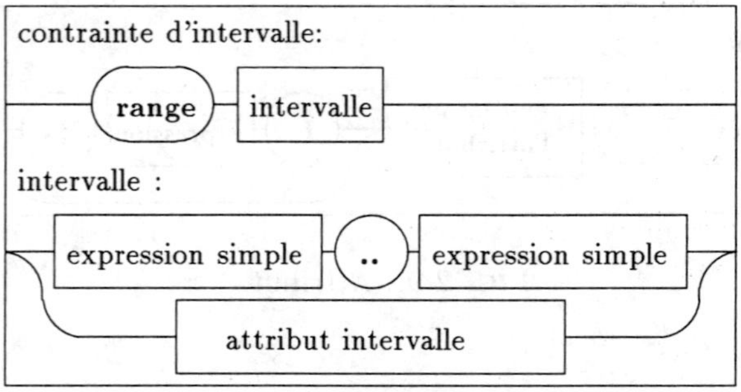

FIG. 2.10 : Contrainte d'intervalle.

d'intervalle consiste à évaluer ses bornes. Dans une définition de sous-type, les expressions des bornes doivent être du type de base du sous-type. Si la valeur de la borne supérieure est inférieure à celle de la borne inférieure, l'intervalle est vide.

Les deux attributs délivrent les valeurs des bornes. Pour un type scalaire **ts** :

ts'FIRST délivre la borne inférieure de **ts**

ts'LAST délivre la borne supérieure de **ts**

2.8.2 Les types discrets

Les types discrets se différencient des types scalaires par des attributs nouveaux induits par la numérotation de leurs valeurs; ils ont également des attributs de représentation. Les valeurs des numéros associés sont du type *entier universel*. Dans la suite, **ts** dénotera une entité d'un type discret ou un type discret, **x** une entité d'un type discret, **e** une valeur de type entier et **c** une chaîne.

Attributs inhérents à la numérotation

td'POS(x) délivre le numéro de **x** dans le domaine de valeurs de **td**

td'VAL(e) délivre la valeur de type **td** dont le numéro est **e**

td'SUCC(x) délivre la valeur de type **td** qui est le successeur de **x**

td'PRED(x) délivre la valeur de type **td** qui est le prédécesseur de **x**

Attributs de représentation interne ou externe

td'SIZE délivre un entier, le nombre de bits nécessaires pour implanter les valeurs de type **td**.

td'IMAGE(x) délivre une chaîne (type prédéfini **STRING**) qui est la suite de caractères représentant la valeur de **x**; si **x** est une valeur numérique, son image est précédée par un espace ou un signe moins ; si **x** est un littéral d'énumération, son image est en majuscule ; si **x** est un caractère, son image est entourée d'apostrophes.

td'WIDTH délivre un entier qui est la longueur maximum des images des valeurs de type **td**.

td'VALUE(c) délivre la valeur de type **td** dont l'image est **c**. Dans la chaîne **c**, les espaces en tête et en queue sont ignorés.

L'évaluation des attributs peut provoquer des erreurs, et donc en Ada déclencher des exceptions. Les exceptions **CONSTRAINT_ERROR** peuvent être déclenchées par **SUCC, PRED** et **VALUE**. **VALUE** peut déclencher également l'exception **DATA_ERROR**.

Si l'on prend pour exemple de **td** le type prédéfini **INTEGER**, on pourrait obtenir les évaluations suivantes :

INTEGER'SIZE	délivre 16 si un entier *INTEGER* est codé sur 16 bits ; on suppose que cela est vrai pour la suite de l'exemple
INTEGER'FIRST	délivre -32767
INTEGER'WIDTH	délivre 6 : il faut six caractères pour représenter *INTEGER'LAST*
INTEGER'POS(2)	délivre 2 : 2 est numéroté par l'entier universel 2
INTEGER'VAL(2)	délivre *INTEGER'2*
INTEGER'SUCC(2)	délivre 3
INTEGER'IMAGE(2)	délivre une chaîne dont la valeur est *" 2"* (on récupère une chaîne de deux caractères, sans les guillemets)
INTEGER'VALUE("+2")	délivre *INTEGER'2*

2.9 Les types énumératifs

Le langage Ada fournit un constructeur de type énumératif : une définition de type énumératif déclare en les énumérant toutes les valeurs du type. La figure 2.11 montre que les valeurs sont dénotées par des identificateurs (qu'on appelle les littéraux d'énumération) ou par des littéraux caractères. L'ordre dans lequel sont énumérées les valeurs du type définit la relation d'ordre sur le type.

Les littéraux d'énumération sont des identificateurs quelconques différents des mots-clés. Les types énumératifs servent à définir des types ayant peu de valeurs ; leur pouvoir autodocumentaire est grand si l'on s'attache à conformer les littéraux avec une sémantique. Ils sont beaucoup plus utilisables que les types énumérés du langage Pascal, car il existe des paquetages génériques de la bibliothèque standard qui permettent de faire des entrées-sorties de valeurs de type énuméré (voir paragr. 12.14 page 225).

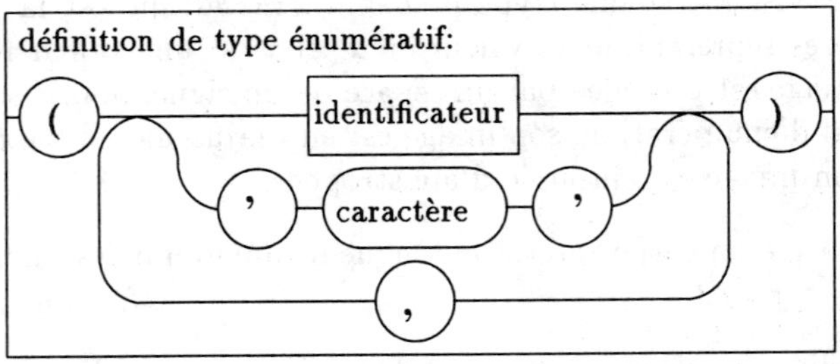

FIG. 2.11 : Définition de type énumératif.

Voici des exemples de types énumérés :

```
type commande is (fabriquer, retirer, inserer, lister, aide, '?') ;
type commande_courte is ('f', 'r', 'i', 'l', 'a', '?') ;
subtype action is commande range commande'FIRST .. inserer ;
type clic is (mono, double, triple, rien) ;
type deplacement is (haut, bas, gauche, droite, rien) ;
```

Sans donner les contextes d'utilisation, le simple énoncé des types et de leurs valeurs donne une idée de leur utilité et de leur signification. On notera que le littéral d'énumération `rien` pourra prêter à confusion : c'est un littéral surchargé qui appartient à deux types différents . Il correspond à des valeurs bien distinctes, qu'on qualifiera s'il y a ambiguïté : `clic'(rien)` n'a rien à voir avec `deplacement'(rien)`.

2.9.1 Le type BOOLEAN

Le type prédéfini *BOOLEAN* est un type énumératif particulier. Il est défini par :

type *BOOLEAN* **is** *(FALSE, TRUE)*;

mais il est muni de bien plus d'opérateurs que les autres types énumératifs, que nous verrons au chapitre traitant des expressions.

2.9.2 Les types caractères

Tout type énumératif dont un littéral d'énumération est un caractère, est un type caractère. Le type prédéfini *CHARACTER* a pour valeur les 128 valeurs de caractère du jeu de caractères ASCII. Des clauses de représentation permettent de l'adapter à un autre jeu, comme le jeu EBCDIC.

La bibliothèque standard contient le paquetage ***ASCII*** qui exporte des constantes nommées pour toutes les valeurs du type ***CHARACTER***. Par exemple, le caractère sonnerie a pour valeur ***ASCII.BEL*** et le caractère de tabulation a pour valeur ***ASCII.HT***.

Le paquetage prédéfini ***TEXT_IO*** fournit des opérateurs de lecture et d'écriture de caractères sur des fichiers de texte.

2.10 Les types entiers

Les types entiers sont tous obtenus par dérivation à partir d'un type fictif appelé *entier_universel*, en donnant une contrainte d'intervalle (figure 2.12).

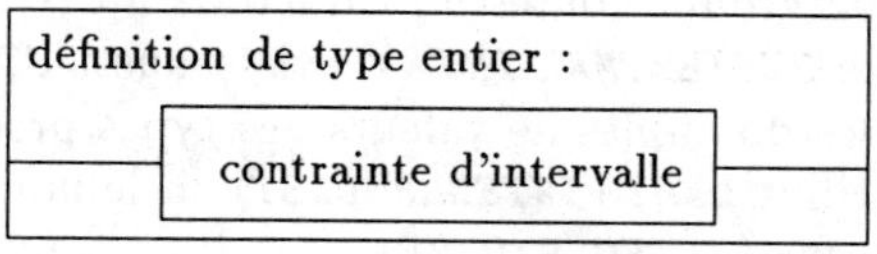

FIG. 2.12 : Définition de type entier.

En effet, une déclaration comme :

```
type entier is range -2**19 .. +2**19 - 1 ;
```

est équivalente à :

```
type anonyme is new entier_universel ;
subtype entier is anonyme range -2**19 .. +2**19 - 1 ;
```

En fait, devant une telle déclaration, le compilateur détermine le type entier prédéfini dont le domaine de valeurs inclut celui du type déclaré ; il indique une erreur s'il ne trouve pas un tel type. En conséquence, il n'est pas judicieux de déclarer une variable d'un type entier prédéfini. La déclaration :

```
x : INTEGER ;
```

ne garantit pas pour ***x*** le domaine de valeurs d'entiers le plus grand ni le plus adapté aux besoins. Une mise en œuvre particulière peut également fournir les types ***SHORT_INTEGER*** et ***LONG_INTEGER*** si le matériel sous-jacent permet plusieurs domaines de valeurs. Par exemple, une machine à mots de 32 bits qui est une extension d'une machine à mots de 16 bits et qui dispose également d'une arithmétique sur les octets, pourrait très bien être vue par le compilateur Ada comme implémentant trois types d'entiers : ***LONG_INTEGER*** sur 32 bits, ***INTEGER*** sur 16 bits et ***SHORT_INTEGER*** sur 8 bits. Une autre machine à mots de 32 bits ne disposant pas d'arithmétique 16 bits, pourra être vue comme implémentant le type *INTEGER* sur 32 bits et le type *SHORT_INTEGER* sur 8 bits.

L'attitude du programmeur devant cette incertitude (volontaire) sur les valeurs d'entiers doit être la suivante :

— d'abord se concentrer sur les valeurs qu'il veut représenter, et déterminer les bornes des domaines, pour chaque sorte de valeurs à coder par des entiers;

— déclarer des types entiers en donnant les contraintes d'intervalle correspondantes, et laisser le compilateur établir son diagnostic : les types sont représentables ou non;

— ou déterminer lui-même par programme si la machine est assez puissante, en testant la valeur du plus grand entier représentable, défini dans le paquetage *SYSTEM* qui regroupe toutes les caractéristiques propres à une machine, et qui se nomme *SYSTEM.MAX_INT* (il existe aussi *SYSTEM.MIN_INT*).Il peut aussi connaître les domaines de valeurs des types prédéfinis en testant leurs bornes par l'attribut *LAST* (*INTEGER'LAST*) ou le nombre de bits de leur représentation interne (*INTEGER'SIZE*).

Le paquetage *STANDARD* prédéfinit les deux sous-types entiers suivants :

```
subtype NATURAL  is INTEGER range 0..INTEGER'LAST ;
subtype POSITIVE is INTEGER range 1..INTEGER'LAST ;
```

Voici des exemples de types entiers :

```
type numero_de_page  is range 1..maxpage ;
type numero_de_ligne is range 0..longueur_de_page ;
subtype indice is
  numero_de_ligne range 0..numero_de_ligne(Taille(N)) ;
```

Les identificateurs **maxpage** et **longueur_de_page** dénotent des nombres ou des constantes (un type est toujours défini statiquement), tandis que **Taille** dénote une fonction définie préalablement et appliquée à *N*, qui peut être une constante ou une variable (un sous-type peut être dynamique). Si **Taille** ne délivre pas une valeur de **numero_de_ligne**, une conversion est nécessaire.

Les opérateurs sur les types entiers, tous classiques, sont définis au chapitre 5.

2.11 Les types réels

Les nombres *entiers universels* sont codés de façon exacte sur un calculateur (ou ne le sont pas si leurs valeurs absolues dépassent *SYSTEM.MAX_INT*), et le compilateur utilise évidemment le codage du calculateur. Les nombres *réels universels*, au contraire, ne sont pas codés de façon exacte (sauf certains d'entre eux) : il y a beaucoup trop de valeurs réelles pour les représenter toutes (trop est un euphémisme pour une infinité). La représentation d'un *réel universel* est alors faite de façon approchée par le calculateur, par codage de la mantisse et de son signe, de l'exposant et de son signe. Comme, de plus, les calculateurs n'utilisent pas tous le même codage, un même calcul sur des machines différentes donnera des résultats différents.

Le langage Ada s'accommode de cette situation et tente d'y remédier en substituant aux nombres réels universels des *nombres modèles*, et en remplaçant l'arithmétique sur les réels par une arithmétique sur les intervalles modèles. Il y a deux sortes de types réels : les types à point flottant ont une erreur relative, les types à point fixe ont une erreur absolue (fig. 2.13).

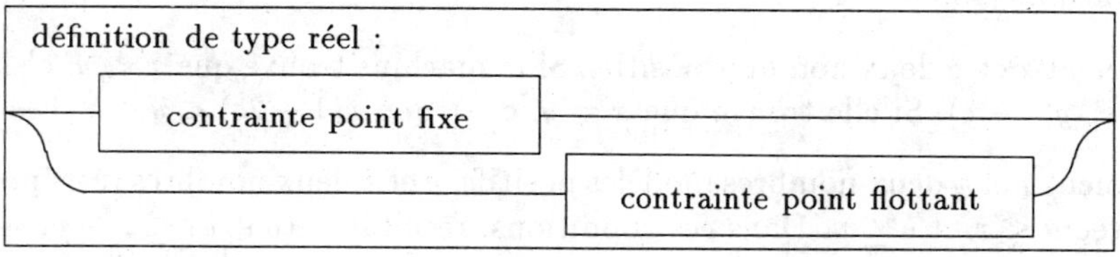

FIG. 2.13 : Définition de type réel.

Les *nombres modèles* sont fournis par la théorie, mais le codage effectué par le matériel ne suit pas la théorie : un type réel Ada sera muni d'un ensemble de nombres modèles et de valeurs intermédiaires (représentables pour le calculateur) qu'on appelle les nombres sûrs. Un calcul entre nombres modèles donne un nombre modèle (sauf dans le cas de la division). Le paragraphe qui suit donne une petite idée de la théorie des nombres modèles.

2.11.1 Les nombres modèles

Soit b un entier positif. Les nombres modèles de la classe b sont le zéro et tous les réels de la forme $signe.2^{exp}.(x_1 2^{-1} + x_2 2^{-2} + \ldots + x_b 2^{-b})$. L'expression entre parenthèses est la mantisse, exprimée avec b bits $x_1, x_2, \ldots x_b$. Sa valeur est telle que :

$$0.5 \leq mantisse < 1$$

exp est l'exposant. Il est tel que :

$$-4b \leq exp \leq +4b$$

La valeur de b détermine la précision du codage d'un réel. Supposons que l'on demande des nombres modèles à 6 chiffres binaires ($b = 6$). Alors les nombres modèles positifs seront les suivants ($2^6 = 64, 4b = 24$) :

$$0, \frac{32}{64}.2^{-24}, \frac{33}{64}.2^{-24}, \frac{34}{64}.2^{-24}, \ldots$$

On notera la grosse perte de précision autour de 0 : certaines machines détectent les calculs conduisant à un sous-dépassement de capacité. L'axiomatique bâtie sur les nombres modèles conduit aux théorèmes suivants :

— Si les opérandes et les résultats sont des nombres modèles, le résultat des opérations réelles est exact.

— Si x et y sont des nombres modèles, alors :

$$\text{résultat de}(x \oplus y) = (x \oplus y)(1 + \delta)$$

avec $\oplus$: l'un des opérateurs $+, -, *$, ou / et $|\delta| < \epsilon, \epsilon$ étant la précision de la machine (soit $\epsilon = 2^{1-b}$).

— Soient x et y deux nombres positifs. Si la machine trouve que $x < y$, c'est que $x < y(1 + \epsilon)$. Si elle trouve que $x = y$, c'est que $x(1 - 2\epsilon) < y < x(1 + 2\epsilon)$.

— Soient x et y deux nombres modèles positifs, a et b deux nombres réels positifs, avec $a \leq x$ et $b \leq y$. Dans ces conditions, résultat de$(a \oplus b) \leq x \oplus y$.

Les valeurs des types réels de Ada sont approchées par l'une ou l'autre des bornes de l'intervalle modèle qui les encadrent. L'estimation des erreurs de calcul se fait donc par une analyse d'intervalles de nombres modèles.

2.11.2 Les types à point flottant

Le programmeur ne choisit pas sa précision en donnant la valeur b de la classe des nombres modèles, mais en donnant le nombre de chiffres décimaux de la mantisse.

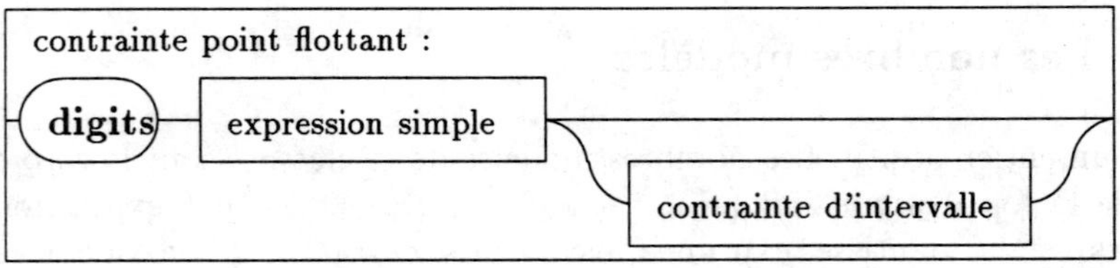

FIG. 2.14 : Contrainte point flottant.

Soit d la précision demandée (l'expression simple de la figure 2.14 doit pouvoir être calculée à la compilation). La valeur de b correspondante est alors le premier entier supérieur à $d.log_2(10) + 1$.

```
type reel is digits 6 ;  --  6 chiffres pour la mantisse
```

```
subtype masse is reel range 0.0..1e+10 ;
```

Le compilateur Ada détermine seul comment représenter les valeurs du type **reel**, en le codant à l'aide de l'une des représentations offertes par le calculateur. Si ces représentations ne sont pas assez précises, le compilateur peut refuser la déclaration. Pour le type **reel**, le nombre de bits de la mantisse est de (6 x 3,3219 + 1) + 1 = 21.

Trois types à point flottant sont prédéfinis : ***SHORT_FLOAT***, ***FLOAT*** et ***LONG_FLOAT***, mais les machines courantes ne proposent qu'une ou deux représentations (simple et double précision). On peut connaître les caractéristiques de ces types grâce aux attributs des types à point flottant. Soit **tf** un type à point flottant ; ses attributs sont (mais il y en a d'autres) :

tf'DIGITS	nombre de chiffres décimaux **d**
tf'MANTISSA	nombre de chiffres binaires *b*
tf'EMAX	le plus grand exposant, 4 * ***tf'MANTISSA***
tf'SMALL	le plus petit nombre modèle positif, $2^{-tf'EMAX-1}$
tf'LARGE	le plus grand nombre modèle positifs, $2^{tf'EMAX} * (1 - 2^{-tf'MANTISSA})$
tf'EPSILON	la précision $\epsilon, 2^{1-b}$

2.11.3 Les types à point fixe

L'intervalle qui sépare deux nombres modèles d'un type à point fixe est constant, contrairement aux types à point flottant. On n'utilise ces types que pour des applications spécialisées (en gestion par exemple) ou sur des machines qui n'ont pas d'opérateurs flottants câblés. L'expression simple, qui est une expression de constantes, définit l'erreur absolue (fig. 2.15). Les nombres modèles correspondants sont le zéro et les nombres de la forme *signe.mantisse.pas* dans lesquels la *mantisse* est telle que $0 < mantisse < 2^b$, *b* étant le nombre de bits nécessaires pour coder les valeurs du type (signe mis à part), et *pas* est la précision absolue (plus grande puissance de 2 inférieure ou égale à l'erreur absolue).

Pour les types à point fixe, le compilateur n'est pas obligé de représenter tous les nombres modèles, il doit seulement assurer une précision au moins égale à celle qui est demandée ; si on demande un delta de 0,1 la représentation utilisera plutôt des 1/16ème.

```
type fixe is delta 0.1 range -1.0..+1.0 ;
  --  tous les réels entre -1 et +1 par pas de 0.1
```

Pour le type **fixe**, on a :

$pas = 2^{-4} (2^{-3} = 0,125$ et $2^{-4} = 0,0625)$
$b = 4$ (plus petit entier tel que les bornes ne soient pas distantes de plus de *pas* d'un nombre modèle)

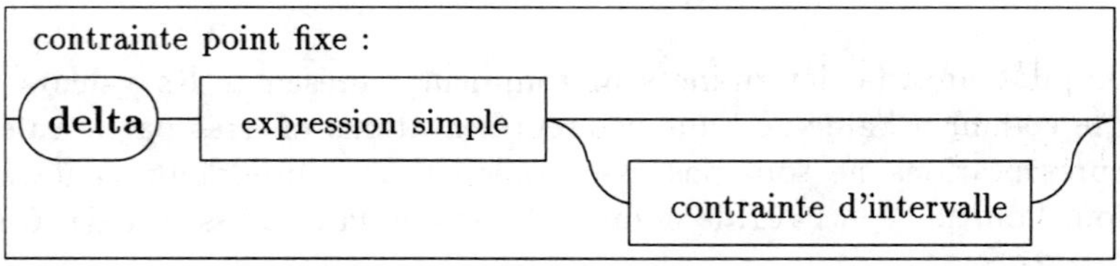

FIG. 2.15 : Contrainte point fixe.

Les nombres modèles du type ***fixe*** sont :

$$-\frac{15}{16}, -\frac{14}{16}, \ldots, -\frac{1}{16}, 0, \frac{1}{16}, \ldots, +\frac{15}{16}$$

Les caractéristiques d'un type à point fixe sont accessibles par les attributs du type, donnés ici pour un type ***pf*** :

pf'DELTA	le delta du type
pf'MANTISSA	le nombre de bits *b*
pf'SMALL	le plus petit nombre modèle positif, égal au pas
pf'LARGE	le plus grand nombre modèle positif, $pas * 2^b$

Le type *fixe_universel* est prédéfini ; tous les types à point fixe déclarés sont des sous-types de ce type anonyme. Lorsqu'une contrainte de point fixe est donnée dans la définition d'un tel type (le **delta** 0.1 du type ***fixe***), il est obligatoire de fournir une contrainte d'intervalle (le **range** *-1.0.. + 1.0* est nécessaire).

CHAPITRE **3**

Sous-programmes

3.1 Généralités

3.1.1 Le rôle des sous-programmes

Le premier outil d'abstraction est fourni par la notion de type : si l'on doit créer, créditer, débiter, etc. des comptes bancaires, on déclarera un type ***compte_bancaire***. On pourra dès lors déclarer des variables de ce type, sans avoir besoin dans un premier temps de donner une réalisation aux valeurs de ***compte_bancaire***. Mais un type allie à l'ensemble des valeurs un ensemble d'opérateurs. Le type ***compte_bancaire*** est muni des opérateurs ***Créer, Créditer, Débiter***.

Le sous-programme est le deuxième outil d'abstraction : il permet de *modéliser une action* plus ou moins complexe. Dans notre exemple de compte bancaire, c'est lui qui va servir à définir les opérations de création, de débit et de crédit : le sous-programme formalise les opérateurs attachés à un type d'objet. Cette approche fera du sous-programme un composant indispensable des paquetages qui mettent en œuvre de nouveaux types, comme le type ***compte_bancaire*** ou comme le type ***Pile_de_naturels*** du chapitre 1.

Cette utilisation du sous-programme pour la réalisation d'opérateurs sur un type de donnée, est caractéristique des langages orientés objets. Les autres utilisations demeurent : le sous-programme est toujours en Ada un outil de décomposition d'un problème en sous-problèmes, et c'est éventuellement une unité de compilation. Il sert aussi à factoriser des actions utilisées plusieurs fois dans un même texte de programme.

3.1.2 Sous-programme et opérateur

Qualifier d'opérateur un sous-programme est peut-être ambigu : on peut confondre avec la notion mathématique d'opérateur, comme l'opérateur d'addition, le plus. En fait, il s'agit du même concept : un opérateur est une fonction qui agit sur des valeurs d'un type donné, un sous-programme est quelque chose qui va agir également sur des valeurs ou des variables d'un type donné. En Ada, ces deux aspects peuvent n'en faire qu'un : l'opération + sur les entiers est bel et bien défini par deux sous-programmes dans le paquetage ***STANDARD***, l'un étant le plus unaire sur un entier, l'autre le plus binaire entre deux opérandes entiers (du type *entier_universel*).

Il y a en effet deux sortes de sous-programmes : la procédure qui réalise une action, et la fonction qui délivre une valeur. Une fonction qui a pour nom un opérateur peut être appelée avec la notation infixe des mathématiques, comme on le verra plus loin.

3.1.3 Contexte d'un sous-programme

Les actions qui composent un sous-programme manipulent des valeurs et des variables qui forment le contexte du sous-programme. Ce contexte est composé de plusieurs catégories d'entités. On y trouve :

— les paramètres ;

— les entités déclarées localement dans le sous-programme ;

— les entités visibles déclarées à l'extérieur du sous-programme (et qu'on appellera des entités globales) ;

— la valeur délivrée par un sous-programme de type fonction.

Ces entités ne sont pas perceptibles de la même façon par un utilisateur de sous-programme. Si on utilise une fonction ***Cube(x)*** qui délivre la valeur de x^3, le contexte n'est vraisemblablement composé que du paramètre ***x*** et de la valeur délivrée ; pour une fonction ***Cosinus(x)***, il contient sans doute des variables locales nécessaires au calcul de la suite. Par contre, dans une procédure comme ***Afficher(une_chaine)***, le contexte contient au moins une variable globale modifiée implicitement (du point de vue de l'utilisateur) et qui est le fichier sur lequel la chaîne est affichée : on dit que la procédure ***Afficher*** à des effets de bord, c'est-à-dire qu'elle modifie des entités globales.

Les entité déclarées localement dans le sous-programme ont pour durée de vie l'activation du sous-programme : elles sont allouées lors de l'appel du sous-programme, et disparaissent lorsqu'il se termine.

3.2 Déclaration de sous-programme

Avant de pouvoir être utilisé dans un texte de programme, le sous-programme doit être déclaré et être visible. La règle de visibilité à l'intérieur d'une unité de compilation est donnée plus loin dans ce chapitre (page 49). Si le sous-programme est déclaré dans une autre unité, comme le sous-programme ***Depiler*** du premier chapitre par exemple, sa désignation peut nécessiter l'emploi de clauses de contexte, comme on le verra plus tard.

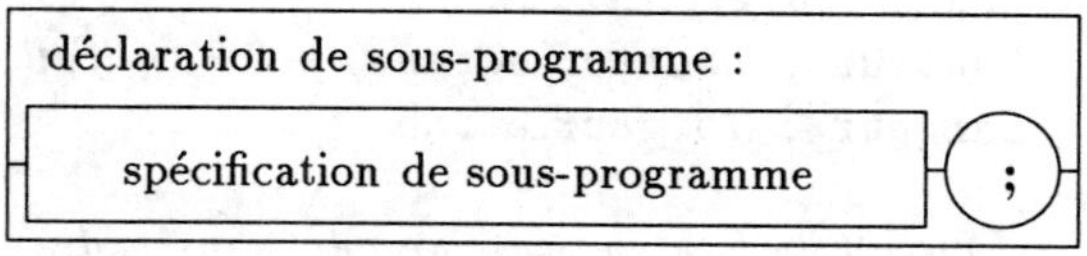

FIG. 3.1 : Déclaration de sous-programme.

Nous restons ici dans les généralités : un sous-programme doit être déclaré ; en quoi cela consiste-t-il ? Habituellement, il s'agit d'énoncer le type du sous-programme (procédure ou fonction), son nom, ses éventuels paramètres, et l'action qu'il formalise. En Ada, une déclaration de sous-programme se réduit à une spécification de sous-programme : elle n'inclut pas le corps qui décrit l'action, elle ne fait qu'établir le *profil* du sous-programme (fig. 3.1).

3.2.1 Spécification de sous-programme

La spécification indique donc s'il s'agit d'une procédure ou d'une fonction (et dans ce cas, précise le type de la valeur délivrée, derrière le mot-clé **return**), donne son nom, et, s'il y a des paramètres, donne entre parenthèses la liste des paramètres (fig. 3.2). Chaque paramètre est déclaré par trois informations : son nom, son mode de transmission, et son type.

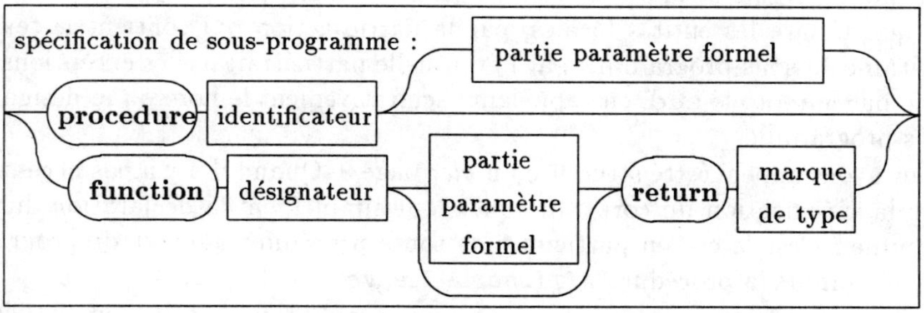

FIG. 3.2 : Spécification de sous-programme.

Voici des exemples de déclaration de sous-programmes :

procedure ***Empiler(element :*** **in** ***NATURAL) ;***

```
function Depiler return NATURAL ;

procedure Ouvrir (f : in out une_fenetre ;
                  en_x : hauteur_ecran ;        -- coin en haut à gauche
                  en_y : largeur_ecran ;
                  hauteur : hauteur_ecran ;     -- Taille de la fenêtre
                  largeur : largeur_ecran
                  );
   -- installe une fenêtre f de hauteur sur largeur, sans cadre, et la
   -- place sur l'écran en (en_x, en_y)

procedure EffacerLEcran ;
```

Syntaxiquement, la déclaration de sous-programme se termine par le point-virgule. Dans certains cas, effectivement, l'énoncé d'une telle spécification est suffisant : si l'on voit la procédure ***EffacerLEcran***, il est clair que son exécution provoquera l'effacement de l'écran de l'utilisateur ; de même, les procédures ***Empiler*** et ***Depiler*** déclarées dans le paquetage ***Pile_de_naturels*** se passent de commentaire. Dans la plupart des cas, par contre, un commentaire est le bienvenu : rien n'indique, dans la spécification de la procédure ***Ouvrir***, ce qu'elle fait exactement.

3.2.2 Corps de sous-programme

Le corps du sous-programme est théoriquement détaché de la spécification : c'est une nécessité syntaxique dans le cas des sous-programmes exportés par les paquetages (comme ***Empiler*** et ***Depiler*** plus haut), mais ce n'est pas une obligation dans les autres cas. Le corps (fig. 3.3) reprend intégralement la spécification, remplace le point-virgule de la déclaration par le mot-clé **is**, continue par une éventuelle partie qui déclare les entités locales, par la partie action qui contient le texte de l'algorithme du sous-programme, par l'éventuelle partie traitant les exceptions et se termine par le mot-clé **end**, en rappelant facultativement le nom ou le désignateur du sous-programme.

Nous avons appelé cette structure un *bloc* page 9. Quand il n'y a pas nécessité de séparer la spécification du corps, on omet tout simplement la déclaration du sous-programme : c'est le cas en particulier de toute procédure qui sert de programme principal, comme la procédure ***Afficher_a_l_envers*** de la page 4.

Par contre, il est impératif dans le cas d'une déclaration en deux temps (déclaration puis corps), que les spécifications de la déclaration et du corps soient identiques (aux séparateurs près). On assurera cette identité en utilisant les fonctions copier-coller de l'éditeur de texte puis en remplaçant le point-virgule final par le **is**.

Dans l'exemple qui suit, les trois sous-programmes sont déclarés uniquement par leur corps :

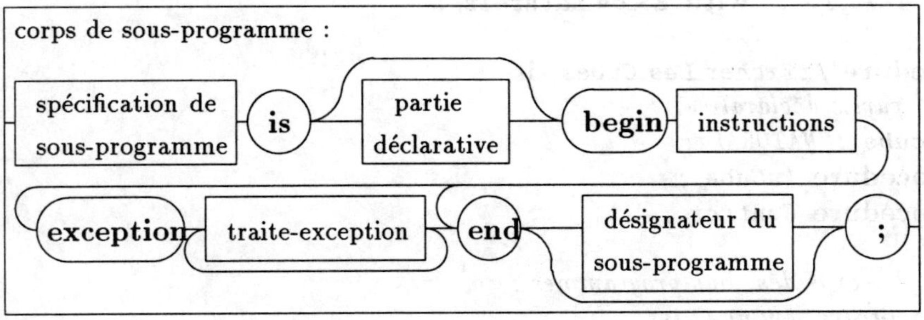

FIG. 3.3 : Corps de sous-programme.


```
with TEXT_IO ;
with ES_de_naturels ;

procedure Afficher_Les_Cubes is
  --  Lit des entiers positifs et affiche leur cube, centré sur une ligne.
  --  Un nombre nul arrête la lecture.
  n, cube : NATURAL ;  --  le nombre lu, son cube ;

  procedure AuCube is
  begin
    cube := n * n * n ;
  end AuCube ;

  procedure Centrer is
  begin
    ES_de_naturels.PUT(cube, 40 + NATURAL'IMAGE(cube)'LENGTH / 2) ;
    TEXT_IO.NEW_LINE ;
  end Centrer ;

begin --  Afficher_Les_Cubes
  loop
    ES_de_naturels.GET(n) ;
    exit when n = 0 ;
    AuCube ;
    Centrer ;
  end loop ;
end Afficher_Les_Cubes ;
```

Cette programmation est une abréviation pour le texte (partiel) suivant :

```
with TEXT_IO ;  with ES_de_naturels ;

procedure Afficher_Les_Cubes  is
  --  partie déclarative :
  n, cube : NATURAL ;
   procedure AuCube ;
   procedure Centrer ;

  --  le corps des sous-programmes :
   procedure AuCube  is
   begin ...  end AuCube ;

   procedure Centrer  is
   begin ...  end Centrer ;

begin --  Afficher_Les_Cubes
  ...
end Afficher_Les_Cubes ;
```

Dans cet exemple, aucun sous-programme n'a de paramètre, et tous les sous-programmes travaillent par effet de bord :

— ***Afficher_les_Cubes*** modifie l'état des fichiers standard d'entrée-sortie (le clavier et l'écran) ;

— ***AuCube*** modifie la variable ***cube*** qui pour lui est une variable globale ;

— ***Centrer*** modifie le fichier de sortie par une opération ***PUT*** dont le deuxième paramètre est un format : c'est le nombre de colonnes sur lequel on veut afficher son premier paramètre.

Pour centrer un entier sur quatre-vingts positions, il est nécessaire de connaître le nombre de caractères de cet entier. L'attribut ***LENGTH*** appliqué à une chaîne donne la longueur de la chaîne. En vertu des attributs des types scalaires (page 32), l'expression :

NATURAL'IMAGE(cube)'LENGTH

a donc pour valeur le nombre de caractères nécessaires pour afficher ***cube*** en décimal.

3.2.3 Déclaration des fonctions

La procédure est désignée par un identificateur, la fonction par un désignateur. Comme le montre la figure 3.4, un désignateur est un identificateur ou bien un symbole opérateur du langage placé entre guillemets (comme un littéral chaîne).

Les symboles opérateurs qui peuvent devenir des désignateurs de fonctions sont les opérateurs suivants :

arithmétique +, -, *, /, **, **mod, rem,**
logique **and, or, xor, not**
relationnel <, <=, >, >=, =

On notera que ne font pas partie des opérateurs de désignation le symbole de l'affectation (:=), les connecteurs logiques raccourcis (**and then, or else**) et les symboles ensemblistes (**in, not in**). Le symbole différent (/=) est induit par la définition d'une fonction d'égalité (=) ; cette fonction ne peut être déclarée que pour des valeurs d'un type privé limité (voir page 78).

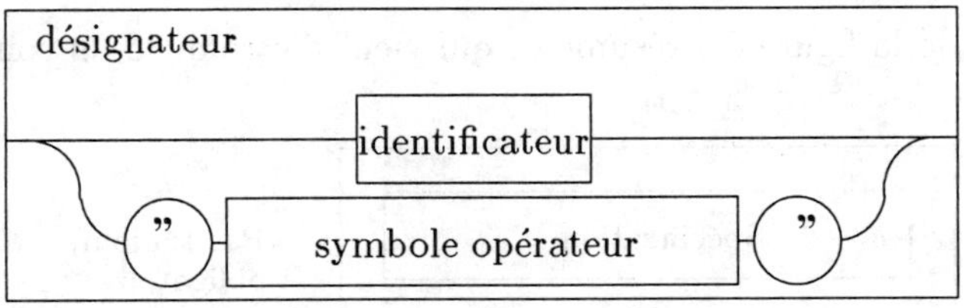

FIG. 3.4 : Désignation de fonction.

Voici des déclarations de fonctions à désignateur opérateur :

```
function "*" (e1, e2  :  in ensemble)  return ensemble;
function "+" (e :  in ensemble; x :  in element)  return ensemble;
```

Des fonctions ayant le même désignateur sont déclarées dans le paquetage *STANDARD* :

```
function "*" (left, right : INTEGER)  return INTEGER ;
function "+" (left, right : INTEGER)  return INTEGER ;
```

Les opérateurs comme + et * sont surchargés : leur signification dépend de leur contexte, c'est-à-dire ici du type des opérandes. Pour un opérateur comme *, la notation infixe et la notation fonctionnelle sont valables. Si *x*, *y* et *z* sont des entiers ou des ***ensembles***, alors on peut écrire indifféremment :

```
z := "*" (x,y);
```

ou

```
z := x * y;
```

D'après le type des opérandes, le compilateur déterminera le profil de la bonne fonction.

Les opérateurs ainsi surchargés conservent la priorité qui leur est donnée par le langage (voir page 86), mais perdent leurs propriétés mathématiques. Ainsi, il est bien évident que la fonction d'addition qui délivre un ***ensemble*** n'est pas commutative : le premier opérande est un ***ensemble***, le second un ***element***. Pour lui rendre une commutativité attendue, il suffit de surcharger encore une fois l'opérateur **+** en déclarant :

```
function "+"(x : in element ; e : in ensemble) return ensemble ;
```

3.3 Structuration d'un sous-programme

Le schéma de la figure 3.5 résume ce qui vient d'être dit d'un sous-programme.

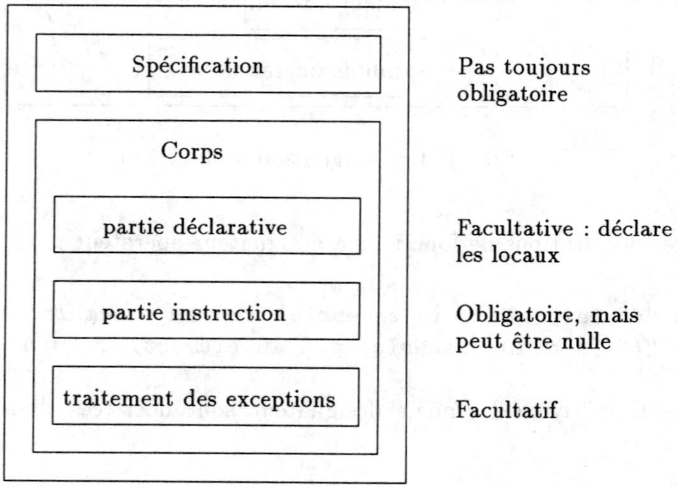

FIG. 3.5 : Schéma d'un sous-programme.

La partie déclarative peut contenir des déclarations de sous-programme, comme celle du sous-programme ***Afficher_les_Cubes*** de l'exemple de la page 44.

3.3.1 Règle d'ordonnancement

La seule règle qu'il faut suivre dans une même partie déclarative est la règle d'ordonnancement : une entité n'est pas accessible tant qu'elle n'a pas été déclarée.

Ainsi, les déclarations du sous-programme ***Afficher_les_Cubes*** respectent cette règle. L'ordre du texte qui suit est (théoriquement) également valable (***cube*** y est initialisé par le cube de 0) :

```
procedure Afficher_Les_Cubes is
  n : NATURAL := 0 ;
  function AuCube return NATURAL ;
  cube : NATURAL := AuCube ;
  procedure Centrer is ... end Centrer ;
  function AuCube return NATURAL is ... end AuCube ;
  ...
end Afficher_Les_Cubes ;
```

Les corps des sous-programmes sont toujours placés après toutes les déclarations.

3.3.2 Règle de portée

La *portée* d'un identificateur est la région du texte du programme où cet identificateur est utilisable. La portée d'une entité déclarée dans un sous-programme démarre à l'endroit de sa déclaration et s'étend jusqu'à la fin du sous-programme, y compris dans les sous-programmes qu'il déclare.

La portée de `n` démarre au point de sa déclaration, s'étend au sous-programme `AuCube`, et s'arrête sur la fin de la procédure `Afficher_les_Cubes`.

3.3.3 Règle de visibilité

Cette règle établit la réciproque de la règle des portées : les entités accessibles dans un sous-programme sont les entités déclarées localement (à partir de leur point de déclaration), et les entités déclarées dans les blocs englobants, à moins que ces dernières soient masquées par des entités homonymes plus locales.

Ne quittons pas la procédure `Afficher_les_Cubes`, et transformons pour les besoins de la cause la procédure `Centrer`, en introduisant une variable auxiliaire pour décomposer l'expression du format ; appelons bêtement `cube` cette variable :

```
procedure Afficher_Les_Cubes is
  n, cube : NATURAL ;   --  le nombre lu, son cube ;

  procedure Centrer is
    cube : STRING := NATURAL'IMAGE(cube) ;
  begin  --  Attention ! c'est faux...
    ES_de_naturels.PUT(Afficher_Les_Cubes.cube, 40 +cube'LENGTH / 2) ;
    TEXT_IO.NEW_LINE ;
  end Centrer ;

...
end Afficher_Les_Cubes ;
```

On pourrait penser que cette écriture est correcte : la première partie de la règle des visibilités est satisfaite, et on sait le compilateur assez malin pour utiliser le contexte d'une situation pour calculer le bon accès (voir les surcharges des opérateurs par exemple plus haut). Et bien non ! Dans ce cas-là, le compilateur n'admet pas la surcharge : la déclaration de la variable locale ***cube*** (une chaîne) masque la variable globale ***cube*** (un naturel), si bien que le paramètre de l'attribut ***IMAGE*** est le naturel et non la chaîne ; de plus, la chaîne ***cube*** doit être contrainte, mais cela n'a pas de rapport avec le sujet ici.

Il faut, dans ce cas, avoir recours à un *nom développé*, en qualifiant le ***cube*** masqué par le nom du bloc qui le déclare, et en utilisant la notation pointée ; on aurait dû écrire ainsi la déclaration/initialisation du local ***cube*** :

```
cube : STRING(1..NATURAL'IMAGE(Afficher_les_Cubes.cube)'LENGTH)
     := NATURAL'IMAGE(Afficher_les_Cubes.cube) ;
```

Dans cette déclaration, la dimension de la chaîne et l'initialisation désigne la bonne variable ***cube***.

3.3.4 Localisation du corps

Lorsqu'il y a déclaration de sous-programme, le corps associé doit se retrouver plus loin :

— dans la même unité de compilation, comme dans l'exemple de ***Afficher_les_Cubes*** ;

— dans le corps du paquetage si la déclaration est dans la spécification du paquetage (voir chapitre 4) ;

— dans une autre unité de compilation si l'on met en œuvre les mécanismes de compilations séparées (voir chapitre 14) ;

— tout à fait ailleurs si le corps n'est pas écrit en Ada (voir chapitre 15).

On notera également qu'il est possible de mettre en œuvre un sous-programme comme une macro-instruction (voir également le chapitre 15).

3.4 Paramètres formels et modes de transmission

La spécification de sous-programme concentre toutes les informations nécessaires à l'appel du sous-programme ; en particulier, chaque paramètre y est précisé par :

— son nom ;

— son mode de transmission ;

— son type.

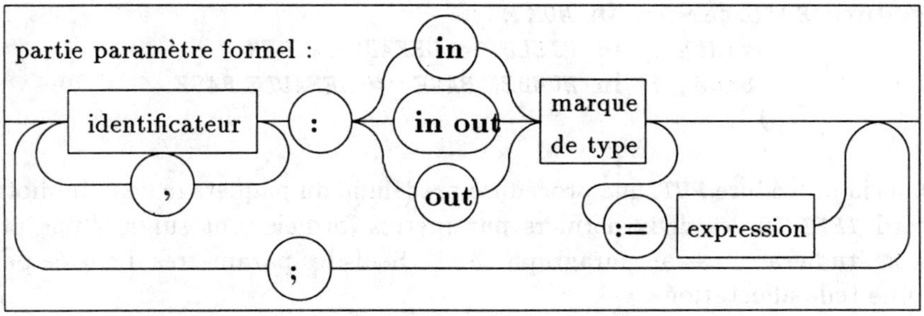

FIG. 3.6 : Partie paramètre formel.

Les paramètres d'une spécification sont appelés les *paramètres formels* : la partie paramètre formel (fig. 3.6) donne une description formelle du paramètre. Lors de l'exécution, les paramètres formels auront la valeur de ou serviront à désigner les vrais paramètres, ou paramètres effectifs, selon le *mode de transmission* choisi.

Il y a trois modes de transmission de paramètre en Ada : entrée, sortie et entrée-sortie.

3.4.1 Paramètre d'entrée

Le mode entrée est défini par le mot-clé **in** dans la figure 3.6 ; il est facultatif. Dans le mode entrée, le paramètre formel est une constante : il est supposé avoir la valeur du paramètre effectif lors de l'exécution du sous-programme, et on ne peut pas modifier cette valeur.

Il ne faut pas confondre le paramètre d'entrée de Ada avec le mode de transmission par valeur de Pascal : ici, le paramètre formel n'est pas une variable locale ayant le type du paramètre. Le compilateur peut faire une transmission par copie, et il a intérêt à le faire si le type est un type scalaire. Si le type du paramètre est un type composé, le compilateur a le choix entre faire une copie du paramètre effectif ou faire un passage par référence. Il existe de rares situations où l'on doit savoir ce que fait le compilateur : on en verra un exemple au chapitre 15, lorsqu'on s'interfacera avec d'autres langages.

Les fonctions ne peuvent pas avoir d'autres paramètres que des paramètres en entrée.

Voici quelques exemples de spécification de sous-programme qui ont des paramètres en entrée :

```
function AuCube(n : NATURAL) return NATURAL ;

procedure AllerEn(x : in largeur_ecran ; y : in hauteur_ecran) ;

procedure PUT(item  : in NUM ;
              width : in FIELD := DEFAULT_WIDTH ;
              base  : in NUMBER_BASE := DEFAULT_BASE
             ) ;
```

Dans la procédure *PUT*, une procédure prédéfinie du paquetage de la bibliothèque standard *TEXT_IO*, les deux derniers paramètres formels sont suivis d'une affectation : on étudiera ce cas au paragraphe 3.5.2. Seuls les paramètres d'entrée peuvent avoir une telle affectation.

3.4.2 Paramètre de sortie

Le mode sortie est défini par le mot-clé **out** dans la figure 3.6. On donne le mode sortie aux paramètres qui sont des résultats d'une procédure ; une fonction ne peut pas avoir de tels paramètres. Comme c'est un paramètre résultat, il est interdit de consulter sa valeur : après avoir calculé la valeur du paramètre formel de sortie, la procédure ne peut pas, par exemple, l'imprimer pour vérifier s'il est correct, car le sous-programme *PUT* a déclaré le paramètre *item* en paramètre d'entrée, et donc a besoin de consulter sa valeur.

Le paramètre effectif qui pourra être associé avec un tel paramètre est forcément une variable. Les attributs de cette variable peuvent être appliqués au paramètre formel : si *t* est un paramètre formel de sortie, on peut connaître la taille du paramètre effectif correspondant en calculant *t'LENGTH*.

Les procédures suivantes ont des paramètres d'entrée et des paramètres de sortie :

```
procedure Extraire_Date(ss : in numero_INSEE ;
                        annee : out une_annee ;
                        mois : out un_mois) ;
procedure GET(from : in STRING ;
              item : out NUM ;
              last : out POSITIVE) ;
procedure SPLIT(date : in TIME ;
                year : out YEAR_NUMBER ;
                month : out MONTH_NUMBER ;
                day : out DAY_NUMBER ;
                seconds : out DAY_DURATION) ;
```

Les deux dernières procédures appartiennent aux paquetages prédéfinis *TEXT_IO* et *CALENDAR*.

3.4.3 Paramètre d'entrée-sortie

Le mode entrée-sortie est défini par les mots-clés **in out** dans la figure 3.6. On donne le mode entrée-sortie à des paramètres qui ont une valeur en entrée dans le sous-programme, qui sont modifiés par le sous-programme, et qui sont retournés à l'appelant. Une fonction ne peut pas avoir de tels paramètres.

Le paramètre effectif associé est, là encore, une variable. Le mode de transmission correspond au mode habituellement appelé mode par référence.

Voici quelques exemples de spécification de procédures avec des paramètres d'entrée-sortie :

```
procedure Mettre_En_Majuscule(m : in out un_mot) ;
procedure Afficher(f : in out fenetre ; la_chaine : in STRING) ;
procedure Permuter(x, y : in out entier) ;
```

On retrouvera ces procédures dans les chapitres suivants ; il ne paraît pas nécessaire d'expliquer ici pourquoi on a choisi tel mode de transmission plutôt que tel autre : les identificateurs sont, nous l'espérons, assez parlants pour se passer de commentaire, et le mode est en lui-même également un commentaire.

3.5 Appel de sous-programme

L'exécution d'un sous-programme est réalisée par un énoncé d'appel de sous-programme : l'appel de procédure est une instruction (fig. 3.7), et l'appel de fonction est une évaluation. Autrement dit, on demande à exécuter une procédure par une instruction, tandis qu'une fonction sera appelée au cours de l'évaluation d'une expression (le calcul d'une valeur).

Au moment de l'appel du sous-programme, son contexte d'exécution est mis en place :

— il y a d'abord élaboration des déclarations des entités locales du sous-programme : création des variables locales, exécution du corps des paquetages locaux, ... ;

— puis il y a la transmission des paramètres : les paramètres effectifs de l'appel sont évalués (leur ordre d'évaluation est quelconque) et la liaison avec les paramètres formels correspondants est établie ;

— enfin, le point de contrôle quitte l'appelant pour s'établir après le **begin** du sous-programme : l'exécution du sous-programme commence.

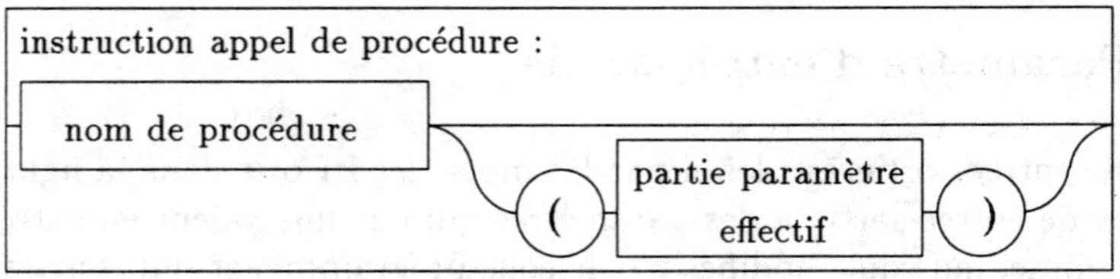

FIG. 3.7 : Instruction appel de procédure.

La figure 3.7 montre que l'instruction d'appel de procédure n'a pas de mot-clé : on appelle une procédure en la nommant et en lui donnant d'éventuels paramètres effectifs.

3.5.1 Paramètres effectifs

L'association entre paramètre effectif et paramètre formel peut se faire de deux manières en Ada : par position ou par nommage (fig. 3.8). L'*association par position* est celle qui est retenue dans la majorité des langages de programmation : le premier paramètre effectif est associé avec le premier paramètre formel, et ainsi de suite. Des erreurs sont bien entendu détectées si les types correspondants ne sont pas identiques ou compatibles, ou si la nature du paramètre effectif (valeur ou variable) ne convient pas avec le mode de transmission.

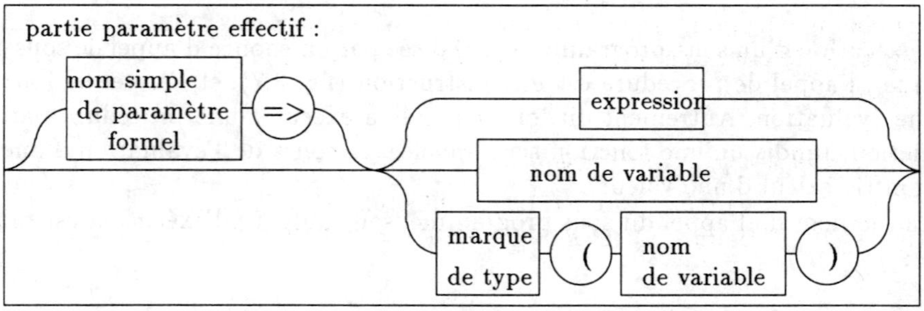

FIG. 3.8 : Partie paramètre effectif.

L'*association par nom* consiste à faire précéder le paramètre effectif du nom du paramètre formel suivi du symbole =>. Dans cette association, l'ordre des paramètres effectifs est quelconque. On retrouve cette association dans certains langages de commande. On peut mélanger les deux sortes d'associations, à condition de commencer par les associations par position : dès qu'une association par nom est utilisée, il n'est plus possible de calculer un ordre pour les paramètres restants.

Voici quelques exemples d'appels de procédures :

```
Mettre_En_Majuscule(son_nom) ;
Afficher(la_chaine => erreur(i), f => console) ;
AllerEn(10, 5) ;
AllerEn(10, y => 5) ;
AllerEn(y => 5, x => 10) ;
```

Les spécifications de ces procédures ont été données dans les pages précédentes ; les trois dernières instructions sont absolument identiques.

L'utilisation des associations nommées améliore la lisibilité des appels de sous-programmes qui ont beaucoup de paramètres ; elle devient vraiment intéressante si les programmes choisissent des noms de paramètres formels identiques pour tous les sous-programmes qui manipulent des paramètres ayant la même sémantique. Un bon exemple est donné par les paquetages standard d'entrée-sortie : le paramètre formel à lire ou à écrire s'appelle toujours *ITEM*.

3.5.2 Paramètres par défaut

Les paramètres formels en entrée peuvent être suivis d'une affectation : la valeur de l'expression est une valeur par défaut du paramètre effectif. Autrement dit, les paramètres formels d'entrée qui ont une valeur par défaut peuvent ne pas avoir de paramètre effectif associé lors d'un appel de sous-programme. On place en général les paramètres formels avec valeur par défaut en fin de la liste de paramètres : on peut ainsi utiliser l'association par position.

Reprenons l'exemple de la procédure *PUT* du paquetage *TEXT_IO*. Dérivée pour le paquetage *ES_de_naturels* que nous avons déjà utilisé, elle a la spécification suivante :

```
procedure PUT(item  : in NUM ;
              width : in FIELD := DEFAULT_WIDTH ;
              base  : in NUMBER_BASE := DEFAULT_BASE
             ) ;
```

Dans les exemples du chapitre 1 et du début de ce chapitre, nous avons utilisé la procédure ainsi :

```
ES_de_naturels.PUT(Pile_de_naturels.Depiler) ;
ES_de_naturels.PUT(cube, 40 + NATURAL'IMAGE(cube)'LENGTH / 2) ;
```

Dans le premier appel, les paramètres effectifs correspondant à ***width*** (largeur du champ d'impression) et à ***base*** (base de numération) sont tous les deux absents : ***width*** prend la valeur par défaut ***DEFAULT_WIDTH*** (qui dans ce cas vaut ***NATURAL'WIDTH***), et base prend la valeur 10 (***DEFAULT_BASE***). Dans le deuxième appel, il manque seulement le dernier paramètre, la base 10.

3.5.3 Cas des fonctions

Tous les paramètres d'entrée peuvent avoir des valeurs par défaut, sauf ceux des fonctions qui sont des opérateurs, ce qui est normal puisqu'on peut utiliser la notation infixe (fig. 3.9).

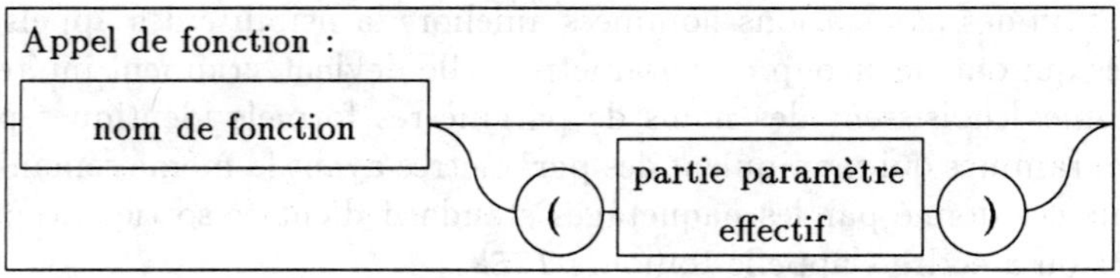

FIG. 3.9 : Appel de fonction.

Voici des appels de fonctions, dont les spécifications ont été données dans les pages précédentes :

```
ES_de_naturels.PUT(Pile_de_naturels.Depiler) ;
discriminant := b*b - 4*a*c ;
discriminant := "*"(b, b) - "*"(4, "*"(a, c)) ;
Afficher(la_chaine => NATURAL'IMAGE(AuCube(n)), f => resultat) ;
```

Le premier exemple appelle la fonction ***Depiler*** pour évaluer le paramètre effectif du ***PUT***; le deuxième et le troisième exemples sont identiques et montrent les différentes formes de l'appel de la fonction *"*"* du paquetage ***STANDARD***; enfin, la fonction ***AuCube*** de la page 52 est appelée comme paramètre de l'attribut ***IMAGE***, pour fabriquer un paramètre de type correct pour la procédure ***Afficher*** de la page 53.

3.6 Terminaison d'un sous-programme

Un sous-programme se termine quand :

— le point de contrôle atteint le **end** final ;

— une instruction **return** est exécutée (fig. 3.10) ;

— une instruction déclenche une exception qui n'est pas traitée par le sous-programme ; ce dernier cas est étudié au chapitre 7

Dans les deux premiers cas de terminaison, celui où le sous-programme s'est déroulé correctement :

— les valeurs des paramètres d'entrée-sortie et des paramètres de sorties sont affectées aux paramètres effectifs correspondants ;

— les entités locales sont détruites ;

— le point de contrôle reprend chez l'appelant, juste derrière l'appel du sous-programme.

Si le sous-programme ne s'est pas déroulé correctement, il est possible que le premier point ne soit pas vérifié.

Par ailleurs, une exception de nom *PROGRAM_ERROR* est déclenchée si le point de contrôle atteint le **end** final d'une fonction : cela signifie en effet que la fonction n'a pas délivré son résultat. C'est l'instruction retour qui permet à une fonction de la délivrer.

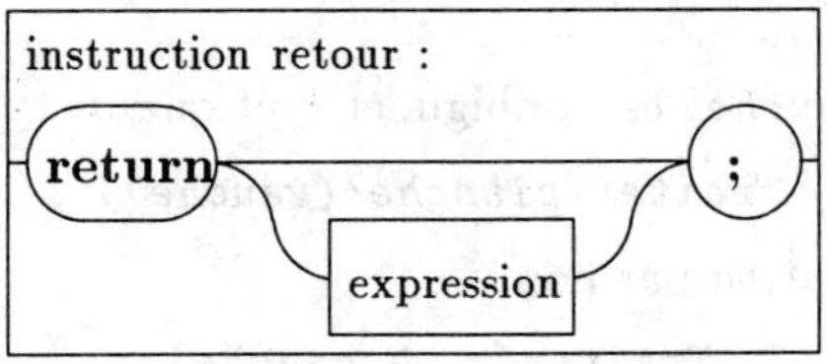

FIG. 3.10 : Instruction retour.

L'instruction retour n'est pas suivie d'une expression si elle est utilisée dans une procédure. On peut en mettre plusieurs dans un même sous-programme, mais une instruction retour doit obligatoirement se trouver dans la partie instruction du sous-programme, et non dans celle d'un sous-programme ou d'un paquetage emboîté ou appelé.

3.7 Surcharge

On a vu au paragraphe 3.2.3, page 47, que les fonctions opérateurs peuvent être surchargées. C'est en fait une possibilité valable pour tous les sous-programmes, qu'ils soient prédéfinis ou non : d'une manière générale, un identificateur de sous-programme est dit surchargé lorsqu'il désigne plusieurs sous-programmes qui se distinguent par le profil de types de leurs paramètres. Deux parties de paramètres formels ont même profil si elles ont le même nombre de paramètres et si les types correspondant aux mêmes positions ont le même type de base (pour une fonction : il faut aussi avoir le même type de résultat). Le profil ne tient donc pas compte du mode de transmission ni des valeurs par défaut.

Une procédure ne peut pas cacher une fonction et vice versa; mais une fonction peut surcharger un littéral d'énumération (considéré en fait comme une fonction sans paramètre). Les ambiguïtés qui peuvent surgir à l'appel se règlent par la qualification des paramètres :

```
procedure Afficher(t : in un_titre);
procedure Afficher(m : in un_mot);
```

Si *un_titre* et *un_mot* sont des sous-types de *STRING* (le type prédéfini pour les chaînes), ces deux procédures ont même profil et ne peuvent être déclarées dans le même bloc :

```
type sens_curseur is (haut, bas, droite, gauche);
type planche is (sans_noeud, lisse, gauche, non_equarie);
procedure Traiter(c : in sens_curseur);
procedure Traiter(p : in planche);
```

L'appel *Traiter(gauche)* est ambigu, et doit qualifier le paramètre :

Traiter(planche'(gauche)) ;

ou alors utiliser l'association par nom :

Traiter(p => gauche) ;

3.8 Récursivité

Tous les sous-programmes Ada sont réentrants et peuvent être récursifs : tout sous-programme peut être exécuté simultanément par des tâches parallèles (réentrance), et tout sous-programme peut être activé simultanément plusieurs fois par la même tâche, par un appel du sous-programme effectué par lui-même, ou de manière indirecte (récursivité).

La programmation d'un algorithme dérivant de formules de récurrence est évidente si l'on utilise la récursivité. Prenons l'exemple classique des nombres de Fibonacci; ces nombres sont définis par la récurrence suivante : $F_{i+1} = F_i + F_{i-1}$ pour tout $i > 0; F_1 = 1; F_0 = 0$. La fonction suivante délivre le nième nombre de Fibonacci :

```
function Fibonacci(n : naturel) return naturel is -- catastrophique !
begin
  if n = 0 then return 0 ;
  elsif n = 1 then return 1 ;
  else return Fibonacci(n - 1) + Fibonacci(n - 2) ;
  end if ;
end Fibonacci ;
```

Même sans avoir étudié l'"instruction si", la fonction précédente est évidente à comprendre : elle applique exactement la définition mathématique. La solution itérative équivalente nécessite plusieurs variables auxiliaires et ne met pas la récurrence en évidence.

Pourtant, cette fonction récursive si simple est à proscrire totalement, d'une part à cause de la profondeur des appels récursifs, et d'autre part à cause de la répétition de calculs déjà faits. On verra plus loin de bonnes utilisations de la récursivìté, notamment aux pages 134 et 163.

3.9 Réutilisation des logiciels existants

On ne peut pas terminer ce chapitre sans se poser la question de l'avenir des logiciels qui ne sont pas écrits en Ada, qui fonctionnent bien, et qu'on voudrait incorporer à de nouveaux développements en Ada. Ada est destiné à l'écriture de composants réutilisables, mais il sait aussi réutiliser des pseudo-composants écrits en d'autres langages.

La fabrication d'une application écrite avec plusieurs langages peut se faire de deux façons :

— soit en enchaînant par un (sous-)programme écrit en langage de commande différents programmes exécutables produits à partir de compilateurs différents ;

— soit en intégrant dans des sous-programmes écrits dans des langages de programmation différents des appels à des sous-programmes écrits dans d'autres langages de programmation.

Autrement dit, une nouvelle application Ada doit tenir compte de l'existant et réutiliser les modules qui ont fait leurs preuves. Seule la seconde méthode nous intéresse ici : la première dépend du langage de commande et de la façon de transmettre des arguments à une commande. L'unité réutilisée est le sous-programme : c'est le seul concept commun à tous les langages, y compris le langage d'assemblage.

La réutilisation est simple : il faut d'abord et obligatoirement déclarer le sous-programme en Ada, avec la syntaxe normale du langage. On signale ensuite au compilateur, grâce à un pragma, que le corps est externe et écrit dans le langage X. Nous ne montrerons pas ici quelles sont les contraintes de cette réutilisation, car elles dépendent à la fois du langage X et de la mise en œuvre du compilateur Ada, telle qu'elle est décrite dans l'obligatoire annexe F qui accompagne le compilateur. Mais nous développerons au chapitre 15 un programme Ada qui réutilise une bibliothèque écrite en C et qu'on trouve en standard sur les sytèmes UNIX.

CHAPITRE 4

Les paquetages

4.1 Généralités

On sait désormais formaliser des actions sur des données ; les sous-programmes mettent en œuvre les actions, les types, les données. L'étape suivante consiste à formaliser le composant logiciel. On a besoin d'une structure pour rassembler les types et les sous-programmes qui visent à définir un objet ou un modèle d'objet : la procédure ***Empiler*** seule en tant qu'unité de bibliothèque n'a aucun sens, elle est forcément liée à la fonction ***Depiler*** et à la structure de données qui représente la pile.

4.1.1 Buts

Le composant logiciel principal n'est donc pas le sous-programme, mais le *paquetage*. Dans une première approche, on peut le considérer comme la formalisation du traditionnel module qu'on réalisait jadis en vieux Fortran avec une collection de sous-programmes partageant une structure de données commune (un **common**), ou qu'on réalise en C par des fichiers important tous les mêmes données (**extern**) déclarées dans l'un deux, et incluant des fichiers d'en-tête décrivant les types des entités définies par le module.

Pour être élevé au rang de composant, le paquetage doit respecter certains impératifs qui ne sont atteints que par discipline de programmation en Fortran ou en C :

— si le composant gère une structure de données, celle-ci doit être totalement *invisible* à l'utilisateur du composant. L'intégrité de la donnée n'est assurée que parce qu'elle est manipulable seulement à travers les opérateurs fournis par le composant ;

— si la donnée gérée par le composant n'appartient pas au composant, les mêmes contraintes d'intégrité doivent être assurées ;

— l'arrivée d'une nouvelle version d'un composant supposée plus efficace que la précédente, ne doit pas entraîner de modification dans les programmes qui utilisent ce composant ;

— de nouveaux composants doivent pouvoir être construits à partir d'anciens composants ;

— le composant doit être compréhensible rapidement : autrement dit, le programmeur, après avoir acheté un composant d'après ses fonctionnalités, doit en comprendre le mode d'emploi sans avoir besoin de regarder comment il est fait, et doit savoir l'utiliser sans ambiguïté.

4.1.2 Principe

Les principes qui vont permettre de réaliser ces contraintes sont les suivants :

— le paquetage cache à l'utilisateur toutes les informations qui ont trait à la mise en œuvre des données et des algorithmes ;

— le paquetage regroupe dans une partie visible toutes les spécifications externes du module, c'est-à-dire qu'il donne à l'utilisateur les spécifications de ce qu'il peut utiliser.

Si l'on schématise ces principes, le paquetage se présente comme sur la figure 4.1 : la partie émergée de l'iceberg contient les déclarations Ada de ce qui est exporté par le paquetage, la partie immergée contient la mise en œuvre de la partie exportée

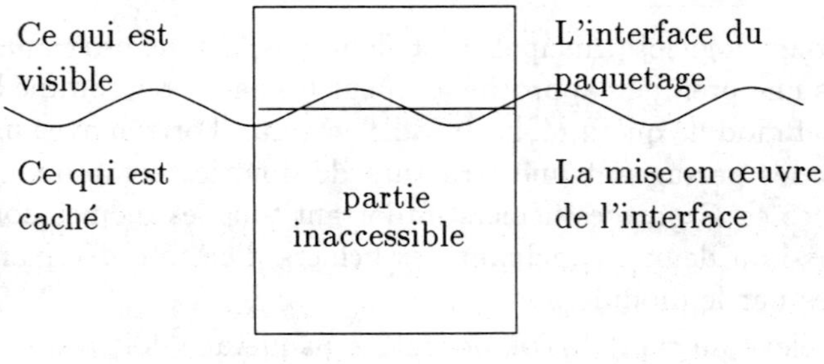

FIG. 4.1 : Visibilité d'un paquetage.

et on distingue une zone à moitié émergée et à moitié immergée dont on parlera plus tard.

L'image n'est pas tout à fait exacte : le rapport entre la partie visible et la partie cachée n'est pas constant et dépend beaucoup du type de paquetage. Bien qu'*a priori* il semble normal que la partie cachée soit bien plus importante que l'interface du module, on peut trouver des paquetages n'ayant que l'interface : c'est le cas, par exemple, de paquetages qui ne servent qu'à regrouper des paramètres d'un logiciel.

Nous donnerons des exemples de paquetages après avoir précisé la syntaxe des deux parties qui les composent.

4.2 Structure d'un paquetage

La structure d'un paquetage est la même que celle d'un sous-programme : une spécification d'abord, un corps ensuite ; contrairement au sous-programme cependant, la spécification est obligatoire, tandis que le corps ne l'est pas (ce qu'on a noté ci-dessus avec le paquetage de paramètres).

4.2.1 Spécification d'un paquetage

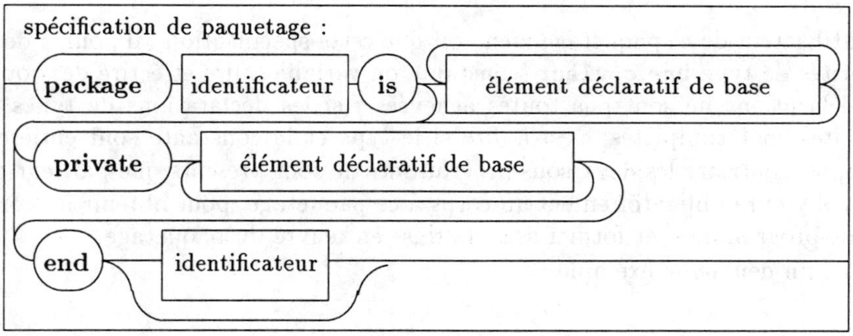

FIG. 4.2 : Spécification de paquetage.

La partie importante de la figure 4.2, celle qui expose l'interface du paquetage, est située entre le mot-clé **is** et le mot-clé **private** ou **end** : les éléments déclaratifs de base qui suivent le mot-clé **is** forment une suite de déclarations de constantes, de types, de variables, de sous-programmes, de paquetages, d'exceptions, de tâches... qui sont toutes exportées par le paquetage.

Cette partie est donc bien l'interface utile du paquetage, et elle contient tout ce qu'un client doit connaître pour l'utiliser à bon escient. Dans nos exemples, nous avons en général omis les indispensables commentaires qui doivent accompagner l'interface : ils feraient double emploi avec les explications que nous donnons avant ou après les textes de programme.

Examinons ce premier exemple de paquetage :

```
package Les_Couleurs is
   type une_couleur is
       (blanc, bleu, bleu_ciel, carmin, gris_clair, gris_fonce,
        indefinie, jaune, jaune_d_or, marine, noir, orange, rouge,
        vermillon, vert, vert_anglais, vert_tilleul,
        vert_veronese, violet);
   couleur_nulle : constant une_couleur := indefinie;
   procedure Lire_Couleur(c : out une_couleur);
   procedure Ecrire_Couleur(c : in une_couleur);
end Les_Couleurs;
```

On trouve quatre déclarations dans sa spécification :

— le type ***une_couleur***;

— la constante ***couleur_nulle***;

— les deux opérateurs ***Lire_Couleur*** et ***Ecrire_Couleur***.

L'utilisateur de ce paquetage n'en voit que cette spécification : il pourra déclarer des entités de type ***une_couleur*** (constante ou variable), lire et écrire des couleurs. Ces déclarations ne sont pas toutes achevées : si les déclarations de types et de constantes sont complètes, c'est-à-dire si le type et la constante sont entièrement décrits, au contraire les deux sous-programmes ne sont présents que par leur déclaration ; il y aura obligatoirement un corps à ce paquetage, pour obtenir les corps de ces sous-programmes, et former ainsi la mise en œuvre du paquetage.

Voici un deuxième exemple :

```
package Terminal_VT100 is
   --  Opérations élémentaires sur un terminal de type VT100
   subtype hauteur_ecran is INTEGER range 1..24 ;
   subtype largeur_ecran is INTEGER range 1..80 ;
   procedure EffacerLEcran;
   procedure AllerEn(x : largeur_ecran ; y : hauteur_ecran) ;
   --  positionnement du curseur en (x, y)
   procedure EnRelief ;      --  passage en inverse-vidéo
   procedure SansRelief ;    --  retour au mode normal
end Terminal_VT100 ;
```

Le paquetage ***Terminal_VT100*** offre quelques services pour l'utilisateur d'un tel terminal : effacer l'écran, envoyer le curseur en un point donné de l'écran, passer en mode relief et revenir au mode normal. Les quatre opérateurs du paquetage vont permettre de construire d'autres outils plus élaborés et s'abstraire des problèmes de mise en œuvre liés au type du terminal. On notera qu'ici le paquetage modélise le terminal de l'utilisateur : il n'exporte pas de type ***un_terminal***, il est l'objet terminal VT100.

Nous verrons au paragraphe 4.11 des paquetages ayant dans leurs spécifications une partie privée (mot-clé **private**).

4.2.2 Corps d'un paquetage

Le corps du paquetage présenté dans la figure 4.3 est tout à fait analogue au corps du sous-programme de la figure 3.3, page 44 : il contient exactement les mêmes parties, dans le même ordre.

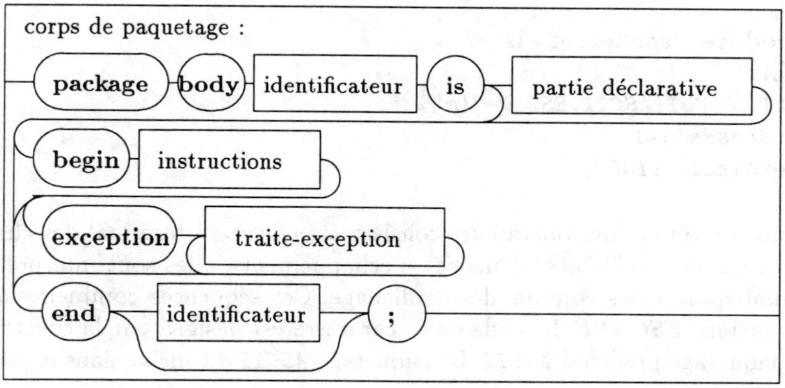

FIG. 4.3 : Corps de paquetage.

Il y a cependant une différence importante : la partie déclarative de la figure 4.3 est précédée implicitement des déclarations de la spécification du paquetage ; toutes ces déclarations font partie du bloc défini par le paquetage, et la partie instruction a la même visibilité sur chacune d'elles. Le corps du paquetage contient la mise en œuvre des opérateurs exportés, ce qui peut amener des déclarations de constantes, types, variables, sous-programmes,. . .locaux cachés.

Voici le corps du paquetage ***Terminal_VT100*** :

```
with TEXT_IO ;
package body Terminal_VT100 is

  procedure EffacerLEcran is
  begin
    TEXT_IO.PUT(ASCII.ESC & "[2J" ) ;
  end EffacerLEcran ;
```

```
   procedure AllerEn(x : largeur_ecran ; y : hauteur_ecran) is
   begin
     TEXT_IO.NEW_LINE ;
     TEXT_IO.PUT(ASCII.ESC & "[" &
                 INTEGER'IMAGE(y)(2..INTEGER'IMAGE(y)'LENGTH) & ";" &
                 INTEGER'IMAGE(x)(2..INTEGER'IMAGE(x)'LENGTH) & "f") ;
   end AllerEn ;

   procedure EnRelief is
   begin
     TEXT_IO.PUT(ASCII.ESC & "[7m") ;
   end EnRelief ;

   procedure SansRelief is
   begin
     TEXT_IO.PUT(ASCII.ESC & "[m") ;
   end SansRelief ;
end Terminal_VT100 ;
```

La mise en œuvre des opérateurs consiste à envoyer au terminal des chaînes de caractères qu'on appelle des séquences d'échappement : elles sont interprétées par le terminal comme des commandes d'affichage. Ces séquences commencent toutes par le caractère *ESCAPE*. Le code de ce caractère est désigné par la constante ***ESC*** dans le paquetage prédéfini ***ASCII***. Le paquetage ***ASCII*** est inclus dans le paquetage ***STANDARD***.

L'impression des séquences d'échappement utilise le paquetage prédéfini ***TEXT_IO***; l'opérateur ***PUT*** affiche une expression de type chaîne. L'opérateur ***&*** est l'opérateur de concaténation de chaîne : ainsi, chaque ***PUT*** n'a qu'un seul paramètre du bon type.

Les valeurs de ces chaînes sont particulières à une sorte d'écran ; on les trouve dans le manuel qui accompagne le terminal. Pour envoyer le curseur en (x, y), il faut envoyer la séquence ***ESC [y;xf***, où ***x*** et ***y*** sont les représentations dans le type chaîne des entiers x et y. Cette représentation est donnée par l'expression ***INTEGER'IMAGE (x)***, mais avec un blanc en premier caractère (voir page 33). Ce blanc est supprimé en faisant afficher la tranche de ***INTEGER'IMAGE (x)***, qui va du caractère 2 au dernier. Les tranches sont étudiées au chapitre 8 page 126.

On verra plus loin des utilisations de ce paquetage, ainsi que d'autres paquetages du même type.

Ce premier exemple ne comporte qu'une partie déclarative, qui sert uniquement à compléter la spécification du paquetage, en fournissant les corps des sous-programmes. La partie instruction, qui commence au **begin**, contient en général des initialisations du paquetage ; elle est exécutée lors de l'élaboration du paquetage, c'est-à-dire lorsque le bloc qui déclare le paquetage devient actif. Cette élaboration entraîne l'exécution de code : code d'initialisation des variables du paquetage (éventuellement), partie instruction. Le traite-exception du paquetage sert à récupérer les exceptions qui peuvent être déclenchées pendant cette exécution. Les paquetages des pages 74 et 68 contiennent des parties instructions.

4.3 Déclaration des paquetages

Une déclaration de paquetage consiste à donner une spécification de paquetage, comme le montre la figure 4.4.

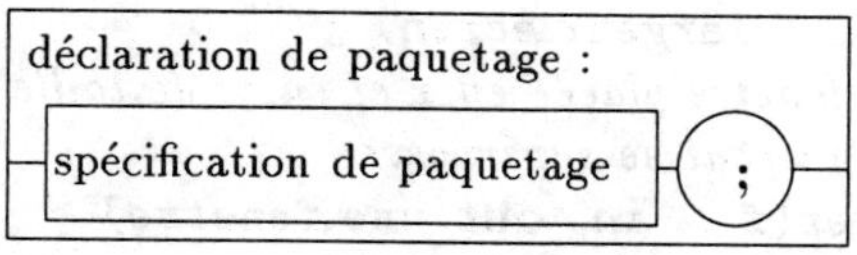

FIG. 4.4 : Déclaration de paquetage.

Un paquetage se déclare comme une unité de bibliothèque : son contexte environnant est alors formé du paquetage ***STANDARD*** et des paquetages éventuellement nommés dans les clauses **with** qui précèdent la déclaration. Il peut être également déclaré dans la partie déclarative d'un bloc, et son contexte est celui du bloc déclarant. On doit remarquer que le contexte de la spécification et le contexte du corps peuvent être différents. C'est le cas dans le seul exemple complet donné jusqu'à présent : le contexte de la spécification du ***Terminal_VT100*** ne contient aucun paquetage (autre que le ***STANDARD*** implicite), tandis que son corps a besoin du paquetage prédéfini mais non implicite ***TEXT_IO***.

4.4 Utilisation des paquetages

Tous les identificateurs déclarés dans la spécification du paquetage sont accessibles depuis un client du paquetage par la notation pointée : si un paquetage ***P*** exporte une entité ***E***, alors l'accès à l'entité ***E*** par un programme client de ***P*** ou déclarant ***P*** est noté ***P.E***. Nous avons utilisé cette notation dans tous les exemples précédents, par exemple en écrivant :

```
TEXT_IO.PUT (ASCII.ESC & "[2J")
```

dans la procédure ***EffacerLEcran***. Cette notation n'est pas liée à l'utilisation de la clause **with**. Supposons que le paquetage ***Terminal_VT100*** soit déclaré dans le paquetage ***Les_Fenetres*** qui définit quelques opérateurs sur des fenêtres d'affichage.

```
package Les_Fenetres is
  -- définit des fenêtres sur l'écran avec une gestion minimum
 type une_fenetre is ... ;   --  le type d'une telle fenêtre
 maxligne : constant := 24 ;
 maxcol   : constant := 80 ;
  subtype hauteur_ecran  is INTEGER range 1..maxligne ;
  subtype largeur_ecran  is INTEGER range 1..maxcol ;

  procedure Ouvrir(f : in out une_fenetre ;
                   en_x : hauteur_ecran ;     --  coin en haut à gauche
                   en_y : largeur_ecran ;
                   h : hauteur_ecran ;        --  taille de la fenêtre
                   l : largeur_ecran) ;
    --  installe une fenêtre placée en_x et en_y, de taille l sur h ;
    --  les fenêtres peuvent se superposer
  procedure Encadrer(f : in out une_fenetre) ;
  procedure Titrer(f : in out une_fenetre ; titre : STRING) ;
  procedure Afficher (f : in out une_fenetre ; la_chaine : STRING) ;
    --  Affiche la_chaine dans la fenêtre, sans retour de ligne
  procedure A_la_ligne (f : in out une_fenetre) ;
...
end Les_Fenetres ;
```

Le corps du paquetage *Les_Fenetres* déclare des variables propres pour suivre la position du curseur, le paquetage *Terminal_VT100* pour envoyer le curseur dans une fenêtre met en œuvre les opérateurs de la spécification, et contient une partie instruction qui initialise l'écran avant toute ouverture de fenêtre, en effaçant l'écran et en envoyant le curseur dans le coin haut à gauche. En omettant la mise en œuvre des opérateurs et des types, le corps est le suivant :

```
with TEXT_IO ;
package body Les_Fenetres is

  package Terminal_VT100 is
    subtype hauteur_ecran is INTEGER range 1..24 ;
    subtype largeur_ecran is INTEGER range 1..80 ;
    procedure EffacerLEcran;
    procedure AllerEn(x : largeur_ecran ; y : hauteur_ecran) ;
    procedure EnRelief ;      --  passage en inverse-vidéo
    procedure SansRelief ;    --  retour au mode normal
  end Terminal_VT100 ;

  package body Terminal_VT100 is
    procedure EffacerLEcran is begin ...  end EffacerLEcran ;
```

```
    procedure AllerEn( ... ) is begin ... end AllerEn ;
    procedure EnRelief is begin ... end EnRelief ;
    procedure SansRelief is begin ... end SansRelief ;
  end Terminal_VT100 ;

  procedure Ouvrir( ... ) is begin ... end Ouvrir ;
  procedure A_la_ligne( ... ) is begin ... end A_la_ligne ;
  procedure Afficher( ... ) is begin ... end Afficher ;
  procedure Encadrer( ... ) is begin ... end Encadrer ;
  procedure Titrer( ... ) is begin ... end Titrer ;

begin
  Terminal_VT100.EffacerLEcran ;
  Terminal_VT100.AllerEn(1, 1) ;
end Les_Fenetres ;
```

Dans la partie instruction, les deux accès au paquetage définissant le terminal utilisent nécessairement la notation pointée.

Le paquetage n'est pas une unité active : la création des entités déclarées dans la spécification et dans le corps du paquetage n'est pas conditionnée par un appel de paquetage (qui n'existe pas), comme pour les sous-programmes. Si le paquetage est un paquetage de bibliothèque, ses variables sont en quelque sorte créées lors de l'édition de liens du programme, et leur durée de vie est celle du programme. Pour un paquetage déclaré dans un sous-programme, ses variables sont créées lors de l'élaboration du paquetage, c'est-à-dire lors de l'activation du sous-programme déclarant.

4.5 Clause de contexte with

La clause **with** (figure 4.5) est nécessaire dans toute unité de compilation (un sous-programme, un paquetage...) qui utilise un paquetage ou un sous-programme qui n'est pas déclaré dans cette unité. Elle indique au compilateur qu'il va devoir contrôler des accès à une unité extérieure.

C'est donc cette clause qui établit les couplages entre unités : si la spécification du paquetage *A* est préfixée par la clause **with** *B* ;, c'est que l'unité *A* est cliente de l'unité *B*.

Une clause **with** ne porte que sur la déclaration qu'elle préfixe, mais elle s'étend dans la totalité de la déclaration. Supposons une unité de compilation qui déclare deux paquetages *A* et *B*; si ces deux paquetages utilisent *TEXT_IO* pour afficher des messages, ils seront tous précédés d'une même clause **with**. L'extrait de cette unité de compilation montre que la clause n'est nécessaire que là où le paquetage extérieur intervient ; en l'occurrence ici, la clause n'apparaît pas devant les spécifications de

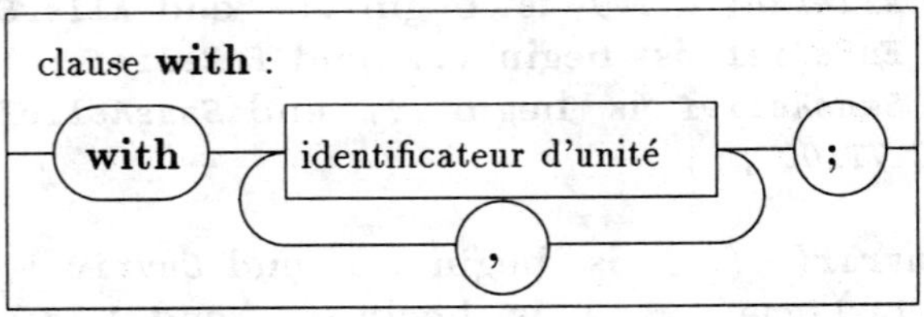

FIG. 4.5 : Clause **with**.

A et *B*, car on suppose que ces spécifications ne font aucune référence à l'interface de *TEXT_IO*.

```
package A is
  ...
end A ;

package B is
  ...
end B ;

with TEXT_IO ;
package body A is
  ...
end A ;

with TEXT_IO ;
package body B is
  ...
end B ;
```

Par contre, la clause **with** *TEXT_IO* n'a pas été répétée en préfixe du corps du paquetage ***Terminal_VT100*** (parag. 4.4 page 68), car le corps est déclaré dans le paquetage ***Les_Fenetres*** qui est préfixé par la clause **with** *TEXT_IO*.

4.6 Clause de contexte use

La clause de contexte **use** (figure 4.6) est une facilité du langage qui permet une simplification de notation des identificateurs exportés par un paquetage.

Dans la portée de la clause **use** *A* ;, toutes les références aux identificateurs exportés par *A* sont directement visibles, et le préfixe *A*. est inutile. La portée de la clause **use** est celle du bloc qui la déclare : la clause **use** *A* ; doit donc forcément

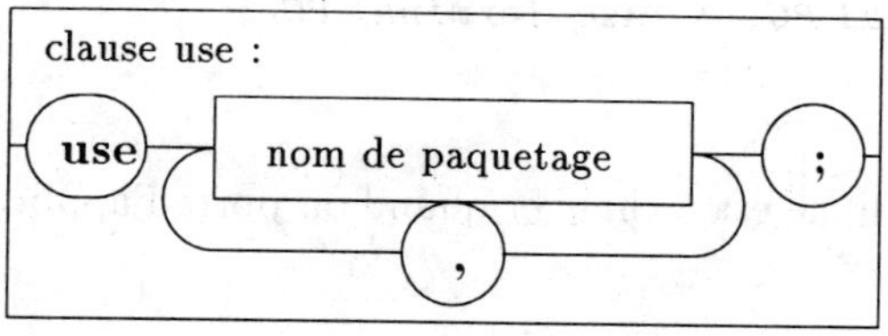

FIG. 4.6 : Clause **use**.

se trouver dans la portée de la clause **with *A* ;**, mais elle peut ne préfixer qu'un bloc interne de ***A***. La portée de la clause **use** commence au point de déclaration de la clause.

Reprenons le corps du paquetage ***Terminal_VT100*** déclaré dans le corps du paquetage ***Les_Fenetres*** (parag. 4.2.2 page 65). Ce corps utilise les paquetages ***TEXT_IO*** et ***ASCII***. Si l'on veut ouvrir l'accès direct sur ces deux paquetages pour l'ensemble du paquetage ***Les_Fenetres***, on peut placer la clause **use *TEXT_IO, ASCII ;*** sur la première ligne, avant le mot-clé **package**, ou juste après la ligne d'en-tête, après le mot-clé **is** de la deuxième ligne. Si l'on veut ouvrir cet accès uniquement pour les procédures ***EnRelief*** et ***SansRelief***, on place la clause juste avant le corps de la procédure ***EnRelief***.

L'utilisation de plusieurs clauses **use** risque de provoquer des conflits de noms qui seront détectés par le compilateur ; l'usage des *noms développés* (précédés par le nom du paquetage) lève dans ce cas l'ambiguïté. Par ailleurs, cette clause ne renforce pas toujours la lisibilité des programmes : sans l'utilisation des noms développés, on peut se demander d'où sortent tels identificateurs non déclarés localement. Bien que l'on reparlera de cet aspect au chapitre 14, donnons deux exemples dans lesquels la clause **use** reste utile.

Supposons que l'on ait écrit une application qui réalise du multifenêtrage en utilisant le paquetage ***Les_Fenetres***, et que l'on porte cette application sur une machine de type compatible PC : on se rend compte bien vite qu'il faut changer le paquetage ***Terminal_VT100*** de ***Les_Fenetres*** par un paquetage ***Terminal_PC***. Le même changement serait à faire si on changeait encore une fois de type de terminal. Les modifications du texte du corps du paquetage ***Les_Fenetres*** ne sont pas nécessaires, si l'on a organisé le code comme suit :

— les spécifications des paquetages ***Terminal_VT100***, ***Terminal_PC***, ***Terminal_-Unix***...sont toutes identiques, au nom du paquetage près ;

— toutes les références à ***Terminal_VT100*** dans ***Les_Fenetres*** sont modifiées en vue d'utiliser une clause **use** ;

— pour une mise en œuvre de l'application sur un terminal donné, il suffit alors de faire précéder le paquetage ***Les_Fenetres*** des clauses suivantes :

```
with Terminal_PC ; use Terminal_PC ;
```

et seule cette ligne est à changer quand on porte l'application d'une machine à une autre.

Le deuxième exemple est celui des types dérivés. Considérons le paquetage suivant, qui définit pour une application le type **naturel**, des opérateurs d'entrée-sortie standard fournis par ***ES_de_naturels*** (on verra sa construction plus tard), et un opérateur de lecture interactive (programmé page 112) :

```
with TEXT_IO ;
package Les_Naturels is
  type naturel is new NATURAL range 0 .. 2**23 - 1;
  package ES_de_naturels is new TEXT_IO.INTEGER_IO(naturel) ;
   -- paquetage d'entrée-sortie héritant des opérateurs standard
  procedure Lire_naturel(n : out naturel) ;
   -- lecture interactive avec correction d'erreurs
end Les_Naturels ;
```

Un programme qui utilise ce paquetage sans clause **use** peut déclarer des naturels par :

```
x : Les_Naturels.naturel ;
```

écrire un naturel par :

```
Les_Naturels.ES_de_naturels.PUT(n) ;
```

mais pour faire un calcul, comme ajouter 1 à **x**, il faudra faire :

```
x := Les_Naturels."+"(1,x) ;
```

car l'opérateur " plus " (tout comme le produit ou l'égalité) n'est pas exporté par le paquetage : le type **naturel** hérite de tous les opérateurs définis sur ***NATURAL***, mais le paquetage ici ne les exporte pas explicitement. Une clause **use *Les_Naturels* ;**, en ouvrant la visibilité sur le paquetage, rend directement visibles les opérateurs sur les naturels.

Nous reviendrons sur cette discussion et la clause **use** au chapitre 14, et nous y examinerons une solution meilleure pour faciliter l'utilisation de l'opérateur " plus " sur les naturels (page 349).

4.7 Le paquetage déclaratif

Dans ce paragraphe et les suivants, nous donnons les diverses utilisations du concept de paquetage. Le paquetage déclaratif est un paquetage sans corps qui sert à regrouper des constantes (et éventuellement des types associés) ; il est fréquent qu'une application dépende de nombreux paramètres, qu'il est bien venu de regrouper tous en un point unique de l'application.

Voici un tel paquetage :

```
package Parametres is
   taux_TVA_1 : constant := 0.7 ;
   taux_TVA_2 : constant := 0.18 ;
   taux_TVA_3 : constant := 0.23 ;
   type francs is delta 0.01 range -100_000.00 .. +1_000_000.00 ;
   cout_horaire : constant francs := 103.25 ;
  ...
end Parametres ;
```

4.8 Le paquetage de services banalisés

Le paquetage de services banalisés ne définit aucune valeur ni aucune structure de données, mais il offre une panoplie de services habituellement disponibles sur une installation. Voici deux tels paquetages :

```
package Fonction_Aleatoire is
   function Alea(inf, sup : NATURAL) return NATURAL ;
    --  délivre une valeur aléatoire comprise entre inf et sup
end Fonction_Aleatoire ;

package Parite is
   function Est_Pair(x : INTEGER) return BOOLEAN ;
   function Est_Impair(x : INTEGER) return BOOLEAN ;
end Parite ;
```

Un paquetage mathématique exportant des fonctions calculant les fonctions trigonométriques, la racine carrée, etc. est de ce type, mais il est mis en œuvre sous forme de paquetage générique : la précision du résultat (une valeur en point flottant) est un paramètre du paquetage (voir chapitre 11).

On peut se demander pourquoi la fonction **Alea** est déclarée dans un paquetage, puisqu'une fonction peut être à elle seule une unité de bibliothèque. C'est que cette fonction, qui délivre à chaque appel une nouvelle valeur, a besoin de conserver une valeur entre deux activations. Pour que le premier appel soit lui-même aléatoire, cette première valeur (appelée le germe de la fonction), est ici calculée à partir de l'heure courante (fonction *CLOCK*) exprimée en secondes. Le paquetage prédéfini *CALENDAR* exporte les fonctions *CLOCK* et *SECONDE* et le type *DAY_DURATION*. Les calculs sont faits ici sur des valeurs de type *LONG_INTEGER*; ce type doit être mis en œuvre sur 32 bits pour que la fonction soit vraiment aléatoire :

```
with CALENDAR ;  use CALENDAR ;
package  body  Fonction_Aleatoire  is
 germe : LONG_INTEGER ;
 secondes : DAY_DURATION ;
     --   type réel en point fixe défini dans CALENDAR

  function Alea(inf, sup : NATURAL)  return NATURAL  is
  begin
   germe := (171 * germe)  mod 32749 ;
   return NATURAL(germe / 8  mod LONG_INTEGER(sup)
                      + LONG_INTEGER(inf)) ;
  end ;

begin
 germe := LONG_INTEGER(SECONDS(CLOCK)) ;
     --    Nombre de secondes de l'heure courante
end Fonction_Aleatoire ;
```

Lorsque nous aurons vu les exceptions de Ada, nous pourrons en déclencher une si le type *LONG_INTEGER* n'est pas implanté sur 32 bits : il suffira de glisser avant le calcul du germe dans le paquetage (et non dans la fonction) l'instruction :

```
if LONG_INTEGER'SIZE /= 32  then
   raise PROGRAM_ERROR ;
end  if ;
```

Supposons que la fonction **Alea** soit utilisée dans plusieurs modules d'une application ; il y aura ainsi plusieurs clause **with** *Fonction_Aléatoire ;* dans le programme. Cependant, le paquetage ne sera extrait qu'une seule fois de la bibliothèque, et sa partie instruction ne sera exécutée qu'une fois.

4.9 Le paquetage comme objet

Le paquetage objet définit un objet : un objet physique, comme **`Terminal_VT100`**, ou une structure de données, comme **`Pile_de_naturels`**. L'objet n'est accessible que par ses opérateurs : s'il occupe de la mémoire, celle-ci est déclarée dans la partie cachée du paquetage, dans son corps. Reprenons à titre d'exemple la **`Pile_de_naturels`** du chapitre 1 telle qu'elle avait été utilisée dans le premier exemple. La mise en œuvre de la pile nécessite un tableau ou une liste de naturels : déclaré dans le corps, le tableau (ou la liste) est inaccessible par l'utilisateur du paquetage ; l'emploi des opérateurs exportés (**`Empiler, Depiler`** et **`Vide`**) garantit que la mémoire gérée (dans le tableau ou la liste) est bien organisée en pile. La mise en œuvre en tableau est donnée page 130.

Le paquetage comme objet modélise un exemplaire unique d'objet : on ne pourrait pas déclarer ultérieurement un tableau de terminaux ou une liste de piles de naturels.

4.10 Le paquetage comme modèle d'objet

La modélisation d'un type abstrait par un paquetage résout le problème que nous venons d'énoncer : le paquetage ne modélise pas un exemplaire, mais un *modèle*. L'objet n'est pas alors le paquetage ou dans le paquetage, il est chez le client du paquetage, dans le programme qui utilise le paquetage. En Ada, c'est la notion de type qui sert à modéliser des objets : on a déjà écrit des paquetages qui exportent des types, mais une déclaration de type dans une spécification de paquetage a la désagréable propriété d'être totalement visible et décorticable par le client. À quoi servirait l'encapsulation du paquetage, à quoi serviraient les opérateurs, si le client, sachant que tel objet est mis en œuvre par un tableau, faisait directement des modifications sauvages du tableau qui, rappelons-le, est dans ce cas chez lui, par une simple indexation ?

Un type abstrait est une sorte de type pour lequel les seules opérations possibles sont celles qui sont exportées par le paquetage qui le définit, ainsi que la comparaison et l'affectation. Les propriétés du type abstrait sont garanties par ces opérations. Un type abstrait s'appelle en Ada un *type privé* : sa définition et les possibilités de manipulation d'objets du type privé (objets déclarés chez les clients) sont la propriété exclusive du paquetage.

4.11 Les types privés

La figure 4.7 montre qu'il y a plusieurs sortes de types privés. Les types privés à discriminant sont forcément mis en œuvre par des structures d'article, et on les étudiera au chapitre 9. Les types privés limités sont expliqués dans le paragraphe suivant. Les propriétés que nous allons aborder ici sont communes à toutes ces sortes de types privés.

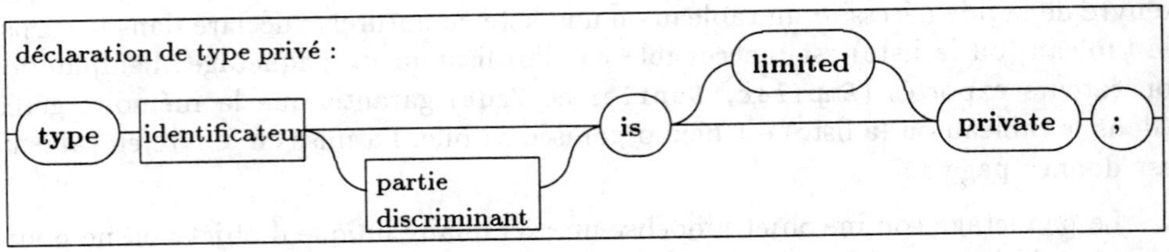

FIG. 4.7 : Déclaration de type privé.

Un type privé se déclare en deux temps :

— dans la première partie du paquetage, le type est déclaré par son nom, éventuellement son discriminant, et est défini comme privé ;

— dans la deuxième partie du paquetage, celle qui commence par le mot-clé **private**, et qui n'a pas encore figuré dans les exemples précédents (revoir la figure 4.2 page 63), le type est repris et sa mise en œuvre est donnée à partir des constructeurs de type du langage. Si cette mise en œuvre nécessite la déclaration d'autres types, ceux-ci sont également définis après le mot-clé **private**.

Les opérateurs définis sur un type privé sont uniquement :

— l'affectation ;

— les comparaisons d'égalité et d'inégalité ;

— les opérateurs exportés par le paquetage qui déclare le type privé.

Donnons un exemple très simple pour comprendre le rôle de protection assurée par le paquetage. Le paquetage ***Les_Tickets*** est un générateur de tickets : il délivre des tickets numérotés (de 1 en 1, à partir de 0) qui pourront donner lieu à des priorités de passage plus tard. Le paquetage doit exporter trois entités :

— le type ***un_ticket***, pour qu'un client puisse déclarer des tickets, ou plutôt des réceptacles à tickets ;

— un opérateur délivrant un ticket ;

— un opérateur de relation sur les tickets.

La réalisation sans les types privés serait la suivante :

```
package Les_Tickets_Libres is
  type un_ticket is new NATURAL ;
  procedure Nouveau_Ticket(t : out un_ticket) ;
  function "<" (t1, t2 : un_ticket) return BOOLEAN ;
end Les_Tickets_Libres ;
```

Un client de ce paquetage peut déclarer un réceptacle à tickets :

`mon_ticket : Les_Tickets_Libres.un_ticket ;`

demander un ticket :

`Les_Tickets_Libres.Nouveau_Ticket(mon_ticket) ;`

puis, après s'être aperçu que son ticket ne lui donnait pas encore l'accès attendu, augmenter sa priorité en abaissant le numéro de son ticket :

`mon_ticket := mon_ticket - 10 ;`

Le paquetage ***Les_Tickets_Libres*** ne met pas en œuvre un type abstrait : le client sait que le ticket est un naturel, il peut appliquer les opérateurs définis sur les naturels. Pour empêcher la soustraction, il suffit de transformer le type ticket en type privé :

```
package Les_Tickets is
  type un_ticket is private ;
  procedure Nouveau_Ticket(t : out un_ticket) ;
  function "<" (t1, t2 : un_ticket) return BOOLEAN ;
private
  type un_ticket is new NATURAL ;
end Les_Tickets ;
```

Le client peut toujours déclarer les réceptacles à tickets, obtenir des tickets, mais il ne peut plus modifier la valeur d'un ticket en faisant une opération dessus : les seuls opérateurs valides sur les tickets sont l'affectation de deux tickets, les comparaisons d'égalité et d'inégalité, et les opérateurs ***Nouveau_Ticket*** et **<** du paquetage (en particulier, l'opérateur **>** n'est pas défini).

Donnons le corps du paquetage :

```
package body Les_Tickets is
  dernier : un_ticket ;    -- dernier ticket délivré
```

```
   procedure Nouveau_Ticket(t : out un_ticket) is
   begin
     dernier := dernier + 1 ; t := dernier ;
   end Nouveau_Ticket ;
   function "<" (t1, t2 : un_ticket) return BOOLEAN is
   begin
     return NATURAL(t1) < NATURAL(t2) ;
   end "<" ;
begin -- Les_Tickets
  dernier := 0 ;
end Les_Tickets ;
```

Dans le corps du paquetage, le type **un_ticket** n'est pas privé : c'est un type dérivé naturel classique, et l'opération d'incrémentation du dernier ticket est valide. Dans la fonction inférieure, la comparaison des deux tickets ne peut pas utiliser directement l'opération **t1 < t2** : la règle des visibilités indique en effet que ce serait l'opérateur inférieur en cours de définition qui serait utilisé : l'opérateur inférieur local, qui travaille en fait sur deux tickets, cache l'opérateur inférieur dérivé lors de la déclaration du type ticket. Par contre, l'opérateur inférieur agissant sur des entiers n'est pas caché. On a donc utilisé en fait :

```
return STANDARD."<"(NATURAL(t1), NATURAL(t2)) ;
```

Il est fréquent qu'un paquetage réalisant un type abstrait exporte une constante de ce type abstrait : cette valeur peut servir pour initialiser une variable du type abstrait chez un client. Dans ce cas, la constante est, elle aussi, déclarée en deux temps : une fois avec le mot-clé **private**, une fois après. Par exemple, si le paquetage ***Les_Tickets*** exporte la constante **ticket_invalide**, on écrira :

```
package Les_Tickets is
   type un_ticket is private ;
   ticket_invalide : constant un_ticket ;
   procedure Nouveau_Ticket(t : out un_ticket) ;
   function "<" (t1, t2 : un_ticket) return BOOLEAN ;
private
   type un_ticket is new NATURAL ;
   ticket_invalide : constant un_ticket := 0 ;
end Les_Tickets ;
```

4.11.1 Les types privés limités

Les types privés limités ont les mêmes caractéristiques que les types privés, mais ni l'affectation ni la comparaison d'égalité ne sont implicitement fournies.

Par conséquent, la déclaration d'un objet privé limité ne peut avoir une partie d'initialisation, et on ne peut déclarer de constante de ce type. Des restrictions sont apportées pour passer en paramètre de sous-programme externe au paquetage qui déclare le type privé limité, des objets de ce type : les modes **in** et **in out** sont autorisés, car il n'est pas dit que le mécanisme de transmission d'un paramètre **in** soit exactement une affectation (on parle de copie, ce qui est différent !) ; par contre, on ne peut pas transmettre un objet de type privé limité avec le mode **out**, car on ne pourrait pas assurer que le paramètre effectif a bien une valeur du type privé limité en sortie (par exemple, si le sous-programme n'entame aucune action sur son paramètre formel).

Les types limités privés permettent donc la réalisation de véritables types abstraits, totalement mis en œuvre par le paquetage (qui peut redéfinir l'opérateur d'égalité "=" sur ces types).

Le fait de redéfinir l'opérateur d'égalité induit automatiquement la définition de l'opérateur d'inégalité.

Les types limités servent à modéliser des objets pour lesquels l'affectation n'a pas de sens. Les types tâches du langage sont de ceux-là, ainsi que tous les types fichiers. Parmi nos exemples, le type ***une_fenetre*** du paquetage ***Les_Fenetres*** est un type limité : ce type définissant une portion de l'écran et des opérateurs pour écrire dedans, que voudrait dire affecter deux fenêtres ? En conséquence, la spécification incomplète donnée page 67 comporte les lignes suivantes :

```
package Les_Fenetres is
   type une_fenetre is limited private ;
   subtype hauteur_ecran  is ... ;
   subtype largeur_ecran  is ... ;
   procedure Ouvrir( ... ) ;
   procedure Encadrer( ... ) ;
   procedure Titrer( ... ) ;
   procedure Afficher ( ... ) ;
   procedure A_la_ligne ( ... ) ;
private
   type une_fenetre is
      ...
end Les_Fenetres ;
```

Nous ne donnons pas encore la mise en œuvre de la partie privée, car nous avons besoin des types articles.

D'une manière générale, tous les types composés dont un composant est limité sont eux aussi des types limités. Nous verrons page 152 un exemple de type privé déclaré limité parce que l'opération standard d'égalité ne convient pas et doit être redéfinie. La définition de l'opérateur d'égalité pose du reste souvent des problèmes de visibilité : on en verra un exemple dans le chapitre 14, page 352.

4.11.2 Types privés cachés

En parlant des paquetages, Bertrand Meyer [MEYER 90] a fait la comparaison suivante : la partie purement spécification est le Paradis ; tout y est parfait, tout y est défini exactement et avec le minimum d'éléments. Le corps est l'Enfer : à l'abri derrière la muraille établie par le paquetage, le programmeur peut s'en donner à cœur joie avec des constructions pas très catholiques (bien limitées par le langage). La partie privée de la spécification est le Purgatoire : ce n'est pas le Paradis parce qu'on en dit trop, ce n'est plus l'Enfer, et c'est surtout indispensable au compilateur pour qu'il puisse faire son calcul d'espace.

Il est possible de cacher dans le Purgatoire la mise en œuvre d'un type privé, au prix d'une indirection dans le corps : en implémentant le type privé par un type accès (un type pointeur). Comme un type privé, un type accès est défini en deux temps ; cela est nécessaire pour définir des structures récursives, comme on le verra au chapitre 10. Mais dans le cas qui nous intéresse, le premier temps, qui correspond à une déclaration incomplète, est placé dans la partie privée, et le deuxième temps est différé dans le corps. Le compilateur n'a pas besoin de connaître l'entière déclaration d'un type accès pour faire son calcul d'espace : toutes les valeurs d'accès occupent la même place en mémoire. Ainsi, la spécification du paquetage ***Les_Fenetres*** est complète si on utilise un tel type :

```
package Les_Fenetres is
   type une_fenetre is limited private ;
   subtype hauteur_ecran  is ... ;
   subtype largeur_ecran  is ... ;
   procedure Ouvrir( ... ) ;
   procedure Encadrer( ... ) ;
   procedure Titrer( ... ) ;
   procedure Afficher ( ... ) ;
   procedure A_la_ligne ( ... ) ;
private
   type la_fenetre ;
   type une_fenetre is access la_fenetre ;
end Les_Fenetres ;
```

Il est bien évident que les types abstraits mis en œuvre par des pointeurs sont le plus souvent limités : l'affectation de telles valeurs signifierait l'affectation de deux pointeurs et non de deux objets ; il en serait de même pour la comparaison. On verra plus tard un exemple de type privé limité caché.

CHAPITRE **5**

Constantes, variables et expressions

Nous étudions dans ce chapitre comment Ada traite les valeurs : leurs déclarations, leurs stockages, leurs manipulations et leurs calculs.

5.1 Les constantes

La notion très rigide de type entraîne une double notion : celle de constante et celle de nombre nommé. On appelle habituellement constante une valeur effectivement constante, non calculée (comme en Pascal) ou calculée par un préprocesseur (comme en C), et les langages laissent en général au compilateur le soin d'en déterminer le type. Les seuls types qu'Ada connaît *a priori* sont les types universels : les entiers universels, les réels universels à point flottant et les réels universels à point fixe.

5.1.1 Les nombres nommés

Les *nombres nommés* sont des valeurs de ces types universels et ils sont donc compatibles avec tous les types entiers ou réels flottants, puisqu'on a vu que ces derniers sont en fait des sous-types des premiers (page 2.10 et page 2.11). L'expression qui donne la valeur du nombre (fig. 5.1) doit être calculable à la compilation (elle ne peut contenir d'appel de fonction, même ayant des constantes en paramètres).

Voici des nombres nommés :

```
pi :   constant := 3.14159_26536;   --   le réel pi
unK, K :  constant := 2**10 ;       --   l'entier 1024
```

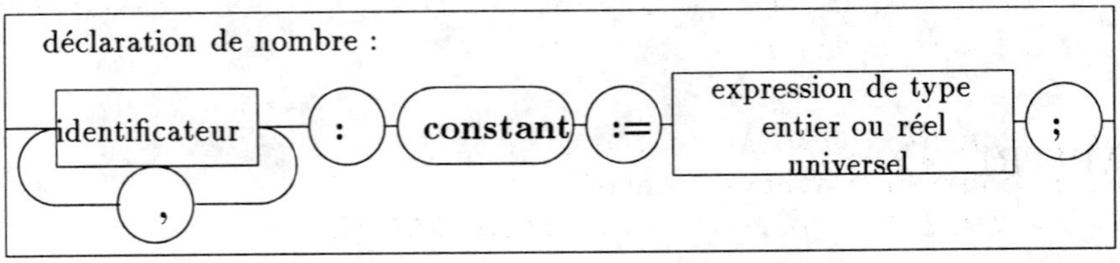

FIG. 5.1 : Déclaration de nombre.

Attention cependant : comme les nombres sont de type universel, leurs compatibilités avec les types entiers ou réels impliquent l'utilisation de conversion. Ainsi, supposons que l'on ait à déclarer le nombre ***grand*** à partir de ***INTEGER'LAST***; la conversion va se faire par le biais de l'attribut ***POS*** qui délivre une valeur de type universel (voir page 32) :

grand *:* **constant** *:= INTEGER'POS(INTEGER'LAST) - 1 ;*

5.1.2 Les entités constantes

Un nombre n'est pas une entité : il n'occupe pas de mémoire. Une *constante* est toute entité dont la valeur est calculée une seule fois lors de l'élaboration de l'entité, c'est-à-dire lorsque le bloc qui la déclare est activé. Une valeur de constante est donc calculée à l'exécution : la valeur, initiale et unique, n'est pas forcément

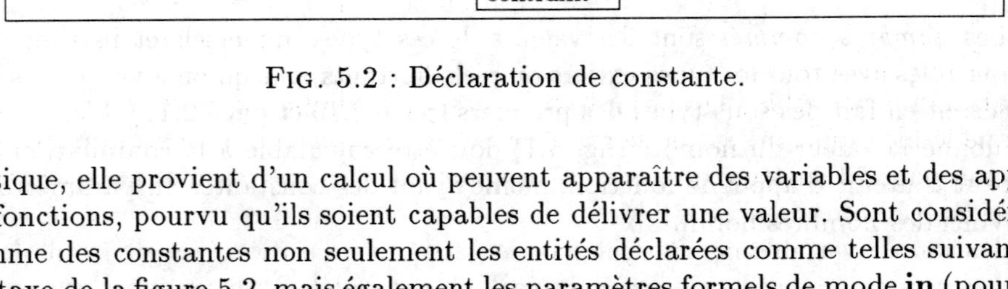

FIG. 5.2 : Déclaration de constante.

statique, elle provient d'un calcul où peuvent apparaître des variables et des appels de fonctions, pourvu qu'ils soient capables de délivrer une valeur. Sont considérées comme des constantes non seulement les entités déclarées comme telles suivant la syntaxe de la figure 5.2, mais également les paramètres formels de mode **in** (pour les sous-programmes, les entrées de tâches et les paramètres génériques) et les indices de boucles pour (dans le corps de la boucle). Ces constantes peuvent être de type structuré, tableau ou article : on les retrouvera dans les chapitres correspondants. Voici des exemples de déclaration de constante :

```
maxmot : constant NATURAL := 100 ;
minmaj : constant intervalle_ascii
       := CHARACTER'POS('A') - CHARACTER'POS('a') ;
heures_par_trimestre : constant array(1..4) of POSITIVE
                     := (340, 340, 120, 340) ;
```

La dernière constante est une valeur de tableau de quatre éléments. La syntaxe de la figure 5.2 montre que l'expression donnant sa valeur à la constante peut être omise : c'est le cas des constantes différées lorsque leur type est privé. On a vu un exemple de constantes déclarées par ce biais en deux temps page 78.

5.2 Les variables

Comme une constante, une variable est une entité caractérisée par son type ; une valeur peut lui être associée à sa création, et cette valeur peut évoluer au fil du temps par une instruction d'affectation ou par passage comme paramètre effectif de mode **out** ou **in out** à un sous-programme. Une variable déclarée dans une

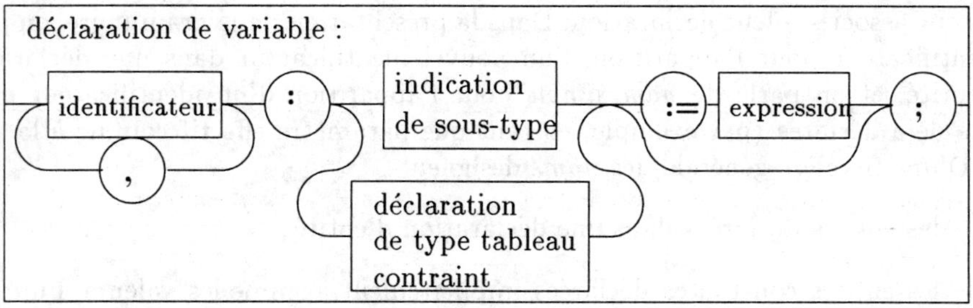

FIG. 5.3 : Déclaration de variable.

déclaration de variable (fig. 5.3) est créée lors de l'élaboration de cette déclaration, lorsque le bloc qui contient la déclaration est activé. On a examiné ce processus de création page 53 en étudiant l'effet d'un appel de sous-programme ; la création est tout aussi automatique si le bloc déclarant est un paquetage ou une tâche. Si la déclaration de variable ne contient pas de partie initialisation (pas de symbole := ni d'expression), alors la valeur de la variable est indéfinie après son élaboration, sauf si c'est une valeur de type accès (chapitre 10). S'il y a une partie initialisation, celle-ci est exécutée à l'élaboration ; elle peut provoquer des erreurs, par exemple si la valeur initiale ne respecte pas la contrainte du sous-type de la variable. Il est à noter que dans l'exemple suivant :

```
taille_max :  constant NATURAL := 50 ;
subtype indice  is NATURAL  range 1..taille_max ;
a, b : indice := Fonction_Aleatoire.Alea(1, taille_max) ;
```

l'initialisation des variables **a** et **b** provoque deux appels à la fonction ***Alea***; le compilateur a interprété cette déclaration factorisée comme :

```
a : indice := Fonction_Aleatoire.Alea(1, taille_max) ;
b : indice := Fonction_Aleatoire.Alea(1, taille_max) ;
```

Des variables peuvent être créées sans qu'il y ait élaboration d'une déclaration : ce sont les variables dynamiques, qui seront vues au chapitre 10. Une variable peut être simple (monovaleur) ou structurée (multivaleur) : on parle dans ce dernier cas de variable tableau, variable article... Un composant d'une variable structurée est également une variable, simple ou structurée.

5.3 Désignation des entités

Les entités, constantes ou variables, sont dénotées par des *identificateurs* qui leur sont associés à leur déclaration. Dans la présentation de la grammaire, on parle d'identificateur pour l'apparition d'un nouvel identificateur dans une déclaration d'identité, et on parle de *nom simple* pour l'apparition d'un identificateur d'une entité déjà déclarée (par exemple, en tant que paramètre effectif comme à la page 54). D'une manière générale, les *noms* désignent :

— les entités déclarées dans une déclaration d'entité ;

— les entités constantes déclarées implicitement, comme les valeurs d'un type énumératif ;

— les entités qui sont des composantes d'entités structurées ;

— les entités repérées par des valeurs d'accès ;

— les attributs des catégories précédentes.

Un nom est donc soit un identificateur, soit une référence à une entité. Dans le second cas, le nom peut être composé et précédé d'un préfixe, lui-même un nom (comme dans les désignations de composant d'article) ou une fonction (délivrant une valeur structurée ou une valeur d'accès). La figure 5.4 n'est donnée ici que pour être complet sur le sujet des noms : les tranches, les composants sélectés et les

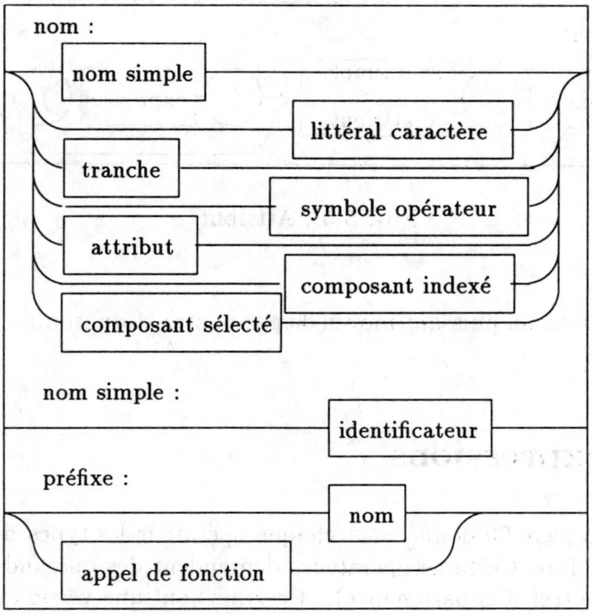

FIG. 5.4 : Nom.

composants indexés seront vus ultérieurement dans les chapitres sur les tableaux, les articles et les tâches. Cependant, il existe une forme de nom que l'on a déjà rencontrée et qui syntaxiquement suit la règle du composant sélecté : ce sont les *noms développés* qu'on utilise lorsqu'un identificateur est caché par un autre de par la règle de visibilité (voir page 50) ou lorsqu'un identificateur est exporté par un paquetage et que l'on n'utilise pas la clause **use**. Nous verrons d'autres préfixes pour des noms développés au chapitre 6.

5.4 Les attributs

Là encore, nous revenons sur un concept que l'on a utilisé dès le chapitre 2. Un attribut est une fonction qui s'applique sur une entité ou sur un type donné en préfixe et suivi d'une apostrophe, du nom de l'attribut, et éventuellement, d'une expression paramètre (fig. 5.5). Le résultat de la fonction attribut peut être une valeur, un type ou un intervalle. Les attributs sont définis par le langage (annexe A du manuel de référence), mais tout compilateur peut en fournir d'autres (il doit les énumérer à l'annexe F du manuel de référence). Par contre, le programmeur ne peut pas déclarer d'attributs pour les types qu'il crée.

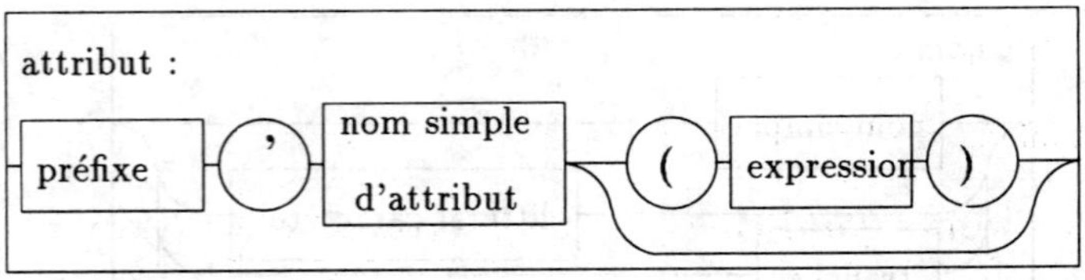

FIG. 5.5 : Attribut.

Les attributs sont un puissant moyen de paramétrisation, comme nous le verrons par la suite.

5.5 Les expressions

La table de la page 90 donne pour chaque opérateur les types de ses opérandes et le type du résultat. Certains opérateurs demandent des opérandes de types différents (comme le test d'appartenance), et certains ont une version surchargée avec également des opérandes différents (comme la division). Mais la règle générale est que les deux opérandes ont le même type. Une expression sert au calcul de nouvelles valeurs par combinaison d'opérateurs sur des opérandes de même type. Les opérateurs sont caractérisés par une priorité et par le type des opérandes qu'ils acceptent. Comme il y a six niveaux de priorité, il y a six règles de grammaire pour définir les expressions. La règle expression de la figure 5.6 amène plusieurs remarques :

— les opérateurs de connexion logique, le et (**and**), le ou (**or**), le ou exclusif (**xor**), la négation (**not**) et les formes " raccourcies " **and then** et **or else** ont tous la même priorité, contrairement à l'usage courant (Pascal, C, algèbre booléenne,...) ;

— **and then** et **or else** ne sont pas des opérateurs et donc on ne peut pas les redéfinir ;

— on ne peut pas écrire des expressions mélangeant des opérateurs logiques différents sans utiliser des parenthèses :

a and *b* **or** *c* **and not** *d*

est incorrect ; il faut écrire :

(**a and** *b*) **or** (*c* **and** (**not** d))

Avant de calculer une expression, il faut calculer les opérandes de chaque opérateur. À moins d'être unaire, un opérateur a deux opérandes : le langage ne dit pas

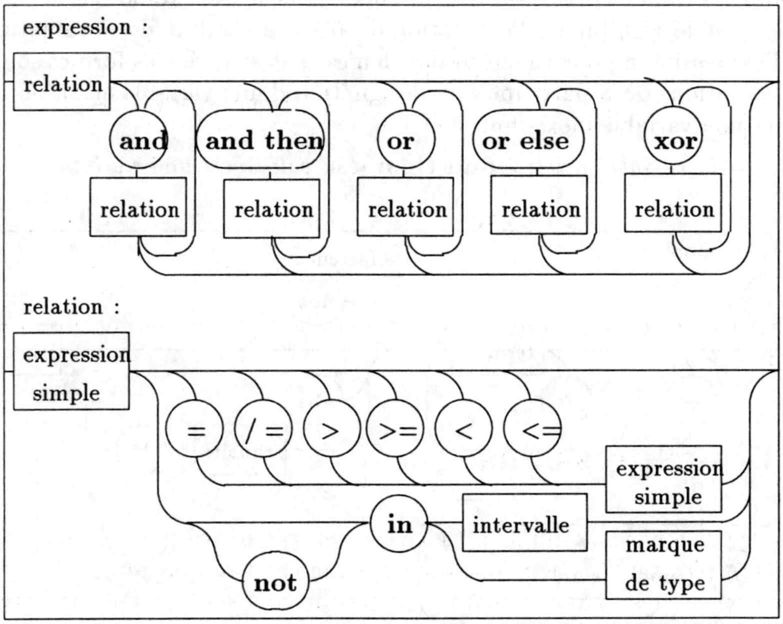

FIG. 5.6 : Expression et relation.

dans quel ordre ces opérandes sont calculés, sauf dans le cas des formes raccourcies. Ainsi, pour calculer l'expression :

`a - b`

on calcule d'abord `a`, puis `b`, puis on fait la différence, ou bien on calcule d'abord `b` puis `a`, puis on fait la différence. En général, l'ordre de calcul des opérandes n'a pas d'incidence sur le résultat, sauf si les opérandes (`a` et `b` ici) font appel à des fonctions qui font des effets de bord. On proscrira l'exemple suivant, dans lequel ***Clavier*** est un paquetage et ***Lire*** une fonction qui lit un entier au clavier :

Clavier.Lire - Clavier.Lire

Le résultat de cette expression, qui est la différence des deux entiers lus, n'est pas indifférent à l'ordre dans lequel les deux opérandes du signe moins ont été lus !

Dans une expression logique à forme raccourcie, le premier opérande est toujours évalué d'abord. Dans l'expression :

a and then b

`a` est d'abord évalué ; si le résultat est vrai, alors `b` est évalué, et la valeur de l'expression est le résultat de l'évaluation de `b` ; si le résultat de l'évaluation de `a` est faux, l'expression a pour valeur faux et `b` n'est pas évalué. Dans l'expression :

a or else b

a est d'abord évalué ; si le résultat est faux, alors ***b*** est évalué, et la valeur de l'expression est le résultat de l'évaluation de ***b*** ; si le résultat de l'évaluation de **a** est vrai, l'expression a pour valeur vrai et ***b*** n'est pas évalué. Ces formes sont utiles dans des situations où **a** participe à la désignation d'une variable et où on ne veut pas évaluer une variable inexistante :

<*la variable existe*> **and then** <*sa valeur est non nulle*>

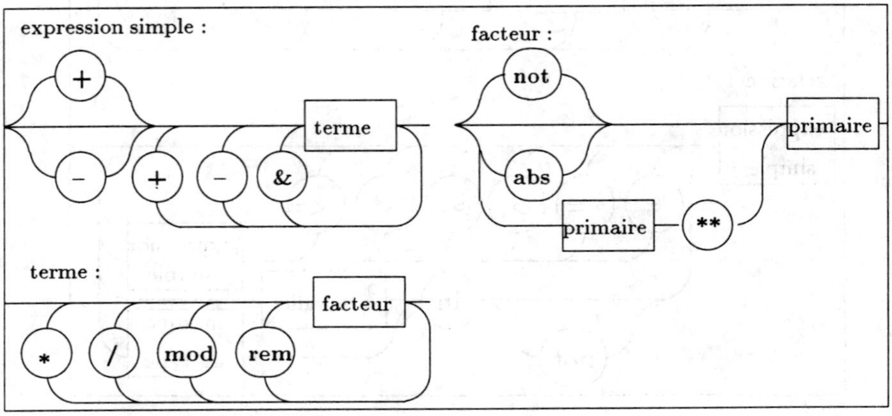

FIG. 5.7 : Expression simple, terme et facteur.

Les opérateurs d'égalité (=) et d'inégalité (/=) sont définis sur tous les types, sauf les types limités. Leurs significations pour les valeurs structurées seront données dans les chapitres correspondant à ces structures. Théoriquement, l'égalité de deux réels est l'égalité des deux nombres modèles qui les code.

Le test d'appartenance **in** délivre vrai si l'opérande gauche appartient à l'intervalle opérande droit, défini explicitement ou par un type ; **not in** délivre le résultat complémentaire ; **in** et **not in** ne sont pas des opérateurs. Voici des exemples de relation d'appartenance :

```
c in CHARACTER range '0'..'9'
i not in j..n
k in tab'RANGE
```

L'opérateur **&** est l'opérateur de concaténation des tableaux à une dimension ; il est défini page 124. Comme une chaîne est un tableau, on peut fabriquer une chaîne par concaténation, comme dans le programme de la page 65.

L'opérateur **mod** délivre le reste de la division avec le signe du diviseur, tandis que l'opérateur **rem** délivre le reste avec le signe du dividende. Leurs résultats sont identiques avec deux opérandes de même signe. On notera que le quotient exact de deux entiers est obtenu par l'opérateur barre oblique (/).

La valeur absolue est aussi prioritaire que la négation et l'exponentiation, mais elle ne se note pas comme un opérateur, mais comme un appel de fonction : **abs**(*x*) et non **abs** *x*. Elle s'applique sur toute valeur numérique.

L'exponentiation, notée ******, est définie sur les entiers (l'exposant doit être positif) et sur toutes les valeurs des types à point flottant (l'exposant peut être négatif).

L'opérateur de négation **not** s'applique aux valeurs booléennes mais aussi aux tableaux unidimentionnels de booléens, comme on le verra au chapitre 8.

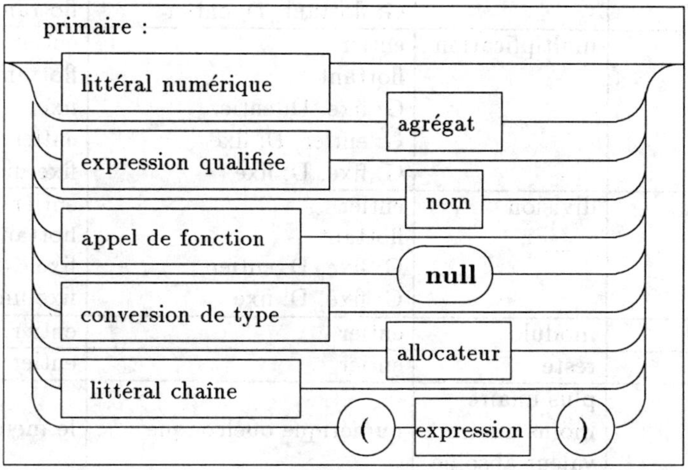

FIG. 5.8 : Primaire.

L'opérande élémentaire d'une expression est appelé un primaire (règle de la figure 5.8). Chaque primaire a une valeur et un type ; il est souvent difficile de trouver le type d'un primaire : par exemple, un littéral numérique sera arbitrairement considéré du type *entier universel* ou *réel universel*. Si le type d'un primaire n'est pas calculable par le compilateur, il faudra le qualifier (par la notation vue page 29).

Certains primaires font appel à des règles que nous n'avons pas encore vues : un agrégat est une valeur structurée (tableau ou article), un allocateur délivre une valeur d'accès repérant une variable dynamique, et **null** est la valeur d'accès qui ne repère rien. Un nom en tant que primaire ne peut pas désigner un paramètre formel de mode **out**.

Normalement une erreur de calcul numérique doit provoquer l'exception ***NUMERIC_ERROR***. Le tableau 5.1 de la page 90 récapitule les combinaisons licites d'opérandes et d'opérateurs. Nous ne donnons pas d'exemples d'expressions : sortis de leur contexte, ils ne voudraient pas dire grand-chose. Disons que le compilateur donne beaucoup d'indications en cas d'erreur de type, et qu'il est souvent nécessaire de parenthéser des sous-expressions en Ada : une expression entre parenthèses est du reste un primaire.

TABLEAU 5.1
OPÉRATEURS CLASSÉS PAR PRIORITÉ DÉCROISSANTE

Opérateur	Opération	Type des opérandes (G=gauche, D=droit)	Type du résultat
**	exponentiation	G: entier, D: entier >= 0 G: flottant, D: entier	entier flottant
*	multiplication	entier flottant G: fixe, D: entier G: entier, D: fixe G: fixe, D: fixe	entier flottant fixe entier fixe universel
/	division	entier flottant G: fixe, D: entier G: fixe, D: fixe	entier flottant fixe fixe universel
mod	modulo	entier	entier
rem	reste	entier	entier
+ – **abs**	plus unaire moins unaire valeur absolue	numérique quelconque	le même
not	non logique	booléen tableau de booléens	booléen même type tableau
+ –	addition soustraction	numérique quelconque	le même
&	concaténation	tableau à une dimension tableau et un composant deux composants	le même même type tableau tout type tableau
= /=	égalité différence	tout type	
< <= > >=	inférieur inf. ou égal supérieur sup. ou égal	tout type scalaire, tout type tableau de composant discret	booléen
in **not in**	appartenance non appart.	G: scalaire, D: intervalle G: tout type, D: sous-type	
and **and then** **or** **or then** **xor**	et logique et raccourci ou logique ou raccourci ou exclusif	booléen tableau de booléens	booléen tableau de booléens

5.6 Surcharge et redéfinition des opérateurs

Les opérateurs (au sens de l'un quelconque des opérateurs du tableau précédent) qu'on peut définir dans un paquetage ont été énumérés page 46 : ce sont tous les opérateurs du langage sauf l'affectation, les opérateurs logiques raccourcis (**and then** et **or else**) et les opérateurs d'appartenance (**in** et **not in**). Par ailleurs, l'opérateur d'égalité ne peut être défini que sur un type limité ; sa redéfinition induit celle de l'opérateur d'inégalité. Toutes ces redéfinitions fonctionnent par surcharge des opérateurs existants.

CHAPITRE **6**

Les instructions

6.1 Généralités

Comme le précédent, ce chapitre est court : il présente les concepts classiques de la programmation impérative. Les instructions se placent dans la partie action d'un bloc, après le mot-clé **begin**, et dans les traite-exceptions de ces blocs. Voici quelques caractéristiques du langage :

— toute instruction est terminée par un point-virgule ; le point-virgule est donc un *terminateur* comme en C, et non un séparateur comme en Pascal ;

— toutes les instructions composées sont parenthésées par deux mots-clés spécifiques : on n'a pas besoin du couple d'accolades de C ou du couple **begin end** de Pascal ;

— toutes les instructions peuvent être étiquetées : les étiquettes, qui ne se déclarent pas, sont des identificateurs entourés de doubles chevrons ; en général, un programme Ada ne comporte pas d'étiquette (ni donc d'instruction allera), car les structures de commande, alliées avec les exceptions, sont suffisamment riches pour qu'on puisse s'en passer ;

— il existe une instruction vide qui est notée **null**, et qui ne fait rien.

La règle de la figure 6.1 montre que les instructions sont classées en deux catégories.

Une grande partie des instructions simples ont été ou seront étudiées dans des chapitres spécifiques : les instructions **delay**, **abort** et appel d'entrée au chapitre 13 concernant les tâches, l'instruction **raise** au chapitre 7 concernant les exceptions, l'instruction machine au chapitre 15 concernant les moyens d'adaptation ; les appels de procédure et l'instruction de retour ont été vus au chapitre 3 sur les sous-programmes.

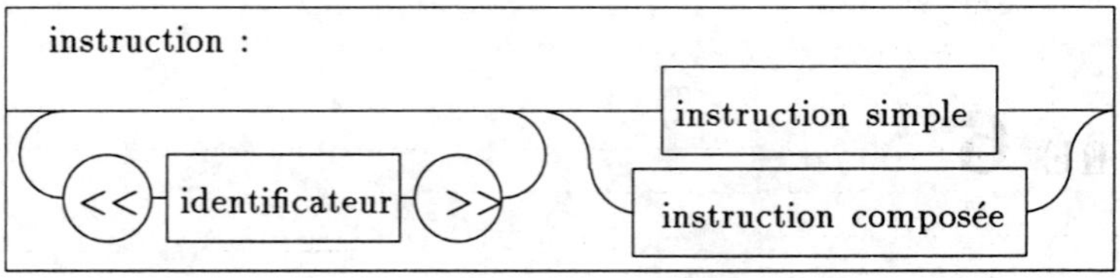

FIG. 6.1 : Instruction.

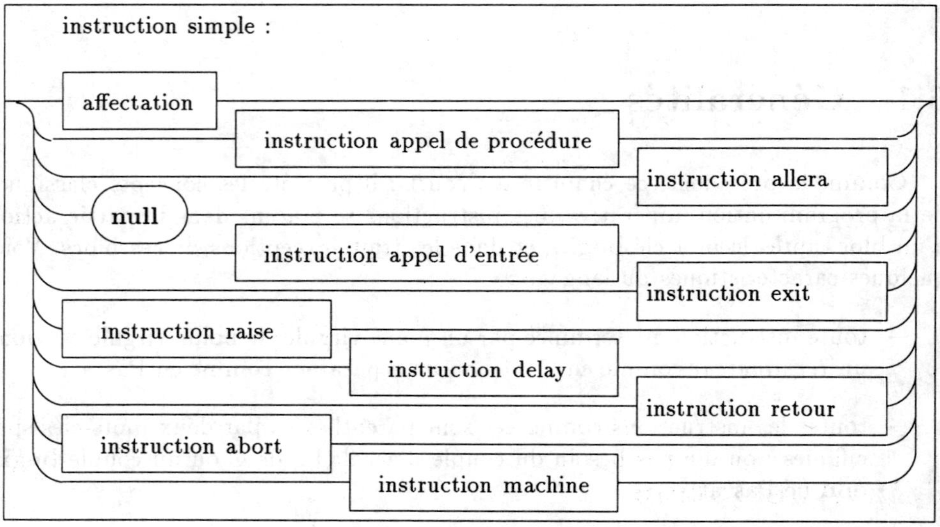

FIG. 6.2 : Instruction simple.

Les instructions simples provoquent l'exécution d'une unique action (fig. 6.2). Au contraire, les instructions composées sont fabriquées à partir d'instructions simples ou composées, et peuvent provoquer l'exécution de plusieurs actions élémentaires : ce sont les structures de commande. Parmi les instructions composées de la figure 6.3, les instructions **accept** et les instructions **select** seront différées au chapitre 13 sur les tâches.

Une séquence d'actions composée d'instructions simples ou composées est une suite d'instructions : la figure 6.4 montre que c'est une simple juxtaposition d'instructions.

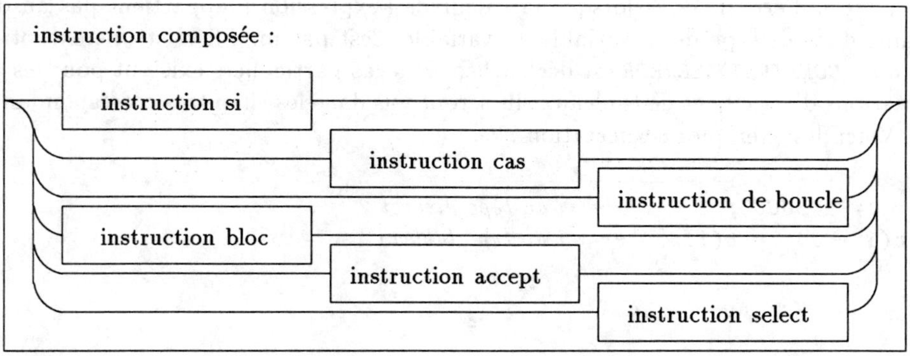

FIG. 6.3 : Instruction composée.

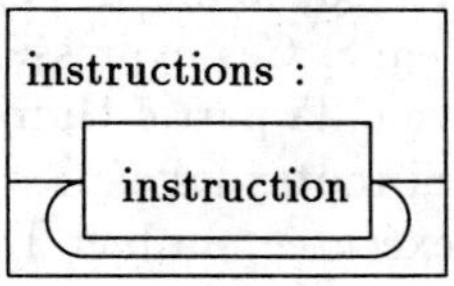

FIG. 6.4 : Suite d'instructions.

6.2 Affectation

Nous avons déjà utilisé cette instruction dans les exemples ; une *affectation* sert à modifier la valeur d'une variable (fig. 6.5). L'accès à la variable peut demander un calcul, c'est le cas des variables qui sont les composantes d'une variable structurée. L'ordre dans lequel sont évaluées l'expression et la variable dépend du compilateur. Il est nécessaire que l'expression et la variable nommée aient le même type, ou que la valeur de l'expression appartienne au sous-type de la variable.

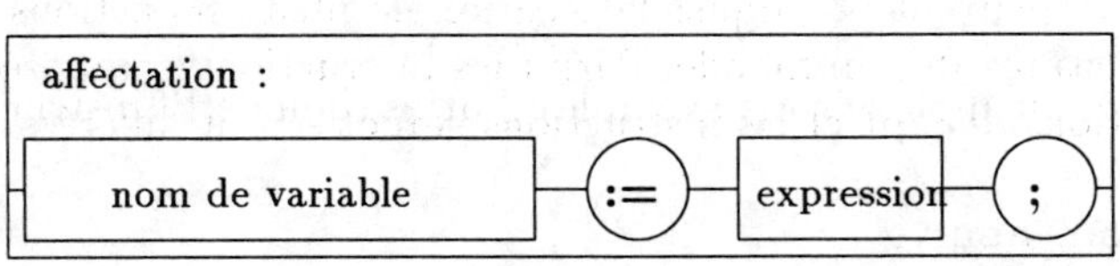

FIG. 6.5 : Affectation.

En cas d'erreur, donc lorsque la valeur de l'expression n'appartient pas au domaine du sous-type de la variable, la variable n'est pas modifiée, et une exception de nom *CONSTRAINT_ERROR* est déclenchée. Des cas particuliers existent pour les affectations d'articles et de tableaux ; ils seront vus dans les chapitres correspondants.

Voici des exemples d'affectation :

```
i := i'SUCC ;           --  i de type discret
t(i + 1) := t(i) ;      --  t de type tableau
```

6.3 Instruction si

Cette instruction de sélection a la particularité de pouvoir enchaîner les alternatives, grâce aux parties introduites par le mot-clé **elsif** (fig. 6.6). Chaque **if** et **elsif** commande une expression booléenne. Ces expressions sont évaluées les unes après les autres, et dès que l'une est vraie, la partie **then** correspondante est exécutée et l'"instruction si" est terminée. Si toutes les expressions sont fausses, alors ou bien la partie **else**, si elle existe, est exécutée, ou bien l'"instruction si" ne fait rien.

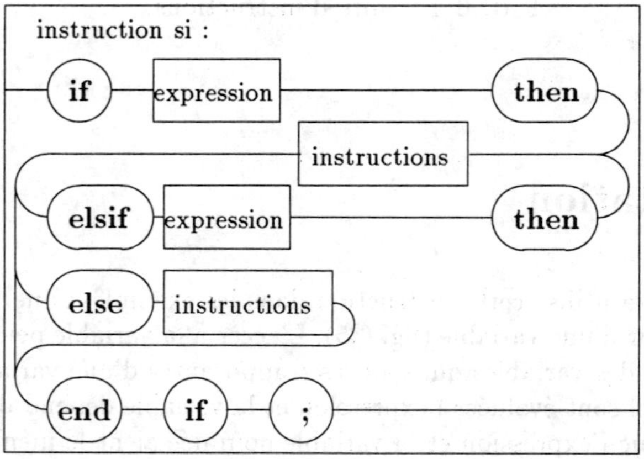

FIG. 6.6 : Instruction si.

Le texte qui suit montre trois exemples d'utilisation de l'"instruction si" :

```
(1)   if a > b then
        max := a ;
      else max := b ;
      end if ;
```

```
(2)  if i < lmax and then x /= t(i) then
       i := i + 1 ;
     end if ;

(3)  if n = 0 then return 0 ;
     elsif n = 1 then return 1 ;
     else return Fibonacci(n - 1) + Fibonacci(n - 2) ;
     end if ;
```

Dans l'exemple 2, il ne faut pas confondre le **then** de l'opérateur **and then** avec le pendant du **if**. L'opérateur "et raccourci" permet ici de vérifier d'abord si l'indice `i` du tableau `t` est bien inférieur à la longueur maximum du tableau `t` ; si cela est vrai, on peut effectuer le test `x /= t(i)` qui, autrement, pourrait provoquer une erreur.

L'exemple 3 est tiré du programme de la page 58.

6.4 Instruction cas

Une "instruction cas" remplace avantageusement une "instruction si" lorsque toutes les expressions booléennes sont de la forme `meme_expression = valeur` (fig. 6.7). Les différentes alternatives de l'"instruction cas" sont préfixées par des choix qui ont la forme d'intervalle ou d'expression : si l'expression testée a pour valeur une expression d'un choix ou d'un intervalle d'un choix, alors les instructions associées sont exécutées, et l'"instruction cas" est terminée. Si l'expression n'est pas égale à

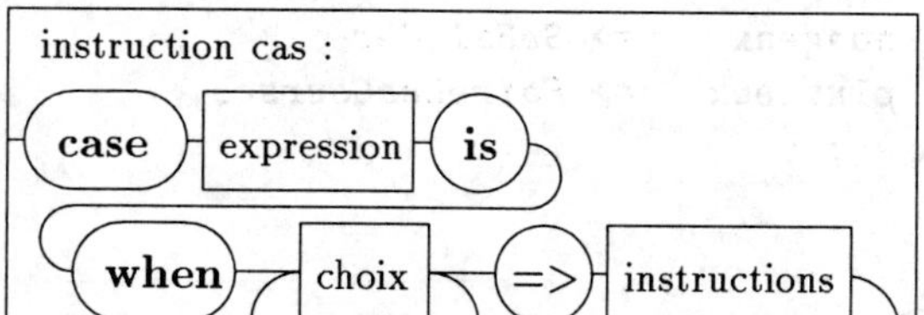

FIG. 6.7 : Instruction cas.

l'une des valeurs de choix, alors le choix **others** est exécuté. Les choix qui préfixent les alternatives sont du même type de base que celui de l'expression qui pilote le

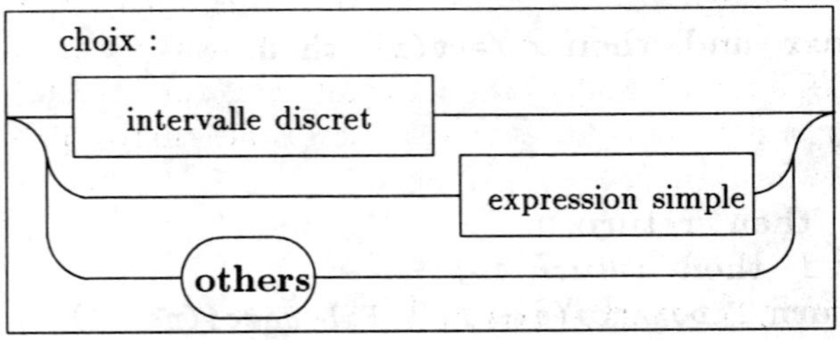

FIG. 6.8 : Choix.

"cas", mais le sous-type des choix doit être statique (évaluable à la compilation : ce ne peut pas être un type formel générique, qu'on verra au chapitre 11). C'est un sous-type d'un type discret (fig. 6.8).

Le choix **others** est indispensable si toutes les valeurs possibles du type de l'expression ne sont pas représentées parmi les autres choix : il est vraiment obligatoire si le type de l'expression est *entier_universel*.

Voici quelques exemples d'utilisation de l'"instruction cas" :

```
(1)  case aujourd_hui  is
       when lundi..vendredi =>
         AllerTravailler ; Travailler ; Rentrer ;
       when dimanche =>
         null ;
       when samedi =>
         case temps  is
           when ensoleille => LaverLaVoiture ;
           when nuageux    => SeBalader ;
           when pluvieux   => FaireLesCourses ;
         end  case ;
     end  case ;

(2)  case gain  is
       when 0..2000          => en_cours := en_cours + gain ;
       when 2001..100_000 =>
         placement := placement + gain - 2000 ;
         en_cours := en_cours + 2000 ;
       when  others          =>
         placement := placement + 100_000 ;
         don := don + gain - 100_000 ;
     end  case ;
```

Les deux "instructions cas" de l'exemple 1 énumèrent tous les choix possibles pour les expressions ***aujourd_hui*** et ***temps*** : autrement, le compilateur détecterait une erreur. Au contraire, l'expression de l'exemple 2 est un naturel, et l'"instruction cas" prévoit deux alternatives fermées couvrant les naturels de 0 à 100 000, et une alternative ouverte pour tous les autres cas; cette alternative préfixée par **others** est obligatoire ici.

6.5 Instruction de boucle

L'instruction de boucle a trois formes différentes :

— l'"itération tant que", lorsqu'on spécifie la condition de sortie par une expression booléenne;

— la "répétition pour", lorsqu'on répète un nombre de fois connu une suite d'instructions;

— la boucle sans condition, dans laquelle le programmeur est libre de prévoir ou de ne pas prévoir de sortie explicite.

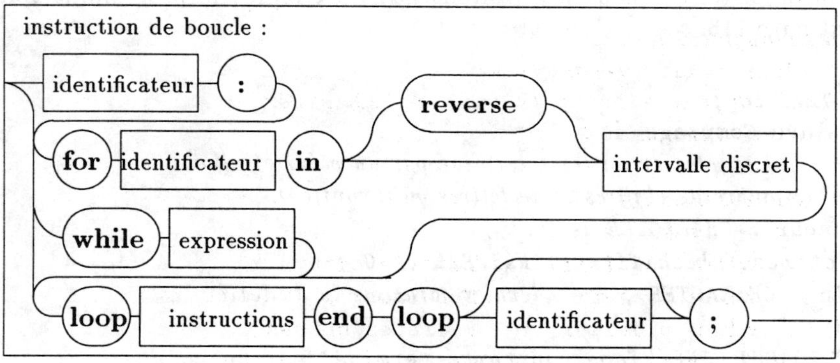

FIG. 6.9 : Instruction de boucle.

L'observation de la syntaxe de cette instruction, figure 6.9, montre que :

— la boucle sans condition, introduite par le mot-clé **loop**, est toujours présente, et contient le corps de la boucle, c'est-à-dire la suite d'instructions à itérer;

— une boucle peut être étiquetée par un identificateur. Celui-ci n'est pas une étiquette au sens d'un point de programme destination d'un branchement, et dont la syntaxe a été donnée page 93. Le rôle principal de cette étiquette de boucle est d'augmenter la lisibilité du programme : on peut reprendre cette étiquette après le **end loop** final; elle sert aussi pour quitter une boucle (voir l'instruction **exit** plus loin);

— l'"itération tant que", et la "répétition pour", ne sont que des préfixes à la structure générale **loop ... end loop**.

6.5.1 La boucle sans condition

Dans l'itération sans condition, la suite d'instructions placée derrière le mot-clé **loop** est exécutée sans fin, jusqu'à ce que l'un des événements suivants arrive :

— exécution d'une instruction **exit** ;

— déclenchement d'une exception ;

— terminaison de la tâche exécutante.

Le premier événement réalise une sortie normale de boucle. Le deuxième constitue plutôt une déviation de l'utilisation du mécanisme d'exception. Le troisième se rencontre fréquemment dans la programmation de tâches qui ont le rôle de serveur : une telle tâche exécute son service sans fin, et nous verrons au chapitre 13 comment elle peut s'arrêter.

L'exemple qui suit illustre le premier cas de figure. La programmation est néanmoins incomplète, car nous n'y traitons pas les erreurs ; le programme complet apparaît page 113.

```
with TEXT_IO ;
procedure Comptage is
    --  Lit au clavier un texte terminé par un point et affiche le
    --  nombre de chiffres et de lettres qu'il contient.
  marqueur : CHARACTER := '.' ;
  nb_lettres, nb_chiffres : NATURAL := 0 ;
  carlu : CHARACTER ; --  dernier caractère lu du texte
begin
  TEXT_IO.PUT_LINE("Tapez un texte termine' par un point :") ;
   loop
     TEXT_IO.GET(carlu) ;
      exit when carlu = marqueur ;
      -- carlu doit être analysé
      case carlu is
         when '0'..'9'           => nb_chiffres := nb_chiffres + 1 ;
         when 'a'..'z', 'A'..'Z' => nb_lettres := nb_lettres + 1 ;
         when others             => null ;
      end case ;
   end loop ;
   if nb_chiffres + nb_lettres = 0 then
     TEXT_IO.PUT_LINE("Ni lettre ni chiffre.") ;
   else
```

```
    TEXT_IO.PUT_LINE("Le texte contient " & NATURAL'IMAGE(nb_chiffres)
                    & " chiffre(s) et " & NATURAL'IMAGE(nb_lettres)
                    & " lettre(s).") ;
  end if ;
end Comptage ;
```

Le corps de la boucle lit un caractère ; si c'est le marqueur de fin, l'instruction **exit** fait quitter la boucle ; sinon, l'instruction cas analyse le caractère, et la boucle continue.

6.5.2 La boucle tant que

La condition qui suit le mot-clé **while** est évaluée avant chaque exécution (et donc avant la première) du corps de la boucle. Si cette condition est vraie, alors le corps est exécuté, et on revient à la situation initiale ; sinon, la boucle est terminée.

L'exemple suivant utilise une "boucle tant que" pour faire une recherche dichotomique dans une table, mise en œuvre par un type abstrait :

```
package Les_Tables_Triees is
  type table is private ;
  procedure Rechercher(t : in table; ... )
  ...
end Les_Tables_Triees ;
```

La procédure exportée *Rechercher* utilise une procédure interne au corps du paquetage qui délivre l'indice dans la table de l'entrée cherchée, caractérisée par sa clé de type *une_clé*. L'opérateur *BorneInf(t: table)* délivre le numéro de la plus petite entrée de *t*, et *BorneSup(t : table)* celui de la plus grande entrée ; l'opérateur *Cle(t : table ; i : indice)* délivre la clé du ième composant de la table *t*. La table est triée. La procédure interne de recherche dichotomique est la suivante :

```
procedure Recherche_Dichotomique
  (t : in table ;          --  la table à examiner; elle est triée :
                           --  Cle(t, i) <= Cle(t, j) si i < j
   c : in une_cle ;        --  la clé à rechercher
   i : out indice ;        --  si trouve est vrai, Cle(t, i) = c
   trouve : out BOOLEAN    --  vrai si au moins une entrée de t a la clé c
  ) is
  subtype indiceg is NATURAL range BorneInf(t)..BorneSup(t) + 1 ;
  subtype indiced is NATURAL range BorneInf(t) - 1..BorneSup(t) ;
  gauche : indiceg := BorneInf(t) ;
  droite : indiced := BorneSup(t) ;
```

```
  ilocal : indice ;
begin --  Recherche_Dichotomique
  dicho :
    while gauche <= droite
    loop  --  c n'apparaît pas dans t avant gauche ni après droite
      ilocal := (gauche + droite) / 2 ;
      if Cle(t, ilocal) <= c then  --  c n'apparaît pas avant ilocal
        gauche := ilocal + 1 ;
      end if ;
      if Cle(t, ilocal) >= c then  --  c n'apparaît pas après ilocal
        droite := ilocal - 1 ;
      end if ;
    end loop dicho ;
  i := ilocal ;
  trouve := c = Cle(t, ilocal) ;
end Recherche_Dichotomique ;
```

Ce programme amène plusieurs remarques :

— Nous n'avons pas spécifié la procédure ***Rechercher*** du paquetage ***Les_Tables-Triés*** : en tout état de cause, cette procédure ne rend certainement pas un ***indice*** comme le fait la procédure ***Recherche_Dichotomique***. Le type **table** est privé, et donc son intervalle d'indice n'est pas exporté. Pour être générale, la procédure de recherche exportée doit importer le type des éléments à ranger dans une entrée de table, et également la fonction caractéristique de ce type qu'on a appelé ici sa clé. Ces importations se font par le biais de paramètres génériques (chapitre 11).

— Nous n'avons pas non plus anticipé sur les types tableaux, avec lesquels vraisemblablement serait mis en œuvre le type **table** (encore que d'autres solutions existent). Si le type **table** est un tableau, les opérateurs ***BorneInf*** et ***BorneSup*** sont fournis par Ada sous forme d'attribut. Ici, ils sont mis en œuvre dans le corps du paquetage, ainsi que l'opérateur ***Cle***.

— La " boucle tant que " qui réalise l'algorithme est étiquetée : l'étiquette a un rôle documentaire en cas de boucles emboîtées, et reste ici une curiosité.

— Il est important de noter en commentaire l'invariant d'une boucle, même de façon tout à fait informelle comme ici. L'invariant *c n'apparaît pas dans t avant gauche ni après droite* est manifestement vrai en entrant dans la boucle si l'on regarde les initialisations de ***gauche*** et de ***droite***, et il est maintenu par les deux affectations.

— La variable **ilocal** est nécessaire : le résultat ***i*** est en mode **out** et ne peut être consulté.

6.5.3 La boucle pour

L'intervalle discret d'une "boucle pour" donne par son cardinal le nombre de répétitions du corps de la boucle ; ce cardinal peut être nul, et dans ce cas, la boucle ne fait rien. Les deux expressions qui sont les bornes de l'intervalle sont évaluées une seule fois, à l'initialisation de la boucle. L'identificateur nommé après le mot-clé **for** est l'indice de la "boucle pour" (appelé "paramètre de pour" dans le manuel de référence) ; il ne se déclare pas, et il a d'office le type de base de l'intervalle discret.

Avant chaque répétition, l'indice prend une nouvelle valeur dans l'intervalle, en commençant par la première, ou par la dernière en présence du mot-clé **reverse**. Pendant l'exécution du corps, cet indice est considéré comme une constante : on ne peut pas le modifier, ni le transmettre comme paramètre effectif de sortie ou d'entrée-sortie. L'indice disparaît lorsque la boucle est terminée : sa portée est la boucle elle-même. D'une répétition à l'autre, l'indice est *augmenté* par l'opérateur *SUCC* (ou *PRED* si **reverse** est indiqué) : on ne peut pas aller de deux en deux ou de *n* en *n*.

Les "boucles pour" ressemblent aux suivantes :

```
init :
    for j in jour    -- le type des jours de la semaine
    loop
      Initialiser(j) ;
    end loop ;

detruire :
    for i in reverse 1..nb_valeurs
    loop  -- on part de la fin
      Retirer(i) ;
    end loop ;
```

6.6 Instruction exit

L'instruction **exit** permet de quitter une instruction de boucle, étiquetée ou pas, ou de plusieurs boucles si la boucle emboîtante qu'on veut quitter est étiquetée.

L'identificateur de la figure 6.10 est l'étiquette de la boucle qu'on veut quitter quand l'expression notée après le mot-clé **when** devient vraie. Sans étiquette, et en cas de boucles emboîtées, l'instruction **exit** fait sortir de la "plus petite" boucle qui le contient. Une instruction **exit** avec étiquette ne peut pas exister en dehors de la boucle qui porte cette étiquette.

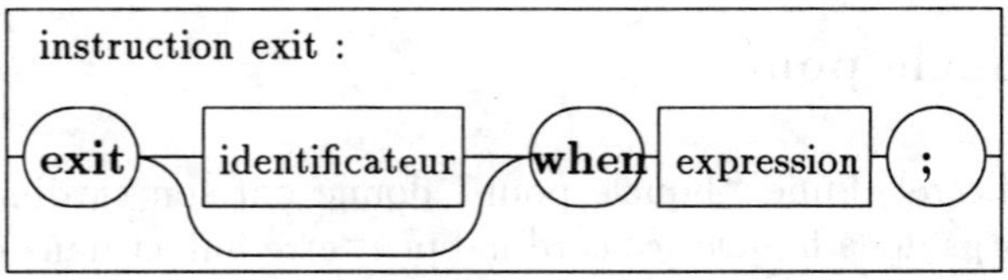

FIG. 6.10 : Instruction **exit**.

L'instruction **exit** permet de quitter n'importe quelle boucle, même une "répétition pour" ; il peut y avoir plusieurs **exit** par corps de boucle ; cependant, l'instruction **exit** doit obligatoirement figurer dans le corps de la boucle, et non pas dans un sous-programme appelé par le corps par exemple.

L'exemple qui suit est une procédure qui lit *n* naturels au clavier et les affiche à raison de *l* entier par ligne, chaque ligne étant terminée par la somme des entiers de la ligne, formant ainsi une *l + 1*^{ième} colonne. Une dernière ligne contient la somme totale dans la *l + 1*^{ième} colonne. Chaque entier est affiché sur *p* positions d'écran, avec la procédure *ES_de_naturels.PUT* que nous avons déjà rencontrée page 44.

```
with Les_Naturels, TEXT_IO ;
use Les_Naturels ;
procedure LesSommes is
   n : constant naturel := 10 ;  --  N entiers à lire et à sommer
   p : constant naturel :=  4 ;  --  taille d'une colonne
   l : constant naturel :=  3 ;  --  nombre de colonnes
   e,                           --  dernier naturel lu
   somligne,                    --  somme des naturels de la ligne
   somtotale : naturel ;        --  somme des lignes déjà affichées
   nb_par_ligne : naturel range 0..l ;
                                --  nombre de naturels écrits sur la ligne
   nb : naturel range 0..n ;      --  nombre de naturels déjà lus
begin
  somtotale := 0 ; nb := 0 ;
  loop
    exit  when nb = n ;
   --  il reste au moins un nombre à lire
    somligne := 0 ; nb_par_ligne := 0 ;
    loop
       ES_de_naturels.GET(e) ; ES_de_naturels.PUT(e, INTEGER(p)) ;
       nb_par_ligne := nb_par_ligne + 1 ; nb := nb + 1 ;
       somligne := somligne + e ;
      exit  when nb_par_ligne = l ;
       --  la ligne n'est pas complète
```

```
      exit when nb = n ;
        -- il reste au moins un naturel à lire
    end loop ;
    ES_de_naturels.PUT(somligne,
                          INTEGER((1 - nb_par_ligne + 1) * p)) ;
    TEXT_IO.NEW_LINE ;
    somtotale := somtotale + somligne ;
  end loop ;
  ES_de_naturels.PUT(somtotale, INTEGER((1 + 1) * p)) ;
  TEXT_IO.NEW_LINE ;
end LesSommes ;
```

Les instructions **exit** ne citent pas d'étiquettes et font donc sortir de la boucle juste englobante. Dans la boucle interne, les deux instructions **exit** peuvent fusionner en :

exit when *(nb_par_ligne = 1)* **or** *(nb =n) ;*

Si l'on entre les entiers de 1 à 10, le programme *LesSommes* affiche le résultat qui suit :

```
 1  2  3  6
 4  5  6 15
 7  8  9 24
10       10
         55
```

Le deuxième paramètre de l'opérateur *ES_de_naturels.PUT*, qui indique le nombre de colonnes d'impression, est d'un type dérivé de *INTEGER*, et la conversion utilisée dans le programme est nécessaire.

On trouvera un autre exemple d'utilisation page 112.

6.7 Instruction allera

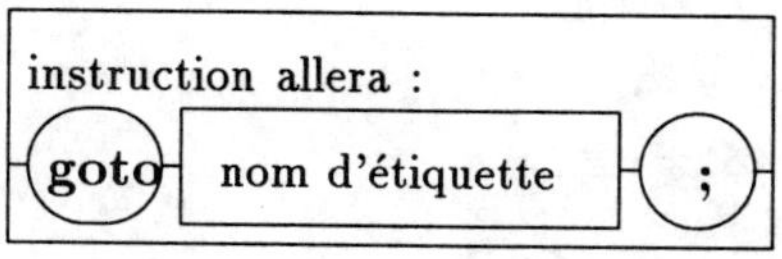

FIG. 6.11 : Instruction allera.

Ainsi que nous l'avons dit au début du chapitre, l'"instruction allera" (fig. 6.11) n'est utilisée que par les inconditionnels du **goto**. L'instruction est très limitée. Nous ne donnons pas un vrai exemple, juste une maquette :

```
<< on_revient_la >>
   loop
     ...
     goto on_revient_la ;
     ...
   end loop ;
```

6.8 Instruction bloc

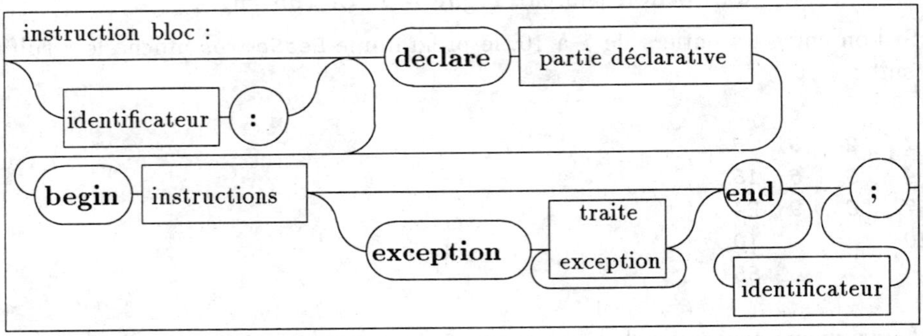

FIG. 6.12 : Instruction bloc.

Cette instruction permet, comme en C, de déclarer des entités à l'intérieur d'une partie instruction ; on peut ainsi connaître une contrainte pour déclarer un tableau dynamiquement. L'instruction bloc (fig. 6.12) joue un rôle important dans le traitement local des exceptions, et nous en verrons des utilisations, entre autres, page 116 et page 278.

CHAPITRE **7**

Les exceptions

7.1 Généralités

Une *exception* est un événement exceptionnel qui réclame l'arrêt immédiat du traitement en cours. Une exception est appelée une erreur en Pascal ou en C ; une erreur provoque l'arrêt du programme. Ce concept du langage vise à éviter les techniques habituelles utilisées pour traiter les erreurs : les instructions de branchements pour sortir d'un sous-programme en catastrophe, ou les tests systématiques de code de retour établis par des sous-programmes. Une exception se déclare, se déclenche et se propage. Elle peut être récupérée, analysée et traitée :

— déclaration : on doit déclarer l'exception spécifique d'un problème ; le langage en prédéfinit plusieurs ;

— déclenchement : l'exécutif Ada, le système d'exploitation relayé par l'exécutif, ou le programme lui-même peuvent déclencher des exceptions ;

— propagation : une exception non traitée dans le bloc où elle se déclenche se propage vers l'appelant du bloc ;

— traitement : les traite-exceptions qui figurent facultativement en fin de bloc ont pour rôle de traiter les exceptions.

7.2 Nature des exceptions

Les exceptions ne sont pas des entités (on ne peut les affecter entre elles, on ne peut les passer en paramètre), mais pourtant elles se déclarent comme une entité, à l'aide d'un identificateur (fig. 7.1).

Elles ont donc une portée comme tout identificateur Ada. Elles sont liées à des événements qui concernent le matériel, l'exécutif Ada, ou le programme de

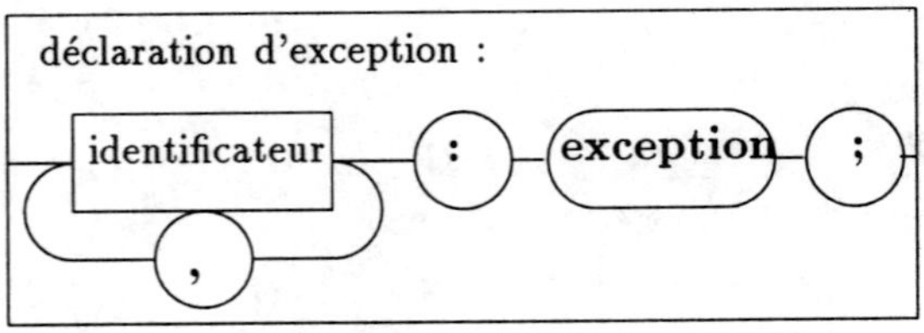

FIG. 7.1 : Déclaration d'exception.

l'utilisateur. Dans les deux premiers cas, il s'agit d'exceptions prédéfinies par le langage. Ce sont :

PROGRAM_ERROR qui est déclenchée quand on tente d'activer une unité (sous-programme, tâche, exemplaire générique...) qui n'est pas encore élaborée ; quand une fonction se termine sans exécuter un **return** ; quand toutes les alternatives d'un **select** sont fermées (chapitre 13) ; et quand une erreur matériel se produit (ce dernier cas dépend des mises en œuvre) ;

CONSTRAINT_ERROR qui est déclenchée quand une contrainte d'intervalle, d'indice ou de discriminant est dépassée ; quand on nomme un composant d'article qui n'existe pas, au vu des valeurs courantes des discriminants ; ou quand on référence une entité ou un composant d'une entité via une valeur accès nulle ;

NUMERIC_ERROR qui est déclenchée par une opération arithmétique produisant, pour cause des contraintes du matériel, une valeur erronée ;

STORAGE_ERROR qui est déclenchée sur exécution d'un allocateur quand il n'y a plus de place pour l'entité à créer ; quand la pile d'exécution est pleine ;

TASKING_ERROR qui est déclenchée par des exceptions arrivant lors des communications entre tâches.

Le programme de la page 48 n'est pas correct : quand il s'exécute, l'exception ***PROGRAM_ERROR*** se déclenche. En effet, reprenons juste les déclarations de cette variante de la procédure ***Afficher_Les_Cubes*** :

```
procedure Afficher_Les_Cubes is
   n : NATURAL := 0 ;
   function AuCube return NATURAL ;
   cube : NATURAL := AuCube ;
   procedure Centrer is ... end Centrer ;
```

```
   function AuCube return NATURAL is ... end AuCube ;
   ...
end Afficher_Les_Cubes ;
```

et examinons les conditions de déclenchement de l'exception ***PROGRAM_ERROR*** : l'élaboration de la déclaration de la variable ***cube*** entraîne un appel de la fonction ***AuCube***, laquelle est déclarée, mais dont le corps n'est pas encore élaboré (il est placé après). La version correcte est celle de la page 44. Il s'agit ici manifestement d'une erreur de programmation : le compilateur a accepté le programme mais le programmeur ne devait pas ignorer l'absence des instructions de la fonction à son appel. On verra plus loin (page 247) un cas où cette même exception se déclenche pour le même motif; cependant, le programme n'y est pour rien. On évite le déclenchement de cette exception en donnant l'ordre correct d'élaboration au compilateur, via le pragma ***ELABORATE*** (page 384).

L'exception ***CONSTRAINT_ERROR*** est la plus classique : un débordement de tableau ou d'intervalle, un pointeur non initialisé, et l'exception se déclenche. Elle traduit le plus souvent une lacune de la programmation : les conditions particulières sont prévisibles.

C'est normalement le matériel qui indirectement déclenche l'exception ***NUMERIC_ERROR*** : elle traduit tous les cas de débordement numérique (*overflow* et *underflow*, valeur trop grande ou trop petite pour être représentée sur le calculateur) et les divisions par zéro.

Le système d'exploitation est l'initiateur de l'exception ***STORAGE_ERROR***. Si l'on n'utilise pas de structures de données dynamiques, cela signifie généralement une erreur dans la condition d'arrêt d'un sous-programme récursif : on empile sans arrêt des contextes sans jamais dépiler. Si l'on crée des variables dynamiques, c'est le signe qu'il faudrait penser à désallouer les entités inutiles.

Enfin, l'exception ***TASKING_ERROR*** est déclenchée par l'exécutif Ada.

Notons que l'élaboration d'une exception déclarée dans un sous-programme récursif n'est faite qu'une seule fois (c'est normal : une seule activation du sous-programme sera à même de la déclencher), alors qu'une entité générique engendrera à chaque exemplarisation les élaborations des exceptions qu'elle déclare.

7.3 Déclenclement des exceptions

Les exceptions prédéfinies sont déclenchées par l'exécutif Ada. On peut toujours les masquer grâce au pragma ***SUPPRESS*** (page 386), mais c'est une politique à courte vue : les exceptions sont plus souvent le signe d'erreur de programmation dont il convient d'être averti le plus vite possible, plutôt que des structures de commande volontaires.

Les exceptions déclarées par le programmeur se déclenchent par l'instruction **raise**; on peut également s'en servir pour déclencher les exceptions prédéfinies.

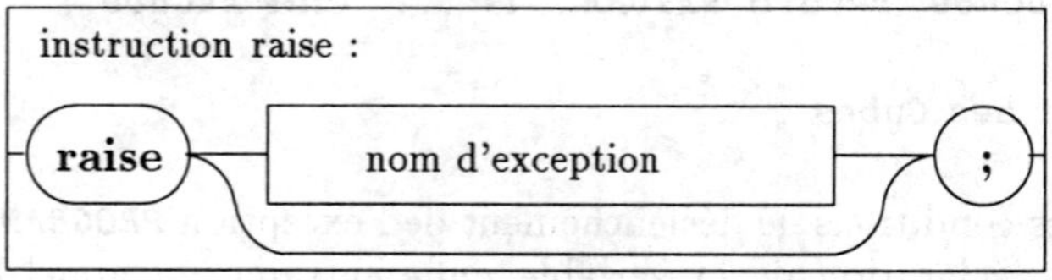

FIG. 7.2 : Instruction raise.

Dans la syntaxe de la figure 7.2, la forme qui ne comprend pas de nom d'exception ne peut se placer que dans un traite-exception.

Reprenons à titre d'exemple le paquetage ***Pile_de_naturels*** du chapitre 1. Le paquetage exporte les opérateurs ***Empiler, Depiler*** et ***Vide***. L'utilisateur du paquetage est censé tester la prédicat ***Vide*** avant chaque appel à ***Depiler***. Ce test est une grosse perte de temps : dans 99 % des cas, voire plus, l'appel à ***Depiler*** ne se fera pas sur une pile vide. Il est préférable de supprimer cet appel et de mettre en place une exception : le paquetage exporte l'exception ***vide*** et non la fonction ***Vide***, et l'utilisateur prévoit de récupérer cette exception pour les cas exceptionnels.

Un fragment de la programmation du paquetage est le suivant :

```
with Les_Naturels ;  use Les_Naturels ;
package Pile_de_naturels  is
   procedure Empiler(objet :  in naturel) ;
   function Depiler  return naturel ;
   vide :  exception ;
  ...
end Pile_de_naturels ;

package  body Pile_de_naturels  is
  ...   --  déclaration de la pile P et de son sommet
   function Depiler  return naturel  is
   begin
     sommet := sommet - 1 ;  return P(sommet + 1) ;
   exception
     when CONSTRAINT_ERROR =>
        raise vide ;
   end ;
  ...
end Pile_de_naturels ;
```

Le paquetage ne peut évidemment rien faire si on lui demande de dépiler à partir d'une pile vide : l'instruction **raise** stoppe l'exécution de la fonction ***Depiler*** qui, de ce fait, ne délivre pas de valeur et déclenche l'exception qui se propage chez l'appelant. On trouvera page 130 la programmation complète du paquetage.

7.4 Traitement des exceptions

Une exception est traitée dans un *traite-exception* (fig. 7.3). Un traite-exception se place dans une partie facultative qui termine tout bloc : en fin d'instruction bloc, de sous-programme, de paquetage ou de tâche. Cette partie a la forme d'une instruction cas.

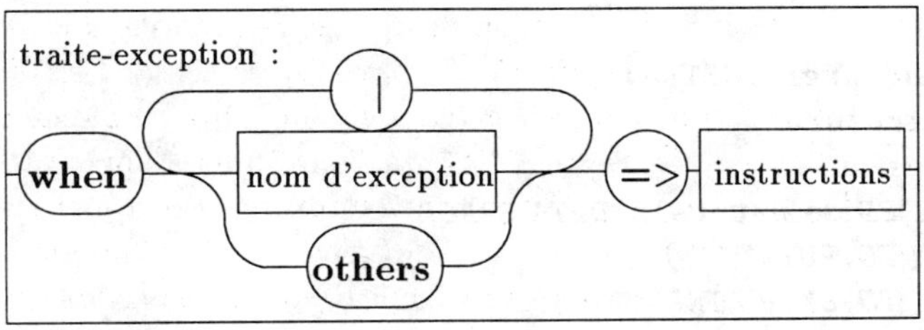

FIG. 7.3 : Traite-exception.

Le choix **others** ne peut figurer qu'une fois, seul, dans la dernière alternative du traite-exception d'un bloc. Les instructions autorisées dans le traite-exception sont celles qui sont autorisées dans le bloc : ainsi, un **return** est autorisé dans un traite-exception d'une fonction.

Lorsqu'une exception est déclenchée dans un bloc qui possède un traite-exception la concernant, alors le contrôle passe au traite-exception correspondant. La fin de son exécution signifie la fin du bloc. S'il n'y a pas de traite-exception qui la concerne, le contrôle passe à l'appelant ou à la fin de l'instruction bloc (voir la propagation des exceptions au paragraphe 7.5).

Dans tous les cas, le bloc où l'exception est déclenchée est abandonné, et il ne sera pas relancé après le traitement de l'exception. Si le bloc est un sous-programme avec des paramètres de mode **out**, il faut penser à leur donner une valeur dans le traite-exception.

Donnons comme exemple le plus utile des schémas : celui de la lecture interactive d'une valeur. Jusqu'à présent, et tant que nous n'avons pas examiné les fichiers, nous avons peu réalisé d'entrée-sortie. Nous avons lu des naturels avec l'opérateur ***GET*** du paquetage ***Es_de_Naturels***, sans nous soucier des fautes de frappe : ce ***GET*** attend évidemment une chaîne de caractères numériques qu'il transforme en un naturel. S'il rencontre autre chose que des chiffres, il déclenche l'exception ***DATA_ERROR***.

Ainsi, pour lire interactivement un naturel, nous utiliserons une procédure ***Lire_naturel*** plutôt que ***GET***, en la construisant à partir du ***GET*** et du traitement de l'exception. Cette procédure doit contenir une boucle : si la lecture est mauvaise, on la réitère. Mais si elle est mauvaise, elle déclenche l'exception *DATA_ERROR*, et le bloc actif est automatiquement terminé : le bloc ne doit pas être la procédure *Lire_naturel*, mais un bloc interne à la boucle qui récupèrera l'exception.

On obtient quelque chose comme ceci :

```
procedure Lire_naturel(n :  out naturel)  is
   --   lecture interactive avec correction des fautes de frappe
begin
  TEXT_IO.PUT(": ") ;
  lecture :
   loop
     begin
       ES_de_naturels.GET(n) ;
        exit lecture ;
     exception
       when ES_de_naturels.DATA_ERROR =>
         TEXT_IO.PUT("? ") ;
         TEXT_IO.SKIP_LINE ;
     end ;
   end  loop lecture ;
end Lire_naturel ;
```

La procédure affiche un deux-points et attend un naturel ; s'il est correct, l'opération *GET* fonctionne normalement, et l'instruction **exit** *lecture* fait quitter la boucle. Si la frappe est incorrecte, l'opérateur *GET* déclenche l'exception qui est récupérée par le bloc actif ; en particulier, l'instruction **exit** *lecture* n'est pas exécutée. Le traite-exception affiche une invite interrogative, différente de la première, et ignore le reste de la ligne (c'est le rôle de l'opérateur *SKIP_LINE*) : en effet, si l'opérateur a tapé :

2a 3

au lieu de *213*, le *GET* aura analysé *2a* (le blanc est un séparateur), et le *3* reste dans le tampon de lecture pour l'itération suivante. En sautant le reste de la ligne, l'utilisateur recommence sa frappe sans qu'il reste des parasites insoupçonnés. Remarquons enfin que nous aurions pu remplacer le **exit** *lecture* par un **return** pour quitter directement la procédure.

Reprenons en deuxième exemple le programme *Comptage* de la page 100. On y lisait un texte terminé par un point, sans se soucier de la nécessaire présence de ce point. En utilisation interactive, l'utilisateur est averti qu'il doit taper un point pour quitter ; s'il ne le fait pas, le programme attend. Si l'utilisateur n'a pas assimilé le mode d'emploi, il peut, en désespoir de cause, abandonner son programme en envoyant un signal de terminaison, mais il perd le résultat qu'il attend. Il peut aussi taper une marque de fin de fichier (un *^Z* sous MS/DOS ou VMS, un *^D* sous

UNIX,. . .) : le programme qui attend toujours le point lit la marque de fin de fichier et se plante. Le paquetage *TEXT_IO* exporte l'exception *END_ERROR* : ici, elle n'est pas récupérée. Corriger le programme consiste donc à ajouter un traite-exception et un bloc supplémentaire si l'on ne veut pas réécrire la séquence qui affiche le résultat. Le programme suivant ne rajoute pas ce bloc supplémentaire (on obtiendrait le schéma de la procédure *Lire_naturel*) :

```
with TEXT_IO ;
procedure Comptage is
  ...
begin
 TEXT_IO.PUT_LINE("Tapez un texte termine' par un point :") ;
 loop
  TEXT_IO.GET(carlu) ;
   exit when carlu = marqueur ;
  ...
 end loop ;
  TEXT_IO.PUT_LINE("Le texte contient " & NATURAL'IMAGE(nb_chiffres)
                   & " chiffre(s) et " & NATURAL'IMAGE(nb_lettres)
                   & " lettre(s).") ;
exception
 when TEXT_IO.END_ERROR =>
  TEXT_IO.PUT_LINE("Le texte contient " & NATURAL'IMAGE(nb_chiffres)
                   & " chiffre(s) et " & NATURAL'IMAGE(nb_lettres)
                   & " lettre(s).") ;
end Comptage ;
```

L'exception *END_ERROR* est déclenchée par l'opérateur *GET* qui trouve une marque de fin de fichier au lieu d'un caractère ordinaire : le bloc du sous-programme est interrompu, le contrôle passe au traite-exception, et le programme se termine sans que l'utilisateur ait vraiment eu conscience de ne pas avoir respecté le mode d'emploi.

7.5 Propagation des exceptions

Si une exception est déclenchée dans un bloc qui n'a pas de traite-exception correspondant, alors l'exception est propagée à l'extérieur de ce bloc, et cela selon la nature du bloc.

1. Pour un corps de sous-programme, la même exception est déclenchée chez l'appelant, au niveau de l'appel du sous-programme ; si le sous-programme est le programme principal, son exécution s'arrête, et l'exécutif Ada reprend le contrôle pour afficher les messages d'erreurs adéquats.

2. Pour une instruction bloc, la même exception est déclenchée juste après la fin de l'instruction bloc.

3. Pour un paquetage, on doit distinguer plusieurs cas. Remarquons d'abord que les traite-exceptions d'un paquetage ne traitent que les exceptions déclenchées dans le bloc du paquetage, c'est-à-dire dans sa séquence d'initialisation, séquence qui est exécutée lors de l'élaboration du paquetage. Donc, toute exception levée à l'exécution des opérateurs d'un paquetage doit être traitée par le sous-programme qui l'a déclenchée, et on applique la règle 1 précédente pour la propagation.

   Cependant, une exception peut être levée à l'élaboration du corps du paquetage. Dans ce cas, elle est levée à nouveau dans la partie déclarative englobant le paquetage, juste après la déclaration du corps du paquetage. Si le corps est compilé séparément, elle est levée là où sa souche est déclarée (là où le corps est déclaré comme étant compilé séparément par **is separate**). Si le corps est une unité de bibliothèque, l'exécution du programme est arrêté (voir le chapitre 14 pour les unités et les programmes). Il est donc nécessaire que les unités de bibliothèque traitent complètement les exceptions qui pourraient être déclenchées lors de leur élaboration. On trouvera ce cas dans l'exemple de la page 315.

4. Pour un corps de tâche, la tâche devient achevée (voir le chapitre 13 sur les tâches).

5. Pour une exception levée dans un traite-exception, la propagation suit les règles précédentes, selon la nature du bloc où figure le traite-exception (il n'y a pas réexécution du traite-exception).

7.6 Portée et durée de vie des exceptions

Une exception est une simple marque déclarée statiquement dans un bloc. Dans sa région de déclaration, sa portée suit les règles habituelles; l'exception peut être cachée par une autre déclaration, elle peut être renommée.

Bien que créées statiquement, les exceptions se propagent selon la chaîne dynamique des appels de blocs, et non selon la chaîne statique des emboîtements de blocs : une exception peut donc être propagée en dehors de sa portée. Dans ce cas, elle ne peut être traitée que par un **when others** puisque son nom n'est pas connu.

L'instruction **raise** sans argument sert à propager une exception traitée par un traite-exception, en dehors de ce traite-exception : en effet, lorsqu'un traite-exception est prévu pour plusieurs causes, on n'a pas le moyen de savoir quelle exception a provoqué son exécution; par contre, l'exécutif le sait, et propage la bonne exception.

7.7 Utilisation des exceptions

7.7.1 Mise au point des programmes

Ce n'est sûrement pas la finalité originelle des exceptions que de servir à la mise au point, mais c'est, de fait, un outil à ne pas négliger : les jeux d'essais des programmes doivent traquer les exceptions ***CONSTRAINT_ERROR*** et ***NUMERIC_ERROR***, sans chercher forcément à les traiter. Le but est seulement ici de débusquer les comportements anormaux traduisant des erreurs de programmation. Si l'exécutif est bien fait, la pile dynamique est affichée en cas d'erreur, et il est facile de trouver sa provenance.

7.7.2 Erreurs dues à l'environnement

Les erreurs dues à l'environnement sont les erreurs qu'il convient de traiter : elles ne ressortent pas de l'erreur de programmation, mais plutôt d'anomalies de fonctionnement. Le paquetage prédéfini ***IO_EXCEPTIONS***, que nous verrons au chapitre 12, exporte huit noms d'exceptions pour traiter tous ces cas d'anomalies ; nous avons déjà utilisé deux d'entre eux dans ce chapitre : ***END_ERROR*** et ***DATA_ERROR***. Toutes ces exceptions concernent les opérations d'entrée-sortie.

7.7.3 Atterrisage en douceur

Si l'on ouvre des fichiers en écriture, si l'on commence une transaction avec une base de données, alors l'arrivée inopinée d'une exception peut être catastrophique. Il convient d'ajouter dans le ou les blocs les plus englobants possible des traite-exceptions qui, grâce à un **when others**, vont fermer les fichiers ou annuler la transaction. Ainsi, quelle que soit la cause de l'exception (qu'on a pu essayer de traiter par ailleurs), on est sûr de quitter le programme en laissant un état des lieux convenable.

7.7.4 Nouvelles tentatives

L'exemple de la lecture interactive peut s'appliquer dans d'autres situations : par exemple, une erreur d'entrée-sortie provoquant l'exception ***DEVICE_ERROR*** peut être traitée par un nouvel essai ; ces répétitions seront cependant bornées.

7.7.5 Réparation

L'idéal est d'avoir les moyens de réparer la cause de l'erreur. Ce n'est pas souvent le cas : si la cause est interne, alors elle est prévue par l'algorithme, et si la cause est externe, on peut rarement intervenir. Comme exemple de réparation, donnons l'exemple d'erreur à l'ouverture d'un fichier : après s'être assuré que le fichier existe bien, on peut tenter de modifier les droits d'accès, et si on a les privilèges suffisants, la deuxième ouverture aura des chances de bien se passer.

7.7.6 Sorties multiples de boucle

Prenons l'exemple de la boucle d'un programme qui viendra plus tard. Le paquetage ***Les_Couleurs*** du chapitre 4, page 64, exporte le type ***une_couleur*** et des opérateurs de lecture et d'écriture de couleurs. Une version de l'opérateur de lecture est programmé page 135. Reportez-vous à la page 135 où l'algorithme de lecture est expliqué : la procédure ***Les_Couleurs*** utilisée fait une recherche dans le tableau ***table_couleur***, en utilisant une boucle à sorties multiples. Comme les deux sorties de la boucle ont des épilogues qui diffèrent, ces deux sorties sont distinguées par un booléen, qui est ensuite testé dans une instruction cas pour mettre en valeur ces deux épilogues.

On peut dévoyer ici le mécanisme des exceptions pour retrouver les fonctionnalités d'un branchement avec aiguillage automatique. Même sans connaître les tableaux ni leurs opérateurs, on peut être tenté par la lisibilité et l'apparente économie de test d'une boucle comme la suivante :

```
procedure Les_Couleurs(cle : in STRING) is
   i : une_couleur ; trouve, non_trouve : exception ;
begin -- Les_Couleurs
   i := une_couleur'FIRST ;
  loop       --  recherche du préfixe cle
    if table_couleur(i)(1..cle'LAST) > cle then      --  pas là
      raise non_trouve ;
    elsif table_couleur(i)(1..cle'LAST) = cle then
      raise trouve ;
    end if ;
    i := une_couleur'SUCC(i) ;
  end loop ;
exception
  when non_trouve => raise mauvais_prefixe ;
  when trouve =>
     loop --  affichage des couleurs ayant ce préfixe
        TEXT_IO.PUT_LINE(table_couleur(i)) ; i := une_couleur'SUCC(i) ;
```

```
        exit when table_couleur(i)(1..cle'LAST) /= cle ;
        exit when i = une_couleur'LAST ;
      end loop ;
      TEXT_IO.PUT(cle) ;
end Les_Couleurs ;
```

Si l'on a trois ou quatre causes possibles de sortie de boucle, entraînant chacune une finalisation différente, la gestion par exception est certainement la plus lisible. Dans le cas présent, et en comparant avec la solution de la page 135, cette gestion supprime les variables *j* (la portée de la variable *i* est la "boucle pour", et on doit sortir l'indice de la boucle) et ***trouve***, et donne meilleure allure à la boucle.

CHAPITRE **8**

Tableau

8.1 Généralités

Un tableau est une entité structurée dont les composants sont tous du même type. Les composants sont directement accessibles par un ou plusieurs numéros (ou indice) d'un type discret. Un tableau est caractérisé par :

— le nombre de ses indices (qu'on appelle aussi sa dimension) ;

— le type et la position de chaque indice ;

— les bornes inférieures et supérieures de chaque indice ;

— le type des composants; le type des composants est quelconque mais contraint (toutes ses caractéristiques sont connues ; il n'est pas paramétré).

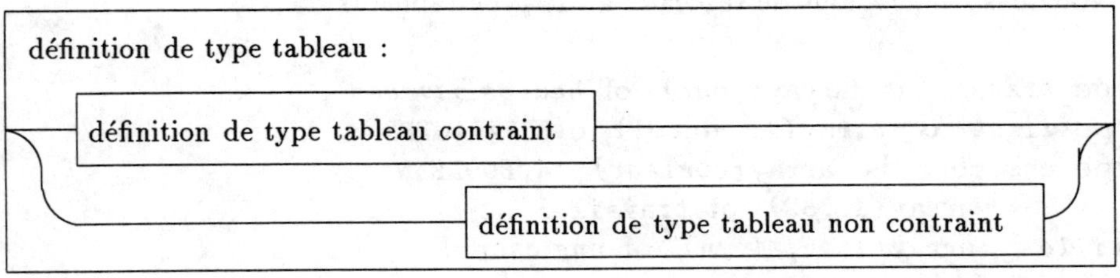

FIG. 8.1 : Définition de type tableau.

Ada fournit deux constructeurs de tableaux, contraints et non contraints (fig. 8.1) :

— les tableaux contraints ont tous leurs types d'indices définis par des contraintes d'intervalle ; ainsi toutes les entités tableaux issues d'une même élaboration de type tableau contraint ont le même nombre d'éléments avec la même numérotation ;

— les tableaux non contraints n'ont pas de contrainte d'indice : le nombre d'éléments et la numérotation des éléments sont laissés en suspens ; on ne peut pas utiliser un type tableau non contraint pour déclarer des variables tableaux : il faut à ce moment-là fixer toutes les contraintes d'indices. Par conséquent, deux entités issues d'un même type tableau non contraint peuvent avoir des nombres d'éléments différents et des numérotations différentes.

Un exemple de type tableau non contraint est donné par le type prédéfini dans le paquetage ***STANDARD*** et qui implémente les chaînes de caractères : le type ***STRING***.

8.1.1 Les tableaux contraints

La définition d'un type tableau contraint de la figure 8.2 s'utilise dans une déclaration de type ou dans une déclaration de variable tableau.

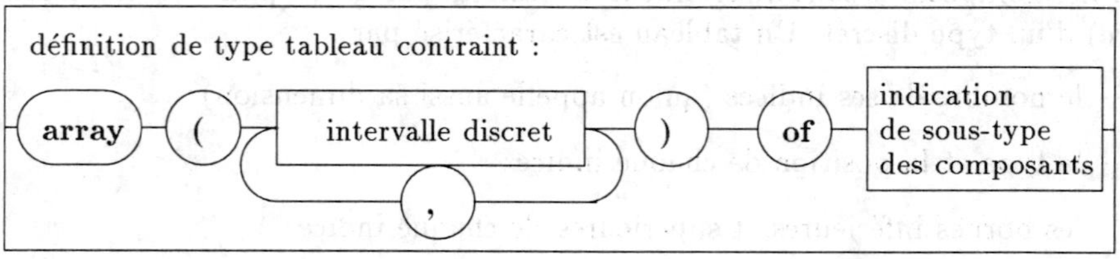

FIG. 8.2 : Définition de type tableau contraint.

Voici des déclarations de tableaux et de type tableaux :

```
type travail is array(jour) of heures_ouvrees ;
type ligne is array(1..nb_col) of CHARACTER ;
type ensemble is array(couleur) of BOOLEAN ;
 a      : array(1..52) of travail ;
 grille : array(1..n, 1..n) of une_case ;
 l      : ligne ;
```

Les types ***heures_ouvrees*** et ***une_case***, non déclarés ici, ne doivent pas être des types paramétrés. Les variables du type ***travail*** auront pour valeurs d'indice les constantes ***lundi, mardi,*** ... jusqu'à ***dimanche***. La variable **a** est un tableau de cinquante deux éléments qui sont eux-mêmes des tableaux. La variable ***grille*** est une variable à deux dimensions ; l'identificateur ***n*** n'est pas obligatoirement une constante connue à la compilation.

La définition d'un type tableau contraint définit à la fois un type tableau anonyme, non contraint, et un sous-type tableau découlant du précédent et caractérisé par la contrainte d'indice. Notons enfin que l'intervalle discret doit être de n'importe quel sous-type discret connu, sauf du type qui se ramènerait au type *entier_universel.* Des intervalles comme `1..nb_col` ou comme `1..54` peuvent être interprétés comme provenant des types prédéfinis ***POSITIVE*** ou ***NATURAL***, alors qu'un intervalle comme `-5..+5` ne peut être interprété que comme provenant de ***INTEGER***, lequel est une implémentation de *entier_universel.* On doit donc dans ce dernier cas indiquer complètement le sous-type (voir l'exemple de la page 123). De même, l'indication de type ***INTEGER*** ne devrait pas être acceptée.

8.1.2 Les tableaux non contraints

La définition d'un type tableau non contraint de la figure 8.3 définit un modèle de type (ou type paramétré) et ne peut s'utiliser que dans une déclaration de type.

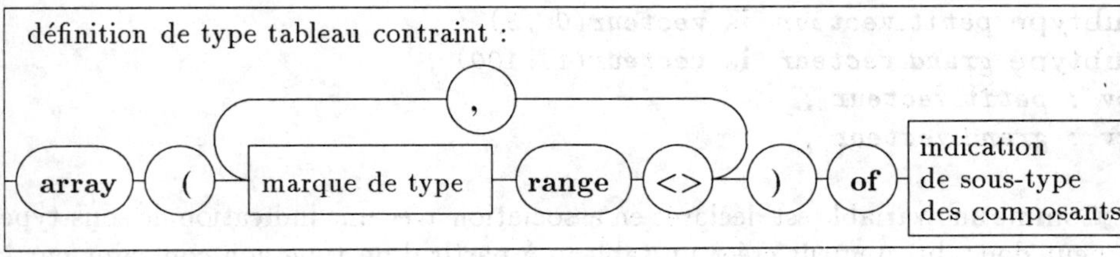

FIG. 8.3 : Définition de type tableau non contraint.

Chaque indice est en fait précisé par son type de base, mais ses bornes sont laissées libres : c'est ce qu'indique la notation **range** <> (qu'on appelle une boîte). Si un type d'indice est non contraint, alors les autres types d'indices, si le tableau est à plusieurs dimensions, doivent également être non contraints.

Cette paramétrisation est indispensable pour construire des composants traitant des tableaux de n'importe quelle taille : les paramètres de type tableau sont le plus souvent non contraints. Cependant, toutes les contraintes d'indices doivent être données pour déclarer une variable d'un tel type.

Si l'on définit un vecteur par :

```
type vecteur is array(naturel range <>) of reel ;
```

on ne peut pas déclarer une matrice comme un tableau non contraint de vecteurs : le type des composants doit toujours être contraint. On doit donc se passer du type `vecteur` pour déclarer un type `matrice`.

```
type matrice is
    array(naturel range < >, naturel range < >) of reel ;
```

8.2 Variable tableau

Les tableaux contraints, on l'a vu, se déclarent comme des variables simples : soit à partir d'un type contraint, comme la variable `l` du paragraphe 8.1.1, ou directement comme les variables `a` et `grille` du même paragraphe.

Pour créer une variable à partir d'un type non contraint, on doit fixer la contrainte dans une déclaration de sous-type, ou bien directement dans la déclaration de la variable, créant de ce fait un sous-type anonyme. La syntaxe du paragraphe 2.3 page 22 indique comment déclarer cette contrainte.

Par exemple :

```
subtype petit_vecteur is vecteur(0..3) ;
subtype grand_vecteur is vecteur(1..100) ;
pv : petit_vecteur ;
gv : grand_vecteur ;
```

Comme une variable est déclarée en association avec une indication de sous-type, on peut donc directement créer un tableau à partir d'un type non contraint par la même notation :

```
m1 : matrice(1..4, 1..4) ;
m2 : matrice(1..4, 1..20) ;
```

8.3 Variable indicée

Le tableau est une structure de données à accès direct : on peut accéder à un composant quelconque en fournissant son ou ses indices. L'entité obtenue est une *variable indicée* (ou *indexée*), ou composant de tableau. Dans la syntaxe de la figure 8.4, le préfixe doit dénoter une variable tableau (un préfixe, défini à la page 84, est un nom simple ou un nom développé) ou une fonction délivrant un tableau, et les expressions entre parenthèses sont les valeurs des indices du composant.

Les types de chaque expression doivent être ceux des indices ; l'exception *CONSTRAINT_ERROR* est déclenchée si une expression est en dehors des bornes de son intervalle d'indice. On ne peut pas, comme en Pascal, mélanger les notations d'accès aux tableaux de tableaux ou aux tableaux à plusieurs dimensions :

— pour connaître le nombre d'heures ouvrées du lundi de la ième semaine, on accèdera au composant `a(i)(lundi)` ;

— pour additionner les réels en position `i, j` dans les matrices `m1` et `m2`, on écrira `m1(i, j) + m2(i, j)` ;

— les autres notations, comme `m1(i)(j)` ou `a(i, lundi)`, sont invalides.

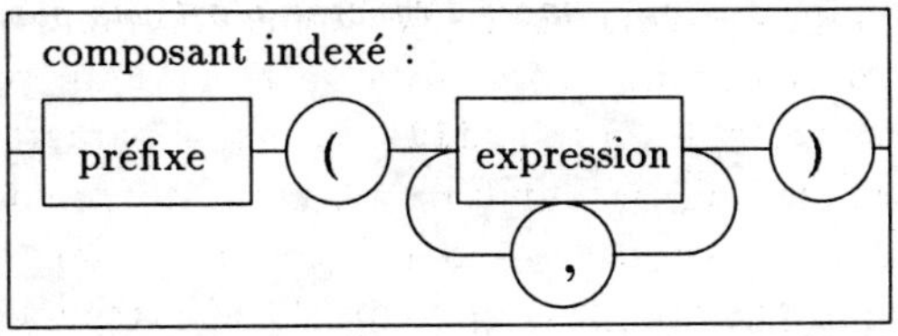

FIG. 8.4 : Composant indexé.

Le type d'une variable indicée est le type du composant de son type ou de son sous-type tableau.

8.4 Opérateurs sur les tableaux

8.4.1 Affectation

L'affectation de deux tableaux de même sous-type est bien entendu possible. Mais l'affectation va un peu plus loin :

— deux variables tableaux issues du même type non contraint mais ayant même dimension et même nombre d'éléments peuvent être affectées l'une à l'autre : il y a conversion implicite du sous-type de l'opérande droit dans le sous-type de l'opérande gauche ;

— deux variables tableaux de sous-types différents mais ayant même dimension, même nombre d'éléments, même type de base des indices, peuvent être affectées l'une à l'autre en faisant une conversion explicite.

Illustrons ces différents cas, en reprenant les types précédents :

```
type vecteur is array(petit_entier range <>) of reel ;
subtype petit_vecteur is vecteur(0..3) ;
x : vecteur(1..4) ;
y : petit_vecteur ;
```

```
z : vecteur(11..14) ;
t : array(petit_entier range -3..0) of reel ;
        -- type de base obligatoire (MR 3.6.1 (2))
```

Les affectations qui suivent sont toutes possibles :

```
x := z ;                    -- même type, même nombre d'éléments
y := petit_vecteur(x) ;     -- conversion implicite
z := vecteur(t) ;           -- mais l'inverse n'est pas possible
```

8.4.2 Égalité

La comparaison d'égalité ou d'inégalité entre deux tableaux de même sous-type est possible ; elle s'étend comme pour l'affectation aux tableaux qui ont presque le même type, à la numérotation des indices près.

8.4.3 Comparaison

Les autres comparaisons (<, <=, >, >=) sont définies sur les tableaux à une dimension ayant des composants de type discret. On peut ainsi comparer des tableaux de *une_couleur*, mais pas des tableaux de `reel`.

8.4.4 Concaténation

L'opérateur de concaténation `&` est défini entre tableaux à une dimension de même composant discret, ou entre un tel tableau et une entité du type des composants. Nous avons utilisé à plusieurs reprises la concaténation de chaîne dans les ordres d'écriture.

8.4.5 Tableaux de booléens

Les tableaux de booléens à une dimension sont munis des opérateurs logiques **and**, **or**, **xor** et **not**. Ces opérations se font entre composants de même indice sur les deux opérandes. L'exemple de la page 138 en donne une utilisation.

8.4.6 Attributs

Les attributs définis sur les tableaux donnent la valeur des bornes des indices, le nombr d'éléments de chaque dimension, et délivrent l'intervalle des indices. Dans la liste qui suit, **tt** est un type tableau, une valeur tableau ou une variable tableau :

tt'FIRST borne inférieure du premier type d'indice ;

tt'FIRST(n) idem, pour le n^{ième} type d'indice ;

tt'LAST borne supérieure du premier type d'indice ;

tt'LAST(n) idem pour le n^{ième} type d'indice ;

tt'RANGE rend le premier intervalle d'indice ;

tt'RANGE(n) rend le n^{ième} intervalle d'indice ;

tt'LENGTH rend le nombre de valeurs du premier intervalle d'indice ;

tt'LENGTH(n) rend le nombre de valeurs du n^{ième} intervalle d'indice.

8.4.7 Agrégat

Un agrégat est une valeur structurée de type tableau ou de type article. Un agrégat doit respecter les contraintes qui suivent :

— tous les composants de la valeur structurée doivent avoir une valeur ;

— chaque composant ne doit avoir qu'une seule valeur ;

— les composants sont repérés par leur position ou par leur numéro (indice) ; en cas d'association mixte, on doit commencer par les valeurs positionnelles ;

— le type de l'agrégat doit pouvoir être calculé par le compilateur ; il faut le qualifier si ce calcul n'est pas possible.

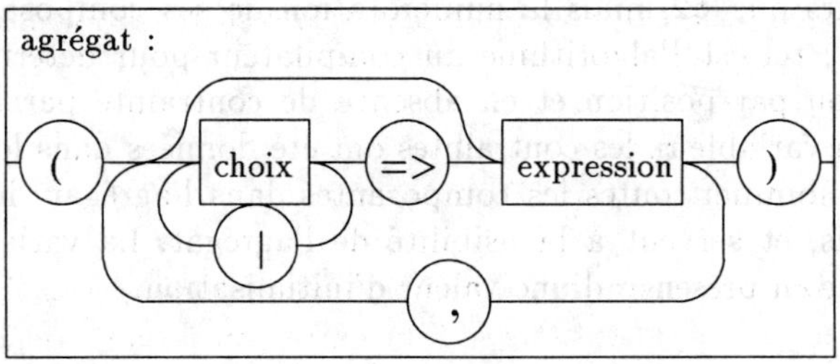

FIG. 8.5 : Agrégat.

La règle choix est celle de l'instruction cas (page 98) : aussi existe-il un choix **others** bien commode pour affecter d'une façon certaine une valeur à chaque composant. Il doit se trouver uniquement en dernière position d'un agrégat.

Les tableaux de tableaux ou les tableaux à plusieurs dimensions peuvent eux aussi prétendre à avoir des valeurs sous forme d'agrégat. De tels agrégats sont composés de sous-agrégats, suivant la syntaxe de la figure 8.5, séparés par des virgules ; il y a donc un couple de parenthèses pour la première dimension, *n* couples pour la deuxième si la première dimension a *n* éléments, etc.

L'exemple qui suit montre les variantes des notations par position ou par numéro pour un cas simple :

```
type feu is (vert, orange, rouge) ;
type carrefour is array(1..4) of feu ;
c1 : carrefour := (vert, rouge, vert, rouge) ; --  agrégat par position
c2 : carrefour := (1|3 => vert, 2|4 => rouge) ; --  agrégat par nom
c3 : carrefour := ( others => orange) ;
```

Le choix **others** est bien évidemment interdit pour des agrégats de tableau non contraint ; par contre, un agrégat sans **others** devrait pouvoir donner la contrainte d'indice dans une déclaration de tableau ; en fait le langage interdit cette possibilité pour les variables et l'autorise pour les constantes :

```
type non_contraint is array(naturel range <>) of entier ;
t1 : constant non_contraint := (4..6 => 10, 2|3 => 0) ;
t2 : constant non_contraint := (0, 0, 10, 10, 10) ;
t3 : non_contraint(2..6) := t1 ;
m  : matrice(1..2, 1..3) :=
     (1 => (1.0, 2.0, 3.0), 2 => (3.0, 4.0, 5.0)) ;
```

La constante *t1* est contrainte par son agrégat, qui donne effectivement toutes les valeurs de la position 2 à la position 6 : *t1* est un tableau de cinq entiers numérotés de 2 à 6. La constante *t2*, elle aussi contrainte par son agrégat, contient les mêmes valeurs que *t2*, mais la numérotation de ses composants commence à *NATURAL'FIRST* : tel est l'algorithme du compilateur pour déterminer les indices avec une notation par position et en absence de contrainte par ailleurs. Dans la déclaration de la variable *m*, les contraintes ont été données dans le sous-type, pour éviter d'avoir à nommer toutes les composantes dans l'agrégat ; ici, les noms *1* et *2* sont facultatifs, et servent à la lisibilité de l'agrégat. La variable *t3* doit être contrainte, même en présence d'une valeur d'initialisation.

8.5 Tranche

Une tranche est une portion d'un tableau à une dimension déterminée par l'indice du début de la tranche et par l'indice de fin. Les bornes de la tranche sont bien entendu du type de l'indice du tableau : la tranche est vide si l'intervalle défini par les bornes est vide.

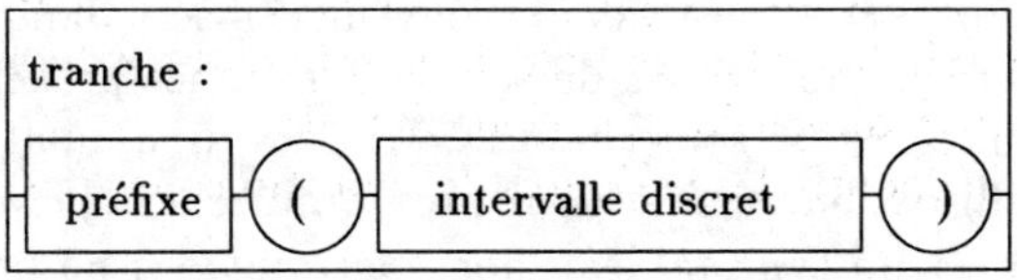

FIG. 8.6 : Tranche.

Dans la figure 8.6, le préfixe doit dénoter une variable, une constante ou un agrégat de type tableau. L'exemple qui suit montre des manipulations de tableaux et de tranches :

```
nb_ligne : constant := 24 ;
nb_col : constant := 80 ;
subtype ligne is STRING(1..nb_col) ;
        -- tableau contraint, une dimension
type ecran is array(1..nb_ligne) of ligne ;
        -- idem, même si un élément est un tableau
e : ecran ; l : ligne ;
...
   e(i) := l ;                -- affectation de tableau
   e := e(1..23) & l ;    -- tranche concaténée à une ligne = un écran
   l := "Bravo" & l(6..10) & '!' & e(3)(1..69) ;
      --     5    +    5      + 1  +     69      = nb_col caractères
   e(4)(1..10) := e(4)(5..14) ;
```

Toutes ces affectations sont licites, même la dernière qui fait du recouvrement de tranche.

8.6 Chaîne

Le type *STRING* est un type tableau non contraint qui suit en tous points le langage ; il est déclaré dans le paquetage *STANDARD* :

```
subtype POSITIVE is INTEGER range 1..INTEGER'LAST ;
type STRING is array(POSITIVE range <>) of CHARACTER ;
```

Il est muni de tous les opérateurs afférents aux tableaux unidimensionnels à éléments de type discret : affectation, comparaisons (ordre lexicographique), concaténation. La seule différence est la syntaxe particulière pour les agrégats de chaîne que sont les littéraux chaînes (comme le littéral de valeur *"Bravo"* ci-dessus).

Bien que les chaînes soient des valeurs souvent utilisées dans les programmes, la bibliothèque standard ne donne pas de sous-programmes prédéfinis pour faire des extractions, des recherches de sous-chaînes, etc. : les manipulations de tranches et la concaténation suffisent en général pour programmer les opérations usuelles.

Le type *STRING* est un type tableau non contraint ; on ne peut pas malheureusement en tirer tout le bénéfice souhaitable. Si l'on peut en effet écrire :

```
fin :  constant STRING := "A Bientôt !" ;
```

puisqu'une valeur initiale donne sa contrainte à une constante tableau, on ne peut, par contre, pas déclarer :

```
ch : STRING := "valeur initiale" ; --  NON!
```

Il faut donner une contrainte à la déclaration :

```
ch : STRING(1..15) := "valeur initiale" ; --  oui, hélas
```

et on perd toute souplesse, puisqu'une affectation ultérieure par un littéral chaîne sera :

```
ch := "autre valeur    " ; --  3 blancs après le dernier "r".
```

Il faut compter le nombre de caractères du littéral.

On programmera des chaînes dynamiques au chapitre 9, page 155, grâce aux articles mutables.

8.7 Exemples

Tous les exemples de ce paragraphe sont inachevés : certes ils sont corrects et fonctionnent, mais ils ne participent pas à la construction de composants logiciels. On les retouchera légèrement au chapitre 11 pour en faire de vrais composants.

8.7.1 Tableaux non contraints en paramètres

Le concept de tableau non contraint est très commode pour faire des composants logiciels qui manipulent des tableaux : les bornes des entités qui seront les paramètres effectifs sont ainsi inconnues et donc totalement variables (à leur type de base près). On devra néanmoins se méfier de petites difficultés inhérentes à ce concept.

Reprenons le type matrice :

```
type matrice is array(naturel range <>, naturel range <>) of reel ;
```

Dans un composant qui propose des opérations matricielles, on trouvera sûrement une fonction pour multiplier deux matrices :

```
function "*"(a, b : in matrice) return matrice ;
  --   délivre a * b, ou déclenche non_conforme si les dimensions
  --   des matrices ne sont pas conformes. Les lignes de a ont le
  --   même indice que les colonnes de b, et vice-versa.
```

Le corps de la fonction de multiplication utilise les attributs de longueur pour vérifier la faisabilité de l'opération. Il doit également déclarer une variable `c` de type `matrice` pour recevoir le produit, variable dont la valeur sera retournée par la fonction : pour déclarer `c`, on doit contraindre le type `matrice`. La programmation pourrait être la suivante :

```
function "*"(a, b : in matrice) return matrice is
  c : matrice(a'RANGE(1), b'RANGE(2)) ; x : reel ;
begin
  if a'LENGTH(2) /= b'LENGTH(1)
       --   nb de col. de a /= nb de ligne de b
    or else a'FIRST(1) /= b'FIRST(2)
       --   indice ligne de a /= indice col de b
    or else a'FIRST(2) /= b'FIRST(1) then
       --   indice col de a /= indice ligne de b
    raise non_conforme ;
  end if ;
  for i in a'RANGE(1) loop
    for j in b'RANGE(2) loop
      x := 0.0 ;
      for k in a'RANGE(2) loop
        x := x + a(i, k) * b(k, j) ;
      end loop ;
      c(i, j) := x ;
    end loop ;
  end loop ;
  return c ;
end "*" ;
```

La déclaration de la variable locale *c*, contrainte par les intervalles des deux matrices d'entrée, aurait pu être retardée dans un bloc situé après le **if**, lorsqu'on sait que la multiplication est possible. On pourrait aussi généraliser la fonction à des matrices de dimensions correctes mais avec des sous-types d'indices différents.

Dans l'exemple suivant, c'est le concept de tranche qui nécessite une attention particulière. La procédure *Mise_en_majuscule* met en majuscule la chaîne passée en paramètre. Comme pour les matrices, on doit utiliser l'attribut *RANGE* pour balayer la chaîne : si le paramètre effectif est une tranche de chaîne, son indice de début n'est pas forcément 1 :

```
  --   dans le paquetage Divers_Car :
procedure Mise_en_majuscule(ch : in out STRING) is
    --   met ch en majuscule
  inter : constant := CHARACTER'POS('A') - CHARACTER'POS('a') ;
begin
  for i in ch'RANGE loop
    if ch(i) in 'a'..'z' then
      ch(i) := CHARACTER'VAL(CHARACTER'POS(ch(i)) + inter) ;
    end if ;
  end loop ;
end Mise_en_majuscule ;
```

Si l'on avait explicitement besoin du premier indice de la chaîne, on ferait appel à *ch'FIRST*.

8.7.2 Pile de naturels

La pile de naturels que nous avons utilisée au chapitre 1 peut être facilement mise en œuvre par un tableau :

```
with Les_Naturels ; use Les_Naturels ;
package Pile_de_naturels is
  procedure Empiler(objet : in naturel) ;
  function Depiler return naturel ;
  vide, pleine : exception ;
end Pile_de_naturels ;

package body Pile_de_naturels is
  Taille_Max : constant naturel := 50 ;
  sommet : naturel range 0..Taille_Max ;
  P : array(1..Taille_Max) of naturel ;

  procedure Empiler(objet : in naturel) is
```

```
begin
  sommet := sommet + 1 ; P(sommet) := objet ;
exception
  when CONSTRAINT_ERROR =>
    raise pleine ;
end Empiler ;

function Depiler return naturel is
begin
  sommet := sommet - 1 ; return P(sommet + 1) ;
exception
  when CONSTRAINT_ERROR =>
    raise vide ;
end ;

begin
  sommet := 0 ;   -- la pile est vide initialement
end Pile_de_naturels ;
```

Cette programmation est cependant loin d'être satisfaisante :

— une pile de réels ou de **chose** a le même comportement : naturel, réel et **chose** ne devraient être que des paramètres effectifs du paquetage **Pile** général ; on a besoin de la généricité pour cela ;

— la réalisation de la pile n'est pas totalement cachée à l'utilisateur : même s'il n'a pas pas accès au tableau, il voit que la pile utilise un tableau de **Taille_max** éléments ;

— la transformation de la machine pile en type abstrait pile, immédiate à faire (il suffit d'exporter le type privé **une_pile** et de rajouter un paramètre de type **une_pile** aux opérateurs), nécessite l'utilisation d'un type article : une pile est gérée par deux variables, ***p*** et **sommet** : c'est grâce aussi aux types articles que l'on pourra déclarer des piles de taille variable.

8.7.3 Tris de tableau

Le paquetage suivant offre deux procédures de tri pour des tableaux non contraints d'entiers :

— le tri de Shell, stable ;

— le tri rapide de Hoare, non stable.

Ici encore, la solution proposée devra être généralisée avec la généricité pour trier des tableaux de toutes sortes. Cependant, le type de composants ne sera pas le seul paramètre à prendre en compte : la relation d'ordre, notée " < " sur les entiers, est inhérente au type des composants :

```
with Les_Naturels ;  use Les_Naturels ;
package Tris_de_naturels is
  type tab_naturel is array(INTEGER range <>) of naturel ;
  procedure Tri_de_Shell(t : in out tab_naturel) ;
    --  tri stable de Shell
  procedure Tri_Rapide(t : in out tab_naturel) ;
    --  tri non stable de Hoare
end Tris_de_naturels ;

with Les_Naturels ;  use Les_Naturels ;
package body Tris_de_naturels is
  procedure Tri_de_Shell(t : in out tab_naturel) is
    bornemax : constant := 4 ;  --  nombre d'incréments différents
    increment : constant array(1..bornemax) of INTEGER
              := (9, 5, 3, 1) ;
    ts : tab_naturel(-8..0) ;
    tl : tab_naturel(-8..t'LENGTH) := ts & t ;
      --  Dans cet algorithme, les composants d'indice négatif sont
      --  réservés pour les sentinelles ; la vraie borne est obligatoirement 1
      --  D'où le tableau local tl qui tient compte des valeurs des incréments
      --  Voir les assertions dans l'algorithme
    elem : naturel ;
    j, pas, sentinelle : INTEGER ;
  begin --  Tris_de_naturels
   boucle_marque :
    for marque in 1..bornemax loop
     pas := increment(marque) ; sentinelle := - pas ;
       --  min(sentinelle) = - 9
    boucle_i :
      for i in pas + 1 .. tl'LAST loop
        elem := tl(i) ; j := i - pas ;
        if sentinelle = 0 then sentinelle := - pas ; end if ;
        sentinelle := sentinelle + 1 ;  --  min(sentinelle) = - 8
        tl(sentinelle) := elem ;        --  tl'FIRST doit être <= -8
          --  la sentinelle est placée
        while elem < tl(j) loop --  insertion
          tl(j + pas) := tl(j) ;
          j := j - pas ;
        end loop ;
```

```
      tl(j + pas) := elem ;
    end loop boucle_i ;
  end loop boucle_marque ;
 t := tl(1..t'LENGTH) ;
end Tri_de_Shell ;

procedure Tri_Rapide(t : in out tab_naturel) is
  procedure Partition(gauche, droite : in INTEGER ;
                      premier, second : out INTEGER
                     ) is
      --  partitionne la tranche t(gauche..droite) par permutation des
      --  composants de sorte que :
      --  1) premier < second
      --  2) t(i) <= t(j) pour i dans gauche..second -1
      --     et j dans premier +1..droite
      --     Cela implique la présence d'un pivot x tel que :
      --  1) t(i) < x pour i dans gauche..premier
      --  2) t(i) = x pour i dans premier + 1..second - 1
      --  3) t(i) > x dans second..droite
    x, y : naturel ;
    deb, fin : INTEGER ;
  begin --  Partition
    x := t((gauche + droite) / 2) ;
      --  axe de la partition : le milieu de la tranche
    deb := droite ; fin := gauche ;
    loop   --  jusqu'à fin > deb
      --  t(i) <= x pour i dans gauche..fin - 1,
      --  t(i) >= x pour i dans deb + 1..droite, et fin < deb
      while t(fin) < x loop
        fin := fin + 1 ; end loop ;
      while x < t(deb) loop
        deb := deb - 1 ; end loop ;
      if fin <= deb then  --  t(fin) >= x, t(deb) <= x
        y := t(fin) ; t(fin) := t(deb) ; t(deb) := y ;
        fin := fin + 1 ; deb := deb - 1 ;
      end if ;
      exit when fin > deb ;
    end loop ;
   premier := deb ; second := fin ;
  end Partition ;

  procedure Trier(g, d : in INTEGER) is
      --  tri la tranche t(g..d) en appelant Partition
    gauche, nouvelle_gauche, droite, nouvelle_droite : INTEGER ;
```

```
begin
  gauche := g ; droite := d ;
  --  gauche < droite
  loop    --  jusqu'à gauche >= droite
    Partition(gauche, droite, nouvelle_droite, nouvelle_gauche) ;
    --  s'ils ne sont pas vides, t(gauche..nouvelle_droite) et
    --  t(nouvelle_gauche..droite) peuvent être triés indépendamment.
    --  t(nouvelle_droite+1..nouvelle_gauche-1) est déjà
    --  dans son état final
    if nouvelle_droite - gauche <= droite - nouvelle_gauche then
      --  la tranche gauche est la plus courte
      if gauche < nouvelle_droite then
        Trier(gauche, nouvelle_droite) ;
      end if ;
      gauche := nouvelle_gauche ;
    else  --  la tranche droite est la plus courte
      if nouvelle_gauche < droite then
        Trier(nouvelle_gauche, droite) ;
      end if ;
      droite := nouvelle_droite ;
    end if ;
    exit when gauche >= droite ;
  end loop ;
  --  t(i) <= t(j) pour tout i tel que i et j soient dans gauche..droite
end Trier ;

begin --  Tri_Rapide
  Trier(t'FIRST, t'LAST) ;
end Tri_Rapide ;
end Tris_de_naturels ;
```

La procédure ***Tri_de_Shell*** fonctionne ici en quatre passes avec pose de sentinelles stockées à des indices négatifs du tableau à trier ; elle suppose que le tableau démarre à l'indice 1. Pour trier son paramètre formet ***t***, dont l'intervalle d'indice est quelconque, elle utilise un tableau local ***t1*** initialisé par concaténation du tableau des sentinelles ***ts*** concaténé avec le tableau ***t***. La borne minimum de ***ts*** dépend de la valeur du plus grand incrément utilisé dans les quatre passes.

Dans la procédure de tri rapide, la procédure ***Trier*** est récursive ; la solution de base est doublement récursive : après avoir partitionné le tableau autour de ***nouvelle_gauche*** et ***nouvelle_droite***, on peut trier indépendamment l'une de l'autre les deux parties ainsi délimitées. La programmation initiale de ***Trier*** est donc :

```
Partition(gauche, droite, nouvelle_droite, nouvelle_gauche) ;
if gauche < nouvelle_droite then
```

```
      Trier(gauche, nouvelle_droite) ;
   end if ;
   if nouvelle_gauche < droite then
      Trier(nouvelle_gauche, droite) ;
   end if ;
```

Compte tenu des remarques du paragraphe 3.8 page 58 et de la théorie qui dit qu'on peut toujours remplacer une récursivité terminale par une itération, la procédure de tri rapide transforme en itération le tri du plus long sous-tableau à trier. La profondeur maximum de récursivité est ici $\log_2$(*t'LENGTH*).

8.7.4 Lecture abrégée des couleurs

Nous avons défini à la page 64 un paquetage qui déclare un type *une_couleur*, une constante **couleur_nulle**, et deux opérateurs de lecture-écriture. Le nombre de couleurs est important et le libellé des couleurs parfois long. On se propose ici de programmer *Lire_couleur* de telle sorte que l'utilisateur n'ait pas à mémoriser toutes les nuances : il donne le début d'une couleur (par exemple, vert) puis un point d'interrogation, signifiant ainsi qu'il ne se souvient plus de toutes les nuances de vert. La procédure de lecture lui affiche alors toutes les nuances, puis le préfixe déjà entré (ici, **vert**), et l'utilisateur n'a plus qu'à taper la fin de la couleur choisie.

La mise en œuvre consiste à lire comme une chaîne la couleur entrée par l'utilisateur, et si elle se termine par un point d'interrogation, à rechercher le préfixe dans une table constante initialisée avec les chaînes images de toutes les couleurs.

La transformation de la chaîne complète lue en une valeur du type *une_couleur* est réalisée par un opérateur que nous n'avons pas encore étudié, et qui nécessite une exemplarisation d'un paquetage générique exporté par *TEXT_IO*, c'est-à-dire la création du paquetage *ES_de_couleur* à partir de *TEXT_IO.ENUMERATION_IO*. L'opérateur obtenu, *ES_de_couleur.GET*, a trois paramètres :

— la chaîne à partir de laquelle on extrait la couleur (paramètre *FROM*) ;

— la valeur de couleur extraite (paramètre *ITEM*) ;

— l'indice de fin de la valeur de chaîne à extraire (paramètre *LAST*).

Elle déclenche l'exception *DATA_ERROR* si cette conversion échoue :

```
with TEXT_IO, Divers_car ;
package body Les_Couleurs is

  package ES_de_couleur is new TEXT_IO.ENUMERATION_IO(une_couleur) ;

  table_couleur : array(une_couleur) of
                           STRING(1..une_couleur'WIDTH) ;
```

```
procedure Etablir_Tabcoul is
  -- construction de la table des chaines table_couleur
begin
  for i in une_couleur loop
    table_couleur(i) := ( others => ' ') ;
    table_couleur(i)(1..une_couleur'IMAGE(i)'LENGTH)
                := une_couleur'IMAGE(i) ;
  end loop ;
end Etablir_Tabcoul ;

procedure Lire_Couleur(c : out une_couleur) is
    -- lit une couleur; c /= couleur_nulle
  cl : une_couleur ;

  procedure Lire_Coul is
      -- procedure interne qui détecte les erreurs de frappe
    chaine_coul : STRING(1..une_couleur'WIDTH) ; -- la chaîne frappée
    i, j : NATURAL range 0..une_couleur'WIDTH ;
                                        -- indices de fin de chaîne lue
    mauvais_prefixe : exception ;                 -- erreur de frappe

    procedure Les_Couleurs(cle : in STRING) is
        -- procédure locale qui affiche toutes les couleurs qui commence
        -- par la chaîne cle.
        -- recherche linéaire ordonnée, tenant compte du fait que le type
        -- couleur est ordonné alphabétiquement dans sa déclaration.
      i, j : une_couleur ; trouve : BOOLEAN ;
    begin -- Les_Couleurs
      trouve := FALSE ;
      for i in une_couleur loop   -- recherche du préfixe cle
        exit when table_couleur(i)(1..cle'LAST) > cle ; -- pas là
        if table_couleur(i)(1..cle'LAST) = cle then
          j := i ; trouve := TRUE ; exit ;
        end if ;
      end loop ;
      case trouve is
        when FALSE => raise mauvais_prefixe ;
        when TRUE => i := j ;
           loop   -- affichage des couleurs ayant ce préfixe
             TEXT_IO.PUT_LINE(table_couleur(i)) ;
             i := une_couleur'SUCC(i) ;
             exit when table_couleur(i)(1..cle'LAST) /= cle ;
             exit when i = une_couleur'LAST ;
```

```
            end loop ;
           TEXT_IO.PUT(cle) ;
        end case ;
      end Les_Couleurs ;

    begin --  LireCoul
      TEXT_IO.GET_LINE(ITEM => chaine_coul, LAST => i) ;
        --  une lecture se terminant par un ? implique une aide
        --  chaine_coul est remplie par GET de l'indice 1 à l'indice i
      while chaine_coul(i) = '?' loop
        Divers_car.Mise_en_Majuscule(chaine_coul(1..i - 1)) ;
          --  affichage des couleurs possibles
        Les_Couleurs(chaine_coul(1..i - 1)) ;
          --  affichage du bon préfixe
        TEXT_IO.GET_LINE(chaine_coul(i..une_couleur'WIDTH), i) ;
      end loop ;
        --  conversion de la chaîne lue en une_couleur :
        --  peut déclencher DATA_ERROR
      ES_de_couleur.GET(FROM => chaine_coul(1..i),
                        ITEM => cl, LAST => j) ;
    exception
      when TEXT_IO.DATA_ERROR | mauvais_prefixe =>
        TEXT_IO.PUT("Inconnue, ") ;
        cl := couleur_nulle ;
      when CONSTRAINT_ERROR =>    --  cas où la chaîne lue est vide (RET)
        cl := couleur_nulle ;
    end Lire_Coul ;

  begin --  Lire_Valeur
    loop
      TEXT_IO.PUT(" : ") ;
      Lire_Coul ;
      exit when cl /= couleur_nulle ;
      TEXT_IO.PUT("re'entrez ") ;
    end loop ;
    c := cl ;
  end Lire_Couleur ;

  procedure Ecrire_Couleur(c : in une_couleur) is
  begin ...  end Ecrire_Couleur ;

begin --  Les_Couleurs
  Etablir_Tabcoul ;
end Les_Couleurs ;
```

La procédure `Lire_couleur` utilise trois exceptions pour réussir une opération de lecture :

— `CONSTRAINT_ERROR` est déclenchée par un `TEXT_IO.GET_LINE` de lecture de ligne lorsque la chaîne lue est de longueur nulle (`i` vaut alors 0, et on référence `chaine_coul(i)`) ;

— `DATA_ERROR` est déclenchée par l'appel `ES_de_couleur.GET` comme on l'a indiqué plus haut ;

— `mauvais_prefixe` est déclenchée par la procédure `Les_couleurs` qui affiche les nuances à partir d'un préfixe donné.

Dans tous les cas d'erreur, la procédure `Lire_Coul` appelée par `Lire_Valeur` délivre la constante `couleur_nulle`, et `Lire_Couleur` réitère son appel à `Lire_Coul`.

Rappelons que nous avons donné une autre version de la procédure `Les_Couleurs` à la page 116 en utilisant les exceptions pour programmer la boucle de recherche du préfixe.

8.7.5 Ensemble de couleurs

Le paquetage suivant met en œuvre un ensemble " à la Pascal " sur des couleurs : une couleur donnée ne peut figurer qu'une seule fois dans l'ensemble. Une représentation simple est donc un tableau de booléens : la couleur est présente ou est absente. Les opérations ensemblistes exportées sont facilement réalisables par les opérateurs logiques définis sur les tableaux. La spécification du paquetage `Les_Couleurs` a été donnée page 64 :

```
with Les_Couleurs ;  use Les_Couleurs ;
package Les_ensembles_de_couleurs  is
  type ensemble  is  private ;
  ensemble_vide :  constant ensemble ;
  ensemble_plein :  constant ensemble ;
  function "*" (e1 :  in ensemble ; e2 :  in ensemble)
                   return ensemble ;
  function "+" (e1 :  in ensemble ; e2 :  in ensemble)
                   return ensemble ;
  function "+" (e1 :  in ensemble ; elem :  in une_couleur)
                   return ensemble ;
  function "+" (elem :  in une_couleur ; e1 :  in ensemble)
                   return ensemble ;
  function "-" (e1 : ensemble ; e2 : ensemble)  return ensemble ;
  function "-" (e1 : ensemble ; elem : une_couleur) return ensemble ;
  function Taille(e : ensemble)  return NATURAL ;
```

```
  function Est_Dans(elem : in une_couleur ; e1 : in ensemble)
                return BOOLEAN ;
  function Vide(e1 : in ensemble) return BOOLEAN ;
private
  type ensemble is array(une_couleur) of BOOLEAN ;
  ensemble_vide : constant ensemble := ensemble'( others => FALSE) ;
  ensemble_plein : constant ensemble := ensemble'( others => TRUE) ;
end Les_ensembles_de_couleurs ;

with Les_Couleurs ; use Les_Couleurs ;
package body Les_ensembles_de_couleurs is
  function "*" (e1 : in ensemble ; e2 : in ensemble)
                return ensemble is
    begin return e1 and e2 ; end ;
  function "+" (e1 : in ensemble ; e2 : in ensemble)
                return ensemble is
    begin return e1 or e2 ; end ;
  function "+" (e1 : in ensemble ; elem : in une_couleur)
                return ensemble is
      el : ensemble := e1 ;
    begin el(elem) := TRUE ; return el ; end ;
  function "+" (elem : in une_couleur ; e1 : in ensemble)
                return ensemble is
      el : ensemble := e1 ;
    begin el(elem) := TRUE ; return el ; end ;
  function "-" (e1 : ensemble ; e2 : ensemble)
                return ensemble is
    begin return e1 and ( not e2) ; end ;
  function "-" (e1 : ensemble ; elem : une_couleur)
                return ensemble is
      result : ensemble := e1 ;
    begin result(elem) := FALSE ; return result ; end ;
  function Taille(e : ensemble) return NATURAL is
    begin return une_couleur'POS(une_couleur'LAST) - 1 ; end ;
  function Est_Dans(elem : in une_couleur ; e1 : in ensemble)
              return BOOLEAN is
    begin return e1(elem) ; end ;
  function Vide(e1 : in ensemble) return BOOLEAN is
    begin return e1 = ensemble_vide ; end ;
end Les_ensembles_de_couleurs ;
```

Nous reprendrons et nous complèterons plus loin ce paquetage, en le généralisant pour réaliser des ensembles d'autres valeurs, et en le dotant d'un jeu de commandes pour le manipuler (page 188).

CHAPITRE **9**

Article

9.1 Généralités

Un *article* est une structure de données composée de plusieurs valeurs qu'on appelle les *champs* de l'article. Contrairement au tableau, les champs de l'article peuvent avoir des types différents, et ils sont désignés par des noms et non par des numéros.

Un type *article simple* est constitué d'une juxtaposition de champs définis par leur nom et par leur type. Toutes les entités issues d'un même type article simple ont exactement la même structure.

Un type *article polymorphe* est un type article simple qui comprend en plus une ou plusieurs variantes ; un tel type est un type non contraint : selon les contraintes qui sont données lors des déclarations d'entités, ces dernières peuvent avoir des structures différentes (d'où le nom de type polymorphe).

Un type *article mutable* est aussi un type non contraint. Des entités issues de ce type peuvent muter à l'exécution : leur structure change selon les affectations qui leur sont faites.

Cette rapide présentation montre des différences notables par rapport aux articles de C ou de Pascal ; en fait, les articles non contraints ouvrent de larges possibilités qui dépassent la notion habituelle d'article. Ces articles vont être à la base des types privés paramétrés.

9.2 Le type article simple

Le type article simple est un constructeur de type contraint. Une définition de type article, simple ou non (figure 9.1), intervient toujours dans une déclaration de type : si l'on regarde la syntaxe des déclarations de variables et de constantes du chapitre 5, on constate qu'on peut déclarer une variable à partir du constructeur **array**, mais pas à partir du constructeur **record**.

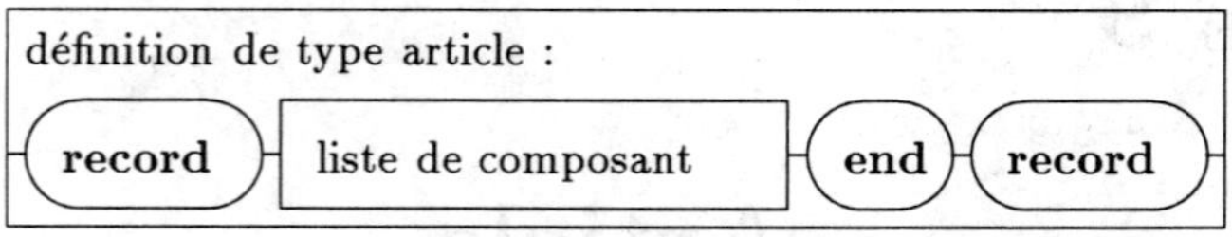

FIG. 9.1 : Définition de type article.

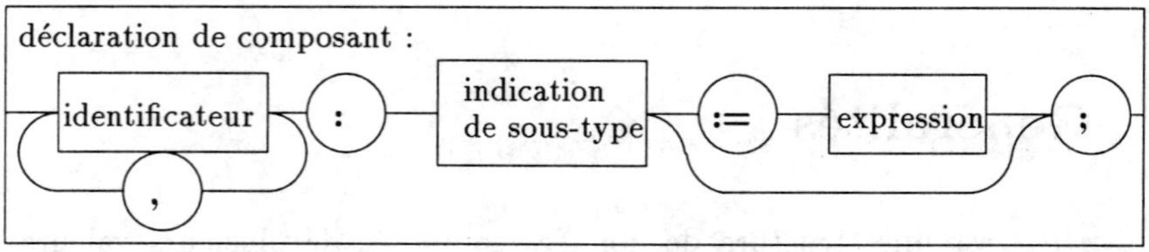

FIG. 9.2 : Définition de composant.

Dans la version article simple, une liste de composants est une juxtaposition de déclaration de composants (fig. 9.2). Le type des champs de l'article est précisé par une indication de sous-type, c'est-à-dire un identificateur de type ou de sous-type suivi d'une éventuelle contrainte ; la contrainte est obligatoire si le type du champ est un type tableau non contraint. On ne peut pas mettre de définition de type comme type d'un champ.

Voici des exemples de type article simple :

```
type un_mois is (janvier, fevrier, ... decembre) ;

type une_date is
  record
    jour : INTEGER range 1..31 ;
    mois : un_mois ;
    annee : NATURAL ;
  end record ;

subtype hauteur_ecran is INTEGER range 1..maxligne ;
subtype largeur_ecran is INTEGER range 1..maxcol ;

type une_fenetre is
  record
```

```
    ligne_courante,          --  coordonnées des coins
    haut,                    --  haut, gauche et
    bas : hauteur_ecran ;    --  bas, droite de la
    colonne_courante,        --  fenêtre dans l'écran,
    gauche,                  --  et coordonnées du curseur
    droite : largeur_ecran ;
  end record ;

type vide is            -- un article vide, sans champs
  record
    null ;
  end record ;
```

9.3 Valeur initiale et agrégat

La figure 9.2 montre que chaque déclaration de composant peut contenir une expression : c'est la valeur par défaut qu'aura le composant de toute variable de ce type article. La valeur par défaut n'est pas autorisée si le type du composant est limité.

L'expression de la valeur par défaut est évaluée lors de l'élaboration de la variable du type article, sauf si la déclaration s'accompagne d'une initialisation. Une telle initialisation est réalisée à partir d'un agrégat d'article.

Un agrégat d'article a la même syntaxe qu'un agrégat de tableau (page 125). Dans l'exemple qui suit, tous les objets de type `une_pile_de_naturels` sont automatiquement initialisés à l'état vide : leur sommet vaut 0, convention pour la pile vide adoptée dans les programmations précédentes des piles en tableau.

```
d1 : une_date := (1, janvier, 1989) ;
d2 : une_date : = (mois => juillet, annee => 1789, jour => 13) ;

type tab is array(1..taille_max) of Les_Naturels.naturel ;
type une_pile_de_naturels is
  record
    sommet : NATURAL range 0..taille_max := 0 ;
    p : tab ;
  end record ;
```

On n'aurait pas pu faire l'économie du type `tab` : le champ `p` doit être défini à partir d'un identificateur de type si ne c'est pas un intervalle (comme `sommet`).

Le choix **others** d'un agrégat peut remplacer le nommage du dernier champ, ou de tous les derniers champs s'ils ont même type.

9.4 Opérations sur les articles

9.4.1 Sélection d'un champ

La sélection d'un champ d'article utilise la notation pointée : on obtient un composant sélecté, qui se comporte comme une variable du type du champ.

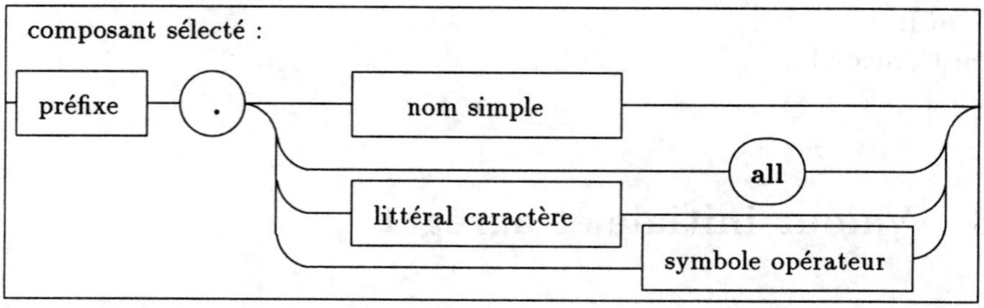

FIG. 9.3 : Composant sélecté.

Seule la première ligne de la figure 9.3 s'applique pour sélectionner un champ d'article. Un préfixe est ici une référence à une entité article, qu'elle soit explicitement désignée par un nom développé, ou qu'elle soit délivrée par une fonction délivrant une valeur d'article.

Les opérations globales sur des articles sont au nombre de deux : on peut affecter et comparer (égalité et inégalité) deux articles de même type. La comparaison effectuée est une comparaison physique et non logique : si les composants de même nom sont des pointeurs qui repèrent des valeurs égales mais stockées dans des variables différentes, la comparaison décidera l'inégalité des articles (on aura comparé les valeurs de pointeur et non les entités pointées).

Le fragment de programme qui suit contient des désignations complexes de champ ; il utilise le paquetage prédéfini *CALENDAR* qui, par la fonction *CLOCK*, donne la date du jour :

```
type un_sexe is (masculin, feminin) ;
subtype une_chaine is STRING(1..max) ;
type geniteur is (pere, mere) ;
type identification is
  record
    nom, prenom : une_chaine ;
  end record ;
type un_enfant is
```

```
    record
      date_de_naissance : une_date ;
      sexe : un_sexe ;
      prenom : une_chaine ;
    end record ;
 type les_enfants is array(1..max_d_enfants) of un_enfant ;
 type un_etat_civil is
    record
      nom : identification ;
      date_de_naissance : une_date ;
      parents : array(geniteur) of une_date ;
      nombre_d_enfants : NATURAL range 0..max_d_enfants ;
      enfants : les_enfants ;
      sexe : un_sexe ;
    end record ;

commune : array(1..max_de_familles) of un_etat_civil ;
saint_du_jour : une_chaine :=
              Le_Saint_du_jour(CALENDAR.CLOCK)(1..une_chaine'LAST) ;
   ...
-- on souhaite bonne fête aux enfants concernés
 for i in commune'RANGE loop
   -- pour chaque chef de famille
    for j in 1..commune(i).nombre_d_enfants loop
      -- pour chaque enfant
      if commune(i).enfants(j).prenom = saint_du_jour then
        TEXT_IO.PUT_LINE("Bonne fete " & saint_du_jour &
                         commune(i).nom.nom) ;
      end if ;
    end for ;
 end for ;
```

On remarquera l'initialisation de la variable ***saint_du_jour*** : comme l'identificateur ***Le_Saint_du_jour*** n'est pas déclaré dans ce fragment, on ne peut pas savoir s'il dénote un tableau ou une fonction ; si l'on connaît le type de ***CLOCK***, le doute n'est pas permis. Cependant, cette incertitude est une bonne chose : l'uniformité de référence (une même notation) permet de modifier une mise en œuvre (par un tableau ou par une fonction) sans que les programmes clients soient à corriger.

9.4.2 Attribut

Trois attributs sont définis sur une entité de type article **a** :

— **a*'BASE*** est le type de base de **a**, si **a** est d'un sous-type article ;

— **a'SIZE** est le nombre de bits alloué pour **a** ;

— **a'CONSTRAINED** est vrai si l'entité **a** est contrainte ; cet attribut n'est défini que si le type de **a** est un type à discriminant (voir paragraphe suivant).

9.4.3 Exemple : un type abstrait

Le type article **une_fenetre** de la page 142 matérialise les renseignements concernant une fenêtre définie par le paquetage **Les_Fenetres** que nous avons déjà rencontré :

```
with Terminal_Unix ; use Terminal_Unix ;
 --  Terminal_Unix : définit la taille de l'écran, maxligne x maxcol
package Les_Fenetres is
  type une_fenetre is private ;
  subtype hauteur_ecran is INTEGER range 1..maxligne ;
  subtype largeur_ecran is INTEGER range 1..maxcol ;
  procedure Ouvrir (f : in out une_fenetre ;
                    en_x : in hauteur_ecran ;  -- coin en haut à gauche
                    en_y : in largeur_ecran ;
                    h : in hauteur_ecran ;     --  Taille de la fenêtre
                    l : in largeur_ecran) ;
     --  installe une fenêtre placée en_x et en_y, de taille lxh
     --  les fenêtres peuvent se superposer mais pas déborder de l'écran
   erreur_fenetre : exception ; -- déclenchée par Ouvrir

  procedure Cadre(f : in out une_fenetre ; titre : in STRING) ;
    --  Trace un cadre autour de la fenêtre
    --  et donne un titre à la fenêtre (sans le centrer)

  procedure Afficher(f : in out une_fenetre ;
                     la_chaine : in STRING) ;
    --  Affiche la_chaîne dans la fenêtre, sans retour de ligne

  procedure A_la_ligne(f : in out une_fenetre) ;
    --  Aller à la ligne. La nouvelle ligne n'est effacée qu'à
    --  l'affichage du premier caractère

  private
    type une_fenetre is
      record
        ligne_courante,         --  coordonnées des coins haut à gauche,
        haut,                   --  et bas à droite de la fenêtre dans l'écran,
        bas : hauteur_ecran ;   --  et coordonnées du curseur local
```

```
      gauche, droite : largeur_ecran ;
      colonne_courante : NATURAL range 1..maxcol + 1 ;
    end record ;
end Les_Fenetres ;
```

Cette spécification est bien la réalisation d'un type abstrait : un client du paquetage peut déclarer des fenêtres à partir du type exporté ***une_fenetre***, et tous les opérateurs mis à sa disposition ont en premier paramètre la fenêtre sur laquelle ils agissent. Par contre, comme ***une_fenetre*** est un type privé, le client, même s'il peut savoir ici ce qu'est une fenêtre en visualisant la spécification du paquetage, n'a aucun moyen de modifier les champs de l'article qui matérialise la fenêtre.

Donnons le corps de ce paquetage, bien qu'au niveau des accès aux articles, aucun problème particulier ne soit à noter. La mise en œuvre suivante utilise, tant dans la spécification que dans le corps du reste, un paquetage qui exporte la taille de l'écran. Le paquetage ***Terminal_Unix*** que l'on verra au chapitre 15 calcule dynamiquement cette taille. La clause de contexte doit être changée si le système hôte n'est pas UNIX.

```
with TEXT_IO ;
with Terminal_Unix ; use Terminal_Unix ;
package body Les_Fenetres is
  procedure Ouvrir(f : in out une_fenetre ;
                   en_x : in hauteur_ecran ;
                   en_y : in largeur_ecran ;
                   h : in hauteur_ecran ;
                   l :  in largeur_ecran) is
  begin
   f.ligne_courante := en_x ; f.haut := en_x ;
   f.bas := en_x + h - 1 ; f.colonne_courante := en_y ;
   f.gauche := en_y ; f.droite := en_y + l - 1 ;
  exception
    when CONSTRAINT_ERROR =>
      -- fenêtre trop grande ou mal placée
     raise erreur_fenetre ;
  end Ouvrir ;
  procedure EffacerFinLigne(f : in out une_fenetre) is
   i : largeur_ecran ;
  begin
   AllerEn(f.colonne_courante, f.ligne_courante) ;
    for i in f.colonne_courante .. f.droite loop
      TEXT_IO.PUT(' ') ;
    end loop ;
   AllerEn(f.colonne_courante, f.ligne_courante) ;
  end EffacerFinLigne ;
```

```
procedure A_la_ligne(f : in out une_fenetre) is
  col : largeur_ecran ;
begin
  if f.ligne_courante = f.bas then
    f.ligne_courante := f.haut ;
  else f.ligne_courante := f.ligne_courante + 1 ;
  end if ;
  f.colonne_courante := f.gauche ;
end A_la_ligne ;
procedure Mettre(f : in out une_fenetre ;
                 le_car : in CHARACTER) is
begin
    -- f.ligne_courante <= maxligne et f.colonne_courante <= maxcol + 1
  if le_car = ASCII.CR then
    A_la_ligne(f) ;
     return ;
  end if ;
    -- si fin de ligne, changement de ligne
  if f.colonne_courante > f.droite then
    if f.ligne_courante = f.bas then
      f.ligne_courante := f.haut ;
    else
      f.ligne_courante := f.ligne_courante + 1 ;
    end if ;
    f.colonne_courante := f.gauche ;
  end if ;
    -- Si c'est le premier caractère, effacer d'abord
  if f.colonne_courante = f.gauche then
    EffacerFinLigne(f) ;
  end if ;
    -- se positionner
  AllerEn(f.colonne_courante, f.ligne_courante) ;
  TEXT_IO.PUT(le_car) ;
  f.colonne_courante := f.colonne_courante + 1 ;
    -- f.ligne_courante <= maxligne et
    -- f.colonne_courante <= maxcol + 1
end Mettre ;
procedure Afficher(f : in out une_fenetre ;
                   la_chaine : in STRING) is
begin
  for i in la_chaine'FIRST .. la_chaine'LAST loop
    Mettre(f, la_chaine(i)) ;
  end loop ;
end Afficher ;
```

```
procedure Cadre(f : in out une_fenetre ; titre : in STRING) is
  coin : constant CHARACTER := '+' ;          -- les caractères 8 bits
  horizontal : constant CHARACTER := '-' ;    -- ne sont pas disponibles,
  vertical : constant CHARACTER := '|' ;      -- ce n'est pas très joli
  i : hauteur_ecran ;
  j : largeur_ecran ;
begin
    -- cadre haut
  AllerEn(f.gauche, f.haut) ;
  TEXT_IO.PUT(coin) ;
  for j in f.gauche + 1 .. f.droite - 1 loop
    TEXT_IO.PUT(horizontal) ;
  end loop ;
  TEXT_IO.PUT(coin) ;
    -- les deux bords verticaux
  for i in f.haut + 1 .. f.bas - 1 loop
    AllerEn(f.gauche, i) ; TEXT_IO.PUT(vertical) ;
    AllerEn(f.droite, i) ; TEXT_IO.PUT(vertical) ;
  end loop ;
    -- cadre bas
  AllerEn(f.gauche, f.bas) ;
  TEXT_IO.PUT(coin) ;
  for j in f.gauche + 1 .. f.droite - 1 loop
    TEXT_IO.PUT(horizontal) ;
  end loop ;
  TEXT_IO.PUT(coin) ;
    -- ligne du titre
  f.ligne_courante := f.haut + 1 ;
  f.colonne_courante := f.gauche + 1 ;
  if titre'LENGTH > f.droite - f.gauche - 3 then -- il faut tronquer
    Afficher(f, titre(1..f.droite - f.gauche - 3)) ;
  else
    Afficher(f, titre) ;
  end if ;
  A_la_ligne(f) ;
  AllerEn(f.gauche + 1, f.haut + 2) ;
  for j in f.gauche + 1 .. f.droite - 1 loop
    TEXT_IO.PUT(horizontal) ;
  end loop ;
    -- Ajuster la taille compte tenu du cadre et de son titre
  f.haut := f.haut + 3 ;   -- haut + titre + sous-titre
  f.ligne_courante := f.haut ;
  f.bas := f.bas - 1 ;
  f.gauche := f.gauche + 1 ;
```

```
    f.colonne_courante := f.gauche ;
    f.droite := f.droite - 1 ;
  end Cadre ;

begin
  EffacerLEcran ;
  AllerEn(1, 1) ;
end Les_Fenetres ;
```

Les quatre procédures exportées par le paquetage sont réalisées par des procédures élémentaires locales : ***AllerEn*** positionne le curseur ; ***Mettre*** ajoute un caractère dans la fenêtre à la position du curseur ; en cas de changement de ligne, la nouvelle ligne est d'abord effacée. Si le curseur est en fin de fenêtre, le caractère est affiché dans le coin à gauche ; ***EffacerFinLigne*** efface la ligne courante à partir du curseur.

Ces trois procédures locales auraient pu être exportées également : on a préféré ici ne donner que l'opérateur ***Afficher*** pour afficher une chaîne et ***A_la_ligne*** pour changer de ligne.

La procédure ***Ouvrir*** sert à installer et à dimensionner la fenêtre qui doit avoir été déclarée au préalable. La procédure ***Cadre*** sert à entourer la fenêtre ouverte et à lui donner un titre ; elle réduit la taille utile de la fenêtre donnée à l'ouverture.

9.5 Le type article avec discriminant

Un type article avec discriminant est un constructeur paramétré ; c'est un type article non contraint. Le discriminant est le premier champ de l'article. Les autres champs peuvent dépendre de sa valeur si l'article possède une partie variante. Le type du discriminant est discret.

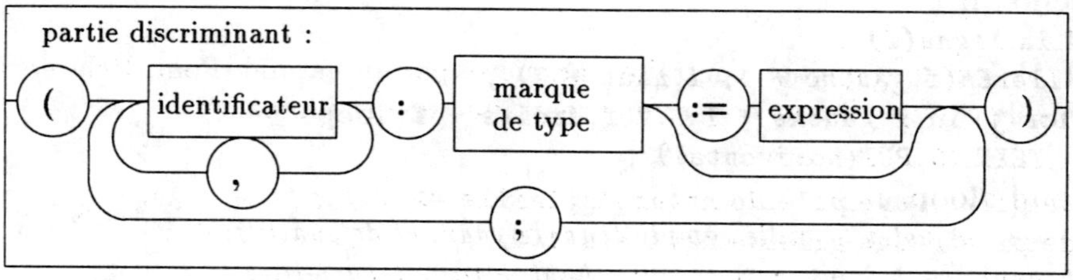

FIG. 9.4 : Partie discriminant.

La partie discriminant de la figure 9.4 se place dans une déclaration de type avant le mot-clé **is** (revoir le diagramme de la figure 2.1, page 20). Le diagramme précédent montre qu'il peut y avoir plusieurs discriminants, et que les discriminants peuvent avoir une valeur d'initialisation par défaut. C'est la présence de cette valeur par défaut qui va définir l'espèce du type article. Avant d'examiner ces espèces, notons qu'un article à plusieurs discriminants doit avoir tous ses discriminants munis d'une valeur par défaut, ou tous démunis d'une telle valeur.

Contrairement aux tableaux, un article non contraint est paramétré par une valeur et non par un type (voir fig. 9.5). Cette propriété va permettre de déclarer des entités de taille variable. Rappelons-nous en effet le cas du paquetage ***Pile_de_naturels*** de la page 130. Nous avions remarqué qu'il était aisé de transformer le paquetage pour qu'il exporte un type ***une_pile_de_naturels***, mais aussi que toutes les piles auraient la même taille. Considérons la réalisation suivante :

```
type tab is array(Les_Naturels.naturel range <>)
                  of Les_Naturels.naturel ;
type une_pile_de_naturels(taille : Les_Naturels.naturel) is
  record
    sommet : Les_Naturels.naturel := 0 ;
    P : tab(1..taille) ;
  end record ;
```

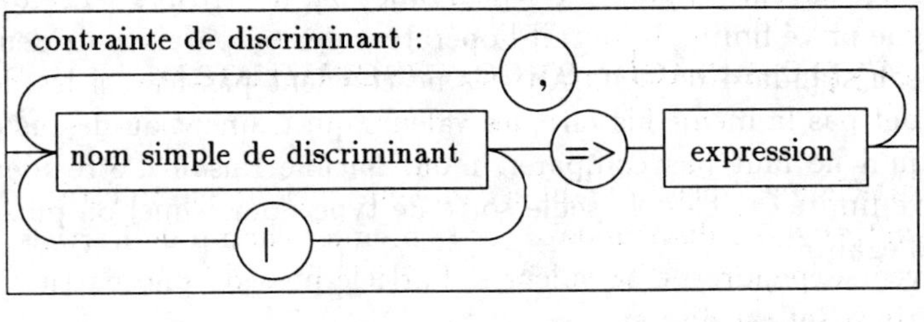

FIG. 9.5 : Contrainte de discriminant.

On obtient un type non contraint paramétré par un naturel. Pour déclarer une variable de ce type, il faut donner une contrainte de discriminant :

```
petite_pile : une_pile_de_naturels(taille => 10) ;
grande_pile : une_pile_de_naturels(150) ;
```

La première variable est déclarée en utilisant la notation nommée, et la deuxième en utilisant la notation positionnelle.

On peut aussi déclarer une pile à moitié pleine : dans ce cas-là, l'agrégat qui sert de valeur initiale doit répéter la valeur du discriminant (c'est bien un champ de l'article) :

```
pile_remplie_a_moitie : une_pile_de_naturels(6) :=
    (taille => 6, sommet => 3, p => (1..3 => 25,  others => 12)) ;
```

Telle qu'elle est initialisée, la pile précédente contient trois fois la valeur 25 ; les valeurs 12 ne sont pas considérées, puisque *sommet* vaut 3.

Dans une déclaration de type avec discriminant, on ne peut pas utiliser le discriminant dans un calcul intervenant dans une contrainte d'un autre champ. Il est interdit d'écrire :

```
type tab is array(Les_Naturels.naturel range <>)
                      of Les_Naturels.naturel ;
type une_pile_a_zero(taille : Les_Naturels.naturel) is
  record
    sommet : Les_Naturels.naturel range 0..taille ;  -- Interdit
    P : tab(0..taille - 1) ;                          -- Interdit
  end record ;
```

Le discriminant une fois initialisé dans une variable se comporte comme un champ constant (non modifiable).

Le paquetage qui suit implante le type d'objet paramétré *une_pile_de_naturels* comme un type privé limité. Il fournit l'opérateur de comparaison de deux piles, car la comparaison standard de deux articles ne convient pas ici : si les deux piles à comparer n'ont pas la même histoire, les valeurs qui traînent au-dessus du sommet de pile, et qu'il ne faut pas comparer, n'ont aucune raison d'être identiques. Le type est privé limité car c'est la seule sorte de type pour lequel on puisse redéfinir l'opérateur d'égalité :

```
with Les_Naturels ; use Les_Naturels ;
package Les_Piles_de_naturels is
  type une_pile_de_naturels(taille : naturel) is limited private ;
  procedure Empiler(p : in out une_pile_de_naturels ;
                    objet : in naturel) ;
  procedure Depiler(p : in out une_pile_de_naturels ;
                    objet : out naturel) ;
  function "="(p1, p2 : une_pile_de_naturels) return BOOLEAN ;
  vide, pleine : exception ;
private
  type tab is array(naturel range <>) of naturel ;
  type une_pile_de_naturels(taille : naturel) is
    record
```

```
      sommet : naturel := 0 ;
      p : tab(1..taille) ;
    end record ;
end Les_Pile_de_naturels ;

with Les_Naturels ; use Les_Naturels ;
package body Les_Piles_de_naturels is
  ...
  function "="(p1, p2 : une_pile_de_naturels) return BOOLEAN is
  begin
    if p1.sommet /= p2.sommet then
      return FALSE ;
    end if ;
    for i in 1..p1.sommet loop
      if p1.p(i) /= p2.p(i) then
        return FALSE ;
      end if ;
    end loop ;
    return TRUE ;
  end "=" ;
end Les_Pile_de_naturels ;
```

Seule la programmation du nouvel opérateur est donnée. Remarquons que nous avons dû transformer la fonction *Depiler* en procédure , car *p* est forcément transmis en mode **in out**. Pour être complet, nous aurions pu exporter une procédure de copie de pile pour offrir l'affectation.

9.6 Le type article avec variante

La liste des composants d'un type article peut être vide (mot-clé **null**), et peut se terminer par une partie variante (fig. 9.6). Une partie variante a la forme d'une instruction cas dont le sélecteur serait le discriminant : une entité article avec variante est constituée de la partie fixe de l'article, suivie de l'alternative du cas sélectionné par la valeur du discriminant (fig. 9.7).

Comme une partie variante contient elle-même une liste de composant, on peut avoir plusieurs parties variantes ; il doit y avoir autant de discriminants dans le type article que de niveaux d'emboîtement des parties variantes.

En reprenant les types définis à la page 144, on peut déclarer le type avec variante *une_personne* :

```
type une_personne(sexe : un_sexe) is
  record date_naissance : une_date ;
```

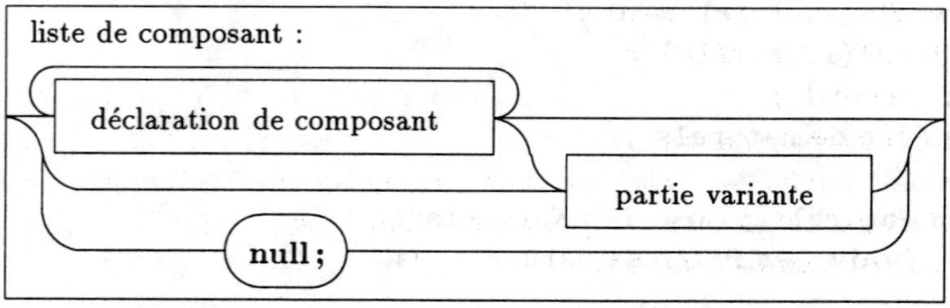

FIG. 9.6 : Liste de composants.

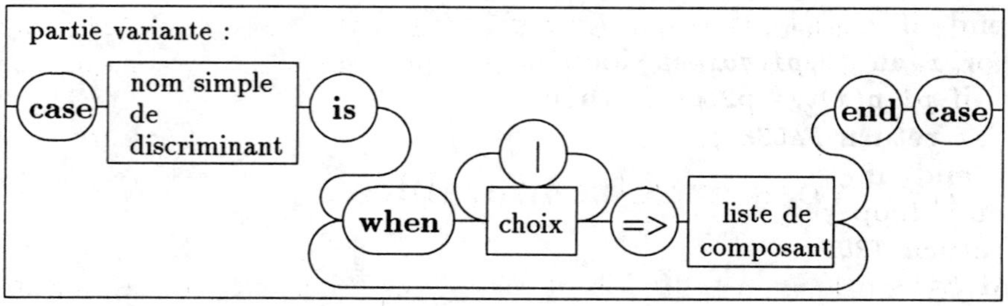

FIG. 9.7 : Partie variante.

```
  nom : identification ;
  case sexe is
    when masculin =>
      situation_militaire : une_situation_militaire ;
      barbu : BOOLEAN ;
    when feminin =>
      nom_de_jeune_fille : une_chaine ;
      nb_enfants : NATURAL range 0..max_d_enfants ;
  end case ;
end record ;
```

9.7 Les types articles polymorphes

Un article est polymorphe quand il a au moins un discriminant, et qu'aucun de ses discriminants n'a de valeur par défaut : c'est ce que nous avons appelé un type paramétré non contraint. S'il est polymorphe, c'est que les variables issues de ce type n'auront pas toutes la même forme, tout en étant du même type : chaque forme correspond à un sous-type différent.

Les deux variables suivantes :

```
lui : une_personne(masculin) :=
  (masculin, barbu => TRUE, situation_militaire => accomplie,
   date_naissance => (12, septembre, 1962), nom => ("...", "...")) ;
elle : une_personne(feminin) :=
  (nb_enfants => 3, nom_de_jeune_fille => "...", nom => ("...", "..."),
   sexe => feminin, date_naissance => (22, mars, 1961)) ;
```

sont toutes deux des personnes, mais elles n'ont pas le même sous-type, ni la même forme. La forme de ces variables n'est plus modifiable par la suite. Une affectation de `elle` à `lui` déclenchera l'exception *CONSTRAINT_ERROR*. Mais `elle` et `lui` pourront être passés comme paramètre effectif d'un sous-programme traitant **une_personne**.

9.8 Les types articles mutables

Un type article est mutable quand tous ses discriminants ont une valeur par défaut. Cette caractéristique fait que :

— on peut déclarer des variables d'un type mutable sans donner de contrainte de discriminant ;

— les variables déclarées sans contrainte sont mutables : elles peuvent changer de forme par affectation d'une autre variable mutable ou d'un agrégat ;

— une variable d'un type mutable déclarée avec une contrainte de discriminant ne peut pas muter : elle se comporte comme une variable d'un type polymorphe.

Toutes les variables déclarées sans contrainte à partir d'un même type mutable sont donc compatibles entre elles. Utilisons cette caractéristique pour donner plus de souplesse aux chaînes : le type *STRING* impose la déclaration de variable de taille fixe, le type **une_chaine** mutable permet la déclaration de chaînes de tailles variables.

```
subtype indice is NATURAL range 0..255 ;
type une_chaine(taille : indice := 0) is
  record
    t : STRING(1..taille) ;
  end record ;

nom, prenom : une_chaine ;  --  variables mutables
  ...
```

```
nom := (5, "Byron") ; prenom := (8, "Adelaide") ;
```

Après leur initialisation, ***nom*** et ***prénom*** restent mutables. Si l'on définit l'opérateur de concaténation sur le type ***une_chaine***, on pourra écrire :

```
nom := nom & ' ' & prenom ; --  deux opérateurs différents
```

et ***nom*** aura muté : il passera de 5 à 14 caratères. Comme les agrégats d'initialisation ne sont pas pratiques (il faut en effet calculer à la main la longueur de la chaîne !), il est indispensable d'écrire une fonction de conversion du type ***STRING*** en type ***une_chaine*** :

```
function Conversion(ch : STRING) return une_chaine is
begin
  return une_chaine'(taille => ch'LENGTH, t => ch) ;
end Conversion ;
```

On peut désormais écrire :

```
nom := Conversion("Byron") ;
```

On notera la qualification de l'agrégat qui donne sa valeur à la fonction : théoriquement elle n'est pas nécessaire ; cependant, en présence d'une autre fonction ***Conversion*** que celle-ci surchargerait, le compilateur exigera de connaître le type de l'agrégat. Il est donc préférable de systématiquement la donner.

Le type ***une_chaine*** et les opérateurs qui permettent le mélange de valeurs des types caractère, chaîne et ***une_chaine*** sont exportés par le paquetage ***Les_Chaines*** :

```
package Les_Chaines is
  subtype indice is NATURAL range 0..255 ;
  type une_chaine(taille : indice := 0) is
    record
      t : STRING(1..taille) ;
    end record ;
  function Conversion(ch : STRING) return une_chaine ;
  function Image(ch : une_chaine) return STRING ;
  function "&"(g : une_chaine ; d : STRING) return une_chaine ;
  function "&"(g : STRING ; d : une_chaine) return une_chaine ;
  function "&"(g : une_chaine ; d : CHARACTER) return une_chaine ;
  function "&"(g : CHARACTER ; d : une_chaine) return une_chaine ;
  function "&"(g : une_chaine ; d : STRING) return STRING ;
```

```
   function "&"(g : STRING ; d : une_chaine) return STRING ;
end Les_Chaines ;

package body Les_Chaines is
   function Conversion(ch : STRING) return une_chaine is
      begin return une_chaine'(taille => ch'LENGTH, t => ch) ; end ;
   function Image(ch : une_chaine) return STRING is
      begin return ch.t ; end ;
   function "&"(g : une_chaine ; d : STRING) return une_chaine is
      begin return Conversion(Image(g) & d) ; end ;
   function "&"(g : STRING ; d : une_chaine) return une_chaine is
      begin return Conversion(g & Image(d)) ; end ;
   function "&"(g : une_chaine ; d : CHARACTER) return une_chaine is
      begin return Conversion(Image(g) & d) ; end ;
   function "&"(g : CHARACTER ; d : une_chaine) return une_chaine is
      begin return Conversion(g & Image(d)) ; end ;
   function "&"(g : une_chaine ; d : STRING) return STRING is
      begin return g.t & d ; end ;
   function "&"(g : STRING ; d : une_chaine) return STRING is
      begin return g & d.t ; end ;
end Les_Chaines ;
```

Ce paquetage contient tous les opérateurs nécessaires pour mélanger des valeurs de type *STRING* et de type *une_chaine*. Notons que l'opérateur *IMAGE* a la même fonction que l'attribut *IMAGE* : il donne l'image d'une valeur de type *une_chaine* dans le type *STRING*.

9.9 Type privé avec discriminant

Un type privé est déclaré en deux temps, dans une spécification de paquetage ; les déclarations de discriminant figurent à la fois dans la déclaration incomplète du type et dans la partie privée de la spécification. Ainsi, si nous voulions banaliser le type *une_chaine* en en faisant un type privé, nous déclarerions le paquetage ainsi :

```
package Les_Chaines is
   type indice is private ;
   type une_chaine(taille : NATURAL := 0) is private ;
   function VALUE(ch : STRING) return une_chaine ;
   function IMAGE(ch : une_chaine) return STRING ;
   function LENGTH(ch : une_chaine) return NATURAL ;
   function FIRST(ch : une_chaine) return indice ;
   function LAST(ch : une_chaine) return indice ;
```

```
   function "&"(g : une_chaine ; d : STRING) return une_chaine ;
   function "&"(g : STRING ; d : une_chaine) return une_chaine ;
   function "&"(g : une_chaine ; d : CHARACTER) return une_chaine ;
   function "&"(g : CHARACTER ; d : une_chaine) return une_chaine ;
   function "&"(g : une_chaine ; d : STRING) return STRING ;
   function "&"(g : STRING ; d : une_chaine) return STRING ;
private
   type indice is new NATURAL range 0..255 ;
   type une_chaine(taille : NATURAL := 0) is
     record
       t : STRING(1..taille) ;
     end record ;
end Les_Chaines ;
```

Nous avons mis en majuscule cette fois les fonctions qui ont la même signification que les attributs prédéfinis. Rappelons qu'Ada version 1983 ne permet pas de déclarer des fonctions à notation d'attribut. Les déclarations des types exportés amènent quelques remarques :

— le sous-type *indice* de la version précédente est devenu un type : il n'y a pas de sous-type privé ;

— comme conséquence, le discriminant du type *une_chaine* ne peut plus être le type *indice* : ce doit être un type discret, et *indice* est privé, donc inconnu ;

— le type *indice* est quand même nécessaire, ne serait-ce que parce qu'il est le type des attributs (ici, des fonctions) *FIRST* et *LAST*.

CHAPITRE **10**

Type accès

10.1 Généralités

On retrouve en Ada les modes habituels d'allocation des variables et des constantes :

— l'allocation automatique dans une pile d'exécution des entités locales aux blocs et aux sous-programmes ;

— l'allocation statique des entités déclarées dans les paquetages de bibliothèque ;

— l'allocation dynamique des entités non déclarées dans le texte du programme, et créées lors de l'exécution.

Les variables dynamiques sont habituellement repérées par des pointeurs. En Ada, on parle de *valeurs d'accès*, ou d'*accès*. Ces valeurs appartiennent à un type accès.

10.2 Les types accès

L'ensemble des valeurs pour un type accès est une collection, vide initialement, de valeurs servant à repérer les entités d'un type donné et créées dynamiquement : l'ensemble s'enrichit d'une valeur à chaque création. Le type des objets repérables par un type accès est donné dans la déclaration du type accès (fig. 10.1).

Voilà un type accès et des variables de ce type :

```
type string_ptr is access STRING ;
ch1, ch2 : string_ptr ;
```

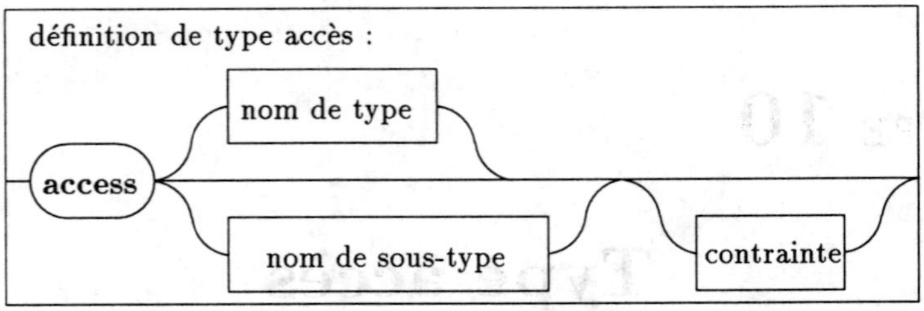

FIG. 10.1 : Définition de type accès.

Contrairement à tous les autres cas, les variables d'un type accès sont élaborées avec une valeur initiale, la valeur **null** qui ne repère rien.

Les types accès servent classiquement à gérer des structures de données dynamiques, comme les listes et les arbres ; d'autres utilisations sont propres à Ada : un type accès privé permet d'éviter au client du paquetage qui définit le type de savoir comment est mis en œuvre le type des objets repérés ; un type accès sert à repérer des tâches. Le type accès est strictement réservé comme en Pascal pour repérer des objets alloués en tas : une valeur d'accès ne repèrera jamais une variable de la pile ; on ne peut pas non plus avoir des valeurs d'accès pour repérer des sous-programmes, comme en C.

10.3 Allocation dynamique

La création d'une variable dynamique se fait par exécution de l'allocateur **new**.

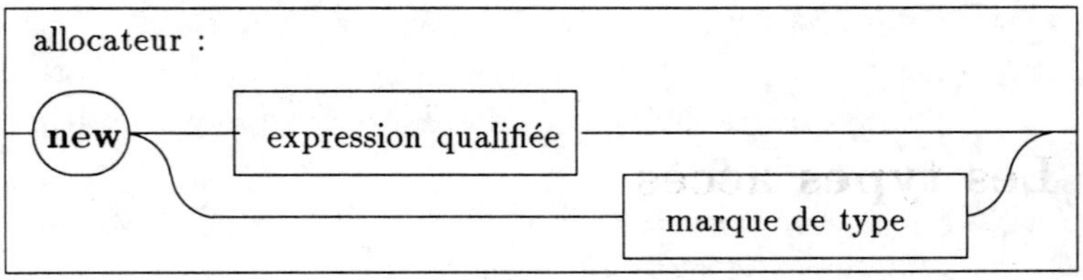

FIG. 10.2 : Allocateur.

La structure de la figure 10.2 montre deux façons pour créer une telle variable :

— soit en fournissant une valeur initiale pour la variable dynamique, sous la forme d'une expression qualifiée par le type ou le sous-type accès ;

— soit en donnant seulement le type ou le sous-type accès, suivi éventuellement d'une contrainte si le type des variables repérées est non contraint.

Le type donné derrière l'allocateur est celui de la variable à créer. L'allocateur crée l'objet, éventuellement l'initialise, et délivre une nouvelle valeur d'accès ; l'objet créé est toujours contraint. Ainsi, il est nécessaire de donner une contrainte dans les exemples qui suivent :

```
ch1 := new STRING'("Bravo") ; --  contrainte par expression qualifiée
ch2 := new STRING(1..5) ;     --  contrainte explicite
```

La première instruction entraîne la création d'une chaîne de cinq caractères, l'initialise avec le littéral *"Bravo"*, et range la valeur d'accès sur la chaîne dans la variable *ch1*. La deuxième instruction fait la même chose, sans initialiser la chaîne.

La durée de vie de la variable créée est liée uniquement à l'existence de valeurs d'accès qui la désignent : il n'y a pas de désallocateur explicite, mais l'espace mémoire occupé par la variable dynamique est récupérable si aucune valeur d'accès ne la repère plus. Que cet espace soit récupéré ou non est l'affaire de l'exécutif Ada. Si l'on a peur que la mise en route inopinée du ramasse-miettes obère les performances de l'exécutable, on peut demander avec le pragma *CONTROLLED* à ce que l'exécutif ne récupère pas les variables non accessibles (voir au chapitre 15, page 366).

10.4 Opérateurs sur les types accès

On peut affecter et comparer deux valeurs du même type accès, et on peut accéder à la variable repérée par la valeur d'accès, en totalité ou en partie, si c'est une variable structurée. La notation de désignation de la variable accédée est celle du composant sélecté que nous avons vu page 144 à propos des articles : on donne un préfixe qui doit être une valeur d'accès, on fait suivre par un point, et on termine par un sélecteur. Le sélecteur est le mot-clé **all** pour désigner la variable repérée dans sa globalité ; sinon, c'est un nom de champ si la variable est un article.

Le texte suivant montre graphiquement les objets dynamiques et leurs accès :

```
type pt_date is access une_date ;
type tab_date is array(1..5) of pt_date ;
type pt_tab_date is access tab_date ;
d : pt_date ; t : pt_tab_date ;
...
d := new une_date'(1, janvier, 1993) ;               -- (1)
t := new tab_date ;                                  -- (2)
t. all(3) := d ;                                     -- (3)
t. all(4) := new une_date'(28, fevrier, 1993) ;      -- (4)
d.j := d.j + 1 ;                                     -- (5)
```

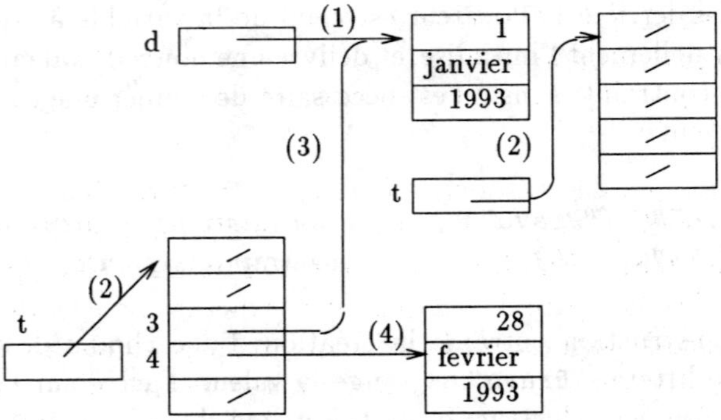

L'opération (1) construit et initialise une date repérée par *d*; l'opération (2) crée le tableau repéré par *t*; comme c'est un tableau contenant des accès, toutes les entrées du tableau sont initialisées à **null** (représenté par un trait oblique sur le schéma). L'opération (3) est une affectation de valeur d'accès : la troisième entrée de *t*.**all** repère la même date que *d*. La notation *t*.**all** dénote l'objet repéré par *t* dans sa globalité; comme c'est un tableau, on peut en sélectionner un composant avec l'opérateur parenthèse. L'opération (4) combine les opérations (1) et (3) sans utiliser de variable *d*. Enfin, l'opération (5) montre la notation d'accès à un composant d'article : il y a unicité de notation pour désigner un champ d'article, que le préfixe soit une variable article ou une variable accès sur article.

Une opération comme :

```
t. all(2).j := 3 ;
```

déclenchera l'exception *CONSTRAINT_ERROR* : on tente d'accéder à une variable qui n'a pas été créée (t.**all** (2) vaut **null**).

10.5 Type incomplet

Comme en Pascal se pose le problème de définir un type dont un composant est un pointeur sur ce type : là où Pascal accepte une utilisation d'un identificateur non déclaré, Ada permet la déclaration d'un type incomplet, comme pour les types privés d'un paquetage. Une déclaration de type incomplet a pour seul but de déclarer un nouvel identificateur de type, éventuellement accompagné d'une partie discriminante (voir la règle déclaration de type, figure 2.1) :

```
type un_noeud ;                    -- déclaration du type incomplet
type un_arbre is access un_noeud ;
type un_noeud is                   -- définition du type complet
  record
```

```
    info : naturel ;
    gauche, droit : un_arbre ;
  end record ;
```

Un tel ensemble de déclarations définit une structure récursive : un nœud est composé d'un naturel (l'information stockée dans l'arbre) et de deux sous-arbres, appelés *gauche* et *droit*. Une variable de type *un_arbre* repère potentiellement un arbre binaire. Utilisons à titre d'exemple cette structure pour enrichir le paquetage des tris de tableaux de naturels de la page 131. La procédure *Tri_Binaire* qui suit construit d'abord un arbre binaire ordonné à partir de tous les éléments du tableau à trier, puis les ressort, triés par un parcours gauche-nœud-droit, et les range dans le tableau :

```
with Les_Naturels ;
package Tris_de_naturels is
  type tab_naturel is array(INTEGER range <>) of
                            Les_Naturels.naturel ;
  procedure Tri_de_Shell(t : in out tab_naturel) ;
    --   tri stable de Shell
  procedure Tri_Rapide(t : in out tab_naturel) ;
    --   tri non stable de Hoare
  procedure Tri_Arbre(t : in out tab_naturel) ;
    --   tri via un arbre binaire
end Tris_de_naturels ;

with Les_Naturels ;
package body Tris_de_naturels is
  procedure Tri_de_Shell(t : in out tab_naturel) is
  begin ... end Tri_de_Shell ;

  procedure Tri_Rapide(t : in out tab_naturel)
  begin is ... end Tri_Rapide ;

  procedure Tri_Arbre(t : in out tab_naturel) is
    type un_noeud ;
    type un_arbre is access un_noeud ;
    type un_noeud is
      record
        info : Les_Naturels.naturel ;
        gauche, droit : un_arbre ;
      end record ;
    i : INTEGER ;
    arbre : un_arbre ;
```

```
procedure Ajouter(ab : in out un_arbre ;
                  elem : Les_Naturels.naturel) is
  -- ajoute l'élément elem dans l'arbre binaire ordonné ab
  use Les_Naturels ;
begin
  if elem < ab.info then
    Ajouter(ab.gauche, elem) ;
  else
    Ajouter(ab.droit, elem) ;
  end if ;
exception
  when CONSTRAINT_ERROR =>
    ab := new un_noeud'(elem, null, null) ;
end Ajouter ;

procedure Vider(ab : in un_arbre) is
  -- vide l'arbre ab dans le tableau t qui est ainsi ordonné
begin
  if ab /= null then -- il reste des sous-arbres
    Vider(ab.gauche) ; -- le "plus petit" d'abord
      -- ab est null : c'est la plus petite feuille restante
    t(i) := ab.info ; i := i + 1 ;
    Vider(ab.droit) ; -- le "plus grand" ensuite
  end if ;
end Vider ;

begin -- Tri_Arbre
  for j in t'RANGE loop
    Ajouter(arbre, t(j)) ;
  end loop ;
  i := t'FIRST ;
  Vider(arbre) ;
end Tri_Arbre ;
end Tris_de_naturels ;
```

La construction de l'arbre binaire **arbre** est réalisée par la procédure récursive *Ajouter*. Lorsque la procédure *Tri_Arbre* appelle *Ajouter*, son paramètre **arbre** a pour valeur **null** : la référence à **ab.*info*** dans la procédure ***Ajouter*** déclenche donc l'exception *CONSTRAINT_ERROR*, qui est récupérée pour créer le premier nœud. Il en est de même des appels récursifs : quand une activation est arrivée sur une feuille, les références ***ab.gauche*** ou **ab.droite** sont **null** et entraînent la même exception.

On trouvera d'autres exemples aux pages 195 et 196.

10.6 Type accès non contraint

On appelle par abus de langage type accès non contraint un type accès sur un type non contraint. Ainsi, le type **string_pt** du premier exemple de ce chapitre est un type contraint. Quand le type accès repère des articles avec discriminant, et quand le type article est déclaré en deux temps, le discriminant apparaît à la fois dans la déclaration incomplète et dans la déclaration complète :

```
n : constant := ... ;
subtype une_arite is POSITIVE range 2..n ;
type un_noeud(arite : une_arite := 2) ;
type un_arbre is access un_noeud ;
type les_freres is array(POSITIVE range <>) of un_arbre ;
type un_noeud(arite : une_arite := 2) is
  record
    info : naturel ;
    case arite is
      when 2 => gauche, droit : un_arbre ;
      when others => frere : les_freres(1..arite) ;
    end case ;
  end record ;
```

Comme les variables dynamiques sont nécessairement contraintes, la création d'un nœud mentionne la valeur du discriminant. Si **a** est de type **un_arbre**, on créera des nœuds par :

```
a := new un_noeud(3) ;              -- noeud ternaire
a.frere(1) := new un_noeud(2) ; --  sous-arbre binaire
```

On aurait pu donner une valeur par défaut au discriminant ; cependant les variables dynamiques obtenues n'auraient pas été mutables.

10.7 Type accès privé

Un paquetage qui exporte un type accès privé peut cacher le type des objets atteints : en effet, la partie privée du paquetage va contenir la déclaration incomplète du type accédé et la déclaration du type privé. La déclaration complète du type accédé est reportée dans le corps du paquetage et est donc invisible dans l'interface.

Reprenons encore une fois le paquetage qui exporte des piles de naturels ; on peut l'envisager comme suit :

```
with Les_Naturels ;  use Les_Naturels ;
package Les_Piles_de_naturels is
  type une_pile_de_naturels is limited private ;
  procedure Empiler(p : in out une_pile_de_naturels ;
                    objet : in naturel) ;
  procedure Depiler(p : in out une_pile_de_naturels ;
                    objet : out naturel) ;
  function "="(p1, p2 : une_pile_de_naturels) return BOOLEAN ;
  vide, pleine : exception ;
private
  type une_pile ;
  type une_pile_de_naturels is access une_pile ;
end Les_Piles_de_naturels ;
```

Le corps pourra mettre en œuvre le type ***une_pile*** par un tableau ou par une liste, le client n'en saura rien. Remarquons un petit problème : on ne peut pas donner un discriminant au type exporté ; donc, en donner un au type ***une_pile*** accédé ne peut pas servir pour la création d'une pile d'une taille donnée, comme le faisait le paquetage de la page 152.

Il y a plusieurs solutions :

— avec une implantation en liste, la taille n'a plus de raison d'être : on est seulement limité par l'exception ***STORAGE_ERROR*** si on empile sans jamais dépiler ;

— avec une implantation en tableau, ou on fixe une taille arbitraire, ou on fournit un opérateur de création ayant la taille comme paramètre ;

— en utilisant la généricité, on pourra fournir la taille en même temps qu'on fournira le type des objets empilés.

Avec cette sorte de type pile se pose le problème de la création de l'objet dynamique.

Quand un client déclare :

```
p : Les_Piles_de_naturels.Une_pile_de_naturels ;
```

il n'obtient qu'un accès initialisé à **null** ; la création de la pile peut se faire de deux façons :

— en ajoutant un nouvel opérateur de création ; dans ce cas, une nouvelle exception est exportée par le paquetage, ***pile_non_créee***, si l'on empile sans avoir créé au préalable ;

— en récupérant l'exception lors du premier appel de **`Empiler`** ; à cette occasion, la pile est créée et le premier élément est empilé.

On notera quand même que cette solution est plus coûteuse que les précédentes, puisque tous les accès à la pile impliquent une indirection supplémentaire.

CHAPITRE **11**

Généricité

11.1 Généralités

11.1.1 But : paramétrer les composants

Nous savons désormais formaliser les données (les diverses variétés de types et de constructeurs), les actions (les sous-programmes), et fabriquer des modules aux usages multiples (les paquetages). Plusieurs de ces concepts acceptent un bon degré de paramétrisation :

— les types non contraints et les types à discriminants permettent de retarder jusqu'à la déclaration des variables les contraintes à leur appliquer ; les sous-types sont évalués dynamiquement ;

— les sous-programmes ont des paramètres constants ou variables ; on peut fabriquer des opérateurs qui s'utilisent avec la notation fonctionnelle ou la notation infixe ; des sous-programmes de même nom désignent des opérations similaires, dès lors que leurs profils (nombre, type et ordre des paramètres) sont différents ;

— les paquetages sont clients d'autres composants et peuvent être considérés comme paramétrés par ces derniers, en utilisant quelques règles d'écriture et les bonnes clauses de contexte.

Cependant, nous avons tout au long des précédents chapitres signalé que les exemples proposés n'étaient pas toujours la meilleure formulation que le langage pouvait nous permettre d'écrire. Pour faire des composants réutilisables, il faut une dimension plus statique de la paramétrisation. Dès le premier chapitre, nous avions remarqué qu'une pile d'entiers ou qu'une pile de réels est toujours une pile, et qu'il était vraiment dommage d'être contraint par le système de typage à faire deux programmations presque identiques.

La *généricité* apporte ce degré de liberté supplémentaire, qui est la paramétrisation par des types, mais aussi par des sous-programmes et des entités, constantes ou variables. Ainsi, on n'écrira jamais avec Ada aucun des exemples de programmation des piles des chapitres précédents, et ce pour deux raisons : d'abord, on fabriquerait des paquetages génériques, exportant le type **une_pile** de n'importe quoi ; ensuite, on ne fabriquerait pas, on irait chercher dans une bibliothèque un tel paquetage. Évidemment, la démarche est inverse : on consulte la bibliothèque de composants, et si on ne trouve pas, on fabrique.

11.1.2 Principe de réalisation

La généricité est donc la propriété qui permet d'engendrer différentes versions d'un modèle, dit *modèle générique*. Cette propriété s'applique aux sous-programmes et aux paquetages. Un modèle générique n'est pas exécutable, mais les versions qu'il peut engendrer le sont. La fabrication d'une version s'appelle une *exemplarisation*, et une version s'appelle un *exemplaire* ou une occurrence d'une entité générique. En franglais, on parle d'instance et d'instanciation.

On peut faire un parallèle entre les types et les objets d'une part, entre les unités génériques et les exemplaires d'autre part :

— D'abord, il y a création du modèle : ou c'est la définition du type ***une_couleur***, ou c'est la déclaration du paquetage générique ***Les_Valeurs***. Dans le cas du paquetage générique, celui-ci constitue une unité de compilation qui peut en tant que telle être rangée dans la bibliothèque de compilation. Le modèle génénérique est composé de deux parties : une spécification et un corps ; il possède le plus souvent des paramètres formels, appelés les paramètres formels génériques.

— Ensuite, il y a exemplarisation du modèle : ou c'est la déclaration de la variable ***c*** qui est une couleur, ou c'est l'exemplarisation du paquetage ***Les_Valeurs*** pour fabriquer un paquetage de couleurs, si l'on veut que les valeurs en question soient des couleurs ; c'est le ou les paramètres effectifs fournis à l'exemplarisation qui feront la différence.

Les choses ne sont pas pourtant aussi faciles qu'elles en ont l'air : un paramètre formel générique ne peut pas être remplacé par n'importe quel paramètre effectif. Pour bien comprendre ce que nous venons d'exposer, et pour mettre en évidence les difficultés, prenons un exemple encore plus simple que la pile.

11.1.3 Un exemple simple

La fonction ***Max_Couleur*** suivante n'est pas générique :

```
function Max_Couleur(a, b : une_couleur) return une_couleur is
begin
   if b < a then return a ; else return b ; end if ;
end Max_Couleur ;
```

Elle ne fonctionne qu'avec des opérandes du type *une_couleur*. La rendre générique consiste à faire de *une_couleur* un paramètre formel générique ; appelons-le *une_valeur*. Le mot-clé **generic** introduit les paramètres formels génériques en préfixe de la déclaration d'unité.

Dans le programme qui suit, la notation *(<>)* indique la race du paramètre formel : c'est un type scalaire :

```
generic
   type une_valeur is (<>) ;
function Max_Valeur(a, b : une_valeur) return une_valeur is
begin
   if b < a then return a ; else return b ; end if ;
end Max_Valeur ;
```

La fonction *Max_Valeur* est un modèle de fonction, qu'on peut exemplariser avec le paramètre effectif *une_couleur* ou *un_feu* (un type que nous avons déjà rencontré, et qui est l'énumération des couleurs d'un feu tricolore de la circulation) :

```
function Max is new Max_Valeur(une_couleur) ;
function Max is new Max_Valeur(un_feu) ;
```

On obtient le même résultat qu'en ayant déclaré normalement les deux fonctions :

```
function Max (a, b : une_couleur) return une_couleur is
begin
   if b < a then return a ; else return b ; end if ;
end Max;
function Max (a, b : un_feu) return un_feu is
begin
   if b < a then return a ; else return b ; end if ;
end Max;
```

Nous avons volontairement exemplarisé la fonction *Max_Valeur* en deux fonctions qui s'appellent *Max*, et nous avons rappelé au début de ce chapitre que c'est une bonne politique : les fonctions sont surchargées, mais le compilateur les distingue en général sans peine grâce à leurs profils différents. On sait bien qu'en cas d'ambiguïté, il suffit de qualifier les opérandes : *Max(vert, rouge)* est ambigu, tandis que *Max(un_feu'vert, un_feu'rouge)* ne l'est pas.

Continuons, en exemplarisant pour des naturels :

```
with Les_Naturels ;
function Max is new Max_Valeur(Les_Naturels.naturel) ;
```

Continuons encore, avec cette fois des réels en point flottant :

```
with Les_Reels ;
function Max is new Max_Valeur(Les_Reels.reel) ;
```

et les problèmes commencent : cette exemplarisation est refusée, pour incompatibilité du paramètre effectif avec le paramètre formel. On voit bien la raison du refus : écrire générique, c'est mettre en facteur du code. Dans la fonction ***Max_Valeur***, le compilateur a engendré du code machine correspondant à un type scalaire : le test inférieur se ramène à une comparaison d'entiers, qui convient pour les couleurs comme pour les naturels. Mais l'instruction machine qui compare les réels n'est pas la même, et le code ne peut pas fonctionner pour des réels.

Nous verrons plus loin comment aborder ce problème. Ces quelques remarques font remonter à la surface les problèmes de mise en œuvre. Ils sont suffisamment nombreux pour que ce chapitre contienne plus de cas particuliers que les autres ; nous n'expliquerons pas le pourquoi de ces cas particuliers, car ils sont le plus souvent liés aux possibilités de la compilation.

11.2 Déclaration d'unité générique

Une déclaration d'unité générique (fig. 11.1) est appelée une spécification de générique. Elle a sa place en tant qu'unité de bibliothèque, ou en tant que déclaration d'une partie déclarative d'un bloc.

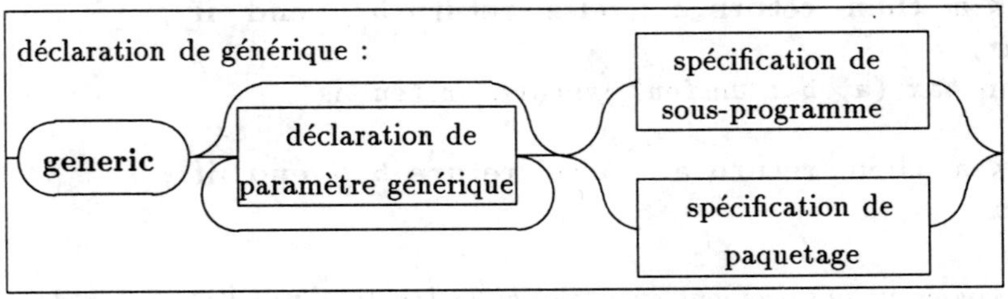

FIG. 11.1 : Déclaration du générique.

Une unité générique sans paramètre est à première vue sans intérêt : elle ne peut qu'engendrer des clones. L'exemple qui suit a pour seul intérêt de montrer que la création d'un exemplaire n'est pas une macro-génération (expansion de texte) :

```
procedure A1 is
 param : INTEGER := 1;
  generic                       -- paquetage générique sans
  package Constante is          -- paramètre ni corps
   c : INTEGER := param;
  end Constante;

  package Clone1 is new Constante;    -- premier exemplaire

  procedure A2 is
   param : INTEGER := 2;
    package Clone2 is new Constante; -- deuxième exemplaire
  begin -- de A2
   -- ici, Clone1.c vaut 1
   -- mais Clone2.c vaut également 1
...
end A1;
```

La variable ***param*** du paquetage générique **Constante** est la variable visible lors de la déclaration du générique ; lors de l'exemplarisation des paquetages ***Clone1*** et ***Clone2***, c'est toujours la variable ***param*** du sous-programme ***A1*** qui est considérée.

Il y a cependant une différence intéressante entre déclarer un paquetage analogue au paquetage ***Constante*** mais non générique, et le paquetage générique ***Constante*** : les variables du paquetage non générique n'existent qu'en un seul exemplaire (revoir le chapitre 4, page 74), tandis qu'après deux ou trois exemplarisations du générique, les variables existent en deux ou trois versions, accessibles par des noms développés différents.

11.3 Les paramètres génériques

Les paramètres formels génériques appartiennent à l'une des quatre races suivantes :

— les entités, constantes ou variables ;

— les types, qui se subdivisent eux-mêmes en plusieurs catégories ;

— les types privés ;

— et les sous-programmes.

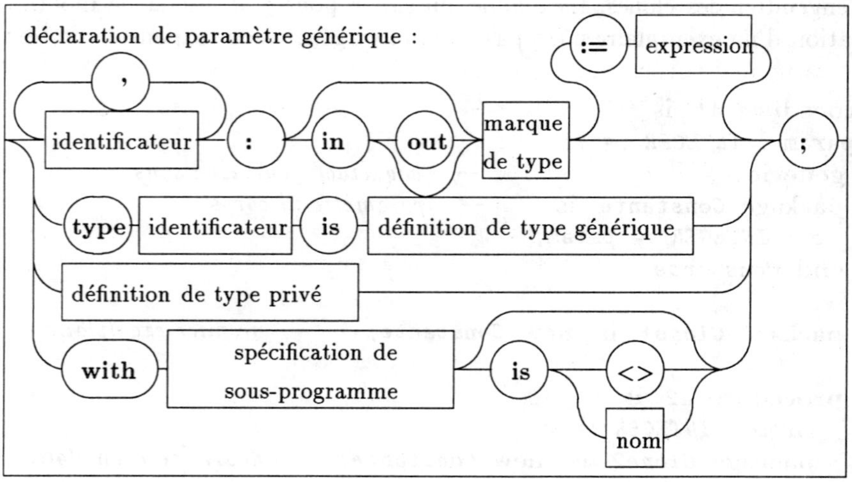

FIG. 11.2 : Déclaration de paramètre générique.

À chacune de ces races correspond une ligne de la figure 11.2.

11.3.1 Paramètre formel objet

Le paramètre formel objet s'apparente tout à fait à un paramètre de sous-programme.

Il est défini par :

— son nom ;

— son type (une marque de type, et non une définition de type) ;

— son mode de transmission, qui est soit **in** soit **in out**.

Avec le mode **in**, qui s'exprime par le mot-clé **in** ou par l'absence du mot-clé, le paramètre est une constante dont la valeur est celle du paramètre effectif (une valeur du même type) ou alors celle qui résulte de l'évaluation de l'expression, valeur par défaut, si elle existe, et s'il n'y a pas de paramètre effectif correspondant ; cette expression doit être statique.

Un paquetage général de gestion de fenêtre, comme celui de la page 146, déclare les sous-types `hauteur_ecran` et `largeur_ecran` comme des intervalles constants de 1 à 24 et de 1 à 80. Ces bornes devraient être des paramètres génériques :

```
generic
  hauteur : in INTEGER := 24 ;
```

```
  largeur : in INTEGER := 80 ;
package Les_Fenetres is
  subtype hauteur_ecran is INTEGER range 1..hauteur ;
  subtype largeur_ecran is INTEGER range 1..largeur ;
  ...
end Les_Fenetres ;
```

Pour utiliser le paquetage sur un terminal classique, on se contentera d'une exemplarisation sans paramètre ; avec un terminal à 130 colonnes, on fera :

```
package Fenetres_Larges is new Les_Fenetres(largeur => 130) ;
```

Avec le mode **in out**, le paramètre formel se comporte comme une variable désignant le paramètre effectif. Si le paramètre formel a des contraintes, ce sont celles du paramètre effectif qui sont prises en compte. Le paramètre effectif ne peut pas être le champ d'un article mutable (car il risquerait de disparaître après l'exemplarisation d'un générique).

L'exemple suivant montre le début de la déclaration d'un paquetage générique pour un jeu activé par plusieurs utilisateurs. Il est paramétré par une constante, le niveau du jeu, et par une variable, le score ; comme le jeu peut s'étendre sur plusieurs sessions, et qu'à chaque fois, le joueur peut choisir son niveau, il transmet à chaque nouvelle session le score précédent, et récupère en fin de session le nouveau score :

```
generic
  niveau : in un_niveau := moyen ;
  score : in out NATURAL ;
package Un_Jeu is
  ...
end Un_Jeu ;
```

Bien entendu, un paramètre formel variable ne peut pas avoir d'expression par défaut.

11.3.2 Paramètre formel type

On traite ici les paramètres formels correspondant à la deuxième ligne du diagramme de la figure 11.2 : il s'agit des types, exceptés les types privés. Lorsque le paramètre formel est un type, on obtient une généricité contrainte : le paramètre effectif doit être un type de la même espèce. En l'occurrence, les espèces sont au nombre de six, correspondant aux six lignes de la figure 11.3 :

— les types discrets (énumératifs essentiellement) ;

— les types entiers ;

— les types réels à point flottant ;

— les types réels à point fixe ;

— les tableaux ;

— les accès.

On peut faire deux remarques suite à cet énoncé :

— on retrouve là tous les types que nous avons étudiés, sauf les types articles ;

— on n'a pas un type générique "numérique", mais trois espèces de types numériques différents.

Si les espèces sont aussi nombreuses, c'est que la généricité contrainte autorise pas mal d'utilisations des types formels : les types formels se comportent en fait à peu près comme des types ordinaires qu'on aurait déclarés dans chaque exemplaire de générique. En particulier, on peut déclarer des variables de ces types formels, et leur appliquer tous les opérateurs définis sur ces types. Cela explique pourquoi Ada ne pourrait confondre en un seul type générique numérique les trois espèces de nombres qu'il connaît.

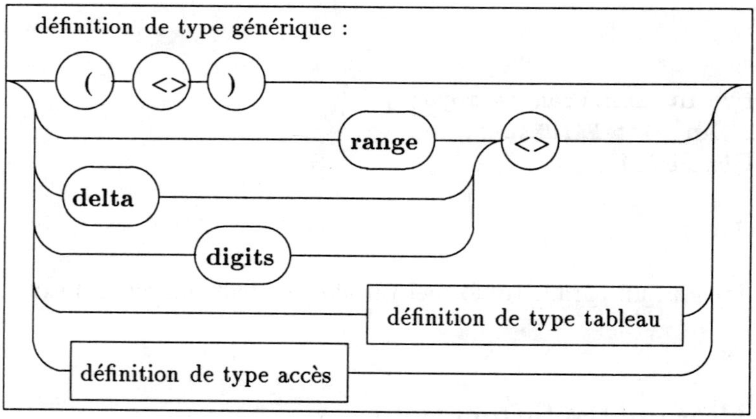

FIG. 11.3 : Définition de type générique.

11.3.2.1 Types discrets

Un paramètre formel de type discret est précisé par la notation `(<>)`. Les opérateurs disponibles sur les objets de ce type sont ceux qui sont communs aux types énumératifs et aux types entiers : affectation, égalité et comparaisons, tests d'appartenance, attributs ***POS, VAL, SUCC, PRED, IMAGE*** et ***VALUE***.

Nous reprenons à titre d'exemple le paquetage ***Les_Couleurs*** de la page 64 ; en le rendant générique, on obtient un paquetage qui peut manipuler (lire et écrire) n'importe qu'elle valeur de type discret :

```
generic
  type une_valeur is (<>);
  valeur_nulle : une_valeur;
package Les_Valeurs is
  procedure Lire_Valeur(c : out une_valeur);
  procedure Ecrire_Valeur(c : in une_valeur);
end Les_Valeurs;
```

La transformation précédente ne demande quasiment aucune modification du corps, mis à part les changements d'identificateurs. Elle a l'inconvénient de modifier l'interface du paquetage ***Les_Couleurs*** ; après l'avoir exemplarisé par :

```
package Les_Couleurs is new Les_Valeurs
                          (une_valeur => une_couleur,
                           valeur_nulle => couleur_nulle) ;
```

le paquetage ***Les_Couleurs*** exporte seulement les deux opérateurs, et pas le type ni la constante comme le faisait celui de la page 64. Cette manipulation peut ainsi rendre caduque des programmes qui utilisaient le paquetage ***Les_Couleurs*** sans connaître le type ***une_couleur***. La transformation en un paquetage générique qui conserve l'interface est donc la suivante :

```
generic
  type une_val is (<>);
  val_nulle : une_val;
package Les_Valeurs is
  type une_valeur is new une_val;
  valeur_nulle : constant une_valeur := une_valeur(val_nulle);
  procedure Lire_Valeur(c : out une_valeur);
  procedure Ecrire_Valeur(c : in une_valeur);
end Les_Valeurs;
```

La construction d'un type dérivé à partir d'un type paramètre formel est tout à fait possible. Le corps du paquetage générique ne subit aucune modification.

La généralisation du paquetage d'ensembles de couleurs de la page 138 ressort également du paramètre de type discret : le type des éléments de l'ensemble est le seul paramètre générique.

```
generic
  type element is (<>);
package Les_Ensembles is
  type ensemble is private ;    -- ensemble d'éléments
  ensemble_vide : constant ensemble ;
  ensemble_plein : constant ensemble ;
  function "*" (e1 : ensemble ; e2 : ensemble) return ensemble ;
  function "+" (e1 : ensemble ; e2 : ensemble) return ensemble ;
  function "+" (e1 : ensemble ; elem : element) return ensemble ;
  function "+" (elem : element ; e1 : ensemble) return ensemble ;
  function "-" (e1 : ensemble ; e2 : ensemble) return ensemble ;
  function "-" (e1 : ensemble ; elem : element) return ensemble ;
  function Taille(e : ensemble) return NATURAL ;
  function Est_Dans(elem : element ; e1 : ensemble) return BOOLEAN ;
  function Vide(e1 : ensemble) return BOOLEAN ;
private
  type ensemble is array(element) of BOOLEAN ;
  ensemble_vide : constant ensemble := ensemble'( others => FALSE) ;
  ensemble_plein : constant ensemble := ensemble'( others => TRUE) ;
end Les_Ensembles ;
```

La programmation du corps associé ne demande aucune modification, si ce n'est de changer l'identificateur `une_couleur` par `element`.

11.3.2.2 Types réels

Les paramètres formels de types réels sont indiqués par la notation **delta <>** pour les types à point fixe, et par la notation **digits <>** pour les types à point flottant.

Typiquement, un paquetage qui manipule des nombres réels doit être paramétré ; le fragment qui suit est un extrait du paquetage de fonctions mathématiques élémentaires de la norme Ada :

```
with MATHEMATICAL_EXCEPTIONS ;
generic
  type float_type is digits <> ;
package GENERIC_ELEMENTARY_FUNCTIONS is
  function sqrt(x : float_type) return float_type ;
  function log(x : float_type) return float_type ;
  function log(x, base : float_type) return float_type ;
  ...
end GENERIC_ELEMENTARY_FUNCTIONS ;
```

11.3.2.3 Types tableaux

Le paramètre formel de type tableau est précisé par une définition de type tableau dans laquelle le ou les types d'indices doivent être une marque de type (c'est-à-dire un nom de type ou de sous-type avec une contrainte éventuellement). Les opérateurs disponibles comprennent la sélection de composants et de tranches, l'affectation, la comparaison d'égalité, les attributs, et les opérateurs spécifiques aux tableaux unidimentionnels et aux tableaux de booléens.

Le paramètre effectif fourni à l'exemplarisation doit respecter plusieurs règles :

— il doit avoir le même nombre de dimensions ;

— il doit être contraint si le type formel est contraint et non contraint dans le cas contraire ;

— le ou les types d'indices doivent être les mêmes que ceux du type formel ;

— le type des composants doit être le même que celui du type formel ;

— le type des composants doit être contraint si le type des composants du type formel est contraint, et non contraint dans le cas contraire.

Reprenons la fonction de multiplication de deux matrices de la page 130 et rendons-la générique :

```
generic
  type element is digits <> ;
  type indice is range <> ;
  type matrice is array(indice range <>, indice range <>)
                       of element ;
function Multiplication(a, b : in matrice) return matrice ;

function Multiplication(a, b : in matrice) return matrice is
  c : matrice(a'RANGE(1), b'RANGE(2)) ; x : element ;
begin
  ...
end Multiplication ;
```

Le type `matrice` n'est pas le seul à être générique : s'il est normal que le type des composants le soit également, le type `indice` peut par contre sembler inutile ; il permet de lui faire correspondre n'importe quel type effectif discret, et il permet d'assurer une des obligations citées plus haut concernant l'identité des types d'indices entre les types formels et effectifs.

La programmation du corps de la fonction est un peu modifiée par rapport à la programmation de la page 130. La fonction `"*"` déclenche l'exception `non_conforme` s'il y a erreur sur ses paramètres. Si la fonction générique ***Multiplication*** est une unité de bibliothèque, ou bien elle doit être cliente d'un paquetage qui exporte ***non_conforme*** (à la manière du paquetage mathématique du paragraphe précédent), ou bien elle déclenche une exception prédéfinie comme ***CONSTRAINT_ERROR***.

L'extrait suivant montre une exemplarisation possible de cette fonction :

```
with Les_Reels, Les_Naturels, Multiplication ;
use  Les_Reels, Les_Naturels ;
  ...
  type une_matrice is array (naturel range <>, naturel range <>)
                                    of reel ;
  function "*" is new Multiplication(element => reel,
                                     indice => naturel,
                                     matrice => une_matrice
                                    ) ;
```

11.3.2.4 Types accès

Le paramètre formel est indiqué par une définition de type accès. Tous les opérateurs sur les types accès sont disponibles sur le paramètre formel. Le paramètre formel de type accès doit être précédé d'un paramètre formel de type en général incomplet précisant le type des variables repérées : il est en effet nécessaire pour l'exemplarisation de pouvoir vérifier que le type accès effectif repère bien ce qui est prévu dans le paquetage.

Si le type des variables atteintes par le type formel accès est contraint, alors le type des variables atteintes par le type effectif accès doit être aussi contraint ; dans le cas contraire, les deux types des variables atteintes sont non contraints.

11.3.3 Paramètre formel de type privé

Ce genre de paramètre formel unifie tous les paramètres formels types : étant privé, le paramètre formel de type privé pourra être associé à n'importe quel type effectif. On parle alors de généricité non contrainte.

Les règles de correspondance entre paramètre formel et paramètre effectif sont les suivantes :

— si le type formel n'est pas limité, le type effectif ne doit pas être limité ;

— si le type formel est limité, par contre le type effectif n'est pas obligatoirement limité ;

— si le type effectif a une partie discriminant, alors ce dernier ne doit pas avoir de valeur par défaut.

Il y a d'autres restrictions sur l'utilisation du type formel privé dans l'unité générique ; par exemple, quand le type formel est utilisé comme indication de sous-type dans une déclaration de la partie privée d'une spécification ou dans le corps d'un paquetage, alors il ne doit pas être un type non contraint si la déclaration a besoin d'un élément contraint.

Si l'on obtient une grande souplesse pour exemplariser le paquetage, la contrepartie est loin d'être négligeable : puisque le type formel est privé, les seuls opérateurs applicables sont ceux des types privés, à savoir l'affectation, l'égalité et la qualification. Si de plus, le type est limité, il n'y a bien sûr ni affectation ni égalité.

Donc, si l'on doit appliquer d'autres opérateurs sur des variables du type formel privé, ceux-ci doivent être aussi des paramètres génériques. Avant d'en arriver là, donnons deux exemples où l'affectation suffit. La procédure suivante réalise une permutation entre deux variables de n'importe quel type non limité :

```
generic
  type element is private ;
procedure Permuter(e1, e2 : in out element) ;

procedure Permuter(e1, e2 : in out element) is
 aux : element ;
begin
 aux := e1 ; e1 := e2 : e2 := aux ;
end Permuter ;
```

Le deuxième exemple reprend une dernière fois la programmation d'une pile, mais non cantonnée à recevoir des naturels. En partant de la programmation de la page 166, et en conservant une implantation de pile en tableau, on obtient un paquetage générique en mettant en paramètre le type des valeurs à empiler, la création d'une pile de taille donnée étant réalisée par la procédure `Creer` :

```
generic
  type element is private ;        -- éléments à empiler
package Les_Piles is
  type une_pile is limited private ;
  procedure Creer(p : out une_pile ; t : NATURAL := 10) ;
   -- pour créer une pile p de taille t
  procedure Empiler(p : in out une_pile ; objet : in element) ;
  procedure Depiler(p : in out une_pile ; objet : out element) ;
  function "="(p1, p2 : une_pile) return BOOLEAN ;
 vide_ou_pas_creee, pleine_ou_pas_creee : exception ;
private
  type pile(taille : NATURAL) ;
  type une_pile is access pile ;
end Les_Piles ;
```

Le nom des exceptions exportées a changé ; comme une pile est ici un accès sur une structure, on doit s'assurer dans tous les opérateurs sauf *Creer* que la pile est bien créée. Dans la procédure *Empiler* montrée ci-dessous, l'exception *CONSTRAINT_ERROR* peut être déclenchée par un débordement du tableau *p.p* ou par une valeur **null** de *p* :

```
package body Les_Piles is
   type tab is array(NATURAL range <>) of element ;
   type pile(taille : NATURAL) is
      record
        sommet : NATURAL := 0 ;
        p : tab(1..taille) ;
      end record ;

   procedure Creer(P : out une_pile ; t : NATURAL := 10) is
   begin
     p := new pile(taille => t) ;
   end Creer ;

   procedure Empiler(p : in out une_pile ; objet : in element) is
   begin
     p.sommet := p.sommet + 1 ; p.p(p.sommet) := objet ;
   exception
      when CONSTRAINT_ERROR =>
         raise pleine_ou_pas_creee ;
   end Empiler ;

 ...
end Les_Piles ;
```

11.3.4 Paramètre formel sous-programme

Les paramètres formels sous-programmes sont absolument nécessaires dès qu'on utilise la généricité non contrainte. Si l'on reprend la fonction *Max* de notre premier exemple, une généralisation avec des opérandes privés bute sur la comparaison : la comparaison d'infériorité n'est pas disponible sur les types privés, et cet opérateur doit donc être fourni en paramètre.

La syntaxe de déclaration d'un tel paramètre (figure 11.2 de la page 174) montre deux curiosités :

— l'utilisation du mot-clé **with** qui n'a pas du tout ici le sens habituel d'une clause de contexte, mais qui est simplement un préfixe pour distinguer le paramètre de l'unité générique quand c'est un sous-programme ;

— une partie optionnelle après la spécification du sous-programme et qui joue le rôle de valeur par défaut pour le nom du paramètre effectif.

Nous parlerons de cette partie optionnelle un peu plus loin. Donnons d'abord l'exemple de la fonction *Max* générale, en appelant *Max_Valeur* le modèle générique :

```
generic
  type element is private ;
  with function "<"(a, b : in element) return BOOLEAN ;
function Max_Valeur(a, b : in element) return element ;

function Max_Valeur(a, b : in element) return element is
begin
  if element(a) < element(b) then return b ;
  else return a ;
  end if ;
end Max_Valeur ;
```

On peut l'exemplariser pour trouver le maximum de n'importe quoi, à condition de fournir en paramètre la fonction de comparaison de deux n'importe quoi. Par exemple, si le paquetage *Les_Dates* exporte le type *une_date* et l'opérateur *"<"*, on peut exemplariser *Max_Valeur* ainsi :

```
with Les_Dates ;
function Max is new Max_Valeur(Les_Dates.une_date, Les_Dates."<") ;
```

La généralisation du paquetage de tri de tableaux de la page 131 est très aisée à faire : il suffit de rendre générique le type des composants des tableaux et sa relation d'ordre, le type des indices et le type des tableaux. La nouvelle spécification est la suivante :

```
generic
  type element is private ;        -- type des composants des tableaux
  type indice is range <> ;        -- indice 'FIRST <= -8 (Shell)
  type table is array(indice range <>) of element ;
  with function "<"(gauche, droit : element) return BOOLEAN is <> ;
package Les_Tris is
  procedure Tri_de_Shell(t : in out table) ; -- tri stable de Shell
  procedure Tri_Rapide(t : in out table) ;   -- tri non stable de Hoare
end Les_Tris ;
```

Il faut alors modifier dans le corps du paquetage les identificateurs `tab_naturel` en `table`, `naturel` en `element`, `INTEGER` en `indice`. Les deux algorithmes de tris ne se prêtent pas à une généralisation plus grande du type `indice`, car ils font du calcul d'indices : paramètre formel générique, `indice` est donc un type entier.

Une spécification de sous-programme d'un paramètre générique peut être suivie d'un mécanisme de valeur par défaut. Si la spécification est suivie par :

is <>

alors le sous-programme paramètre effectif qui sera pris par défaut est le sous-programme de même nom que le sous-programme formel, et visible et avec le bon profil lors de l'exemplarisation. Appliquons cette possibilité sur la fonction `Max_Valeur` :

```
generic
   type element is private ;
   with function "<"(a, b : in element) return BOOLEAN ;
function Max_Valeur(a, b : in element) return element is <> ;
```

La fonction inférieure de l'exemple précédent est ainsi définie : le paramètre effectif correspondant sera la fonction de nom `"<"`, délivrant un booléen, et les deux opérandes seront du type du paramètre effectif correspondant au type formel `element`. On peut alors exemplariser la fonction maximum sur les dates avec la déclaration suivante :

```
with Les_Dates ;
function Max is new Max_Valeur(Les_Dates.une_date) ;
```

Si la spécification du sous-programme paramètre générique est suivie par :

is *nom*

ce nom sera celui du sous-programme paramètre effectif qui sera pris par défaut. La première forme est la plus utilisée.

11.4 Génération d'exemplaires de générique

Un exemplaire d'une unité générique est crée par une exemplarisation de générique (fig. 11.4), en utilisant l'allocateur **new**, comme on a pu le voir dans les exemples de ce chapitre. Une exemplarisation est une déclaration, et comme telle peut figurer aussi bien dans une spécification, dans un bloc ou en tant qu'unité de bibliothèque. Ainsi, les deux lignes de la page 183 exemplarisant la fonction `Max_Valeur` sur des dates peuvent être données au compilateur qui fabriquera une unité de bibliothèque.

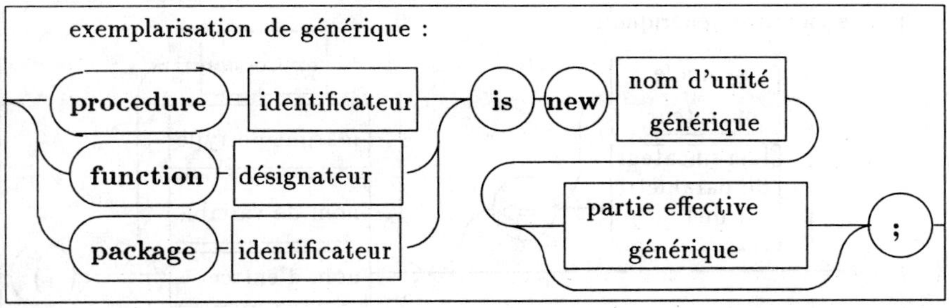

FIG. 11.4 : Exemplarisation de générique.

Les paramètres effectifs sont donnés par position ou par nom, comme le montre la règle de la figure 11.5. Les paramètres qui ont des valeurs par défaut peuvent être omis. Chaque paramètre effectif doit être l'homologue du paramètre formel correspondant, l'homologie étant une relation particulière à chaque espèce de paramètre générique. Nous avons vu ces problèmes avec chaque espèce : la liste suivante n'est qu'un regroupement de ce qui est dispersé dans les pages précédentes. Les règles d'homologie des paramètres génériques sont les suivantes :

— Un objet formel de mode **in** a pour homologue une expression du même type ; l'exception ***CONSTRAINT_ERROR*** peut être levée à l'exemplarisation. Si l'objet formel est de mode **in out**, son homologue doit être une variable du même type.

— L'homologue d'un type privé formel est un type ou un sous-type non limité (sauf si le type formel est limité) ; si le type formel a une partie discriminant, le type effectif doit avoir le même nombre de discriminants ayant les mêmes types.

— Il n'y a pas de restrictions particulières pour les homologies des types discrets, numériques et accès.

— L'homologue d'un type tableau formel doit avoir la même dimentionnalité, et être contraint ou non de la même façon que le type formel, avoir les mêmes types d'indices et les mêmes types de composants.

— L'homologue d'un sous-programme formel est un sous-programme ayant le même profil de paramètres.

Lors de la création d'un exemplaire, on commence d'abord par évaluer tous les paramètres effectifs fournis (l'ordre d'évaluation n'est pas défini par le langage), puis, si c'est nécessaire, les expressions par défaut, et enfin, on élabore l'exemplaire.

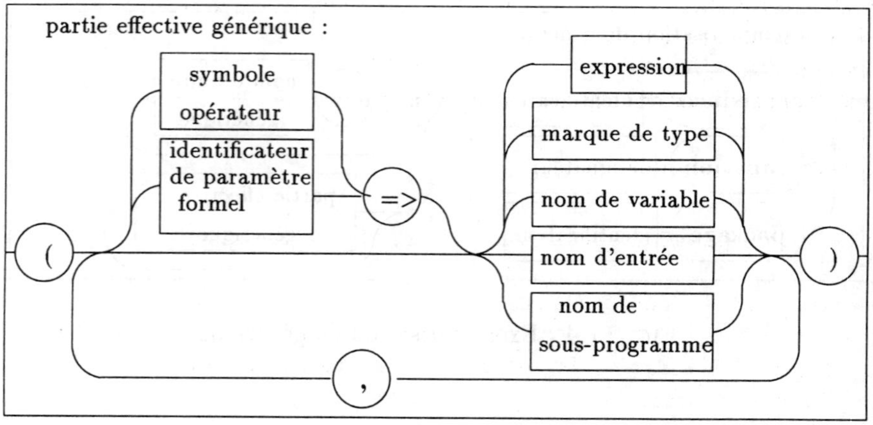

FIG. 11.5 : Partie effective générique.

Ainsi, pour trier un tableau de dates indicé par des entiers, on exemplarisera le paquetage ***Les_Tris*** ainsi :

```
with Les_Dates, Les_Tris ;
use Les_Dates ;
  ...
  type mes_dates is array(INTEGER range <>) of une_date ;
  package Tri_de_dates is new Les_Tris
    (element => une_date,
     indice => INTEGER,
     table => mes_dates
    ) ;
```

Comme le paquetage ***Les_Tris*** a un paramètre formel fonction avec une valeur par défaut, et que le type **une_date** est muni d'un opérateur **"<"** de même nom, rendu visible grâce à la clause **use *Les_Dates***, il n'est pas nécessaire ici de donner le quatrième paramètre effectif.

Pour trier un tableau de dates indicé par des couleurs, il faut un paquetage de tri qui accepte les types énumératifs en indice de tableau. L'algorithme de la page 163 peut mettre en œuvre un tel tri ; on obtient le paquetage générique suivant :

```
generic
  type element is private ;          -- type des composants des tableaux
  type indice is (<>) ;
  type table is array(indice range <>) of element ;
```

```
  with function "<"(gauche, droit : element) return BOOLEAN is <> ;
package Les_Tris_pour_discret is
  procedure Tri_arbre(t : in out table) ;
end Les_Tris_pour_discret ;
```

et on peut l'exemplariser par :

```
with Les_Tris_pour_discret, Les_Dates, Les_Couleurs ;
  ...
  use Les_Dates, Les_Couleurs ;
  type mes_dates is array(une_couleur range <>) of une_date ;
  package Tri_de_dates is new Les_Tris_pour_discret
    (element => une_date,
     indice => une_couleur,
     table => mes_dates
    ) ;
```

11.5 Composition de paquetages génériques

Les paquetages génériques sont par essence des composants réutilisables types. Si la bibliothèque Ada est suffisamment riche, l'écriture d'une application consiste à établir une architecture de composants et une procédure principale pour lier le tout. Pour cela, on a besoin d'outils de recherche : un simple fouineur qui édite la liste des composants d'une bibliothèque ou d'une hiérarchie de bibliothèques est insuffisant, même si les noms des paquetages ont été judicieusement choisis. Le minimum consiste en l'édition des spécifications, à condition qu'elles soient accompagnées de quelques commentaires essentiels. Ce genre d'outil ne fait évidemment pas partie du langage, mais il est indispensable que l'environnement le procure. Un bon atelier de génie logiciel doit, en plus de ses attributions normales, donner les moyens de structurer les bibliothèques de composants. En effet, malgré le grand degré de paramétrisation que donne le langage, on constate qu'on ne peut se suffir d'un seul composant de gestion de listes ou de gestion de menus : un coup d'œil sur les dépôts de composants [1] en libre service montre une multitude de composants sur un domaine restreint donné.

Dans la suite de ce paragraphe, nous construirons de nouveaux paquetages génériques en nous appuyant sur d'autres paquetages génériques, et nous montrerons les cheminements et les difficultés de la réutilisation. Cette démarche sera poursuivie dans les chapitres suivants.

[1] On trouvera page 441 le moyen d'accéder à un tel dépôt.

11.5.1 Commandes pour manipuler les ensembles

Nous avons construit précédemment un paquetage générique ***Les_Valeurs*** pour lire et écrire des valeurs de type énumératif, un paquetage générique ***Les_Ensembles*** pour faire quelques opérations sur des ensembles de valeurs discrètes, mais nous n'avons pas donné d'utilisation de ces composants. On se propose ici de fabriquer un paquetage pour manipuler des ensembles de valeurs données. Ce paquetage, qu'on appellera ***Les_Commandes***, doit proposer au moins les opérateurs suivants :

— lire une commande interactivement ;

— exécuter la commande ;

— afficher le menu des commandes possibles.

Il définit également le jeu des commandes disponibles sur les ensembles :

— construire un ensemble à partir des valeurs élémentaires : ***construire*** ;

— afficher un ensemble : ***afficher***

— faire l'intersection de deux ensembles : ***intersection*** ;

— faire l'union de deux ensembles : ***union*** ;

— visualiser les valeurs élémentaires disponibles : ***valeurs*** ;

— donner de l'aide en affichant le menu : ***menu, aide*** ;

— donner l'état des ensembles : ***etat***.

A priori, ce paquetage dépend très fortement des ensembles. Comme le paquetage ***Les_Ensembles*** est paramétré par la sorte de valeurs à mettre dedans, le paquetage ***Les_Commandes*** doit avoir ce même paramétrage :

```
generic
  type une_valeur is (<>) ;
  valeur_nulle : une_valeur;

package Les_Commandes is
  ...
```

La lecture des commandes identifiées ci-dessus (***construire, afficher***,...) est un processus connu : la procédure ***Lire_Valeur*** du paquetage ***Les_Valeurs*** propose une lecture interactive abrégée pour lire des valeurs d'un type énumératif (la programmation est réalisée page 135 pour lire des couleurs ; depuis, nous avons rendu générique le paquetage correspondant, page 177). Pour réutiliser le paquetage ***Les_Valeurs*** pour lire des commandes, on doit préalablement construire un paquetage déclaratif exportant par un type énumératif les noms des différentes commandes. Nous déclarerons donc le paquetage ***Commandes*** ainsi :

```
package Commandes is
  type une_commande is
    (construire, afficher, intersection, union, valeur,
     menu, aide, etat, quitter, nulle) ;
  commande_nulle : une_commande := nulle ;
end Commandes ;
```

Cette déclaration peut être locale au paquetage ***Les_Commandes***, ou ce peut être une unité de compilation. Dans le premier cas, on veut montrer que les deux paquetages sont indissociables :

```
generic
  ...
package Les_Commandes is
  package Commandes is
    ...
  end Commandes ;
  procedure Menu ;  --  Affiche le mode d'emploi
  procedure Lire_Commande( com : out une_commande);
                    --  Délivre une commande lue au clavier
  procedure Traiter_Commande(com : in une_commande);
                    --  Exécute la commande com
end Les_Commandes;
```

Si ***Mes_Commandes*** est une exemplarisation du paquetage ***Les_Commandes***, l'accès à une valeur de commande dans la boucle du programme client se fera ainsi :

```
loop
  ...
  exit when commande_lue =
                Mes_Commandes.Commandes.une_commande'(quitter) ;
  ...
end loop ;
```

L'utilisation de clauses **use** pourrait simplifier cette écriture.

La deuxième solution fait le pari que ***Commandes*** est un paquetage réutilisable dans un autre contexte. Dans ce cas, la spécification du paquetage ***Les_Commandes*** doit en être client, et elle doit exporter également le type ***une_commande*** :

```
with Commandes ;
generic
   type une_valeur is (<>) ;
  valeur_nulle : une_valeur ;
package Les_Commandes is
   type une_commande is new Commandes.une_commande ;
   procedure Lire_Commande( com : out une_commande) ;
   procedure Menu ;
   procedure Traiter_Commande(com : in une_commande) ;
end Les_Commandes ;
```

C'est cette solution que nous retenons pour la suite. Le corps du paquetage met en place les ensembles et réalise le traitement des commandes. Nous simplifions sa programmation en choisissant de définir statiquement un tableau d'ensembles : l'utilisateur nommera un ensemble par son indice. Dans le même ordre d'idée, les résultats des intersections ou unions d'ensembles seront simplement affichés : le but n'est pas ici de faire un vrai paquetage, mais de montrer les étapes de sa construction. Les locaux du paquetage sont ainsi :

```
Max : constant := ...       -- nombre max d'ensembles traités
 subtype indice is NATURAL range 1..Max;
e : array(indice) of ... -- le tableau d'ensembles
eplein : ...                -- la constante ensemble plein
```

Le corps du paquetage doit préalablement exemplariser les paquetages ***Les_Ensembles*** et ***Les_Valeurs*** : il a besoin d'un ensemble de valeurs (son paramètre formel générique), des valeurs elles-mêmes avec leurs opérateurs, et des commandes avec leurs opérateurs. Il est également client du paquetage prédéfini ***TEXT_IO*** pour afficher le menu et lire les numéros des ensembles manipulés par l'utilisateur :

```
with Les_Ensembles, Les_Valeurs, Commandes, TEXT_IO ;
package body Les_Commandes is
   package Mes_Valeurs is new Les_Valeurs(une_valeur, valeur_nulle) ;
   package Mes_Ensembles is new Les_Ensembles(une_valeur) ;
   package Mes_Commandes is new Les_Valeurs
               (Commandes.une_commande, Commandes.commande_nulle) ;
   ...
end Les_Commandes ;
```

On notera attentivement l'exemplarisation du paquetage ***Mes_Commandes*** : les paramètres effectifs sont les types et constantes exportés par le paquetage ***Commandes***, et non ceux exportés par le paquetage *Les_Commandes*.

On peut ainsi définir les éléments du tableau local *e* : ils sont du type *Mes_Ensembles.ensemble*. La procédure qui affiche le menu donne la sémantique des commandes :

```
procedure Menu  is
  use TEXT_IO ;
begin
  PUT_LINE("Neuf commandes avec les parametres x et y dans 1 .."
          & INTEGER'IMAGE(Max) ) ;
  PUT_LINE(" construire x   : fabrique l'ensemble x ") ;
  PUT_LINE(" intersection xy: affiche l'intersection des ensembles"
          & " x et y") ;
  PUT_LINE(" valeur         : affiche les valeurs disponibles") ;
  PUT_LINE(" union xy       : affiche l'union des ensembles"
          & " x et y") ;
  PUT_LINE(" afficher x     : affiche le contenu de l'ensemble x") ;
  PUT_LINE(" menu, aide     : affiche ce Menu") ;
  PUT_LINE(" etat           : affiche l'e'tat des ensembles"
          & " courants") ;
  PUT_LINE(" quitter        : quitter l'application") ;
end Menu ;
```

La procédure *Lire_Commande* exportée est exactement la procédure *Lire_Valeur* fournie par l'exemplarisation du paquetage *Mes_Commandes*. Son paramètre de sortie est du type *une_commande* exportée par le paquetage *Les_Commandes*. Elle est mise en œuvre en utilisant *Mes_Commandes.une_valeur*. La jointure est possible entre les deux types :

— *Les_Commandes.une_commande* est un type dérivé à partir du type père *Commandes.une_commande* (voir la spécification de *Les_Commandes*) ;

— *Mes_Commandes.une_valeur* est un type dérivé obtenu lors de l'exemplarisation du paquetage *Mes_Commandes*. Le paramètre effectif correspondant à *une_valeur* lors de l'exemplarisation est le type *Commandes.une_commande*.

La procédure *Lire_Commande* n'a donc qu'une simple conversion à faire :

```
procedure Lire_Commande(com :  out une_commande) is
  c : Mes_commandes.une_valeur ;
begin
  Mes_Commandes.Lire_Valeur(c) ;
  com := une_commande(c) ;
end Lire_Commande ;
```

Les deux procédures locales suivantes affichent le contenu d'un ensemble et construisent l'ensemble **plein** qui servira pour afficher les valeurs possibles significatives :

```
procedure Afficher(e : in Mes_Ensembles.ensemble) is
   -- procédure locale pour afficher le contenu de e
begin
  for i in une_valeur loop
    if Mes_Ensembles.Est_Dans(i, e) then
      Mes_Valeurs.Ecrire_Valeur(Mes_Valeurs.une_valeur(i)) ;
    end if ;
  end loop ;
end Afficher ;

function Toutes_Les_Valeurs return Mes_Ensembles.ensemble is
begin
  return Mes_Ensembles.ensemble_plein ;
end Toutes_Les_Valeurs ;
```

La commande de construction d'un ensemble demande à l'utilisateur le nombre de valeurs à mettre dans l'ensemble à construire. Pour faire cette lecture, on aurait pu utiliser la procédure de lecture interactive exportée par le paquetage ***Les_Naturels***, mais elle n'est pas prévue pour limiter automatiquement la valeur de l'entier lu : nous préférons ici exemplariser un paquetage exporté par ***TEXT_IO*** que nous verrons au chapitre suivant, et qui assure cette vérification en déclenchant une exception ***DATA_ERROR*** :

```
procedure Fabriquer(e : out Mes_Ensembles.ensemble) is
   -- procédure locale pour fabriquer un ensemble e
 el : Mes_Ensembles.ensemble ;  -- ensemble local
 c : une_valeur ;
 nbval : NATURAL ;
 package ent_io is new TEXT_IO.INTEGER_IO(NATURAL) ;
 use ent_io ;
begin
 TEXT_IO.PUT("Combien de valeurs ? ") ;
 GET(nbval) ; TEXT_IO.SKIP_LINE ;
 TEXT_IO.PUT("Donnez ") ; PUT(nbval, 3) ;
 TEXT_IO.PUT_LINE(" valeurs") ;
 el := Mes_Ensembles.ensemble_vide ;
 for i in 1..nbval loop
   Mes_Valeurs.Lire_Valeur(Mes_Valeurs.une_valeur(c)) ;
   el := Mes_Ensembles."+"(el, c) ;
 end loop ;
```

```
  e := el ;
end Fabriquer ;
```

L'opérateur `+` ensembliste n'est pas directement visible dans le paquetage : la notation infixe `el + C` n'est pas possible, sauf si l'on introduit `Mes_Ensembles` dans la clause **use** de la procédure, ou si l'on fait un renommage (voir chapitre 14).

La procédure exportée `Traiter_Commande` utilise le même principe : comme elle demande en plusieurs points des numéros d'ensembles, elle doit vérifier la validité des numéros fournis ; c'est réaliser en exemplarisant encore le paquetage `INTEGER_IO` pour le type `indice` :

```
procedure Traiter_Commande(com : in une_commande) is
    --  traite les commandes sauf quitter
  x, y : indice ;
  ok : BOOLEAN ;
   package indice_io is new TEXT_IO.INTEGER_IO(indice) ;
   use indice_io, Commandes ;
begin
  ok := TRUE ;
   begin
     case com is
       when construire => GET(x) ; Fabriquer(e(x)) ; Afficher(e(x)) ;
       when union => GET(x) ; GET(y) ; TEXT_IO.SKIP_LINE ;
                     Afficher(Mes_Ensembles."+"(e(x), e(y))) ;
       when intersection => GET(x) ; GET(y) ; TEXT_IO.SKIP_LINE ;
                     Afficher(Mes_Ensembles."*"(e(x), e(y))) ;
       when valeur => Afficher(eplein) ;
       when afficher => GET(x) ; Afficher(e(x)) ;
       when menu | aide => Menu ;
       when nulle | quitter => null ;
       when etat => Afficher_Etat ;
     end case ;
  exception
     when TEXT_IO.DATA_ERROR =>
       ok := FALSE ;
  end ;
  if ok then return ; end if ;
  --  mauvais indice(s)
  case com is
     when construire | afficher =>
       TEXT_IO.PUT("construire et afficher : un indice compris"
                  & " entre 1 et") ;
       PUT(Max) ; TEXT_IO.NEW_LINE ;
     when union | intersection =>
```

```
      TEXT_IO.PUT("intersection et union : deux indices compris"
                  & " entre 1 et") ;
      PUT(Max) ; TEXT_IO.NEW_LINE ;
    when others => null ;
  end case ;
end Traiter_Commande ;
```

Il ne faut surtout pas voir dans cette programmation un modèle d'ergonomie : ce n'est pas le but, et nous essayons ici de composer les modules génériques. Mais observons quand même cette procédure : utiliser le ***Lire_Valeur*** pour lire une commande implique qu'il y ait un retour chariot après la commande. Ainsi, pour construire l'ensemble 1, l'utilisateur doit taper ***Construire RET 1***!

La séquence d'instructions du corps du paquetage contient la construction de la variable locale **eplein** qui est utilisée par la commande ***valeurs*** :

```
begin --  Les_Commandes
  eplein := Toutes_Les_Valeurs ;
end Les_Commandes ;
```

Un programme exploitant ce paquetage pour manipuler des ensembles de couleurs contient simplement une boucle de lecture et de traitement des commandes :

```
with Les_Commandes, Les_Couleurs, TEXT_IO ;

procedure Session is
   package Mes_Commandes is new Les_Commandes
         (Les_Couleurs.une_couleur, Les_Couleurs.couleur_nulle) ;
  com : Mes_Commandes.une_commande ;
   use Mes_Commandes ;
begin
  TEXT_IO.PUT_LINE("Manipulations d'ensembles de couleurs") ;
  Menu ;
   loop
    TEXT_IO.PUT("Commande ") ;
    Lire_Commande(com) ;
     exit when com = quitter ;
    Traiter_Commande(com) ;
   end loop ;
  TEXT_IO.PUT_LINE("C'est fini") ;
end Session ;
```

Ici, nous avons utilisé la clause **use** ***Mes_Commandes*** pour utiliser l'opérateur d'égalité avec la notation infixe habituelle.

11.5.2 Gestion de table

Afin de construire un module de gestion de table à accès direct ou à peu près, nous définissons d'abord un paquetage général exportant un type abstrait de liste ordonnée. Le paquetage *Les_Listes* a deux paramètres formels génériques : le type des éléments à stocker dans les éléments de liste et une relation d'ordre sur ces éléments. Le type exporté *une_liste* est mis en œuvre dans la partie privée du paquetage : c'est un article contenant une tête de liste et le nombre d'éléments dans la liste à un instant donné.

Les opérateurs qui font des recherches dans la liste (*Retirer* et *Chercher*) déclenchent l'exception *pas_la* en cas d'absence de l'élément cherché. L'insertion et les recherches tiennent compte de la relation d'ordre. La spécification est la suivante :

```
generic
  type element is private ;
  with function "<"(e1, e2 : element) return BOOLEAN is <> ;
package Les_Listes is
  type une_liste is private ;
  function Nb_elem(l : une_liste) return NATURAL ;
  function Vide(l : une_liste) return BOOLEAN ;
  procedure Inserer(l : in out une_liste ; e : in element) ;
  procedure Retirer(l : in out une_liste ; e : in element) ;
  procedure Chercher(l : in une_liste ;
                     e : in out element;
                     oui : out BOOLEAN) ;
 pas_la : exception ;
private
  type elem ;
  type pt_elem is access elem ;
  type elem is record suiv : pt_elem ; e : element ; end record ;
  type une_liste is
    record
     nb_elem : NATURAL := 0 ;
     tete : pt_elem ;
    end record ;
end Les_Listes ;
```

Le paquetage *Les_Tables_H* met en œuvre le type abstrait de table à adressage dispersé. Rappelons rapidement le principe de l'adressage dispersé : un élément à stocker dans la table est caractérisé par une clé ; une fonction dite H-fonction ou fonction de hachage prend en argument une clé et délivre un numéro d'entrée dans la table. Si des clés différentes produisent par la fonction un même numéro, il y a collision : plusieurs éléments devraient occuper la même entrée. S'il n'y a pas de collision, on obtient une table à adressage direct ; le choix de la fonction d'adressage dispersé doit être soigneusement déterminé en fonction des valeurs de clés probables, et il a des retombées sur la numérotation des entrées.

Le paquetage ***Les_Tables_H*** a donc les paramètres génériques suivants :

— le type des éléments à stocker dans la table ;

— le type des clés de ces éléments ;

— la fonction qui extrait la clé du type des éléments ;

— une relation d'ordre sur les clés. En déclarant privé le type des clés, on s'assure l'opérateur d'égalité nécessaire pour détecter les collisions ; en demandant également une relation d'ordre, on pourra accélérer le traitement des collisions ;

— la fonction de hachage.

Le type abstrait exporté, ***une_table_h***, est paramétré par la numérotation des entrées pour s'ajuster à la fonction d'adressage fournie. Comme un type n'est pas paramétrable par un autre type, ses paramètres sont les bornes d'un intervalle discret entier.

Le traitement des collisions est résolu en associant à chaque entrée une liste ordonnée sur les clés : les débordements sont réglés au coup par coup en créant de nouveaux éléments de liste. Bien sûr, on réutilise pour ces listes le paquetage ***Les_Listes*** précédent.

L'opérateur ***Nb_Collisions*** donne à tout instant le nombre d'entrées en collision, et est donc un indicateur du bon comportement de la table. Donnons la spécification du module :

```
with Les_Listes ;
generic
   type element is private ;      -- type des éléments de la table
   type une_cle is private ;      -- type de la clé d'un élément
   with function H(c : une_cle) return NATURAL ;
     -- fonction d'adressage dispersée de la table
   with function "<"(c1, c2 : une_cle) return BOOLEAN is <> ;
   with function La_Cle(e : element) return une_cle ;
     -- calcul de la clé d'un élément
package Les_Tables_H is
   type une_table_h(debut, fin : NATURAL) is private ;
   procedure Inserer(t : in out une_table_h ; e : in element) ;
   procedure Retirer(t : in out une_table_h ; c : in une_cle) ;
   procedure Chercher
      (t : in une_table_h ; e : in out element ; oui : out BOOLEAN) ;
   function Nb_Collisions(t : une_table_h) return NATURAL ;
```

```
private
  ...
end Les_Tables_H ;
```

La partie privée contient des déclarations annexes dont le seul but est de pouvoir définir le type exporté **une_table_h**. Expliquons tous ces détours :

— Pour définir un type privé exporté comme un tableau paramétrable, on doit déclarer un type article à discriminants; dans un type article, les champs sont déclarés à partir d'une marque de type (ici, contrainte) et non d'une définition de type : d'où la déclaration du type non contraint **les_entrees**.

— Une entrée contient un élément et une liste de débordement ; pour obtenir un objet liste de débordement, ou du moins son type, il faut exemplariser le paquetage **Les_Listes**, d'où l'exemplarisation qui fournit le paquetage **Liste_H**.

— Pour réussir l'exemplarisation du paquetage **Les_Listes**, il faut fournir les bons paramètres effectifs génériques : ici, un élément et sa relation d'ordre. Comme tous les deux sont directement visibles, aucune autre déclaration n'est nécessaire.

Remarquons cependant que la situation aurait facilement pu être plus complexe ; supposons que la clé ne fasse pas partie de l'élément (et, dans ce cas, la fonction paramètre générique **La_Cle** disparaît de la spécification du paquetage). Dans ces conditions, une entrée de table contient un champ de plus pour stocker la clé. Il en est de même d'un élément de liste : il faut alors déclarer dans la partie privée le type de ces éléments, et la relation d'ordre sur ce type pour l'exemplarisation du paquetage **Les_Listes**. Cela donne une modification de la spécification du paquetage :

```
with Les_Listes ;
generic
  type element is private ;
  type une_cle is private ;
  with function H(c : une_cle) return NATURAL ;
  with function "<"(c1, c2 : une_cle) return BOOLEAN is <> ;
package Les_Tables_H is
  type une_table_h(debut, fin : NATURAL) is private ;
  procedure Inserer(t : in out une_table_h ;
                    c : in une_cle ;
                    e : in element) ;
  procedure Retirer(t : in out une_table_h ; c : in une_cle) ;
  procedure Chercher(t : in une_table_h ;
                     c : in une_cle ;
                     e : in out element ;
                   oui : out BOOLEAN) ;
```

```
  function Nb_Collisions(t : une_table_h) return NATURAL ;
private
     --  ce qu'il faut pour exemplariser les listes :
  type elem_liste is record c : une_cle ; e : element ; end record ;
  function "<"(e1, e2 : elem_liste) return BOOLEAN ;
  package Liste_H is new Les_Listes(elem_liste) ;
     --  ce qu'il faut pour déclarer la table :
  type une_entree is
    record
      c : une_cle ;
      e : element ;
      l : Liste_H.une_liste ;
    end record ;
  type les_entrees is array(NATURAL range <>) of une_entree ;
     --  le type abstrait exporté :
  type une_table_h(debut, fin : NATURAL) is
    record
      th : les_entrees(debut..fin) ;
    end record ;
end Les_Tables_H ;
```

C'est cette version que nous conservons pour la suite. Nous ne donnerons pas le corps du paquetage, seulement un fragment, mais traiterons le cas singulier de la relation d'ordre introduite ci-dessus : cette relation est déclarée, mais son corps n'ayant pas été donné, elle doit être complétée dans le corps du paquetage. Bien entendu, sa programmation est évidente :

```
function "<"(e1, e2 : elem_liste) return BOOLEAN is
  --  comparaison des clés des éléments de liste
begin
  return e1.c < e2.c ;
end "<" ;
```

La relation d'ordre utilisée ici est la relation obtenue par le paramètre formel générique sur les clés.

Le fragment suivant du paquetage fournit la programmation de l'indicateur du comportement de la table : il fait appel à l'opérateur ***Nb_elem*** défini dans *Les_Listes* :

```
function Nb_Collisions(t : une_table_h) return NATURAL is
  n : NATURAL := 0 ;
begin
  for i in t.th'FIRST .. t.th'LAST loop
    n := n + Liste_H.Nb_elem(t.th(i).l) ;
```

```
  end loop ;
  return n ;
end Nb_Collisions ;
```

11.5.3 Logiciels en couches

Afin de favoriser la réutilisabilité des composants, on est souvent amené à construire des composants minimaux, sans véritable utilisation immédiate, mais qui sont à la base de composants d'une couche plus élevée, composants qui reprennent exactement les types et les opérateurs exportés par le composant minimum, et qui l'enrichissent avec de nouveaux types et de nouveaux opérateurs. On dit que les composants supérieurs héritent des composants inférieurs toutes leurs propriétés.

Par exemple, on a souvent besoin de récipients de stockage à deux dimensions et à accès direct : si on y met des réels, on peut en faire des matrices, si on y met des caractères, une mémoire d'écran ordinaire, des couleurs, une mémoire d'écran à pixels colorés, des formules, un tableur, etc. Un tel récipient est un type abstrait qu'on appelera une grille de base, et qui est paramétré par :

— le type des composants qu'on y met ;

— le type des repères d'accès direct.

Il exporte les opérateurs primitifs de consultation et de rangement d'un composant dans la grille. Comme pour les piles, on aura plusieurs unités génériques de type grille partageant les mêmes exportations mais ayant des parties privées différentes reflètant les diverses mises en œuvre possibles.

```
generic
  type rep_x is (<>) ;         --  type discret pour repérer les x
  type rep_y is (<>) ;         --  type discret pour repérer les y
  type elem is private ;  --  contenu d'une case
package Les_Grilles_de_base is
  --  grille ((rep_x'LAST - rep_x'FIRST+1) x (rep_y'LAST - rep_y'FIRST+1))
  --  contenant des elem
  type une_grille is private ; --  le type abstrait exporté
  function Consulter(laquelle : une_grille ; x : rep_x ; y : rep_y)
    return elem ;
  procedure Ranger(quoi :  in elem ;
                   laquelle :  in  out une_grille ;
                   x : rep_x ;
                   y : rep_y) ;
private
  ...
```

```
  type une_grille is ...
end Les_Grilles_de_base ;
```

On ne s'intéresse pas ici à la partie privée, mais plutôt, à la fabrication d'un paquetage de l'étage supérieur qui enrichit la grille de base. Si l'on fabrique un paquetage pour des matrices, on écrira par exemple :

```
with Les_Grilles_de_base ;
generic
  type ligne is (<>) ;
  type colonne is (<>) ;
  type element is private ;  --  numérique généralisé
package Les_Matrices_de_base is
  type une_grille is private ;
  function Consulter(la_matrice : une_grille ;
                     en_ligne : ligne ; en_colonne : colonne)
    return element ;
  procedure Ranger(quoi : in element ; dans : in out une_grille ;
                   en_ligne : ligne ; en_colonne : colonne) ;
  ...    --  autres opérateurs spécifiques
private
  package Matrice_de_base is new
    Les_Grilles_de_base(elem => element,
                        rep_x => ligne,
                        rep_y => colonne);
  type une_grille is new Matrice_de_base.une_grille ;
end Les_Matrices_de_base ;
```

La dérivation du type ***Matrice_de_base.une_grille*** réalise l'opération d'héritage : la mise en œuvre du type exporté par le paquetage ***Les_Matrices_de_base*** est bien celle du type de base du paquetage ***Les_Grilles_de_base***. Théoriquement, le type dérivé arrive muni des opérateurs définis sur son type de base (ainsi qu'il a été dit page 27) ; donc, la grille du paquetage de matrices devrait automatiquement être munie des opérateurs ***Consulter*** et ***Ranger*** du paquetage ***Les_Grilles_de_base***. Malheureusement, les déclarations des opérateurs exportés ***Consulter*** et ***Ranger*** de la spécification du paquetage ***Les_Matrices_de_base*** cachent les opérateurs équivalents du composant inférieur.

Par conséquent, on doit forcément programmer ces opérateurs dans le corps du paquetage héritier ; bien entendu, ces opérateurs ne font qu'appeler ceux du paquetage ascendant, en utilisant les conversions de type entre type dérivé et type de base :

```
package body Les_Matrices_de_base is
  function Consulter(la_matrice : une_grille ;
```

```
                en_ligne : ligne ; en_colonne : colonne)
          return element is
begin
  return Matrice_de_base.Consulter
            (laquelle => Matrice_de_base.une_grille(la_matrice),
             x => en_ligne,
             y => en_colonne) ;
end Consulter ;

procedure Ranger(quoi : in element ; dans : in out une_grille ;
              en_ligne : ligne ; en_colonne : colonne) is
begin
 Matrice_de_base.Ranger(quoi => quoi,
                     laquelle => Matrice_de_base.une_grille(dans),
                     x => en_ligne,
                     y => en_colonne) ;
end Ranger ;

--  autres opérateurs ...

end Les_Matrices_de_base ;
```

Cet exemple n'est pas un modèle unique : les développements de logiciels en couches sont nombreux et relèvent d'une bonne technique du génie logiciel. Le langage Ada nous permet cette construction de façon simple, sauf si l'on veut comme ici conserver d'une couche à l'autre les mêmes opérateurs. On aura l'occasion de rediscuter de ce genre de situation page 351.

11.5.4 "Boucle pour" généralisée

La "boucle pour" est souvent utilisée pour balayer un ensemble de données accessibles individuellement par un numéro. Si l'accès ne se fait pas sur une valeur discrète, la "boucle pour" est inutilisable. Le balayage n'en reste pas moins un besoin fréquent; il se traduit souvent par l'algorithme suivant :

```
pour tout x dans ensemble
  faire
   Traiter(x) ;
  fait ;
```

En généralisant, on peut avoir un balayage sélectif du type suivant :

```
pour tout x dans ensemble
  faire si critère(x) alors
         Traiter(x) ;
     fsi ;
  fait ;
```

La généricité permet de fabriquer aisément un tel opérateur de balayage sélectif. Le paquetage **Les_Récipients** est un modèle de machine abstraite pour stocker des objets : le récipient est l'**ensemble** de la boucle précédente, et **x** est une occurrence d'un objet. On peut ranger un objet dans le récipient, retirer un objet qui répond à un critère donné (son nom, sa valeur,...), et l'opérateur **Fouiller** correspond à la boucle généralisée :

```
generic
  type objet is private ;
package Les_Recipients is
    -- modèle de machine qui stocke des objets quelconques
  plus_de_place, rien_trouve : exception ;
  procedure Ranger(o : in objet) ;
    -- range o. Peut lever plus_de_place
  generic
    with function Critere(o : in objet) return BOOLEAN ;
  procedure Retirer ;
    -- parcours le récipient, et retire les objets
    -- répondant au critère donné
  generic
    with procedure Action(o : in objet) ;
    with function Critere(o : in objet) return BOOLEAN ;
  procedure Fouiller ;
    -- parcours le récipient, et si un objet o vérifie
    -- le critère, lui applique l'action
end Les_Recipients ;
```

Les deux opérateurs **Retirer** et **Fouiller** sont des procédures génériques : toutes deux sont paramétrées par le critère qui sélectionne l'objet dans le récipient, et la deuxième est également paramétrée par l'action qu'il faut appliquer sur l'objet sélectionné. **Fouiller** met en œuvre le **pour tout** ; si le récipient est un tableau, il est réalisé par une “boucle pour” ; si c'est une liste, il fait un parcours de liste. Pour simplifier, le récipient suivant est un simple tableau :

```
with TEXT_IO ;
package body Les_Recipients is
  max : constant := ... ;
  t : array(1..max) of objet ;      -- le récipient
```

```
  n : NATURAL range 0..max := 0 ; --  le nombre d'objets dans t

  procedure Ranger(o : in objet) is
    -- range o. Peut lever plus_de_place
  begin
    n := n + 1 ; t(n) := o ;
  exception
    when CONSTRAINT_ERROR =>
      raise plus_de_place ;
  end Ranger ;

  procedure Retirer is
    il_y_en_a : BOOLEAN := FALSE ;
  begin
    for i in 1..n loop
      if Critere(t(i)) then
        for j in i..n - 1 loop
          t(j) := t(j + 1) ;
        end loop ;
        il_y_en_a := TRUE ;
      end if ;
    end loop ;
    if not il_y_en_a then
      raise rien_trouve ;
    end if ;
  end Retirer ;

  procedure Fouiller is
    -- parcourt le récipient, et si un objet o vérifie
    -- le critère, lui applique l'action
    il_y_en_a : BOOLEAN := FALSE ;
  begin
    for i in 1..n loop
      if Critere(t(i)) then
        Action(t(i)) ;
        il_y_en_a := TRUE ;
      end if ;
    end loop ;
    if not il_y_en_a then
      raise rien_trouve ;
    end if ;
  end Fouiller ;

end Les_Recipients ;
```

Utilisons le récipient pour y ranger des fiches caractérisées par un mot-clé. Le texte suivant contient le fragment qui déclare le récipient, et une procédure qui affiche les fiches ayant un mot-clé donné ; le paquetage ***Les_Fiches*** exporte les opérateurs dont on a besoin pour afficher une fiche et pour donner le mot-clé contenu dans une fiche, ainsi que le type d'un mot-clé :

```
with Les_Dates ;
package Les_Fiches is
  subtype mot_cle is STRING(1..15) ;
  type une_fiche is record
    num : POSITIVE ;
    mc  : mot_cle ;
    date : Les_Dates.une_date ;
    ...
  end record ;

  procedure Lire(f : out une_fiche) ;
  procedure Afficher(f : in une_fiche) ;
 ...
end Les_Fiches ;

with Les_Recipients, Les_Fiches, TEXT_IO ;
procedure Fiches is
    --  création du récipient de fiches
  package R_Fiches is new Les_Recipients(Les_Fiches.une_fiche) ;
    --  le mot-clé recherché, une chaîne :
 mot_cle : Les_Fiches.un_mot_cle := ... ;

  function C_Est_Le_Bon(mc : Les_Fiches.un_mot_cle) return BOOLEAN is
  begin  return mc = mot_cle ;  end ;

  procedure Afficher_Les_Fiches is
    new R_Fiches.Fouiller(C_Est_Le_Bon, Les_Fiches.Afficher) ;


 ...
begin --  Fiches
 ...
 Afficher_Les_Fiches ;
 ...
exception
  when R_Fiches.rien_trouve =>
   TEXT_IO.PUT_LINE("Aucune fiche avec le mot-cle' " & mot_cle) ;
end Fiches ;
```

11.5.5 Mise en facteur

La dernière application de la généricité pour ce chapitre est la mise en facteur de code. Partons de la programmation du corps du paquetage **Recipient** : les deux procédures **Retirer** et **Fouiller** se ressemblent beaucoup et pourraient partager la majeure partie de leur code. En généralisant, on rencontre souvent la situation suivante :

— un paquetage *X* exporte plusieurs procédures *P1, P2, P3* ..., ayant des paramètres identiques ;

— ces procédures partagent une partie importante de code *A* et *B* et se distinguent par une partie spécifique *S1, S2, S3* ...

```
package X is
  ...
  procedure P1(...) ;
  procedure P2(...) ;
  procedure P3(...) ;
  ...
end X ;
```

Le corps de *P1* est ainsi la séquence *A ; S1 ; B* tandis que le corps de *P2* est la séquence *A ; S2 ; B* et ainsi de suite.

Il paraît évident que la généricité apporte une solution : *P1, P2, P3* ... sont des procédures génériques qui ont comme paramètre la procédure spécifique *S1, S2* ou *S3*. Tous les éléments des séquences sont mis sous forme de procédure :

```
package body X is
  ...
    -- déclaration de la procédure générique P :
  generic
    with procedure S(...) ;
  procedure P ;

  procedure A is ... ;
  procedure B is ... ;
  procedure S1 is ... ;
  procedure S2 is ... ;
  procedure S3 is ... ;
```

```
    -- corps de la procédure générique :
  procedure P(...) is
  begin
    A ; S(...) ; B ;
  end P ;
    -- corps des procédures P1, P2, et P3 :
  ...
end X ;
```

Restent à créer les procédures **P1, P2, P3**. La solution qui vient à l'esprit est d'écrire tout simplement, pour **P1** par exemple :

```
procedure P1(...) is new P(S1) ;
```

Malheureusement, la ligne précédente est une déclaration : on déclare l'exemplaire **P1** à partir du générique **P**, et le compilateur va dire que **P1** est déjà déclaré dans la spécification du paquetage! ...

Pour contourner la difficulté, on peut être tenté de déplacer dans la spécification les exemplarisations de **P1, P2, P3**; cela implique d'exporter également la procédure générique **P** et les procédures **S1** à **S3**, mais ce n'est pas forcément une mauvaise chose :

```
package X is
  generic
    with procedure S ;
  procedure P ;
  procedure S1 ;
  procedure S2 ;
  procedure S3 ;
    -- une exécution des procédures suivantes déclenche PROGRAM_ERROR
  procedure P1 is new P(S1) ;
  procedure P2 is new P(S2) ;
  procedure P3 is new P(S3) ;
end X ;

package body X is
  procedure A is ... ;
  procedure B is ... ;
  procedure S1(...) is ... ;
  procedure S2(...) is ... ;
  procedure S3(...) is ... ;
  procedure P(...) is
  begin
    A ; S(...) ; B ;
```

```
  end P ;
end X ;
```

Mais là encore, le compilateur est en droit de nous lever à l'exécution l'exception *PROGRAM_ERROR* (et il ne s'en prive pas) : effectivement, on exemplarise *P1* à partir du modèle *P* dont le corps n'a pas encore été élaboré, car il est, lui, (forcément) resté dans le corps du paquetage.

Il y a quand même une solution : elle consiste à ne pas modifier l'interface du paquetage, et à déclarer des procédures intermédiaires dans le corps, comme celle-ci :

```
procedure P1_aux( ) is new P (S1) ;
```

et enfin à déclarer les corps des procédures *P1, P2, P3* comme appelant simplement ces procédures auxiliaires. Le corps suivant est donc celui qui correspond à la spécification de la page 205 :

```
package body X is
  generic
    with procedure S ;
  procedure P ;
  procedure A is ... ;
  procedure B is ... ;
  procedure S1(...) is ... ;
  procedure S2(...) is ... ;
  procedure S3(...) is ... ;
  procedure P(...) is
  begin
    A ; S(...) ; B ;
  end P ;
    -- les procédures auxiliaires qui exemplarisent P :
  procedure P1_aux(...) is new P(S1) ;
  procedure P2_aux(...) is new P(S2) ;
  procedure P3_aux(...) is new P(S3) ;
    -- les procédures exportées, qui appellent les précédentes :
  procedure P1(...) is
  begin P1_aux(...) ; end ;
  procedure P2(...) is
  begin P2_aux(...) ; end ;
  procedure P3(...) is
  begin P3_aux(...) ; end ;
end X ;
```

On a bien réussi une mise en facteur, mais l'économie escomptée a disparu vraisemblablement devant le nombre de procédures qu'il a fallu déclarer.

Qu'une exemplarisation soit une déclaration est, comme ici, souvent un problème : on le retrouvera page 236.

Le dernier exemple ne doit pas faire oublier les précédents : la généricité est vraiment le concept fondamental pour fabriquer des composants réutilisables ; seulement, l'exemple du logiciel en couches et celui de la mise en facteur montrent qu'il y a des limites à la flexibilité du mécanisme qu'on aurait aimé un peu plus souple.

CHAPITRE **12**

Les fichiers

12.1 Généralités sur les fichiers et les entrées-sorties

Le langage Ada, comme le langage Pascal, fait la distinction entre *fichiers d'enregistrements* et *fichiers flots* de caractères. Les premiers servent à faire l'échange d'enregistrements binaires entre le programme Ada et un fichier externe, sans transcodage, tandis que les seconds servent à réaliser des entrées-sorties lisibles, sous forme de chaînes de caractères, avec transcodage.

La manipulation des fichiers n'est pas définie dans le langage ; il n'y a pas non plus de constructeur de type fichier. Cependant, toute implémentation du langage doit fournir des paquetages prédéfinis qui réalisent les entrées-sorties. Ces paquetages sont au nombre de quatre :

SEQUENTIAL_IO est un paquetage générique qui réalise les entrées-sorties séquentielles d'enregistrements ;

DIRECT_IO est un paquetage générique qui réalise les entrées-sorties directes d'enregistrements ;

TEXT_IO est un paquetage non générique qui réalise les entrées-sorties (séquentielles) de texte. Il contient des paquetages génériques pour échanger des entiers, des réels et des valeurs de types énumératifs ;

IO_EXCEPTIONS est un paquetage non générique qui définit les exceptions levées par les diverses opérations des trois paquetages précédents.

12.2 Caractéristiques des fichiers

12.2.1 Composants et type

Les objets fichiers du langage Ada sont des objets composés d'éléments de même type ; les valeurs de ces objets sont stockées sur des fichiers externes gérés par le système d'exploitation. Le type d'éléments d'un objet fichier est le paramètre générique des paquetages *SEQUENTIAL_IO* et *DIRECT_IO*. Chaque duplication d'un paquetage générique pour un élément donné produit un nouveau type d'objet fichier, *FILE_TYPE*, qui est un type privé limité ; ainsi, le paquetage *SEQUENTIAL_IO* commence par :

```
with IO_EXCEPTIONS;
generic
  type ELEMENT_TYPE is private;   -- type des éléments du fichier
package SEQUENTIAL_IO is
  type FILE_TYPE is limited private;   -- type du fichier
  ...
```

12.2.2 Association avec les fichiers du système

Le nom d'une variable qui est un fichier est purement local au bloc qui le déclare : en particulier, ce nom n'est pas celui sous lequel le fichier est connu dans le SGF (système général des fichiers) du système d'exploitation. Il y a à cela plusieurs raisons :

— les conventions pour fabriquer des noms peuvent être différentes en Ada et dans le SGF : par exemple, on ne peut pas mettre de barre oblique (/) ni de contrebarre (\) dans un nom Ada, alors que ces caractères sont couramment utilisés dans les noms de fichiers sous Unix ou MS/DOS ;

— les programmes sont indépendants des systèmes et des fichiers : les fichiers ne sont que des paramètres de programme ;

— un même fichier Ada peut devoir être associé avec plusieurs fichiers du SGF durant l'exécution d'un programme ;

— l'association d'un fichier Ada avec un fichier du SGF n'est peut-être pas souhaitable pour le programmeur quand il s'agit de fichiers temporaires.

En conséquence, un objet fichier peut avoir deux repérages : un repérage interne et un repérage externe :

— un identificateur Ada, dont la portée suit les règles habituelles ;

— un nom externe, éventuellement, écrit selon la syntaxe des noms du SGF, et dont la durée de vie excède celle du programme.

L'association entre le nom interne et le nom externe se fait par des opérateurs Ada *CREATE* et *OPEN*. Pour être compatible avec tous les SGF, un fichier externe est caractérisé en Ada par deux paramètres qui sont du type chaîne :

— son nom externe, *NAME* ;

— sa forme externe, *FORM*.

Le paramètre *FORM* dépend entièrement du système ; il peut contenir des droits d'accès, des indications de taille maximum ou de quantum d'augmentation, des noms de partitions disques, etc. L'annexe F du manuel d'utilisation décrit les valeurs possibles pour ce paramètre. L'exemple de la page 251 donne une valeur au paramètre *FORM*.

12.3 Création et destruction de fichier

Les opérateurs de création et de destruction permettent de réaliser par programme des opérations réalisées ordinairement par des commandes du système. Les deux procédures qui suivent sont déclarées dans tous les paquetages prédéfinis d'entrée-sortie :

```
procedure CREATE
  (FILE :  in  out FILE_TYPE;
   MODE :  in FILE_MODE := <mode par de'faut>;
   NAME :  in STRING := "";
   FORM :  in STRING := ""
  );
```

Le mode d'un fichier est son mode d'ouverture. Par défaut, c'est *OUT_FILE* pour les accès séquentiels (ouverture en écriture), et *INOUT_FILE* pour les accès directs (ouverture en lecture-écriture). Un fichier qui n'a pas de nom est un fichier temporaire :

```
procedure DELETE(FILE :  in out FILE_TYPE) ;
```

Ces deux opérateurs, qui créent ou détruisent un fichier donné, peuvent déclencher les exceptions suivantes :

STATUS_ERROR création d'un fichier déjà ouvert, ou destruction d'un fichier non ouvert ;

NAME_ERROR création d'un fichier avec un nom que refuse le système de fichiers ;

USE_ERROR création non conforme avec le mode et la forme donnés, destruction non autorisée par le système de fichiers.

La procédure de création ouvre le fichier dans le mode spécifié.

12.4 Ouverture et fermeture de fichier

L'ouverture d'un fichier est un préalable à toute manipulation du fichier ; notons que la création réalise également l'ouverture. Cette opération a les mêmes paramètres que la création, et déclenche les mêmes exceptions dans les mêmes conditions (ou à peu près : ***NAME_ERROR*** est déclenchée si on demande à ouvrir un fichier inexistant). La fermeture rompt la liaison entre l'objet fichier et le fichier externe.

```
procedure OPEN
  (FILE : in  out FILE_TYPE;
   MODE : in FILE_MODE;
   NAME : in STRING := "";
   FORM : in STRING := "");
procedure CLOSE(FILE : in  out FILE_TYPE);
```

Il y a trois modes d'ouverture possibles (et aucun par défaut) :

```
type FILE_MODE  is (IN_FILE, INOUT_FILE, OUT_FILE) ;
```

Seuls les modes ***IN_FILE*** et ***OUT_FILE*** existent pour les fichiers séquentiels.

La procédure ***RESET*** permet le "rembobinage" du fichier, c'est-à-dire son positionnement au début du fichier ; on peut changer le mode d'ouverture à l'occasion :

```
procedure RESET(FILE :  in out FILE_TYPE; MODE :  in FILE_MODE) ;
```

Cet opérateur peut déclencher les exceptions ***STATUS_ERROR*** et ***USE_ERROR***.

On peut connaître les attributs d'un fichier à l'aide des fonctions suivantes :

```
function MODE(FILE :  in FILE_TYPE)  return FILE_MODE;
function NAME(FILE :  in FILE_TYPE)  return STRING;
function FORM(FILE :  in FILE_TYPE)  return STRING;
function IS_OPEN(FILE :  in FILE_TYPE)  return BOOLEAN;
```

Les spécifications sont suffisamment explicites pour qu'il soit inutile de préciser plus. L'exception *STATUS_ERROR* peut être déclenchée par *MODE*, *NAME* et *FORM*.

Il n'y a pas d'opérateur pour ouvrir un fichier et le créer automatiquement s'il n'existe pas. Concevons un tel opérateur pour une ouverture en écriture : on tente l'ouverture, et, si elle échoue, on récupère l'exception *NAME_ERROR*. Le traitement de l'exception consiste à créer le fichier : si la création réussit, l'opérateur est terminé et le fichier est correctement ouvert ; si elle échoue, c'est que le nom du fichier externe est refusé par le SGF : le fichier n'est pas créé, l'exception *NAME_ERROR* est à nouveau déclenchée et se propage chez l'appelant. La programmation suivante suppose que les exceptions `mauvais_nom` et `pas_les_droits` ont été déclarées ; ce sont elles qui sont propagées, pour distinguer le *NAME_ERROR* de la procédure de création standard et les erreurs de cette procédure d'ouverture/création particulière :

```
procedure Ouvrir(nom : in STRING ; f : in out FILE_TYPE) is
  --  ouvre f en écriture; s'il n'existe pas, tente de le créer
  --  ou déclenche mauvais_nom ou pas_les_droits.
  --  nom est le nom de f pour le système d'exploitation
begin
  OPEN(FILE => f, NAME => nom, MODE => OUT_FILE) ;
exception
  when NAME_ERROR =>
    begin  --  on tente une création
      CREATE(FILE => f, NAME => nom, MODE => OUT_FILE) ;
    exception
      when NAME_ERROR =>
        raise mauvais_nom ;
      when USE_ERROR =>
        raise pas_les_droits ;
    end ;
end Ouvrir ;
```

On trouvera page 230 un exemple d'utilisation de fichiers séquentiels qui emploie cette procédure.

12.5 Les fichiers à accès séquentiel

Les opérations d'entrée-sortie en mode séquentiel permettent de lire ou d'écrire l'enregistrement suivant. L'ouverture d'un fichier séquentiel se fait de telle façon que la première opération de lecture lit le premier enregistrement s'il existe, ou déclenche l'exception *END_ERROR* s'il n'existe pas. Le prédicat *END_OF_FILE* permet de savoir si la fin du fichier est atteinte :

```
function END_OF_FILE(FILE : in FILE_TYPE) return BOOLEAN ;
```

Les entrées-sorties sont réalisées par les procédures ***READ*** et ***WRITE*** : elles lisent ou écrivent un enregistrement à la fois :

```
procedure READ(FILE : in FILE_TYPE; ITEM : out ELEMENT_TYPE) ;
procedure WRITE(FILE : in FILE_TYPE; ITEM : in ELEMENT_TYPE) ;
```

Ces trois opérations peuvent déclencher les exceptions suivantes :

MODE_ERROR si le mode d'ouverture n'est pas compatible avec l'opérateur ;

END_ERROR si on tente de lire au delà de la fin du fichier ;

USE_ERROR si l'écriture n'est pas possible faute de place ;

DATA_ERROR si l'enregistrement à lire est erroné (ne correspond pas au type ***ELEMENT_TYPE***).

12.6 Exemple de manipulation d'un fichier à accès séquentiel

Le fichier du foncier d'une commune contient un enregistrement par parcelle cadastrée :

```
type une_parcelle is
  record
    numero : un_numero;
    surface : are;
    categorie : une_categorie;
  end record;
```

Le fichier a pour nom externe ***foncier.bin***; l'extrait de programme suivant calcule le pourcentage de superficie des forêts de la commune (la ***foret*** est une valeur du type ***une_catégorie***) ; il est supposé être dans un bloc qui a une visibilité sur le paquetage ***TEXT_IO*** pour l'impression des messages d'erreur. Les exceptions sont toutes déclenchées à l'ouverture ou à la première lecture par ***DATA_ERROR*** :

```
declare
  --  création des opérateurs sur le fichier Foncier
  package ES_foncier is new SEQUENTIAL_IO(une_parcelle);
  --  le type ES_foncier.FILE_TYPE dénote maintenant un type
  --  fichier de une_parcelle
```

```
  foncier : ES_foncier.FILE_TYPE;
  surface_commune : are := 0;  --  surface de la commune;
  surface_foret : are := 0;
  pourcentage_foret : FLOAT;  --  le résultat attendu
  parcelle_courante : une_parcelle;  --  dernière parcelle lue
begin
  ES_foncier.OPEN(foncier, ES_foncier.IN_FILE, "foncier.bin");
  --  ouverture en lecture : positionnement sur le premier enregistrement
  --  la fin de fichier est atteinte si le fichier est vide => END_ERROR
   while not ES_foncier.END_OF_FILE(foncier) loop
    ES_foncier.READ(foncier, parcelle_courante);
    surface_commune := surface_commune + parcelle_courante.surface;
    if parcelle_courante.categorie = foret then
      surface_foret := surface_foret + parcelle_courante.surface;
    end if;
   end loop;
  pourcentage_foret := (surface_foret * 100) / surface_commune;
  Transmettre(pourcentage_foret);  --  rendre le résultat quelque part ...
  ES_foncier.CLOSE(foncier);
exception
  when ES_foncier.NAME_ERROR | ES_foncier.STATUS_ERROR =>
    PUT_LINE("Fichier foncier.bin inexistant"
          & " ou sans accès en lecture");
  when ES_foncier.END_ERROR =>
    PUT_LINE("Fichier foncier.bin vide");
  when ES_foncier.DATA_ERROR =>
    PUT_LINE("foncier.bin : pas le bon fichier !");
end;
```

12.7 Caractéristiques des fichiers à accès direct

Un fichier à accès direct est un tableau d'éléments de même type et numérotés à partir de 1. On appelle *indice courant* le numéro de l'enregistrement qui va être l'objet d'une entrée-sortie ; cet indice est un attribut de l'objet fichier, et est du type `COUNT` prédéfini dans le paquetage `DIRECT_IO`. Le sous-type `POSITIVE_COUNT` est le type des indices des enregistrements.

```
type COUNT is range 0..<défini par l'installation> ;
subtype POSITIVE_COUNT is COUNT range 1..COUNT'LAST ;
```

Le fichier externe associé à l'objet fichier possède un attribut définissant sa taille (de type *COUNT*), et qui est le nombre d'enregistrements du fichier ; soit **t** la taille d'un fichier ; alors les indices des enregistrements vont de 1 à **t** : un enregistrement correspondant à un trou existe sur le fichier, mais sa valeur est indéfinie (rappelons qu'il n'y a pas de trou dans un fichier séquentiel).

L'opération consistant à lire séquentiellement (par les procédures du paquetage *SEQUENTIAL_IO*) un fichier à accès direct (créé par les procédures du paquetage *DIRECT_IO*) n'est pas définie par Ada.

12.8 Les fichiers à accès direct

Les opérations de lecture-écriture en mode direct permettent de lire ou d'écrire n'importe quel enregistrement repéré par l'indice courant. L'indice courant peut être consulté par la fonction *INDEX* et positionné par la procédure *SET_INDEX* :

```
function INDEX(FILE : in FILE_TYPE) return POSITIVE_COUNT ;
procedure SET_INDEX(FILE : in FILE_TYPE; TO : in POSITIVE_COUNT) ;
```

La fonction *SIZE* délivre la taille courante du fichier, et le prédicat *END_OF_FILE* délivre vrai si l'indice courant dépasse la valeur de la taille courante :

```
function SIZE(FILE : in FILE_TYPE) return COUNT ;
function END_OF_FILE(FILE : in FILE_TYPE) return BOOLEAN ;
```

Les procédures *READ* et *WRITE* ont chacune deux formes : on peut donner le numéro de l'enregistrement à lire ou à écrire (paramètre formel *FROM* et *TO*) ; sans ce numéro, c'est l'enregistrement correspondant à l'indice courant qui est visé. Après la lecture ou l'écriture, l'indice courant est automatiquement augmenté de 1 :

```
procedure READ(FILE : in FILE_TYPE;
               ITEM : out ELEMENT_TYPE;
               FROM : in POSITIVE_COUNT);
procedure READ (FILE : in FILE_TYPE; ITEM : out ELEMENT_TYPE);
procedure WRITE(FILE : in FILE_TYPE;
                ITEM : in ELEMENT_TYPE;
                TO : in POSITIVE_COUNT);
procedure WRITE (FILE : in FILE_TYPE; ITEM : in ELEMENT_TYPE);
```

Ces opérations peuvent déclencher les exceptions suivantes :

MODE_ERROR si le mode d'ouverture n'est pas conforme à l'utilisation ;

END_ERROR si l'indice courant en lecture est supérieur à la taille courante ;

USE_ERROR si l'écriture ne peut se faire ;

DATA_ERROR si l'enregistrement lu ne correspond pas au type *ELEMENT_TYPE* (par exemple, lecture d'un enregistrement indéfini).

12.9 Exemple de manipulation de fichiers à accès direct

Nous reprenons le fichier du foncier d'une commune, en supposant maintenant qu'il est implanté avec un accès direct. Le numéro de la parcelle est la clé de l'enregistrement, c'est aussi le numéro de l'enregistrement dans le fichier. Il est possible que certains numéros ne soient pas attribués, suite à des regroupements de parcelles.

Il s'agit de mettre à jour le fichier du foncier avec un fichier séquentiel qui notifie les changements de catégorie de certaines parcelles :

```
package Cadastre is
  type une_parcelle is
    record ... voir plus haut ... end record;
  type modif_parcelle is
    record numero : un_numero;
      nouvelle_categorie : une_categorie;
    end record;
  ...
end Cadastre;

with TEXT_IO; use TEXT_IO;
package body Cadastre is
  package ES_foncier is new DIRECT_IO(une_parcelle);
  use ES_foncier;
    -- le type ES_foncier.FILE_TYPE définit un fichier de parcelles
    -- à accès direct
  package ES_modif_foncier is new SEQUENTIAL_IO(modif_parcelle);
    -- tandis que le type ES_modif_foncier.FILE_TYPE définit un
    -- fichier à accès séquentiel d'élément modif_parcelle
  foncier : ES_foncier.FILE_TYPE; -- le fichier à modifier
  procedure Modif_Foncier(fm : STRING) is
    -- Modifie le fichier foncier.bin en fonction du fichier
    -- séquentiel de nom fm
  begin
    OPEN(foncier, INOUT_FILE, "foncier.bin");
      -- ouverture en lecture/écriture du fichier à accès direct
      -- mêmes exceptions potentielles que dans l'exemple précédent
```

```
    declare
      modif : ES_modif_foncier.FILE_TYPE;  --  fichier de modif
      pc : une_parcelle; mp : modif_parcelle;
      n : POSITIVE_COUNT;
    begin
      ES_modif_foncier.OPEN(modif, IN_FILE, fm);
        --  ouverture en lecture du fichier de modif, séquentiel
      while not ES_modif_foncier.END_OF_FILE(modif) loop
        ES_modif_foncier.READ(modif, mp);
        n := mp.numero;  --  numéro de la parcelle à modifier
        pc.categorie := mp.nouvelle_categorie;
        WRITE(foncier, pc, TO => n);
          --  écriture directe; il faut préciser le numéro de
          --  l'enregistrement, car l'indice courant n du READ a
          --  été augmenté par le READ
      end loop;
    exception
      when NAME_ERROR | STATUS_ERROR =>
        PUT_LINE("le fichier de modif " & fm & " est mauvais");
      when END_ERROR =>
        PUT_LINE("le fichier " & fm & " est vide");
      when DATA_ERROR =>
        PUT_LINE("la parcelle " & INTEGER'IMAGE(n) & " n'existe pas");
    end;
  exception
    when NAME_ERROR | STATUS_ERROR =>
      PUT_LINE("le fichier foncier.bin inexistant ou sans accès"
               & " en lecture");
  end Modif_Foncier;
  ...
end Cadastre;
```

On peut faire plusieurs remarques sur cette programmation :

— le bloc de la procédure `Modif_Foncier` ne sert qu'à permettre une différenciation de l'exception `NAME_ERROR`, qui est captée au niveau de la procédure pour le fichier `foncier.bin`, et au niveau du bloc pour le fichier de modification ;

— la procédure crée deux exemplaires de paquetages d'entrée-sortie, l'un pour définir le type (`FILE_TYPE`) du fichier à accès direct `foncier.bin` et ses opérateurs, l'autre pour définir le type (toujours `FILE_TYPE`) du fichier d'accès séquentiel de nom `fm` ;

— pour alléger l'écriture, une clause **use** a été utilisée ; cependant les profils des opérateurs `OPEN`, `READ`, `WRITE` et `END_OF_FILE` identifient sans ambiguïté des sous-programmes de l'un ou l'autre paquetage, puisque les deux types *FILE_TYPE* sont différents. Avec une deuxième clause **use**, les noms développés n'auraient été nécessaires que pour la déclaration des variables fichiers **foncier** et **modif**, afin de distinguer les deux types de noms simples *FILE_TYPE*;

— l'exception *DATA_ERROR* n'est pas forcément déclenchée si le type des enregistrements lus ne correspond pas avec le type des éléments du fichier déclaré : Ada laisse à l'implémentation le choix de détecter ou d'ignorer cette erreur.

On trouvera page 242 un autre exemple d'utilisation de fichiers à accès direct.

12.10 Fichiers de caractères et fichiers de texte

Un fichier de texte, créé par exemple avec un éditeur de textes, peut être lu en Ada à l'aide d'un exemplaire du paquetage *SEQUENTIAL_IO* :

```
package Texte is new SEQUENTIAL_IO(CHARACTER) ;
ft : Texte.FILE_TYPE;
```

Les accès au fichier **ft** se font, selon le mode d'ouverture, avec les procédures *READ* ou *WRITE*, et réalisent l'échange d'un unique caractère. Un tel fichier est un flot de caractères inorganisé, sans notion de ligne ni de page. On ne pourrait y lire des nombres sans programmer les procédures de conversion de caractères en chiffres, puis de suites de chiffres en nombres,...

Le langage Ada propose donc un paquetage spécialisé pour des fichiers de texte structurés en pages et en lignes, et muni d'opérateurs de conversion des caractères en chaînes, entiers, réels et valeurs énumératives. Ce paquetage n'est pas générique, et s'appelle *TEXT_IO* :

```
with TEXT_IO;  use TEXT_IO;
...
  ft : FILE_TYPE;
```

Les accès au fichier **ft** se font alors avec les opérateurs *GET* et *PUT*; les opérateurs *READ* et *WRITE* ne sont pas disponibles. Par contre, les opérateurs généraux sur les fichiers, comme *CREATE*, *DELETE*, *OPEN*, *CLOSE*, *RESET*,... sont bien sûr disponibles.

Nous avons déjà abondamment utilisé le paquetage *TEXT-IO* dans les chapitres précédents. Cependant, nous en faisions une utilisation intuitive, sans en connaître toutes les ressources. On définit ici toutes les possibilités de ce paquetage et leur fonctionnement exact.

12.11 Structure des fichiers de texte

Le découpage d'un fichier séquentiel de caractères en lignes, voire en pages, ne peut être détecté dans un programme que par des instructions liées à l'implémentation : la marque de fin de ligne est parfois codée par la séquence CR + LF (convention sous MS/DOS), ou parfois par le seul caractère LF (convention Unix).

Pour un fichier de texte, les représentations des marques de fin de ligne, fin de page et fin de fichier n'ont pas à être connues du programme : comme en Pascal, des opérateurs spécialisés les détectent, et rendent ainsi les programmes indépendants des systèmes d'exploitation.

Un fichier de texte est composé d'éléments qui sont :

— des caractères du type ***CHARACTER***;

— des marques de fin de ligne appelées *termine-ligne*;

— des marques de fin de page appelées *termine-page*; une fin de page est marquée par la succession termine-ligne + termine-page (toutes les lignes sont complètes);

— une marque de fin de fichier, appelée *termine-fichier*; une fin de fichier est marquée par la succession termine-ligne + termine-page + termine-fichier (toutes les pages sont complètes).

L'effet de l'écriture de caractères non imprimables autre que TAB n'est pas défini par le langage.

La structuration en lignes et/ou en pages peut être ignorée par le programmeur : par défaut, lors de l'ouverture d'un texte, la longueur de ligne maximum et la longueur de page maximum sont initialisées avec la constante ***UNBOUNDED***, et donc ne sont pas bornées; le texte peut n'avoir qu'une seule ligne et qu'une seule page. Des numéros courants de colonne, de ligne et de page sont mis à jour par les opérateurs entrées/sorties; ils sont du type ***POSITIVE_COUNT***.

Le début du paquetage ***TEXT_IO*** est le suivant :

```
with IO_EXCEPTIONS;
package TEXT_IO is
  type FILE_TYPE is limited private;          -- le type des fichiers texte
  type FILE_MODE is (IN_FILE, OUT_FILE);      -- deux modes d'ouverture
  type COUNT is range 0..<choisi par l'installation>;
  subtype POSITIVE_COUNT is COUNT range 1..COUNT'LAST;
 UNBOUNDED : constant COUNT := 0;          -- par convention, la valeur 0
                                           -- signifie : pas de borne max.
```

Les opérateurs liés à cette structuration (détection des marges de fin de ligne ou de page, valeurs des numéros courants, modification des numéros courants) sont étudiés au paragraphe 12.20.

12.12 Généralités sur les entrées-sorties de texte

Le paquetage non générique *TEXT_IO* fournit les opérateurs *GET* et *PUT* (et leurs dérivés) pour les entrées-sorties de caractères, c'est-à-dire pour des variables ou pour des valeurs de type *CHARACTER* ou *STRING*. Les conversions de types lors des entrées-sorties sont réalisées par les opérateurs *GET* et *PUT* des paquetages génériques déclarés dans *TEXT_IO*, qui sont :

INTEGER_IO pour les conversions entiers ↔ chaînes ;

FLOAT_IO pour les conversions réels à point flottant ↔ chaînes ;

FIXED_IO pour les conversions réels à point fixe ↔ chaînes ;

ENUMERATION_IO pour les conversions types énumératifs ↔ chaînes.

Ces quatre paquetages génériques ne déclarent pas de type fichier *FILE_TYPE* : ils manipulent toujours des objets fichiers de texte de type *TEXT_IO.FILE_TYPE*.

Les entrées-sorties peuvent être formatées (paramètre *WIDTH*) ou en format libre (dépend du paquetage) ; elles opèrent sur un texte nommé en premier paramètre (de nom *FILE*), ou sur un fichier par défaut (l'écran ou le clavier, mais qu'on peut réassocier dynamiquement).

Enfin, en marge des entrées-sorties sur des fichiers, les opérateurs de conversion *PUT* et *GET* ont des formes particulières pour effectuer les conversions vers ou à partir de chaînes au lieu de fichiers de texte.

Tous ces points sont expliqués dans les paragraphes qui suivent.

12.13 Entrées-sorties de caractères et de chaînes

Toutes les procédures de ce paragraphe existent dans une deuxième version, sans le paramètre *FILE*, et opèrent alors sur le fichier par défaut. Elles gèrent toutes les numéros courants de colonne, de ligne et de page.

12.13.1 Lectures de caractères et de chaînes

procedure *GET(FILE :* **in** *FILE_TYPE; ITEM :* **out** *CHARACTER) ;*

Cette procédure lit *un* caractère, mais ne lit pas les marques de fin qu'elle saute.

Exemple :

ft	..	'a'	TL	'b'	TL	TP	'c'	..
		↑						

Soit le fichier de texte `ft`, avec son élément courant positionné sur le `'a'`. L'instruction : *GET (ft, c)* amènera dans la variable caractère *c* la valeur `'a'`. L'instruction suivante *GET (ft, c)* amènera la valeur `'b'`, et un troisième *GET* lira la valeur `'c'` : les termine-lignes *TL* et le termine-page *TP* sont ignorés.

procedure *GET(FILE :* **in** *FILE_TYPE; ITEM :* **out** *STRING) ;*

Cette procédure appelle *GET* sur un caractère selon la longueur de la chaîne *ITEM*; si la chaîne est de longueur nulle, aucun *GET* n'est émis; les termine-lignes sont ignorés.

```
procedure GET_LINE
        (FILE :  in FILE_TYPE;
         ITEM :  out STRING ;
         LAST :  out NATURAL
        ) ;
```

Cette procédure lit une ligne : si le nombre de caractères restant sur la ligne courante est inférieur à la longueur de la chaîne, *ITEM* n'est pas complètement initialisé, la lecture s'arrête sur le termine-ligne, et il y a changement de ligne. La lecture s'arrête sur la ligne courante si la chaîne *ITEM* est plus courte que la ligne courante. Dans tous les cas, *LAST* est positionné à l'indice du dernier caractère entré dans *ITEM*.

À titre d'exemple, considérons le fichier `ft` qui suit.

ft		TL	'1'	' '	'c'	'h'	'a'	'i'	'n'	'e'	TL	'x'	..
			↑										

Soient alors les variables :

```
ft : TEXT_IO.FILE_TYPE; i : NATURAL;
ch1 : STRING(1..4);
ch2 : STRING(1..80);
```

et supposons le fichier **ft** dans l'état indiqué préalablement aux trois opérations qui suivent. Alors :

```
GET (ft, ch1) ;
```

lit dans ***ch1*** les quatre caractères ***1␣ch*** et ***'a'*** sera le prochain caractère lu.

```
GET_LINE (ft, ch1, i) ;
```

lit dans ***ch1*** les quatre caractères ***1␣ch*** et ***'a'*** sera le prochain caractère lu ; **i** est initialisé à 4.

```
GET_LINE (ft, ch2, i) ;
```

lit dans ***ch2*** la chaîne ***1␣chaine***, initialise **i** à 8, et ***'x'*** sera le prochain caractère à lire.

```
procedure SKIP_LINE
            (FILE : in FILE_TYPE ;
             SPACING : in POSITIVE_COUNT := 1
            ) ;
```

La procédure ***SKIP_LINE*** réalise un changement de ligne : elle ignore la fin de la ligne courante jusqu'au termine-ligne (ou termine-page si le termine-ligne est suivi d'un termine-page). Si ***SPACING*** est fourni, l'opération ci-dessous est répétée ***SPACING*** fois :

```
procedure SKIP_PAGE(FILE : in FILE_TYPE) ;
```

La procédure ***SKIP_PAGE*** réalise un changement de page : elle ignore la fin de la page courante jusqu'à rencontrer son termine-page.

```
function END_OF_LINE(FILE : in FILE_TYPE) return BOOLEAN ;
function END_OF_PAGE(FILE : in FILE_TYPE) return BOOLEAN ;
```

Ces deux prédicats délivrent vrai respectivement si un termine-ligne ou un termine-fichier suit, ou si un termine-page ou un termine-fichier suit.

12.13.2 Écritures de caractère et de chaîne

procedure *PUT(FILE :* **in** *FILE_TYPE ; ITEM :* **in** *CHARACTER) ;*

Cette procédure écrit le caractère *ITEM* sur le fichier *FILE*, en le faisant éventuellement précéder d'un termine-ligne si la ligne courante est bornée et pleine (changement automatique de ligne).

procedure *PUT(FILE :* **in** *FILE_TYPE ; ITEM :* **in** *STRING) ;*

Cette procédure écrit la chaîne *ITEM* sur la ligne courante du fichier *FILE*. Si la longueur de ligne est bornée, et si la chaîne ne tient pas sur la ligne, un termine-ligne est intercalé (chaîne coupée en deux par une fin de ligne).

procedure *PUT_LINE(FILE :* **in** *FILE_TYPE ; ITEM :* **in** *STRING) ;*

Cette procédure est équivalente à la procédure précédente et enchaîne un changement de ligne (*NEW_LINE*).

```
procedure NEW_LINE
        (FILE : in FILE_TYPE ;
         SPACING : in POSITIVE_COUNT := 1
        ) ;
```

Cette procédure ajoute un termine-ligne sur la ligne courante (et éventuellement un termine-page si la longueur de page est bornée et si la page est complète). Si le paramètre *SPACING* est fourni, l'opération décrite est répétée *SPACING* fois. Cette procédure permet donc d'aller à la ligne après avoir commencé à remplir une ligne par des *PUT* (de caractères ou de chaînes, mais aussi d'entiers, de réels, ...) et de faire des sauts de ligne.

procedure *NEW_PAGE(FILE :* **in** *FILE_TYPE) ;*

ajoute un termine-page au fichier (précédé d'un termine-ligne s'il n'y en a pas), c'est-à-dire réalise un changement de page.

Exemple :

La suite d'instructions :

```
PUT(ft, "Début") ; PUT(ft, ch) ; PUT(ft, "FIN") ; NEW_LINE(ft) ;
```

qui affiche sur une seule ligne la chaîne *ch* encadrée par les littéraux *Début* et *FIN* peut s'écrire également :

```
PUT_LINE(ft, "Début" & ch & "FIN") ;
```

12.14 Entrées-sorties de valeurs de types énumératifs

Contrairement au langage Pascal, le langage Ada permet la lecture et l'écriture de constantes de types énumératifs. À la différence des entrées-sorties de caractères ou de chaînes, les valeurs échangées sont traitées comme des éléments lexicaux : les lectures, en particulier, sont guidées par la syntaxe d'un littéral d'énumération.

Pour réaliser des entrées-sorties de valeurs d'un type énumératif *te*, il faut commencer par déclarer un exemplaire du paquetage générique *ENUMERATION_IO* :

```
package ES_te is new ENUMERATION_IO(te) ;
```

Ce paquetage utilise deux types déclarés dans *TEXT_IO* pour formater les valeurs : *FIELD*, pour les valeurs de largeur de champ, et *TYPE_SET* pour la police d'affichage (minuscule ou majuscule) :

```
subtype FIELD is INTEGER range 0..<choisi par l'installation>;
type TYPE_SET is (LOWER_CASE, UPPER_CASE);
```

Les valeurs par défaut pour la largeur de champ et pour la police d'affichage se trouvent dans les variables *DEFAULT_WIDTH* et *DEFAULT_SETTING* de *ENUMERATION_IO*, qui sont initialisées à 0.

Le début du paquetage *ENUMERATION_IO* est le suivant :

```
generic
  type ENUM is (<>);
package ENUMERATION_IO is
  DEFAULT_WIDTH : FIELD := 0;
  DEFAULT_SETTING : TYPE_SET := UPPER_CASE;
```

Les deux procédures de ce paragraphe existent dans une deuxième version, sans le paramètre *FILE*, et opèrent alors sur le fichier par défaut.

12.14.1 Lecture de valeurs énumératives

procedure *GET(FILE :* **in** *FILE_TYPE ; ITEM :* **out** *ENUM) ;*

Lors de la lecture sur le fichier, tout caractère blanc, TAB, termine-ligne ou termine-page de tête est sauté ; puis un identificateur (si le caractère suivant est une lettre) ou un littéral caractère (si le caractère suivant est une apostrophe) est lu dans *ITEM*. La lecture s'arrête lorsqu'un caractère qui ne peut appartenir à un identificateur est détecté (il reste disponible pour une lecture de type quelconque ultérieure) ou lorsque l'apostrophe finale du littéral caractère a été lue. La police des caractères lus n'importe pas dans un identificateur.

Exemple :
Soit le type suivant et les variables **f** et **fe** :

```
type un_fruit is (pomme, poire, orange, citron, fraise);
f : un_fruit;
fe : TEXT_IO.FILE_TYPE;
```

Considérons le fichier **fe** dans l'état suivant :

fe	pomme	TL	poire fraise	TL	pomme, poire	..
	↑					

et cinq appels consécutifs :

GET(fe,f) ;

Les quatre premiers appels amèneront dans la variable *f* les valeurs ***pomme***, ***poire***, ***fraise*** et ***pomme***, tandis que le cinquième déclenchera l'exception ***DATA_ERROR*** à cause de la virgule. L'erreur aurait été évitée en faisant précéder le cinquième appel de l'instruction ***TEXT_IO.GET(fe,c)***, dans lequel ***c*** est une variable caractère, et qui aurait capté la virgule.

Lorsqu'on ne connaît pas la syntaxe utilisée sur le fichier d'entrée, on a intérêt à lire le fichier par l'opérateur ***GET_LINE***, puis d'explorer la chaîne lue par des appels à l'opérateur ***GET*** du paquetage ***ENUMERATION_IO***, faisant ainsi les conversions à partir de chaîne et non du fichier (voir page 240). Une erreur classique consiste à traiter l'exception ***DATA_ERROR*** sans vider le tampon d'entrée (par un ***SKIP_LINE***) : comme le premier caractère rejeté par la lecture est toujours disponible dans le tampon, toute nouvelle lecture identique provoquera la même exception, sans aucune avancée dans le fichier. Le ***SKIP_LINE*** est donc nécessaire.

12.14.2 Écriture de valeurs énumératives

```
procedure PUT
    (FILE :  in FILE_TYPE;
     ITEM :  in ENUM;
     WIDTH :  in FIELD := DEFAULT_WIDTH;
     SET :  in TYPE_SET := DEFAULT_SETTING);
```

Cette procédure écrit la valeur *ITEM* sur le fichier, *WIDTH* étant la largeur du champ écrit. Une largeur de 0 indique une largeur de champ égale au nombre de caractères à écrire. Une largeur *WIDTH* supérieure à la largeur du littéral d'énumération entraîne un cadrage à gauche dans le champ de *ITEM* (blancs à droite). Le paramètre *SET* ne sert que pour les littéraux identificateurs. Si la ligne est trop courte, la procédure se comporte comme le *PUT* pour une chaîne, mais le changement de ligne a lieu avant de commencer à écrire le littéral.

12.15 Entrées-sorties d'entiers

Comme pour les types énumératifs, les valeurs sont traitées comme des éléments lexicaux, et la lecture est guidée par la syntaxe des entiers. Les entrées et les sorties peuvent être formatées, et les sorties peuvent être converties dans des entiers basés (bases 2 à 16).

Pour réaliser des entrées-sorties de valeurs entières d'un type (ou sous-type) **te**, il faut commencer par déclarer un exemplaire de paquetage générique *INTEGER_IO* :

```
package ES_ent  is new INTEGER_IO(te) ;
```

Le type d'une base est défini dans *TEXT_IO* par :

```
subtype NUMBER_BASE  is INTEGER  range 2..16 ;
```

Les valeurs par défaut sont définies dans le paquetage *INTEGER_IO*, dont voici le début :

```
generic
   type NUM  is  range <>;
package INTEGER_IO  is
 DEFAULT_WIDTH : FIELD := NUM'WIDTH;
 DEFAULT_BASE : NUMBER_BASE := 10;
```

Si la base n'est pas 10, les entiers lus ou écrits suivent la syntaxe des littéraux basés de la page 15. Les deux procédures suivantes existent sous une deuxième forme, sans le paramètre *FILE*, et opèrent alors sur le fichier par défaut.

12.15.1 Lecture d'entier

```
procedure GET
        (FILE :  in FILE_TYPE ;
         ITEM :  out NUM ;
         WIDTH :  in FIELD := 0
        ) ;
```

Si la lecture est non formatée (cas par défaut, lorsque *WIDTH* = 0), la procédure *GET* commence par ignorer tous les caractères blancs, TAB, termine-ligne ou termine-page de tête, puis lit un éventuel signe " plus " ou " moins ", et enfin lit un entier selon la syntaxe d'un entier, basé ou non. Si la lecture est formatée (*WIDTH* est différent de 0), alors *WIDTH* caractères sont lus (ou moins si on rencontre un termine-ligne plus tôt), et sont convertis en l'entier *ITEM*, les blancs de tête étant ignorés.

Exemple :

```
fe : FILE_TYPE;
a, b, c : NATURAL range 0..1000;
d, e : INTEGER;
```

Le fichier `fe` est dans l'état suivant :

fe		122	TL	14 28	TL	−124324356
		↑				

Le fragment de bloc suivant :

```
GET(fe,a) ; GET(fe, b) ; GET(fe,c) ; GET(fe,d,4) ; GET(fe,e,4) ;
```

initialisera les variables comme suit : `a = 122, b = 14, c = 28, d = -124, e = 3243`. Le prochain caractère à lire est le `5`.

12.15.2 Écriture d'entier

```
procedure PUT
   (FILE :  in FILE_TYPE;
    ITEM :  in NUM;
    WIDTH :  in FIELD := DEFAULT_WIDTH;
    BASE :  in NUMBER_BASE := DEFAULT_BASE
   );
```

La procédure *PUT* affiche en base 10 par défaut la valeur *ITEM*, précédée d'un blanc ou d'un signe "moins" le cas échéant. Des blancs de tête sont affichés si le format de sortie *WIDTH* est plus grand que la chaîne numérique.

Le formatage produit par la procédure *PUT* est souvent critiquable : un blanc précède toujours un nombre positif, et on ne peut pas le retirer. On peut toujours contourner cette situation en utilisant l'attribut *IMAGE* du type entier : là aussi, l'entier positif est précédé d'un espace, mais on peut l'ôter aisément avec une notation de tranche. La fonction suivante fournit l'image d'une date et elle résout deux problèmes :

— ôter le blanc de tête;

— ajouter un zéro pour un jour ou un mois de numéro inférieur à 10.

La solution n'est peut-être pas très élégante, mais elle répond bien à un besoin.

```
package Les_Dates  is
  type une_date  is
    record
      jour : INTEGER  range 1..31 ;
      mois : INTEGER  range 1..12 ;
      annee : NATURAL ;
    end  record ;
  function Image(d : une_date)  return STRING ;
    --  pour l'affichage d'une date
 ...
end Les_Dates ;

package  body Les_Dates  is
  function Image(d : une_date)  return STRING  is
  begin
    return INTEGER'IMAGE(d.jour +100)(3..4) & "-" &
           INTEGER'IMAGE(d.mois +100)(3..4) & "-" &
           INTEGER'IMAGE(d.annee  mod 100 +100)(3..4) ;
```

```
  end IMAGE ;
 ...
end Les_Dates ;
```

Ainsi, l'affichage d'une date, c'est-à-dire de trois entiers avec un formatage particulier, se fait par l'affichage d'une chaîne. En fait, le formatage du *PUT* est souvent trop pauvre, et des solutions comme la précédente sont beaucoup plus souples.

12.15.3 Exemple d'entrées-sorties d'entiers

La procédure *Cliche_hexa* construit un cliché binaire (*dump*) d'un fichier quelconque. Son paramètre est le nom externe du fichier à traiter ; elle fabrique un fichier de texte dont le nom est obtenu en ajoutant le suffixe *.dmp* au nom externe. Le fichier d'entrée est considéré par cette procédure comme un fichier séquentiel d'entiers non signés représentés sur huit bits. Le fichier de sortie contient des valeurs en représentation hexadécimale, groupées selon la taille des entiers du calculateur, et suivies d'une présentation sous forme de caractères s'ils sont imprimables. Le nombre d'entiers par ligne est calculé en fonction de la taille des entiers du calculateur :

```
with TEXT_IO ;
package Divers_Fichiers is
  procedure Ouvrir(nom : in STRING ; f : in out TEXT_IO.FILE_TYPE);
  procedure Cliche_hexa(nom : STRING) ;
 mauvais_nom, pas_les_droits : exception ;
end Divers_Fichiers ;

with SYSTEM, SEQUENTIAL_IO, TEXT_IO, Divers_car ;
package body Divers_Fichiers is
  procedure Ouvrir(nom : in STRING ; f : in out TEXT_IO.FILE_TYPE)
   is
      -- la procédure de la page 213
   ...
  end Ouvrir ;

  procedure Cliche_hexa(nom : STRING) is
      -- Construit le fichier de texte de suffixe .dmp contenant sur
      -- chaque ligne une suite d'entiers en hexadécimal suivie de leur
      -- interprétation en caractères (un point quand ce n'est pas
      -- imprimable) représentant le cliché binaire du fichier nom.
    base : constant := 16 ;
    subtype entier is INTEGER range SYSTEM.MIN_INT..SYSTEM.MAX_INT ;
    type brut is range 16#00#..16#FF# ; -- un octet
      -- nombre de chiffres hexa dans un entier :
```

```
nb_hexa_par_entier : constant NATURAL
                     := entier'SIZE / 8 -- bits par octet
                        * 2 ;        -- chiffres hexa par octet
  -- nombre d'entiers visualisés sur une ligne de 80 car. :
nb_par_ligne : constant NATURAL
        := 80 / (nb_hexa_par_entier + 2 -- +2 séparateurs blancs
        + nb_hexa_par_entier / 2 ) ; -- représentation en caractères
  -- nombre d'octets visualisés par ligne :
nb_octet_par_ligne : constant NATURAL
                     := nb_par_ligne * (nb_hexa_par_entier /2) ;
rep_car : STRING(1..nb_octet_par_ligne) ;
        -- interprétation en caractères
ind_rep_car : NATURAL range 0..nb_octet_par_ligne ;
  -- paquetage pour lire une séquence d'octets :
package ES_brutes is new SEQUENTIAL_IO(brut) ;
  -- paquetage pour écrire des valeurs d'octets
package ES_hexa is new TEXT_IO.INTEGER_IO(brut) ;

entree : ES_brutes.FILE_TYPE ;
sortie : TEXT_IO.FILE_TYPE ;
courant : brut ;
i, j, nb_sur_ligne : natural := 0 ;

begin -- Cliche_hexa
 ES_brutes.OPEN(entree, ES_brutes.in_file, nom) ;
 Ouvrir(nom => nom & ".dmp", f => sortie) ;
 loop                                      -- pour tout le fichier entree
   rep_car := ( others => ' ') ;
   nb_sur_ligne := 0 ;
   while nb_sur_ligne < nb_par_ligne loop  -- pour une ligne de sortie
     nb_sur_ligne := nb_sur_ligne + 1 ; j := 0 ;
     while j < nb_hexa_par_entier / 2 loop -- pour un mot machine
       j := j + 1 ;
       ES_brutes.READ(entree, courant) ;
       ES_hexa.PUT(ITEM => courant,
                   FILE => sortie,
                   WIDTH => 2,
                   BASE => base) ;
       ind_rep_car := (nb_sur_ligne - 1) * (nb_par_ligne - 1) + j ;
       if Divers_car.Imprimable(CHARACTER'VAL(courant)) then
         rep_car(ind_rep_car) := CHARACTER'VAL(courant) ;
       else
         rep_car(ind_rep_car) := '.' ;
       end if ;
```

```
          end loop ;
           TEXT_IO.PUT(FILE => sortie, ITEM => "  ") ; --   séparateurs
        end loop ;
        TEXT_IO.PUT(FILE => sortie, ITEM => "  ") ;    --   séparateurs
        TEXT_IO.PUT_LINE(FILE => sortie, ITEM => rep_car) ;
      end loop ;
      TEXT_IO.NEW_LINE(sortie) ;
      ES_brutes.CLOSE(entree) ;
    exception
      when ES_brutes.END_ERROR =>
        TEXT_IO.PUT(FILE => sortie, ITEM => "  ") ;
        for k in j..nb_hexa_par_entier / 2 loop  --  on complète le mot
          TEXT_IO.PUT(sortie, ' ') ;
        end loop ;
        for k in nb_sur_ligne..nb_par_ligne loop --  on complète les mots
          TEXT_IO.PUT(sortie, "          ") ;
        end loop ;
        TEXT_IO.PUT_LINE(FILE => sortie, ITEM => rep_car) ;
        ES_brutes.CLOSE(entree) ;
      when mauvais_nom =>
        TEXT_IO.PUT_LINE(nom & ".dmp inaccessible en e'criture") ;
      when pas_les_droits =>
        TEXT_IO.PUT_LINE(nom & ".dmp : impossible a' cre'er") ;
    end Cliche_hexa ;
  end Divers_Fichiers ;
```

La définition du type du fichier d'entrée va de soi ; l'utilisation de la notation hexadécimale pour le type `brut` des éléments à lire est assez convaincante. Par contre, la fabrication du fichier de sortie est assez malheureuse. Tout est prévu pour qu'un octet affiché en hexadécimal occupe deux positions de caractère ; il suffit de bien regarder la signification des constantes et l'ordre d'affichage emprunté au paquetage *ES_hexa* :

```
ES_hexa.PUT(ITEM => courant,
            FILE => sortie,
            WIDTH => 2,
            BASE => base) ;
```

La base est 16 et le nombre de colonnes est deux. Nous avons pêché par excès de confiance, et mal lu les lignes précédentes : un nombre en base 16 est encadré par *16 #* et *#*, conformément à la syntaxe des littéraux basés. La correction est facile : elle utilise une chaîne intermédiaire et un opérateur de conversion que nous verrons un peu plus loin à la page 240.

```
courant_hexa : STRING(1..6) ; --   "16#..#"
...
ES_hexa.PUT(ITEM => courant, TO => courant_hexa, BASE => base) ;
TEXT_IO.PUT(ITEM => courant_hexa(4..5), FILE => sortie) ;
```

12.16 Entrées-sorties de réels

Comme pour les types énumératifs, les valeurs sont traitées comme des éléments lexicaux, et la lecture est guidée par la syntaxe des nombres. Les entrées et les sorties peuvent être formatées ; les réels en entrée peuvent être des littéraux basés, mais les sorties se font toujours en base 10 (sans caractère souligné (trait_bas) dans les nombres).

Il y a deux formats de sortie possibles : partie entière, point décimal et partie décimale, ou partie entière, point décimal, partie décimale, lettre E pour “ 10 puissance ” et exposant. Ces champs s'appellent respectivement *FORE*, *AFT*, et *EXP* dans les paramètres formels de la procédure *PUT*. Le champ *EXP* comprend toujours le signe de l'exposant. Des valeurs par défaut sont fournies pour les largeurs de ces champs.

Pour réaliser des entrées-sorties de valeurs réelles en point fixe ou en point flottant, il faut commencer par déclarer un exemplaire des paquetages génériques *FIXED_IO* ou *FLOAT_IO*. Le début de ces paquetages est le suivant :

```
generic
  type NUM is digits <>;
package FLOAT_IO is
  DEFAULT_FORE : FIELD := 2;
  DEFAULT_AFT : FIELD := NUM'DIGITS - 1;
  DEFAULT_EXP : FIELD := 3;
  ...
end FLOAT_IO;

generic
  type NUM is delta <>;
package FIXED_IO is
  DEFAULT_FORE : FIELD := NUM'FORE;
  DEFAULT_AFT : FIELD := NUM'AFT;
  DEFAULT_EXP : FIELD := 0;
  ...
end FIXED_IO;
```

Donc, les réels à point fixe sont sortis par défaut sous la notation traditionnelle à deux champs, sans partie exposant. Les deux procédures qui suivent existent dans une deuxième version, sans le paramètre fichier, et agissent sur le fichier courant par défaut.

12.16.1 Lecture de réel

```
procedure GET
        (FILE :  in FILE_TYPE ;
         ITEM :  out NUM ;
         WIDTH :  in FIELD := 0
        ) ;
```

Si la lecture est non formatée (*WIDTH* = 0), la procédure *GET* commence par ignorer tous les caractères blancs, TAB, termine-ligne et termine-page de tête, puis lit un éventuel signe plus ou moins, et lit un réel selon la syntaxe d'un réel, basé ou non. Si la lecture est formatée (*WIDTH* $\neq$ 0), alors *WIDTH* caractères sont lus (ou moins si on rencontre un termine-ligne plus tôt), et sont convertis dans le réel *ITEM*, les blancs de tête étant ignorés : la lecture fonctionne exactement comme la lecture des entiers et des littéraux énumératifs.

12.16.2 Écriture d'un réel

```
procedure PUT
    (FILE : FILE_TYPE;
     ITEM :  in FIELD := DEFAULT_FORE;
     FORE :  in FIELD := DEFAULT_FORE;
     AFT :  in FIELD := DEFAULT_AFT;
     EXP :  in FIELD := DEFAULT_EXP
    );
```

Si *EXP* vaut 0, il est possible que le format de *FORE* soit outrepassé s'il est trop petit ; s'il est non nul, alors la partie entière ne comprend qu'un seul chiffre. La valeur de *ITEM* est cadrée à droite, c'est-à-dire que le champ *FORE* est précédé de blancs si nécessaire.

Voici un exemple :

```
declare
  type reel is digits 8;
  package es_reel is new FLOAT_IO(reel); use es_reel;
  x : reel := 14.123456; y : reel := -1234.5678;
```

```
begin
   PUT(x);                                        --  " 1.4123456E+01"
   PUT(x, FORE => 3, AFT => 3, EXP => 0);         --  " 14.123"
   PUT(y);                                        --  "1.2345678E+03"
   PUT(y, FORE => 3, AFT => 3, EXP => 1);         --  "-1.2345E+3"
end;
```

12.17 Affichage d'expressions de types différents

Nous venons de voir que chaque paquetage de *TEXT_IO* prend en charge un type de données. Donc, pour afficher un message contenant du texte et des entiers par exemple, on utilise soit un unique ordre d'affichage de chaîne, grâce aux attributs de conversion des entiers, soit plusieurs ordres *PUT* issus de *TEXT_IO* ou du paquetage exemplarisé à partir de *INTEGER_IO*. Si *n* est un naturel, et *ES_de_naturel* une exemplarisation du paquetage *INTEGER_IO* rendue visible par une clause **use**, on peut écrire indifféremment :

```
PUT_LINE ("Il y a" & INTEGER'IMAGE (n) & "productions") ;
PUT ("Il y a") ; PUT (n) ; PUT_LINE ("productions") ;
```

Cela devient plus compliqué si on veut aussi afficher une date, ou tout autre valeur qui n'est pas d'un type prédéfini. Une solution passe-partout, agréable à utiliser, consiste à définir une fonction de concaténation entre une chaîne et toute valeur affichable : on peut ainsi utiliser le *PUT_LINE* de *TEXT_IO* sans se poser de question. Il faut pour cela définir pour tout type sa représentation sous forme de chaîne, par la fonction *Image* qu'on a déjà construite page 229 :

```
function Image (de : type_affichable) return STRING ;
```

La fonction de concaténation est une fonction générique paramétrée par cette fonction *Image* :

```
generic
   type de_gauche is private ;
   type de_droite is private ;
   with function IMAGE(de : de_gauche) return STRING is <> :
   with function IMAGE(de : de_droite) return STRING is <> :
function Concatenation(g : de_gauche ; d : de_droite) return STRING ;
```

```
function Concatenation(g : de_gauche ; d : de_droite) return STRING
   is
 begin
    return IMAGE(g) & IMAGE(d) ;
 end Concatenation ;
```

Pour ajouter dans une instruction *PUT_LINE* des naturels et des dates, il suffit de déclarer dans les paquetages *Les_Naturels* et *Les_Dates*, les fonctions *Image* correspondantes, puis d'y exemplariser la fonction de concaténation. Ajoutons les fonctions de concaténation pour le paquetage *Les_Dates* :

```
package Les_Dates is
  type une_date is
    record
      jour : INTEGER range 1..31 ;
      mois : INTEGER range 1..12 ;
      annee : NATURAL ;
    end record ;
  function "&"(d : une_date ; c : STRING) return STRING ;
  function "&"(c : STRING ; d : une_date) return STRING ;
  ...
end Les_Dates ;
```

On ne sait pas écrire le corps qui correspond à cette spécification : le corps doit contenir la fonction *IMAGE* (on sait faire cela, voir page 236) et le corps des deux fonctions de concaténation ; si on les exemplarise, le compilateur nous dira qu'il y a deux fonctions ayant le même nom et le même profil dans ce paquetage : la déclaration de la spécification qui sert à l'exportation, et la déclaration de l'exemplarisation dans le corps qui sert à la réalisation. On doit donc mettre les exemplarisations dans la spécification, et pour cela, déclarer la fonction *Image* au préalable. Le paquetage *Divers_chaine* exporte lui aussi une fonction *Image* pour une chaîne :

```
with Concatenation ; with Divers_chaine ;
package Les_Dates is
  type une_date is
    record
      jour : INTEGER range 1..31 ;
      mois : INTEGER range 1..12 ;
      annee : NATURAL ;
    end record ;
  function Image(d : une_date) return STRING ;
  function "&" is
    new Concatenation(STRING, une_date, Divers_chaine.Image, Image) ;
  function "&" is
```

```
    new Concatenation(une_date, STRING, Image, Divers_chaine.Image) ;
  ...
end Les_Dates ;
```

On pourra donc écrire désormais dans un seul *PUT_LINE* des chaînes, des dates et des naturels à condition de rendre visibles les différents opérateurs de concaténation par des clauses **use** :

```
with Les_Naturels, Les_Dates ;
use Les_Naturels, Les_Dates ;
procedure Une_seule_ES is
  n : naturel ;
  d : une_date ;
  ...
begin
  ...
  PUT_LINE("Production du " & d & " : " & n & " caisses") ;
  ...
end ;
```

12.18 Les fichiers de texte par défaut

Deux fichiers standard d'entrée-sortie, associés par l'implémentation aux fichiers externes qui sont également les fichiers standard d'entrée-sortie du système d'exploitation (le clavier et l'écran en général), sont systématiquement ouverts avec les modes *IN_FILE* pour l'entrée, *OUT_FILE* pour la sortie. Ces fichiers ne peuvent pas être ouverts, fermés, rembobinés ou détruits. On peut changer le fichier par défaut par les procédures *SET_INPUT* et *SET_OUTPUT* :

```
procedure SET_INPUT(FILE : in FILE_TYPE) ;
procedure SET_OUTPUT(FILE : in FILE_TYPE) ;
```

On peut récupérer les fichiers standard d'origine par les fonctions *STANDARD_INPUT* et *STANDARD_OUTPUT* :

```
function STANDARD_INPUT return FILE_TYPE ;
function STANDARD_OUTPUT return FILE_TYPE ;
```

Enfin, on peut connaître les fichiers courants par défaut par les fonctions *CURRENT_INPUT* et *CURRENT_OUTPUT* :

```
function CURRENT_INPUT  return FILE_TYPE ;
function CURRENT_OUTPUT  return FILE_TYPE ;
```

12.19 Les exceptions déclenchées par les entrées-sorties de texte

Quand une opération entraîne plusieurs conditions d'erreur, l'exception déclenchée est celle qui apparaît en premier dans la liste qui suit :

STATUS_ERROR action sur un fichier non ouvert, ou ouverture d'un fichier déjà ouvert ;

MODE_ERROR lecture sur un fichier ouvert en écriture, ou écriture sur un fichier ouvert en lecture. Par lecture et écriture, on entend ici toutes les opérations entraînant une action en lecture ou en écriture (par exemple, ***SKIP_LINE*** est une opération en lecture) ;

NAME_ERROR voir le chapitre sur les fichiers binaires (paragraphe 12.4), cette exception étant déclenchée dans les mêmes conditions lors de la création (***CREATE***) ou de l'ouverture (***OPEN***) ;

USE_ERROR comme pour le cas précédent ;

DEVICE_ERROR panne matériel ;

END_ERROR tentative de lecture au-delà de la fin d'un fichier ;

DATA_ERROR erreur de syntaxe dans l'entier, le réel ou le littéral énumératif lu, ou si rien n'est lu, ou si la valeur lue n'appartient pas au sous-type de la variable à lire ;

LAYOUT_ERROR tentative pour positionner les numéros courants de colonne, ligne ou page au-delà des limites, ou écriture avec ***PUT*** d'une chaîne qui a une longueur supérieure à la largeur (bornée) d'une ligne.

12.20 Gestion de la taille des lignes et des pages

Lorsque les lignes et les pages ne sont pas de longueur bornée, c'est-à-dire lorsque ces longueurs valent la constante ***UNBOUNDED***, leur valeur par défaut, les sauts de lignes et de pages doivent être explicitement programmés par les procédures vues plus haut (***NEW_LINE, SKIP_LINE, NEW_PAGE,*** et ***SKIP_PAGE***).

Lorsqu'elles sont bornées, les changements de ligne et de page se font de manière automatique, comme il a été expliqué dans la description des procédures *GET* et *PUT*. On doit d'abord donner les valeurs de ces bornes. Les procédures et les fonctions qui suivent existent toutes avec une deuxième version qui n'a pas de premier paramètre de type fichier, et qui agissent sur les fichiers standard d'entrée-sortie.

```
procedure SET_LINE_LENGTH(FILE : in FILE_TYPE; TO : in COUNT);
procedure SET_PAGE_LENGTH(FILE : in FILE_TYPE; TO : in COUNT);
function LINE_LENGTH(FILE : in FILE_TYPE) return COUNT;
function PAGE_LENGTH(FILE : in FILE_TYPE) return COUNT;
```

Les deux dernières fonctions délivrent 0 (valeur de *UNBOUNDED*) si les pages et les lignes ne sont pas bornées. Les numéros courants de ligne, de colonne et de page peuvent être consultés, quel que soit le mode de gestion (longueur fixe ou pas), par les trois fonctions suivantes :

```
function COL(FILE : in FILE_TYPE) return POSITIVE_COUNT;
function LINE(FILE : in FILE_TYPE) return POSITIVE_COUNT;
function PAGE(FILE : in FILE_TYPE) return POSITIVE_COUNT;
```

Les deux procédures suivantes permettent de modifier la position courante de lecture ou d'écriture dans un fichier. Sans le paramètre de type fichier, elles agissent par défaut sur le fichier standard de sortie :

```
procedure SET_COL
        (FILE : in FILE_TYPE ;
         TO : in POSITIVE_COUNT
        ) ;
procedure SET_LINE
        (FILE : in FILE_TYPE ;
         TO : in POSITIVE_COUNT
        ) ;
```

— Si le mode du fichier est *OUT_FILE*, ou s'il n'y a pas de paramètre fichier, ces procédures déplacent la position courante dans le fichier si *TO* est supérieur à la valeur courante du numéro correspondant (ajout de blancs pour *SET_COL*, appels à *NEW_LINE* pour *SET_LINE*). Si *TO* est égal au numéro courant, ces fonctions n'ont pas d'effet. Enfin, si *TO* est plus petit, il y a changement préalable de ligne pour *SET_COL* avant le déplacement en colonne *TO*, et changement de page préalable pour *SET_LINE* avant le déplacement en ligne *TO*. Ces modifications peuvent déclencher l'exception *LAYOUT_ERROR*.

— Si le mode du fichier est *IN_FILE*, ces procédures sautent des blancs (et même des termine-lignes et des termine-pages) jusqu'à trouver un caractère en colonne ***TO*** pour ***SET_COL***, ou sautent des lignes (ou des pages) jusqu'à trouver une ligne de numéro ***TO*** pour ***SET_LINE***. Ces déplacements peuvent déclencher l'exception ***END_ERROR***.

12.21 Conversion entre chaînes et littéraux numériques ou énumératifs

Le paquetage ***TEXT_IO*** ne réalise pas que des entrées-sorties : comme une de ses fonctions consiste à convertir des chaînes de caractères (en provenance de fichiers) en des nombres ou des valeurs de types énumératifs, ou à faire l'inverse, il offre aussi cette fonction de conversion seule, sans entrée-sortie.

12.21.1 Conversion de chaîne en littéral

Les quatre paquetages génériques ***ENUMERATION_IO, INTEGER_IO, FIXED_IO*** et ***FLOAT_IO*** déclarent la procédure ***GET*** suivante :

```
procedure GET
        (FROM :  in STRING ;
         ITEM :  out NUM ;
         LAST :  out POSITIVE
        ) ;
```

Elle extrait à partir du premier caractère de la chaîne ***FROM***, et jusqu'au caractère d'indice ***LAST***, une valeur de type ***NUM*** (le type générique) qu'elle place dans ***ITEM***. La fin de la chaîne est considérée comme un termine-fichier. Cette procédure déclenche les mêmes exceptions que la procédure ***GET*** sur des fichiers (***DATA_ERROR***). Nous avons déjà utilisé cet opérateur dans la procédure ***Lire_Couleur*** de la page 135.

12.21.2 Conversion de littéral en chaîne

Les procédures ***PUT*** ont ici des paramètres qui diffèrent selon le paquetage. Pour ***INTEGER_IO***, c'est :

```
procedure PUT
        (TO :  out STRING ;
         ITEM :  in NUM ;
         BASE :  in NUMBER_BASE := DEFAULT_BASE
        ) ;
```

Cette procédure fonctionne comme la procédure *PUT* pour les entiers, pour laquelle la largeur de champ *WIDTH* serait égale à la longueur de la chaîne *TO*. Nous avons utilisé cette procédure page 232 pour se débarrasser des caractères parasites engendrés en sortie lorsque la base n'est pas 10.

```
procedure PUT
        (TO :   out STRING ;
         ITEM :  in NUM ;
         AFT :  in FIELD := DEFAULT_AFT ;
         EXP :  in FIELD := DEFAULT_EXP
        ) ;
```

Cette procédure fonctionne comme la procédure *PUT* pour les réels, en utilisant pour la largeur du champ *FORE* la largeur de la chaîne *TO*.

```
procedure PUT
        (TO :   out STRING ;
         ITEM :  in ENUM ;
         SET :  in TYPE_SET := DEFAULT_SETTING
        ) ;
```

Cette procédure fonctionne comme la procédure *PUT* pour des valeurs énumératives, en utilisant comme valeur de *WIDTH*, la largeur de la chaîne *TO*.

12.22 Lectures au clavier non tamponnées

Les services offerts par le paquetage *TEXT_IO* utilisent le mode d'entrée-sortie tamponné du système d'exploitation : une lecture au clavier ne sera reçue par le programme Ada qu'après que l'utilisateur aura tapé une fin de ligne (touche Envoi ou Return). Ce mode est parfois appelé mode cuisiné (*cooked*).

La réalisation de fonctions de lecture non-tamponnée et sans écho, ou d'une fonction d'interrogation déterminant si l'utilisateur a tapé quelque chose ou non, ne peut se faire en utilisant le paquetage *TEXT_IO*. Le terminal doit être dans le mode brut (*raw*).

Nous ne proposons pas de solution à ce problème; notons que les réponses possibles sont de deux ordres :

— Soit on définit les spécifications des fonctions de lecture et d'interrogation, et on remplace leurs corps par des réalisations en assembleur ou en C ; ces dernières font appel aux primitives du système d'exploitation pour mettre le terminal en mode non-tamponné, ou pour accéder directement au tampon de lecture. Bien évidemment, cette solution n'est pas portable.

— Soit on remplace le paquetage *TEXT_IO* par un autre paquetage plus élaboré contenant les moyens de réaliser les deux fonctions précédentes. Plusieurs compilateurs proposent le fichier standard *KEYBOARD* qui fonctionne en mode brut. Pour rester dans un esprit de norme, on doit utiliser le paquetage *POSIX_IO* définie dans la liaison Ada avec la norme POSIX sur les systèmes d'exploitation. La liaison Ada/POSIX n'est pas fournie gratuitement avec les compilateurs Ada.

12.23 Exemple : une table d'une base de données relationnelle

Pour terminer ce chapitre, nous allons construire un paquetage qui met en œuvre une table d'une base de données relationnelle. Cet exemple nous permet d'utiliser presque tous les concepts abordés jusqu'ici. Il est inspiré de [GAUTHIER 89].

12.23.1 Une relation

Une relation d'une base de données est présentée comme une table à deux dimensions : les colonnes sont distinguées par le nom des attributs [1] de la relation, et les lignes contiennent les données de la relation. Par exemple, si la relation décrit les étudiants d'une formation de l'université et contient les attributs nom, prénom, date de naissance, et code du dernier diplôme, chaque ligne de la table suivante contient le descriptif d'un étudiant.

nom	prénom	date de naissance	code dernier diplôme

Pour une relation donnée, on veut pouvoir :

— y accéder : ouvrir la relation ;

— lire la valeur d'un attribut d'une ligne donnée ;

— modifier la valeur d'un attribut d'une ligne donnée ;

— trouver les lignes qui répondent à un critère donné, fonction des valeurs d'attributs ;

— effectuer une action sur toutes les lignes concernant un attribut donné (afficher, faire la somme, etc).

[1] Ne pas confondre cette notion d'attribut avec les fonctions attributs du langage Ada.

12.23.2 Un récipient pour une relation

Pour assurer la conservation des informations, on ne peut que stocker une relation dans un fichier. Les opérateurs comme lire et modifier indiquent qu'on aura besoin d'un fichier à accès direct. Un élément de ce fichier contient une ligne de la table. Le fichier correspond donc au schéma suivant :

valeur de l'attribut 1	valeur de l'attribut 2	valeur at. 3	valeur at. 4	

1 article du fichier = 1 ligne de la table

En plus des opérations propres aux relations, nous ajouterons un opérateur de chargement de la relation, pour permettre d'initialiser la relation avec des données externes formatées. Pour être général et servir de récipient à n'importe quelle relation, le paquetage qui met en œuvre le récipient est forcément paramétré par la relation qu'il pourra contenir : on a donc deux types d'objets bien définis à construire, le type d'une relation, et le type du support d'une relation.

12.23.3 Le paquetage Les_Relations

La relation est définie par l'utilisateur : c'est lui qui définit les attributs qu'elle contient, leurs noms et leurs types. Toutes ces informations sont donc visibles et exportées par le paquetage ***Les_Relations*** qui définit un modèle de relation. Il s'agit ici uniquement de décrire la relation, et non de la mettre en œuvre dans son récipient.

Un attribut est déterminé par le couple nom/type. Pour faciliter la mise en œuvre du récipient, les valeurs des attributs sont codées comme en Cobol, sous la forme de chaînes : l'information type devient alors une information longueur (longueur de la chaîne occupée par l'attribut).

```
with Mes_Noms ;
package Les_Relations is
  subtype un_nom is Mes_noms.un_nom ;            --  nom d'un attribut
   --  les valeurs des attributs sont toutes de type chaîne
  subtype une_taille is NATURAL range 0..255 ; --  taille d'un champ

  type attribut is record                      --  le couple <attribut, taille>
   nom : un_nom ; t : une_taille ;
  end record ;
```

```
   type une_relation is array (POSITIVE range <>) of attribut ;
  erreur_nom : exception ;
  ...
end Les_Relations ;
```

Les spécifications précédentes ne sont pas complètes : la suite montrera qu'il faut ajouter quelques opérateurs. Notons que le type **une_relation** est un type tableau non contraint : le nombre de colonnes de la table est bien sûr un paramètre d'une relation. Par contre, nous avons fixé arbitrairement la longueur des identificateurs d'attribut (dans le sous-type **un_nom**) et la taille maximum d'une valeur d'attribut (dans le sous-type **une_taille**) : les SGBD font en général de même. Le type **un_nom** provient du paquetage **Les_Noms** qui définit des chaînes de longueur fixe et qui assure des conversions à partir des chaînes de longueur variable.

```
generic
  taille : NATURAL := 40 ;   --  taille standard d'un nom
package Les_Noms is
   type un_nom is private ;
   function Conversion(ch : STRING) return un_nom ;
   function Image(ch : un_nom) return STRING ;
private
   type indice is new NATURAL range 0..255 ;
   type un_nom is
     record
      t : STRING(1..taille) ;
     end record ;
end Les_Noms ;

package body Les_Noms is
   function Conversion(ch : STRING) return un_nom is
     c : un_nom := un_nom'(t => ( others => ' ')) ;
   begin  c.t(1..ch'LENGTH) := ch ;
     return c ;
   end ;

   function Image(ch : un_nom) return STRING is
     begin return ch.t ; end ;
end Les_Noms ;

with Les_Noms ;
package Mes_Noms is new Les_Noms(20) ;
```

12.23.4 Le paquetage Les_Fichiers

Une mise en œuvre du récipient des relations avec le paquetage 12.23 ***DIRECT_IO*** nous donne à la fois le type des fichiers obtenus et le type qui sert au repérage des articles : ce sont les deux types ***FILE_TYPE*** et ***COUNT*** exportés par ***DIRECT_IO***. On les utilise pour définir les types correspondants exportés par ***Les_Fichiers***, en tant que type privé, et même limité pour le type ***un_fichier***.

Le paquetage ***Les_Fichiers*** est aussi paramétré par la relation qu'il met en oeuvre. Ce paramètre générique ne peut pas être :

```
generic
type une_relation is Les_Relations.une_relation ; -- impossible
```

puisqu'on ne peut définir un type comme l'équivalent d'un autre. On aurait le droit d'écrire :

```
subtype une_relation is Les_Relations.une_relation ;
```

mais un sous-type ne peut pas être un paramètre formel générique. Il ne reste donc plus qu'une solution : le paramètre générique est une entité de type ***une_relation***. Comme cet objet ne doit servir que de modèle, c'est un paramètre constant. Le début de la spécification du paquetage est donc le suivant :

```
with Les_Relations, DIRECT_IO ;
...
generic
  relation : Les_Relations.une_relation ;
package Les_Fichiers is
   type un_fichier is limited private ;  --  un fichier d'une relation
   type num_art is private ;             --  un numéro d'article (de ligne)
   ...
end Les_Fichiers ;
```

La spécification des opérateurs ***Ouvrir*** et ***Fermer*** est évidente. Les opérateurs d'accès et de modification, respectivement ***Lire_champ*** et ***Modifier_Champ*** (le champ est à l'article ce que l'attribut est à la relation : le champ sur le fichier contient la valeur de l'attribut) prennent en entrée le numéro de la ligne et le nom de la colonne de la valeur considérée ; deux exceptions peuvent être déclenchées, si la ligne est absente ou si le nom de la colonne est erroné. De plus, ***Lire_champ*** délivre la valeur de l'attribut lu, et ***Modifier_Champ*** prend la nouvelle valeur en paramètre d'entrée. Comme chaque valeur d'attribut est stockée sous la forme d'une chaîne, cette valeur est du type non contraint ***STRING***.

L'opérateur de balayage de la relation est une procédure générique paramétrée par l'action à réaliser : c'est là une application directe de ce que nous avons appelé page 201 une "boucle pour" généralisée. L'opérateur de chargement de la relation est paramétré par le nom du fichier à accès direct qui supporte la relation (paramètre **son_nom**, le même que le paramètre d'ouverture) et par le nom du fichier de texte qui contient les données formatées. L'ensemble des opérateurs exportés est donc le suivant :

```
with Les_Relations, DIRECT_IO ; ...
generic
  relation : Les_Relations.une_relation ;
package Les_Fichiers is
   type un_fichier is limited private ; -- un fichier d'une relation
   type num_art is private ;            -- un numéro d'article (de ligne)
   procedure Ouvrir(f : in out un_fichier ; son_nom : in STRING) ;
     -- pour ouvrir une relation
   procedure Fermer(f : in out un_fichier) ;
   function Lire_Champ(f : un_fichier ;
                       n : num_art ;
                       a : Les_Relations.un_nom)
      return STRING ;
       -- délivre la valeur de l'attribut a de la ligne n. Peut lever
       -- 2 exceptions : mauvais attribut et ligne absente.
  mauvais_attribut, ligne_absente : exception ;
   procedure Modifier_Champ(f : in un_fichier ;
                            n : in num_art ;
                            a : Les_Relations.un_nom ;
                            valeur : in STRING) ;
       -- mêmes exceptions
   function Creer_Ligne(f : in un_fichier) return num_art ;
     -- pour création d'une ligne dans la relation
   generic
     with procedure Action(n : in num_art) ;
   procedure Pour_tout_article(f : in un_fichier) ;
     -- applique la procédure Action à tous les articles du fichier f
     -- qui est un paramètre de cette procédure générique
   procedure Charger_relation(f : in out un_fichier ;
                              son_nom : in STRING ;
                              depuis : in STRING) ;
     -- chargeur pour initialiser un fichier f de nom externe son_nom
     -- par le texte de nom depuis
private
  ...
end Les_Fichiers ;
```

La partie privée contient la mise en œuvre des types ***un_fichier*** et ***num_art*** :

— le type ***num_art*** est obtenu par dérivation du type ***COUNT*** de ***DIRECT_IO*** : on ne peut le définir qu'après avoir hérité de ***DIRECT_IO***;

— le type ***un_fichier*** est obtenu de la même manière, par dérivation du type *FILE_TYPE*.

Pour exemplariser ***DIRECT_IO***, il faut fournir comme paramètre effectif le type d'un article du fichier. D'après ce que nous avons dit précédemment, ce type article est une concaténation de chaînes, ou plus simplement une chaîne de caractères dont la longueur est la somme des tailles de chaque attribut. Soit **st** cette somme, le type article serait alors :

```
subtype article is STRING (1..st) ; -- seul un sous-type est possible
```

Bien entendu, **st** dépend de la relation implantée. Comme c'est le résultat d'un calcul, on a donc besoin d'un opérateur du paquetage ***Les_Relations*** pour faire cette somme. Appelons ***Taille_ligne*** cet opérateur ; il admet forcément un paramètre, la relation ***R*** dont on veut la somme :

```
subtype article is STRING(1..Les_Relations.Taille_ligne(R)) ;
```

Cette relation ***R*** est justement disponible : c'est le paramètre formel générique du paquetage ***Les_Fichiers***, identifié dans les paramètres prédédents, et qu'on a appelé **relation**. On peut donc écrire la partie privée du paquetage ***Les_Fichiers***.

```
package Les_Fichiers is
 ...
private
  subtype article is STRING(1..Les_Relations.Taille_Ligne(relation));
  package fichart is new DIRECT_IO(article);
   -- on hérite de FILE_TYPE et de COUNT
  type un_fichier is new fichart.FILE_TYPE;
  type num_art is new fichart.COUNT;
end Les_Fichiers;
```

Attention cependant : l'exécutif Ada est ici en droit de déclencher l'exception ***PROGRAM_ERROR*** si le corps du paquetage ***Les_Relations*** n'est pas compilé. On verra ce problème au chapitre 14, page 344.

12.23.5 Utilisation de ces paquetages

Ayant les deux spécifications, on doit pouvoir exemplariser une relation et écrire quelques opérations sur cette relation. Le paquetage ***Les_Fichiers*** demande un paramètre effectif qui est une expression du type ***Les_Relations.une_relation***. Comme ce type est un tableau (non contraint), on peut donner une constante sous forme d'un agrégat (qui fixera la contrainte).

Supposons que la relation désirée contienne des informations sur les étudiants de troisième cycle et qu'elle possède les attributs suivants :

— ***nom*** : le nom d'un étudiant, sur 30 caractères ;

— ***prenom*** : le prénom d'un étudiant, également sur 30 caractères :

— ***date_naissance*** : la date de naissance de l'étudiant, sur 6 caractères ;

— ***code_dernier_diplome*** : code du diplôme de deuxième cycle de l'étudiant, sur 3 caractères.

Alors la création du récipient pour cette relation se fait par l'unité de compilation suivante :

```
with Les_Fichiers, Les_Relations ;
with Mes_Noms ;  use Mes_Noms ;
package Cycle_3  is  new
        Les_Fichiers(Les_Relations.une_relation'  --  qualification
                    ((Conversion("nom"), 30),
                     (Conversion("prenom"), 30),
                     (Conversion("date_naissance"),  6),
                     (Conversion("code_dernier_diplome"),  3))
                  );
```

Le programme qui suit initialise la relation avec un fichier de texte, affiche tout son contenu, puis affiche sélectivement les noms des étudiants qui ont un code de diplôme précédent particulier. Pour se faire, le programme contient deux procédures d'action sur une ligne de la relation, affichant sélectivement ou non la ligne, et qui servent à fabriquer les deux opérateurs de balayage de la relation, ***Selection*** et ***Tous***.

```
with TEXT_IO, Cycle_3, Mes_Noms ;
use TEXT_IO, Cycle_3, Mes_Noms ;
procedure Acces  is
  f : un_fichier ; --   le fichier des étudiants de cycle_3, soit "cycle_3.bd"
  d : FILE_TYPE ;  --   le fichier pour charger f, soit "cycle_3.txt"
```

```
code_lu : STRING(1..80) ;    -- code dernier diplôme lu
code : STRING(1..3) ;        -- code dernier diplôme cherché
i : NATURAL ;

 function Du_Bon_Code(n : num_art) return BOOLEAN is
   -- délivre vrai si n est du bon code-diplôme
 begin
   return Lire_Champ(f, n,  Conversion("code_dernier_diplome"))
         = code ;
 end Du_Bon_Code ;

 procedure Afficher_Tout(n : in num_art) is
   -- affiche le nom et prénom
 begin
    PUT_LINE("Nom : " & Lire_Champ(f, n, Conversion("nom")) &
             "Pre'nom : " & Lire_Champ(f, n, Conversion("prenom")));
end Afficher_Tout ;

 procedure Afficher_Bon_Code(n : in num_art) is
   -- affiche le nom et prénom ayant le code "code"
 begin
   if Du_Bon_Code(n) then
     Afficher_Tout(n) ;
   end if ;
 end Afficher_Bon_Code ;

 procedure Selection is new Pour_Tout_Article(Afficher_Bon_Code) ;
 procedure Tous is new Pour_Tout_Article(Afficher_Tout) ;

begin -- Acces
 Charger_Relation(f, "cycle_3.bd", "cycle_3.txt") ;
 Ouvrir(f, "cycle_3.bd") ;
 Tous(f) ;
 PUT_LINE("Code diplo^me du second cycle cherche' (RET termine)") ;
  loop
   PUT(" : ") ;
   GET_LINE(code_lu, i) ;
    exit when i = 0 ;
   code := code_lu(1..3) ;
   Selection(f) ;
  end loop ;
end Acces ;
```

12.23.6 Corps du paquetage Les_Fichiers

Comme tous les attributs d'une ligne se retrouvent concaténés dans une seule chaîne sur le fichier à accès direct, on a besoin d'une structure de données pour repérer les tranches qui sont des attributs. Les indices de début et de fin de tranche sont stockés dans les tableaux ***debch*** et ***finch***, initialisés par la procédure locale *Init*.

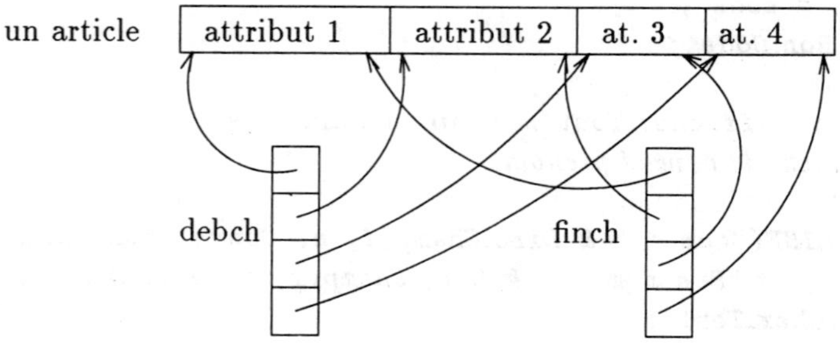


```
with Les_Relations, DIRECT_IO, TEXT_IO ;
package body Les_Fichiers is
 debch, finch : array(relation'RANGE) of NATURAL ;
   -- indice dans un article de fichier du début et de la fin d'un champ;
 ...
  procedure Init is
     -- procédure locale d'initialisation de l'implantation de la relation
     -- dans un article
   suivant : POSITIVE := 1 ; -- indice du début de champ suivant
  begin
    for i in relation'RANGE loop
      debch(i) := suivant ; suivant := suivant + relation(i).t ;
      finch(i) := suivant - 1 ;
    end loop ;
  end Init ;
 ...
end Les_Fichiers ;
```

Ouvrir et fermer un fichier de relation ne posent pas de problème : on a hérité de ces opérateurs définis dans le paquetage *DIRECT_IO*. La procédure d'ouverture fait la création si le fichier n'existe pas, comme nous l'avons vu précédemment. Dans l'ordre de création, le paramètre *FORM* est utilisé pour donner les accès en lecture-écriture au propriétaire et au groupe, accès qui ne sont pas, supposons-le, les accès par défaut obtenus avec le masque de création courant sur le compte Unix utilisé; la chaîne donnée ici est celle que réclame la mise en œuvre du compilateur Ada de Hewlett-Packard sur matériel HP 9 000/800. Si le paramètre *FORM* par défaut convient, alors on importe le paquetage *Divers_Fichiers* de la page 230 et on utilise sa procédure d'ouverture :

```
procedure Ouvrir(f : in out un_fichier ; son_nom : in STRING) is
begin
  fichart.OPEN(fichart.FILE_TYPE(f), MODE => fichart.INOUT_FILE,
               NAME => son_nom) ;
exception
  when fichart.NAME_ERROR | fichart.USE_ERROR =>
        --  le fichier n'existe pas
  begin
    fichart.CREATE(fichart.FILE_TYPE(f), MODE => fichart.INOUT_FILE,
        NAME => son_nom, FORM => "owner=>read_write, group=>read") ;
  exception
    when others => --  pas les droits pour créer
      TEXT_IO.PUT_LINE(son_nom & " : pas le droit pour le cre'er") ;
      raise ;
  end ;
end Ouvrir ;

procedure Fermer(f : in out un_fichier) is
begin fichart.CLOSE(fichart.FILE_TYPE(f)) ; end ;
```

Lire ou modifier un attribut sont deux opérations qui se ressemblent. Dans les deux cas, il faut commencer par lire le champ correspondant à l'attribut dans l'article. L'opérateur *READ* hérité en exemplarisant **fichart** a le profil de paramètre suivant :

```
FILE : in FILE_TYPE ; ITEM ; out article ; FORM : in COUNT
```

La lecture de l'article **art** de numéro **n** sur le fichier **f** se fait donc à l'aide de deux conversions par :

```
fichart.READ(FILE => fichart.FILE_TYPE(f),
             ITEM => art,
             FROM => fichart.COUNT(n)) ;
```

Cependant, comme on a dérivé le type **un_fichier** à partir de *FILE_TYPE*, et le type **num_art** à partir de *COUNT*, on a hérité de deux autres procédures *READ* surchargeant la première, avec des profils différents. La lecture utilisée dans le programme ci-dessous appelle l'opérateur obtenu après la dérivation du type **un_fichier**.

Pour extraire de l'article la tranche correspondant à l'attribut ***n***, on a besoin du numéro de la colonne de l'attribut : il faut indexer les deux tableaux ***debch*** et ***finch***. Or on ne dispose que du nom de l'attribut : le paquetage ***Les_Relations*** doit donc exporter un (deuxième) opérateur pour faire la correspondance entre le nom de l'attribut et le numéro de sa colonne dans la table. Soit ***Num_Col***, cet opérateur qui a deux paramètres, la relation et le nom de l'attribut. C'est une fonction qui déclenche l'exception ***erreur_nom*** si le nom est erroné. Les opérateurs ***Lire_Champ*** et ***Modifier_Champ*** déclenchent les exceptions ***mauvais_attribut*** en cas d'erreur de nom, et ***ligne_absente*** si le paramètre ***n*** est erroné.

```
function Lire_Champ(f : un_fichier ;
                    n : num_art ;
                    a : Les_Relations.un_nom)
     return STRING is
  art : article ;  -- l'article à lire
  col : POSITIVE range relation'RANGE
                 := Les_Relations.Num_Col(relation, a) ;
     -- numéro de la colonne de l'attribut a
     -- peut déclencher erreur_nom
begin
  READ(f, ITEM => art, FROM => fichart.COUNT(n)) ;
  return art(debch(col)..finch(col)) ;
exception
  when Les_Relations.erreur_nom => raise mauvais_attribut ;
  when fichart.END_ERROR | fichart.DATA_ERROR =>
        raise ligne_absente ;
end Lire_Champ ;

procedure Modifier_Champ(f : in un_fichier ;
                         n : in num_art ;
                         a : Les_Relations.un_nom ;
                         valeur : in STRING) is
  art : article ;  -- l'article à modifier
  col : POSITIVE range relation'RANGE
                 := Les_Relations.Num_Col(relation, a) ;
  long : POSITIVE ; -- longueur de la valeur de modification
begin
    -- autre opérateur READ disponible :
  fichart.READ(fichart.FILE_TYPE(f),
               ITEM => art,
               FROM => fichart.COUNT(n)) ;
  art(debch(col)..finch(col)) := ( others => ' ') ;
  if valeur'LAST >= finch(col) - debch(col) + 1
    then long := finch(col) - debch(col) + 1 ;
```

```
   else long := valeur'LAST ;
   end if ;
  art(debch(col)..debch(col) + long - 1) := valeur(1..long) ;
  fichart.WRITE(fichart.FILE_TYPE(f),
                ITEM => art,
                TO => fichart.COUNT(n)) ;
exception
   when Les_Relations.erreur_nom => raise mauvais_attribut ;
   when fichart.END_ERROR | fichart.DATA_ERROR =>
        raise ligne_absente ;
end Modifier_Champ ;
```

Nous n'avons pas abordé dans les spécifications le problème de la destruction de lignes, mais seulement celui de la création. Dans ces conditions, les valeurs de **num_art** sont sans trou de 1 à *SIZE(f)*. L'opérateur de balayage *Pour_Tout_Article* est en conséquence très simple. La création d'article se fait en fin de fichier, et délivre le numéro correspondant, *SIZE(f) + 1*. Enfin, l'opérateur de chargement remplit séquentiellement le fichier à partir des lignes de texte. Si une ligne de texte a une longueur trop courte, le chargement est stoppé ; nulle autre vérification ne peut être faite.

```
function Creer_Ligne(f : in un_fichier) return num_art is
begin
  return num_art(fichart."+"(fichart.SIZE(fichart.FILE_TYPE(f)),1)) ;
end Creer_Ligne ;

procedure Pour_tout_article(f : in un_fichier) is
begin
  for i in 1..fichart.SIZE(fichart.FILE_TYPE(f)) loop
    Action(num_art(i)) ;
  end loop ;
end Pour_tout_article ;

procedure Charger_relation(f : in out un_fichier ;
                           son_nom : in STRING ;
                           depuis : in STRING) is
 d : TEXT_IO.FILE_TYPE ; Ligne : article ;
 l : NATURAL ;              -- longueur lue
 n : POSITIVE := 1 ;        -- numéro de ligne sur depuis
 taille : NATURAL := Les_Relations.Taille_Ligne(relation) ;
 stop : exception ;
begin
 TEXT_IO.OPEN(d, MODE => TEXT_IO.IN_FILE, NAME => depuis) ;
 Ouvrir(f, son_nom) ;
```

```
  fichart.SET_INDEX(fichart.FILE_TYPE(f), 1) ;
   while not TEXT_IO.END_OF_FILE(d) loop
     TEXT_IO.GET_LINE(d, ligne, l) ;
     if l /= taille then
        raise stop ;
     end if ;
     fichart.WRITE(fichart.FILE_TYPE(f), ligne(article'RANGE)) ;
     TEXT_IO.SKIP_LINE(d) ;
     n := n + 1 ;
   end loop ;
  Fermer(f) ;
exception
   when stop =>
     Fermer(f) ;
     TEXT_IO.PUT_LINE("Erreur en chargeant la ligne" &
                      INTEGER'IMAGE(n)) ;
     raise ;
   when others => -- traité par Ouvrir
     raise ;
end Charger_relation ;
```

Le corps du paquetage appelle la procédure `Init` pour mettre en place les deux tables d'adressage.

12.23.7 Corps du paquetage Les_Relations

La spécification de la page 243 est incomplète : nous avons depuis découvert le besoin des opérateurs *Taille_ligne* et *Num_Col*. Nous ne redonnons pas la spécification complète : on retrouve ces opérateurs, simples à concevoir, dans le corps du paquetage :

```
package body Les_Relations is
  function Taille_Ligne (r : une_relation) return NATURAL is
    -- calcule la taille en octets d'une ligne de la relation
    s : Natural := 0 ;
  begin
    for i in r'RANGE loop
      s := s + r(i).t ;
    end loop ;
    return s ;
  end Taille_Ligne ;

  function Num_Col(r : une_relation ; n : un_nom) return NATURAL is
```

```
    --  calcule le rang de l'attribut n
  begin
    for i in r'RANGE loop
      if Mes_Noms."="(r(i).nom, n) then
        return i ;
      end if ;
    end loop ;
    --  si on passe par là, c'est qu'on n'a pas trouvé
    raise erreur_nom ;
  end Num_Col ;
end Les_Relations ;
```

Outre l'utilisation des paquetages d'entrée-sortie, cet exemple a montré que la fabrication d'outils généraux doit être particulièrement soignée : le paquetage ***Les_Fichiers*** contient à peu de chose près la même procédure d'ouverture que le paquetage ***Divers_Fichiers***. On notera que dans ce cas particulier, on peut modifier l'interface du paquetage ***Divers_fichiers*** pour l'adapter aux besoins du paquetage ***Les_Fichiers*** (procédure ***Ouvrir*** avec le paramètre ***FORM***) et à d'autres besoins non encore exprimés (comme peut_être le choix du mode d'ouverture) : il suffit de rajouter en fin de la liste des paramètres de la procédure ***Ouvrir*** les deux paramètres ***FORM*** et ***MODE*** en leur donnant les valeurs par défaut qu'ils ont dans le paquetage ***Les_Fichiers***, la chaîne vide et la valeur ***OUT_FILE***. Les autres paquetages éventuellement clients de ce paquetage seront certes à recompiler, mais pas à modifier.

CHAPITRE **13**

Tâche

13.1 Parallélisme et gestion du temps

Nous avons dans les chapitres précédents décrit les possibilités du langage Ada pour fabriquer des composants séquentiels : les structures de commande classiques comme la séquence ou la boucle supposent en effet qu'il n'y a qu'un fil d'exécution dans le programme. Le mécanisme des exceptions est bâti sur le même principe : au déclenchement d'une exception, le point d'exécution est déplacé vers le traite-exception. Le concept de tâche élargit cette vision du point d'exécution unique.

13.1.1 Processus

La notion de processus est bien connue des utilisateurs des systèmes partagés. Un processus correspond à l'exécution d'un programme séquentiel. Le système d'exploitation organise l'exécution de plusieurs processus simultanément. Ces processus peuvent s'attendre mutuellement et échanger des informations. Comme chacun d'entre eux a son propre fil d'exécution, chacun vit sa vie indépendamment des autres, sauf lorsque leurs points d'exécution doivent se rejoindre pour se synchroniser ou pour communiquer.

Les mécanismes de synchronisation et de communication ont été étudiés depuis longtemps, mais la formalisation des processus et de ces mécanismes n'a pas été introduite dans les langages de programmation : on estimait que seuls les concepteurs de systèmes d'exploitation ou de systèmes temps réel en avaient besoin. Le langage Ada est le premier langage industriel à avoir pris en compte la notion de processus pour permettre de mettre en œuvre des applications où cette notion est importante. Un processus s'appelle une *tâche* en Ada.

13.1.2 Parallélisme

La typologie du parallélisme montre trois classes : le parallélisme de l'environnement, le parallélisme de conception, et le parallélisme d'exécution.

13.1.2.1 Parallélisme de l'environnement

Le monde dans lequel le programme s'exécute est parallèle : à chaque utilisateur qui travaille en interactif sur le même ordinateur, correspond un processus ; à chaque fichier auquel accède le programme, correspond un dispositif extérieur à l'ordinateur qui réalise les échanges en même temps que le programme progresse. Mais ce parallélisme n'est pas uniquement lié au monde des ordinateurs.

Un programme qui doit gérer les feux de la circulation urbaine baigne dans le parallélisme des acteurs de la circulation : chaque véhicule qui passe devant un capteur relié au programme est un processus. À l'intérieur du véhicule équipé d'un calculateur de bord, le carburant dans le réservoir est un processus (il baisse constamment, et son niveau commande des indicateurs), chaque roue est un processus pour le système anti-blocage des roues, etc.

Enfin, les méthodes actuelles d'analyse des systèmes d'information mettent l'accent sur la modélisation du réel. Le système de gestion d'une bibliothèque de prêt va modéliser les livres et leurs flux, les emprunteurs, les bibliothécaires, comme autant de processus parallèles qui doivent se synchroniser et communiquer.

13.1.2.2 Parallélisme de conception

Le parallélisme de conception correspond à un nouveau degré de décomposition des problèmes : de même qu'on regroupe dans des paquetages la mise en œuvre d'un type abstrait, de même on sépare dans autant de tâches la mise en œuvre de mécanismes opératoires qui s'exécutent en parallèle. On ne conçoit plus une architecture séquentielle de composants, mais une architecture où les fils d'exécution sont multiples. Par exemple, il est bien plus facile de concevoir un programme de simulation de files d'attente si l'on a de quoi modéliser les différents acteurs, comme les serveurs et les clients.

13.1.2.3 Parallélisme d'exécution

Il y a un réel parallélisme d'exécution sur une machine disposant de plusieurs processeurs : chaque processeur peut alors exécuter un processus, et ces derniers s'exécutent en vrai parallélisme. Sur un simple calculateur monoprocesseur, les tâches d'entrée-sortie assurées par les canaux sont autant de processus qui s'exécutent en parallèle avec le programme de calcul du processeur central.

Les tâches du langage Ada peuvent être implantées sur un multiprocesseur, sur des machines en réseau, ou par exécutions entrelacées sur un monoprocesseur : les mécanismes de communication supportent ces différentes mises en œuvre.

13.1.3 Mise en œuvre du parallélisme

Le langage Ada muni des tâches permet d'écrire des applications temps réel, et particulièrement des applications embarquées. Une *application embarquée* est un dispositif à vocation spécialisée chargé du pilotage de l'engin dans lequel il est installé : par exemple le dispositif qui contrôle l'anti-blocage des roues d'une voiture, ou les dispositifs qui surveillent et pilotent l'envol d'une fusée Ariane. Pour une telle application, l'exécutif Ada tient lieu de système d'exploitation : pour qu'elle puisse s'exécuter sur le calculateur, il faut que ce dernier renferme un noyau temps réel qui met en œuvre les tâches Ada, leurs synchronisations et leurs communications, avec la sémantique du langage. Ce noyau peut être très complexe quand il est implanté sur une batterie de calculateurs, ou s'il doit mettre en œuvre des communications avec un autre noyau temps réel Ada implanté sur un autre calculateur.

La possibilité de concevoir des applications embarquées est en bonne place dans le cahier des charges du langage. Des constructeurs de logiciels se sont spécialisés dans la fabrication de compilateurs croisés et de noyau temps réel Ada : l'application est conçue sur une machine de développement, puis compilée sur la machine de développement en produisant du code machine pour l'ordinateur cible embarqué. Le code machine produit et le noyau temps réel Ada sont alors chargés sur l'ordinateur embarqué.

Mis à part ce type d'applications spécialisées, on utilise les tâches pour mettre en œuvre le parallélisme de l'environnement dans les modélisations du monde réel, ou pour mettre en œuvre le parallélisme de conception. Dans ces cas-là, la machine de développement et la machine d'exécution sont souvent la même, et l'exécutif Ada est implanté sous le système d'exploitation de la machine hôte. Si l'on met de côté le cas des systèmes monotâches comme MS/DOS, l'exécutif Ada se trouve dans un environnement système où la notion de processus existe, et où les mécanismes de synchronisation, de communication ou de partage de données entre processus existent avec la sémantique définie par le système d'exploitation ou par son noyau. Si l'on prend le système UNIX comme exemple, il existe un grand nombre de points d'entrée dans le noyau qui permettent au programmeur système de gérer les processus créés par son application.

Malheureusement, l'exécutif Ada ne peut pas, dans le cas général, cohabiter avec le système de gestion de processus du système hôte : gérer les processus du système, c'est les gérer tous, les intégrer avec un seul système d'ordonnancement, harmoniser la gestion de la mémoire, optimiser les échanges avec les disques, etc. Les fabricants de compilateurs Ada ont donc en grande majorité implanté l'exécutif Ada à l'intérieur d'un seul processus du système hôte : les interférences avec le noyau du système ne sont pas nulles, (en particulier, l'exécutif Ada a quand même besoin de faire l'ordonnancement des tâches, et utilise l'horloge du système par des appels au noyau), mais elles sont réduites au minimum, facilitant d'autant la mise en place de la sémantique Ada.

Par exemple, les compilateurs Alsys qui engendrent du code qui s'exécute sous un système UNIX encapsulent toutes les tâches dans un seul processus UNIX : en effet, le langage Ada permet aux tâches de partager de la mémoire, comme on le verra, alors que les processus UNIX ne disposent pas tous de mémoire partagée (cela dépend des versions). Par contre, ces mêmes compilateurs affectent un processus par tâche lorsque le code s'exécute sous le système MVS d'IBM, car ces processus peuvent partager de la mémoire.

13.1.4 L'utilisation du temps

Ada est un langage pour faire du temps réel : on doit donc pouvoir connaître l'heure et la date. En général, une primitive du système d'exploitation, ou même une commande, fournit ces renseignements. Pour pouvoir faire des calculs de temps et de durée, un certain nombre de types et d'opérateurs sont définis dans le paquetage de la bibliothèque standard qui s'appelle *CALENDAR* :

— le type *TIME*, privé, définit des valeurs qui contiennent à la fois la date et l'heure ;

— la fonction *CLOCK* délivre la date courante, de type *TIME* ;

— des sous-types sont définis pour les années (*YEAR_NUMBER*), les numéros de mois (*MONTH_NUMBER*), les numéros de jour (*DAY_NUMBER*), et les délais dans une journée (*DAY_DURATION*) ;

— des fonctions extraient d'une date les valeurs des sous-types précédents, et la procédure *SPLIT* fait l'éclatement complet d'une valeur de type *TIME* ;

— les durées sont du type *DURATION*, un type réel à point fixe défini dans le paquetage *STANDARD* ; ce type, fixé par l'implémentation, est tel qu'une valeur exprime des secondes, que la plus petite valeur *DURATION'SMALL* est inférieure à 20 millisecondes, et que l'on puisse exprimer des délais d'au moins une journée (le sous-type *DAY_DURATION*) ;

— les opérateurs d'addition, de soustraction et de comparaison permettent de manipuler des durées et des dates.

```
package CALENDAR is
  type TIME is private ;
  subtype YEAR_NUMBER is INTEGER range 1901..2099 ;
  subtype MONTH_NUMBER is INTEGER range 1..12 ;
  subtype DAY_NUMBER is INTEGER range 1..31 ;
  subtype DAY_DURATION si DURATION range 0.0..86_400.0 ;

  function CLOCK return TIME ;
  function YEAR(DATE : TIME) return YEAR_NUMBER ;
```

```
   function MONTH(DATE : TIME) return MONTH_NUMBER ;
   function DAY(DATE : TIME) return DAY_NUMBER ;
   function SECONDS(DATE : TIME) return DAY_DURATION ;
   procedure SPLIT (DATE :  in TIME ;
                    YEAR :  out YEAR_NUMBER ;
                    MONTH :  out MONTH_NUMBER ;
                    DAY :  out DAY_NUMBER ;
                    SECONDS :  out DAY_DURATION) ;
   function TIME_OF(YEAR :  out YEAR_NUMBER ;
                    MONTH :  out MONTH_NUMBER ;
                    DAY :  out DAY_NUMBER ;
                    SECONDS :  out DAY_DURATION := 0.0) return TIME ;
   function "+" (LEFT : TIME ;      RIGHT : DURATION) return TIME ;
   function "+" (LETF : DURATION ; RIGHT : TIME)      return TIME ;
   function "-" (LEFT : TIME ;      RIGHT : DURATION) return TIME ;
   function "-" (LEFT : TIME ;      RIGHT ; TIME)      return DURATION ;
   function "<" (LEFT, RIGHT : TIME) return BOOLEAN ;
   function "<="(LEFT, RIGHT : TIME) return BOOLEAN ;
   function ">" (LEFT, RIGHT : TIME) return BOOLEAN ;
   function ">="(LEFT, RIGHT : TIME) return BOOLEAN ;

  TIME_ERROR :  exception ;
    --   peut être déclenchée par TIME_OF, "+" et "-"
private
   ...
end CALENDAR ;
```

Une tâche Ada peut devoir suspendre son exécution pendant un certain laps de temps : lorsqu'elle exécute l'instruction **delay** *n* (fig. 13.1), la tâche est mise en attente et reprendra son exécution au bout de *n* secondes. Le langage assure que la suspension dure au moins *n* secondes, mais elle peut être plus longue si le processeur n'est pas libre au bout de ces *n* secondes. Le paramètre *n* est du type *DURATION*.

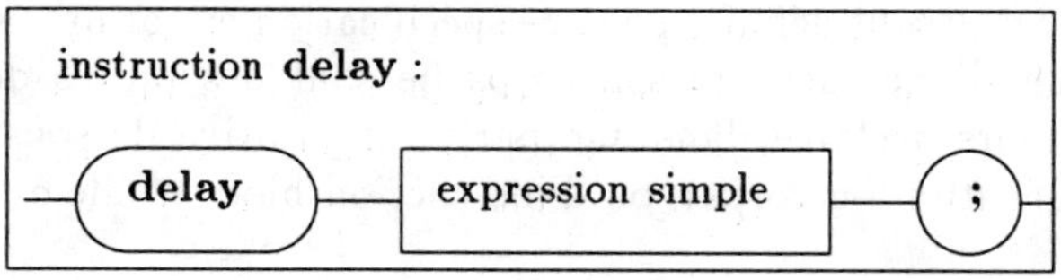

FIG. 13.1 : Instruction delay.

Ainsi, on doit faire attention à la dérive de l'horloge lorsqu'on programme une tâche qui cycliquement attend pendant un intervalle constant, puis fait une action.

Dans le texte qui suit, la boucle effectuée par la tâche calcule dans ***prochaine_fois*** la date à laquelle la prochaine action sera exécutée :

```
cycle :
   declare
     use CALENDAR ;
     intervalle :  constant DURATION := 12*3600.00 ; --   12 heures
     prochaine_fois : TIME := CLOCK + intervalle ;
   begin
     loop
       delay prochaine_fois - CLOCK ;
       Action ;
       prochaine_fois := prochaine_fois + intervalle ;
     end  loop ;
   end cycle ;
```

Ici, l'intervalle entre deux actions est de 12 heures, et le programme fonctionne correctement (c'est-à-dire que chaque action est exécutée 12 heures au moins après la précédente, sans cumul des dérives), à condition bien entendu qu'une action s'exécute en moins de 12 heures. Si l'on veut réaliser un moteur pour faire de l'animation, et si l'on prend la cadence du cinéma pour afficher deux images consécutives (24 images par seconde, soit environ une image toutes les 40 millisecondes), on est assuré qu'un intervalle de 0.04 est compatible avec le type ***DURATION***, mais la vitesse du calcul et de l'affichage de l'image suivante dépend largement de l'image elle-même et du processeur d'exécution.

13.2 Tâche et type tâche

13.2.1 Structure et déclaration

Comme les autres concepts structurants du langage, les sous-programmes et les paquetages, les tâches sont définies par une spécification et par un corps. Cependant, ni la spécification d'une tâche ni son corps ne sont des unités de bibliothèque : la tâche est toujours déclarée dans une partie déclarative de sous-programme, de paquetage (spécification ou corps), ou d'instruction bloc, et elle est donc rattachée à son déclarant.

Une déclaration de tâche définit la spécification de la tâche (fig. 13.2).

Dans sa version la plus simple, une spécification de tâche énonce simplement le nom de la tâche ou du type tâche. Dans sa version la plus courante, la spécification de tâche énumère derrière le mot-clé **is** les points de synchronisation déclarés par la tâche, et qu'on appelle les *entrées* de la tâche. Enfin, les spécifications de tâches qui correspondent à des processus physiques réels peuvent contenir des clauses de

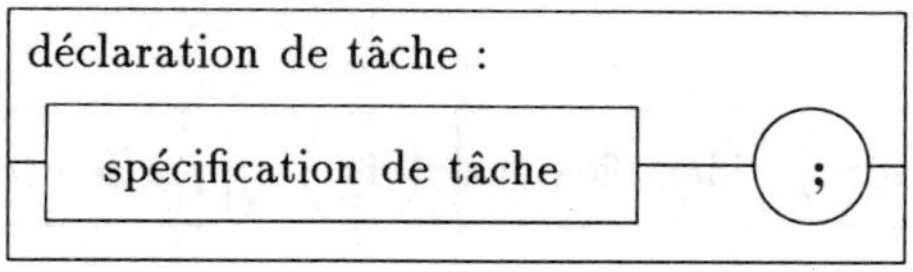

FIG. 13.2 : Déclaration de tâche.

représentation pour associer leurs entrées aux mécanismes physiques (fig. 13.3). Ces clauses de représentation sont étudiées au chapitre 15, page 359.

Une spécification de tâche déclare une entité qui est une tâche, alors qu'une spécification de type tâche déclare un modèle d'entité tâche : dans le premier cas, l'élaboration de la déclaration crée la tâche tandis que dans le deuxième cas, aucune tâche n'est créée. Une fois la déclaration du type tâche faite, on peut déclarer des variables tâche, ou des tableaux de tâches, des types accès sur le type tâche, etc.

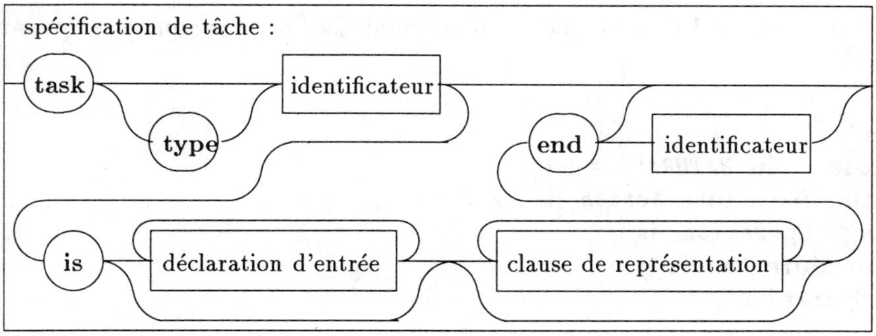

FIG. 13.3 : Spécification de tâche.

Le corps de la tâche est syntaxiquement équivalent à un corps de paquetage, au premier mot-clé près (fig. 13.4).

Comme un corps de sous-programme ou de paquetage, un corps de tâche déclaré dans un bloc donné figure après toutes les déclarations du bloc.

La partie déclarative d'une tâche (ou d'un type tâche) est tout à fait analogue aux parties déclaratives des autres entités structurantes du langage : elle peut contenir des déclarations de variables locales, de sous-programmes, etc., et également de tâche. La partie instruction contient les énoncés qu'exécutera la tâche, et les traite-exceptions traiteront les exceptions déclenchées par l'exécution de la tâche; les exceptions ne sont pas propagées en dehors de la tâche.

Prenons l'exemple suivant : le programme `Double` a deux opérations indépendantes mais similaires à réaliser. Ces opérations ne partagent aucune ressource matérielle, si ce n'est le processeur s'il est unique; elles réalisent n fois une boucle qui

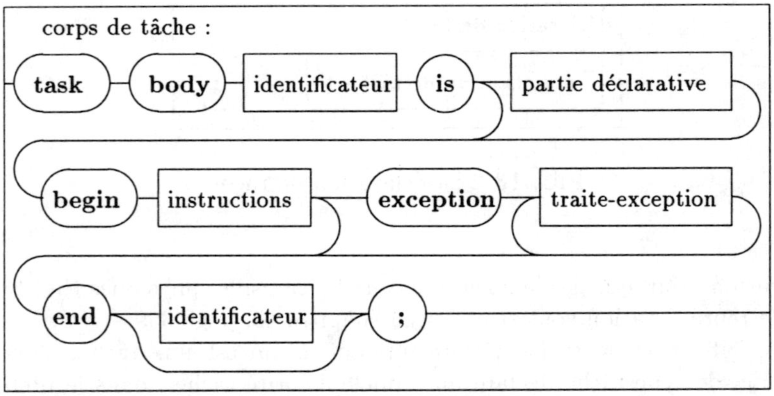

FIG. 13.4 : Corps de tâche.

exécute une action. Une telle opération est modélisée par le paquetage **Operation** suivant :

```
generic
  nfois : in NATURAL := 50 ;
  with procedure Action is <> ;
package Operation is
  procedure Lancer ;
end Operation ;
```

Le programme **Double** peut faire exécuter ses deux opérations en parallèle en leur associant deux tâches. En fait, le programme a lui-même le comportement d'une tâche : l'exécution d'un programme par le système d'exploitation correspond en effet à lancer une nouvelle tâche. Le programme **Double** déclare donc une tâche pour lancer une opération, et lance lui-même la deuxième :

```
with Operation ;
procedure Double is
  procedure Action1 ;      --  les actions à réaliser en parallèle
  procedure Action2 ;
  task Une_Operation ;    --  la tâche qui exécute l'Action2
  package Operation1 is
      new Operation(nfois => 100, Action => Action1) ;
  package Operation2 is
      new Operation(nfois => 80, Action => Action2) ;
```

```
   procedure Action1 is begin ... ; end ;
   procedure Action2 is begin ... ; end ;
   task body Une_Operation is
   begin
     Operation2.Lancer ;
   end Une_Operation ;
begin -- Double
  Operation1.Lancer ;
end Double ;
```

S'il y a n opérations indépendantes à exécuter, une déclaration de type tâche remplace la tâche ***Une_Opération***, et il est préférable d'exemplariser le paquetage ***Opération*** dans le corps du type tâche :

```
with Operation ;
procedure Ene is
  -- les opérations indépendantes sont identiques
  n : constant NATURAL := ... ;
  procedure Action ;
  task type Une_Operation ;
  les_taches : array(1..n) of Une_Operation ;

  procedure Action is begin ... end ;
  task body Une_Operation is
    package Operation_n is new Operation ;
      -- paramètres génériques par défaut
  begin
    Operation_n.Lancer ;
  end Une_Operation ;
begin
  null ;
end Ene ;
```

Le programme ***Ene*** réalise l'exécution parallèle de n opérations similaires. Le paragraphe suivant explique comment se déroulent ces exécutions. Sur le plan syntaxique, le programme déclare la procédure ***Action*** à exécuter n fois, et un modèle de tâche, le type tâche ***Une_Operation***. Les entités tâches sont déclarées ensuite dans le tableau ***les_tâches***. Le corps de ces tâches est forcément identique, et la déclaration du corps comprend dans sa partie déclarative l'exemplarisation du paquetage.

13.2.2 Élaboration et activation des tâches

Une exécution de programme commence par l'élaboration de ses déclarations. L'élaboration d'une spécification de tâche traite, s'il y en a, les clauses de représentation des entrées de tâches, dans l'ordre des déclarations des entrées. L'élaboration du corps de tâche établit que le corps peut être utilisé pour l'exécution de la tâche correspondante.

L'activation d'une tâche commence aussi par l'élaboration de ses déclarations (localisées dans le corps de la tâche) ; elle se poursuit par l'exécution de la tâche, qui consiste en l'exécution de ses instructions en parallèle avec les autres tâches. L'activation de la tâche dépend de la façon dont est déclarée l'entité tâche :

1. Si l'entité tâche est déclarée directement dans la partie déclarative d'un programme, comme la tâche ***Une_Operation*** du premier exemple, son activation commence après l'élaboration de la partie déclarative du programme, donc juste après le **begin** qui termine cette partie déclarative. Ainsi, l'exécution du programme ***Double*** débutera par l'activation de la tâche ***Une_Operation*** puis se continuera en parallèle avec l'exécution du corps du programme.

2. Si l'entité tâche est déclarée à partir d'un type tâche sans passer par un type accès, son activation suit les règles précédentes. Dans le cas du programme ***Ene***, les n tâches déclarées dans le tableau ***les_tâches*** sont activées automatiquement juste après le **begin** du programme ; la partie instruction du programme est vide, l'ensemble des opérations étant lancé par chacune des tâches.

3. Si l'entité tâche est déclarée via un type accès, la tâche correspondante est activée par l'exécution de l'allocateur **new** qui crée la tâche ou l'entité contenant la tâche.

4. Si l'entité tâche est déclarée dans un paquetage, elle est activée à la fin de l'élaboration du paquetage, juste après le **begin** du corps du paquetage s'il existe.

En résumé, il y a deux modes d'activation : le mode automatique, qui suit les règles d'élaboration des déclarations, et le mode dynamique, qui est déclenché par l'exécution de l'allocation de l'entité tâche.

Reprenons le programme ***Double*** pour essayer de visualiser l'activation et le déroulement en parallèle des deux tâches, la tâche ***Une_Operation*** et la tâche ***Double***. Dans cette version, contrairement à celle du programme ***Ene***, les paquetages ***Operation_i*** sont visibles dans le programme : on peut donc connaître leur "état" à condition qu'ils permettent de le consulter. Modifions donc le paquetage générique en lui ajoutant une fonction qui délivre cet état caractérisé par le nombre d'itérations déjà faites :

```
generic
   nfois : in NATURAL := 50 ;
   with procedure Action is <> ;
package Operation is
   procedure Lancer ;
   function Etat return NATURAL ;
end Operation ;
```

Pour consulter les états des deux exemplaires `Operation1` et `Operation2`, munissons le programme `Double` d'une tâche chargée de leur espionnage : cycliquement, la tâche `Espion` consulte les états des deux opérations et les affiche. Le corps de la tâche `Espion` est déclaré dans le programme `Double` après les deux exemplaires d'opérations :

```
periode : DURATION := 2.0 ;
task Espion ;
task body Espion is
begin
  loop
    delay periode ;
    TEXT_IO.PUT(NATURAL'IMAGE(Operation1.Etat)) ;
    TEXT_IO.PUT_LINE(NATURAL'IMAGE(Operation2.Etat)) ;
  end loop ;
end Espion ;
```

Le corps du paquetage `Operation` maintient son état par l'indice de son itération. S'il s'exécute sur une machine monoprocesseur, et si l'exécutif Ada ne réalise pas d'entrelacement entre les tâches, un exemplaire du paquetage risque de mobiliser complètement le processeur, faisant en sorte que les deux exécutions parallèles recherchées se déroulent en séquence.

On introduit pour éviter cela une instruction de suspension dans la procédure `Lancer`, à seule fin de provoquer un entrelacement des exécutions :

```
package body Operation is
   n : NATURAL := 0 ;   --  indicateur d'état
   procedure Lancer is
   begin
     loop
       n := n + 1 ;
       Action ;
       delay DURATION'SMALL ;
       exit when n >= nfois ;
     end loop ;
   end Lancer ;
```

```
  function Etat return NATURAL is
  begin
    return n ;
  end Etat ;
end Operation ;
```

L'instruction **delay** utilisée ici est un parasite : on ne veut pas attendre, et c'est pourquoi son paramètre est la plus petite valeur possible du type *DURATION*.

En toute rigueur, le programme obtenu avec la tâche *Espion* n'affiche pas forcément l'état exact des tâches de calculs : les variables *n* sont ici mises à jour et consultées en parallèle par des tâches différentes, sans précaution. Ainsi, la tâche *Espion* peut récupérer l'état *i* alors que la tâche *Une_Operation* exécute le +1 sur la variable *n*. On peut éviter ces accès simultanés en synchronisant les tâches, mais cela n'est vraiment pas nécessaire ici.

13.2.3 Durée de vie, dépendance et mort d'une tâche

Le programme *Double* muni de la tâche *Espion* a un inconvénient : il contient une boucle infinie, celle de la tâche *Espion*. Examinons comment une tâche termine son exécution, en notant d'abord que terminer son exécution ne veut pas dire disparaître.

Comme tout programme, une tâche s'arrête quand elle n'a plus d'instruction à exécuter, donc quand le **end** final de sa partie instruction est atteint. C'est de cette façon que s'arrête la tâche *Une_Operation* et le programme *Double*.

Les tâches cycliques qui jouent le rôle de serveur ont un autre moyen pour s'arrêter : elles peuvent détecter si elles servent encore à quelque chose et s'arrêter alors automatiquement ; on verra ce cas page 284.

Ces deux façons normales de s'arrêter ne sont pas utilisable pour la tâche *Espion*. L'arrêt du programme *Double*, qui déclare et active la tâche *Espion*, n'entraîne pas non plus son arrêt. Cet arrêt peut être provoqué par l'exécution de l'instruction **abort**, propre aux tâches.

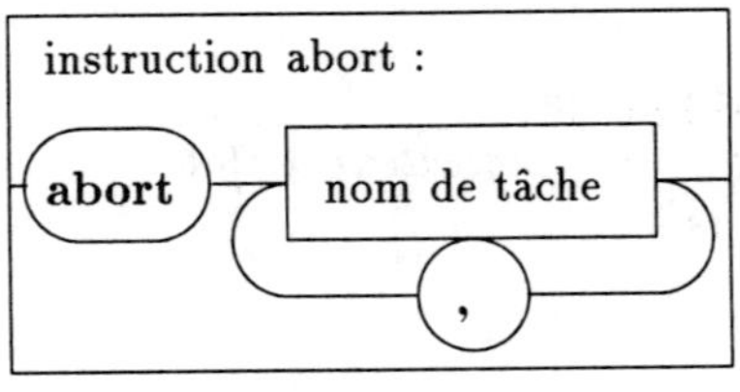

FIG. 13.5 : Instruction **abort**.

Le nom de tâche de la figure 13.5 peut désigner la tâche qui exécute l'instruction **abort** (il s'agit alors d'un suicide) ou une autre tâche connue par son identificateur ou par n'importe quelle référence (et il s'agit alors d'un meurtre). Si le cas du suicide ne pose pas trop de problème, en revanche le cas du meurtre est plus délicat pour l'exécutif : une tâche tuée par une autre passe de l'état *actif* à l'état *anormal*. On verra plus loin comment elle quitte cet état pour devenir *achevée*.

La procédure `Double` utilise l'instruction **abort** pour tuer la tâche `Espion`. Quand le lancement de l'`Operation1` (page 264), qui est la plus longue des deux opérations (selon les paramètres d'exemplarisation des opérations), est terminée, la tâche `Une_Operation` est normalement elle aussi terminée, et l'espion peut être tué. Par précaution, la procédure vérifie dans une boucle d'attente le changement d'état de l'`Operation2` :

```
begin -- Double
  Operation1.Lancer ;
  --  Operation1 est finie, Operation2 l'est sûrement, mais ...
  loop
    if Operation2.Etat >= 80 then
      abort Espion ;
      exit ;
    else
      delay periode ;
    end if ;
  end loop ;
end Double ;
```

Nous avons dit plus haut que la fin du programme `Double` n'induit pas l'arrêt de la tâche `Espion`. Plus généralement, une tâche ne disparaît pas forcément quand elle devient *achevée* (quand elle atteint la fin de ses instructions ou qu'elle se suicide), car elle doit attendre que ses descendants, les tâches qu'elle a pu créer et donc qui peuvent encore accéder à ses propres variables, soient terminées. Par contre, si une tâche n'a pas de descendant son achèvement la fait passer dans l'état *terminé*.

Une tâche dépend de l'unité d'exécution qui a élaboré sa déclaration si la tâche est activée par une déclaration d'entité tâche ; elle dépend de l'unité d'exécution qui a déclaré le type accès qui a servi à sa création si la tâche est activée dynamiquement ; enfin, une tâche déclarée dans un paquetage de bibliothèque dépend de la tâche qui est le programme.

13.2.4 Particularités des tâches

Le type tâche est un type limité : on ne peut pas faire d'affectation de tâche ni de comparaison de tâche. Une entité de type tâche ressemble en de nombreux points à toute entité limitée : on peut déclarer des tableaux de tâches, des articles contenant des tâches, passer des tâches en paramètre (mais pas en mode **out**) de sous-programme ou d'exemplarisation de générique, etc. On peut aussi déclarer des sous-types d'un type tâche pour faire du renommage, mais on ne peut pas apporter de contrainte.

Un type tâche n'est pas paramétré : on ne peut donc pas associer une liste de paramètres formels à une déclaration d'entité de type tâche. Si on veut activer des tâches avec différents paramètres, on doit en fait utiliser une entrée d'initialisation de la tâche et en respecter le protocole : la tâche commence par attendre qu'on l'initialise.

On ne peut pas déclarer une tâche de type ***T*** dans le corps du type tâche ***T*** : on doit nécessairement définir un sous-type de ***T***, et déclarer la tâche à partir de ce sous-type.

Enfin, contrairement aux sous-programmes et aux paquetages, les tâches ne peuvent pas être génériques : on doit les encapsuler dans un paquetage générique.

13.3 Synchronisation et communication : entrée et rendez-vous

13.3.1 Les entrées

Les tâches du programme ***Double*** sont indépendantes (ou presque) : elles n'ont aucun point de synchronisation, et la tâche ***Espion*** consulte des variables gérées par les autres tâches sans aucune concertation. La plupart du temps, les tâches ont besoin d'échanger des données ou de synchroniser leurs exécutions. Une tâche ***A*** qui veut se synchroniser avec une tâche ***B*** doit au minimum prévenir la tâche ***B*** : en appelant une entrée de ***B***, ***A*** demande un rendez-vous avec ***B***.

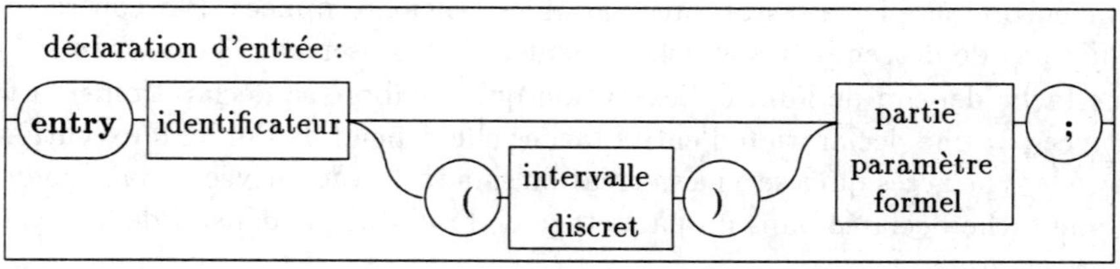

FIG. 13.6 : Déclaration d'entrée.

Une entrée de tâche est déclarée dans la spécification de la tâche (fig. 13.6), comme un sous-programme est déclaré dans une spécification de paquetage. Une entrée a syntaxiquement des différences vis-à-vis d'un sous-programme :

— une entité est de type procédure et ne peut délivrer de valeur comme une fonction ;

— les paramètres formels sont déclarés avec l'un des trois modes habituels, **in**, **out** ou **in out** ;

— une entrée peut être caractérisée par un indice dont la valeur appartient à l'intervalle discret de la déclaration ; la présence de cet intervalle indique qu'il s'agit d'une *famille d'entrée* plutôt que d'une entrée unique.

Sans paramètre formel, une entrée est un simple point de synchronisation ; avec des paramètres, c'est également un moyen de communication d'information entre deux tâches, dans les deux sens.

À chaque entrée est associée une file d'attente sur laquelle se bloque les tâches *A* qui demandent un rendez-vous avec *B*, lorsque *B* n'est pas prête à l'accepter. Cette file est bien une file : le premier entré est le premier servi. On peut connaître dans le corps de la tâche *B* le nombre de tâches bloquées dans la file en interrogeant l'attribut *COUNT* défini pour chaque entrée.

Une ressource unique partagée par plusieurs tâches mais utilisable en exclusivité par une seule à la fois nécessite un protocole d'acquisition : on doit la demander, et quand on n'en a plus besoin, on doit la relâcher. Si l'on a plusieurs ressources qui ont le même protocole d'accès, on définit un type tâche si les ressources sont utilisées par une seule application, ou un paquetage générique qui encapsule la tâche assurant la protection, comme dans l'exemple qui suit :

```
generic
package Acces_Exclusif is
  procedure JePrend ;
  procedure JeRend ;
end Acces_Exclusif ;
```

Le corps du paquetage déclare la tâche qui assure la protection :

```
package body Acces_Exclusif is
  task Un_seul_a_la_fois is
    entry Acquerir ;
    entry Relacher ;
  end Un_seul_a_la_fois ;
  ...
end Acces_Exclusif ;
```

13.3.2 Le corps d'entrée

Une entrée peut avoir plusieurs corps dans le corps de la tâche qui l'a déclarée : en effet, le corps de la tâche ne contient pas une déclaration de corps d'entrée, mais contient une ou plusieurs instructions **accept** qui toutes reprennent exactement la spécification de l'entrée correspondante (en remplaçant le mot-clé **entry** par le mot-clé **accept**), et qui peuvent être suivies des instructions exécutées lors du rendez-vous.

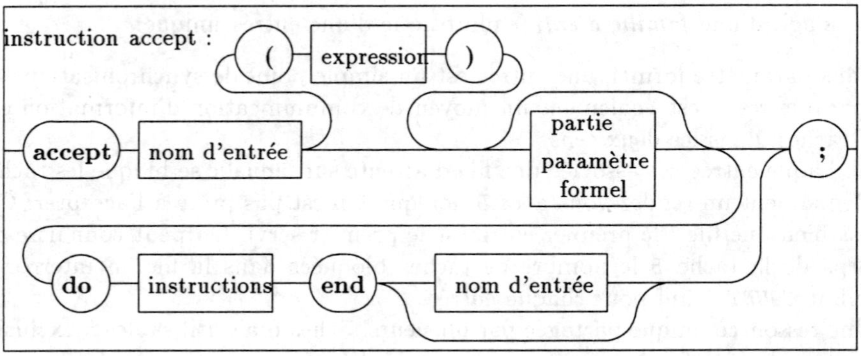

FIG. 13.7 : Instruction **accept**.

La figure 13.7 montre que :

— l'instruction **accept** peut-être indicée dans le cas où la spécification définit une famille d'entrée ;

— le corps de l'entrée est introduit par le mot-clé **do** (et non **begin**) ;

— le corps vide **do null ; end** peut être omis ;

— le corps d'entrée ne contient pas de déclaration ni de traite-exception ; s'il en faut, la suite d'instructions peut toujours contenir une instruction bloc.

La tâche ***Un_seul_a_la_fois*** protège la ressource exclusive en acceptant les entrées ***Acquerir*** et ***Relacher*** dans un ordre unique, et ce à l'infini :

```
task body Un_seul_a_la_fois is
begin
  loop
    accept Acquerir ;
    accept Relacher ;
  end loop ;
end Un_seul_a_la_fois ;
```

Nous modifierons plus tard le corps de cette tâche pour qu'elle puisse se terminer normalement.

13.3.3 Appel d'entrée et rendez-vous

Un appel d'entrée suit la même syntaxe qu'un appel de procédure (fig. 13.8).

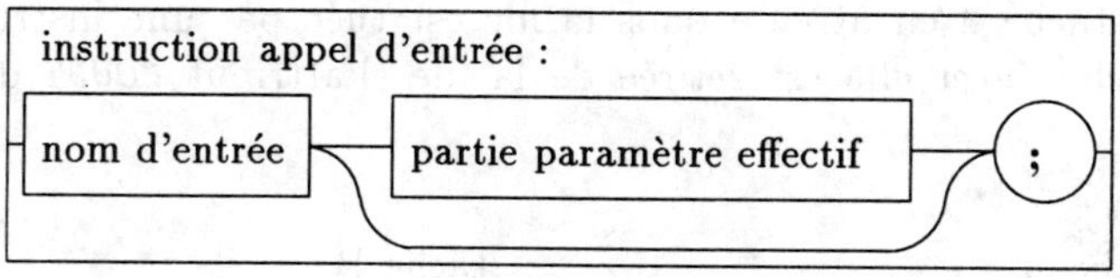

FIG. 13.8 : Instruction appel d'entrée.

Cependant, la notation pointée pour désigner la tâche appelée est toujours nécessaire, car la clause **use** ne s'applique pas aux tâches. Ainsi, les procédures ***JePrend*** et ***JeRend*** du paquetage ***Acces_Exclusif*** sont-elles les suivantes :

```
procedure JePrend is
begin
  Un_seul_a_la_fois.Acquerir ;
end JePrend ;
procedure JeRend is
begin
  Un_seul_a_la_fois.Relacher ;
end JeRend ;
```

Le fonctionnement de l'instruction d'appel d'entrée est indissociable de celui de l'instruction **accept** : l'exécution conjointe de ces deux instructions réalise le rendez-vous. La tâche *B* déclare l'entrée *E* et contient une instruction **accept** *E*; la tâche *A* demande un rendez-vous à la tâche *B* en exécutant l'appel d'entrée *B.E*; le fonctionnement est le suivant :

— si la tâche *A* effectue son appel *B.E* avant que la tâche *B* n'exécute l'instruction **accept** *E*, alors la tâche *A* est suspendue en se bloquant sur la file associée à l'entrée *E*;

— si la tâche *B* exécute son instruction ***accept E*** avant que la tâche *A* n'émette l'instruction *B.E*, alors c'est la tâche *B* qui est bloquée " devant " l'instruction **accept** ;

— lorsque les deux conditions sont remplies (la tâche *A* fait ou a fait l'appel *B.E*, la tâche *B* exécute ou est " devant " son instruction **accept** *E*), alors le rendez-vous a lieu : la tâche *B* exécute le corps de l'instruction **accept** (conjointement avec la tâche *A* pourrait-on dire), et lorsque le **end** est atteint, le rendez-vous est terminé et les deux tâches reprennent leurs exécutions indépendamment l'une de l'autre.

La figure 13.9 reprend cette explication. S'il y a plusieurs tâches ***A*** qui appellent l'entrée ***E***, elles sont mises dans la file d'attente associée à l'entrée. Quand la tâche ***B*** acceptera un appel, le rendez-vous aura lieu avec la première tâche ***A*** entrée dans la file. Si une tâche ***A*** en attente dans la file est tuée par une instruction **abort**, elle devient achevée et elle est retirée de la file (l'attribut ***COUNT*** de l'entrée est décrémenté).

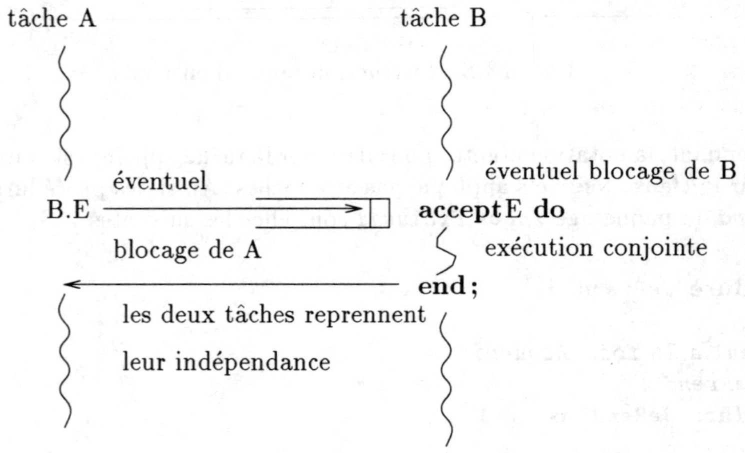

FIG. 13.9 : Rendez-vous.

On remarquera la dissymétrie du rendez-vous : la tâche appelante ***A*** nomme la tâche appelée ***B***, tandis que la tâche appelée ***B*** ignore qui l'appelle.

Appliquée au cas de la tâche ***Un_seul_a_la_fois***, l'explication sur le fonctionnement du rendez-vous montre que la tâche accepte une seule demande d'acquisition, puis la demande de restitution correspondante. Si plusieurs tâches appellent l'entrée ***Acquerir***, elles sont mises dans la file associée. On remarquera que le paquetage déclarant, ***Acces_Exclusif***, n'assure pas un protocole correct d'accès : rien n'empêche une tâche cliente de ne pas jouer le jeu et d'activer ***JeRend*** avant ***JePrend***, ou bien d'accéder tranquillement à la ressource sans jamais appeler la tâche. Le paquetage ne sert ici qu'à permettre la création de plusieurs tâches identiques à partir d'un modèle mis en bibliothèque. Nous aurons besoin plus loin d'une telle tâche.

13.3.4 Communication

Le rendez-vous est l'occasion de faire des transferts d'information entre deux tâches : comme tous les types de paramètres sont autorisés dans une entrée, une tâche peut apporter ou emporter de l'information. Il est important pour assurer un maximum de parallélisme que le rendez-vous soit le plus court possible : les instructions exécutées dans une entrée sont la plupart du temps des sauvegardes des paramètres d'entrée ou des délivrances de paramètres de sortie.

Ce type de communication est sûr. Cependant, les règles de visibilité du langage autorisent, on l'a vu avec le programme ***Double***, plusieurs tâches à communiquer par variable partagée. Dans ce cas, les tâches ne peuvent faire aucune hypothèse sur l'ordre dans lequel se feront les consultations et les mises à jour (ce qui n'a pas d'importance dans le programme ***Double***) ; si les variables partagées sont de type scalaire ou accès, le langage assure l'intégrité des accès entre deux points de synchronisation : si une tâche lit la variable, alors aucune autre tâche ne la modifie entre ces deux points, et vice versa. On peut forcer toute consultation ou mise à jour d'une variable partagée de type scalaire ou accès à être un point de synchronisation en associant le pragma ***SHARED*** à la variable :

pragma *SHARED (nom simple de variable) ;*

Nous n'utiliserons pas ce mode de communication dans nos exemples, mais nous reviendrons sur les problèmes d'accès concurrents au paragraphe 13.5.

13.3.5 Exemples : partage du travail

Les deux algorithmes qui suivent reposent sur le même principe : utiliser des tâches parallèles pour partager le travail et le réaliser en parallèle. Bien entendu, le gain escompté est négatif si l'on dispose d'un seul processeur pour exécuter chaque tâche : la création des tâches et leur gestion par l'exécutif a un coût non négligeable. Néanmoins, ces deux exemples permettent de mettre en lumière les problèmes d'élaboration et d'activation des tâches.

13.3.5.1 Calcul d'une factorielle

Soit à programmer la fonction :

function *Factorielle(n : NATURAL)* **return** *NATURAL ;*

Il y a n multiplications à faire : on partage ces n multiplications en créeant des tâches qui, chacune, effectueront seulement une multiplication. Pour cela, on utilise le principe de la recherche dichotomique : on partage l'intervalle *1 .. n* en deux intervalles égaux, et on lance deux tâches pour faire les multiplications correspondantes. Ces tâches sont activées par l'appel d'entrée ***Calculer*** qui a deux paramètres : les bornes de leur intervalle. Une fois leur travail multiplicatif fait (en crééant récursivement deux nouveaux intervalles, et deux tâches pour s'en occuper), ces tâches attendent sur leur entrée ***Resultat*** pour rendre leur produit. La fonction ***Factorielle*** déclare donc le type tâche ***Calculeur*** suivant :

```
task type Calculeur is
  entry Calculer(inf, sup : NATURAL) ;
  entry Resultat(r : out NATURAL) ;
end Calculeur ;
```

La tâche ***Calculeur*** accepte d'abord le rendez-vous qui permet de lui fournir ses données, qu'elle stocke dans ses variables locales ***deb*** et ***fin***, lance le calcul en appelant la procédure ***Fact_parallele*** qui lui délivre le résultat ***resul***, et accepte enfin le rendez-vous ***Resultat*** :

```
task body Calculeur is
 deb, fin, resul : NATURAL ;
begin
  accept Calculer(inf, sup : NATURAL)
  do deb := inf ; fin := sup ; end ;

  Fact_parallele(deb, fin, resul) ;

  accept Resultat (r : out NATURAL)
  do r := resul ; end ;
end ;
```

C'est la procédure ***Fact_parallele*** qui réalise la dichotomie et qui créé les deux sous-tâches ; la création ne doit intervenir que si l'intervalle de calcul n'est pas vide :

```
procedure Fact_parallele(deb, fin : NATURAL ;
                         resultat : out NATURAL) is
begin
  if deb = fin then
   resultat := deb ;
  else
    declare
      td, tg : Calculeur ;
      rd, rg : NATURAL ;
      m : NATURAL := (deb + fin) / 2 ;
    begin
      td.Calculer(deb, m) ;
      tg.Calculer(m + 1, fin) ;
      td.Resultat(rd) ; tg.Resultat(rg) ;
      resultat := rd * rg ;
```

```
    end ;
  end if ;
end Fact_parallele ;
```

On remarquera que la procédure ne déclare pas systématiquement les deux tâches *td* et *tg* (la tâche de droite et celle de gauche) : en effet, une programmation qui déclare les deux tâches, puis qui réalise le test de fin (ce que l'on obtient si l'on supprime l'instruction bloc), sera telle que les tâches seront élaborées à chaque appel de la procédure, activées sur le **begin** de la procédure, puis bloquées sur leur rendez-vous `Calculer`, et enfin bloquées à jamais si le test `deb = fin` est vérifié. Mis à part ce problème, la programmation est simple : la procédure demande les deux calculs aux tâches droites et gauches, puis demande leurs résultats et les multiplie.

Le corps de la fonction `Factorielle` au complet est donc le suivant :

```
function Factorielle(n : NATURAL) return NATURAL is
  resultat : NATURAL ;
  task type Calculeur is ... end ;

  procedure Fact_parallele(deb, fin : NATURAL ;
                           resultat : out NATURAL) is
  begin ... end ;

  task body Calculeur is
   deb, fin, resul : NATURAL ;
  begin ... end ;

begin -- de Factorielle
  if n = 0 then
    return 1 ;
  elsif n > 0 then
    Fact_parallele(1, n, resultat) ;
    return resultat ;
  else
    raise CONSTRAINT_ERROR ;
  end if ;
end Factorielle ;
```

La fonction peut déclencher trois exceptions :

— `CONSTRAINT_ERROR` si le paramètre n n'est pas positif;

— `NUMERIC_ERROR`, déclenchée par les multiplications, si n est trop grand, et propagée comme `CONSTRAINT_ERROR`;

— *TASKING_ERROR*, déclenchée par l'appel d'entrée **td.Resultat(d)** (ou **td.Resultat(g)** si la tâche **td** ne peut plus répondre à cause du débordement numérique du calcul précédemment lancé lors de l'appel à la procedure **Fact_parallele**.

La procédure **Factorielle** retransmet dans tous les cas l'exception *CONSTRAINT_ERROR*.

13.3.5.2 Tri de tableau

On peut appliquer la même idée pour trier un tableau dont le type d'indice est numérique : on divise le tableau en deux sous-tableaux, et on lance deux tâches pour trier le sous-tableau droit et le sous-tableau gauche. Une fois ces deux tris réalisés, il ne reste plus qu'à fusionner les deux résultats :

```
generic
  type element is private ;          -- type des composants des tableaux
  type indice is range <> ;
  type table is array(indice range <>) of element ;
  with function "<"(gauche, droit : element) return BOOLEAN is <> ;
package Les_Tris is
  procedure Tri_de_Shell(t : in out table) ;
  procedure Tri_Rapide(t : in out table) ;
  procedure Tri_Parallele(t : in out table) ;
end Les_Tris ;

package body Les_Tris is
  task type Trieuse is                      -- tâche pour trier un demi t
    entry Lancer (t : in table) ;
    entry Rendre(t : out table) ;
  end Trieuse ;
  function Fusionner(gauche, droite : table) return table ;
  procedure Tri_Parallele(t : in out table) is
  begin
    if t'LENGTH >= 2 then
      declare
       Trieuse_Gauche, Trieuse_Droite : Trieuse ;
       debut : indice := t'FIRST ;
       fin   : indice := t'LAST ;
       milieu : indice := (debut + fin) / 2 ;
      begin
       Trieuse_Gauche.Lancer(t(debut..milieu)) ;
       Trieuse_Droite.Lancer(t(milieu+1..fin)) ;
           --  On récupère les sous-tableaux triés
       Trieuse_Gauche.Rendre(t(debut..milieu)) ;
```

```
        Trieuse_Droite.Rendre(t(milieu+1..fin)) ;
            --  Et on les fusionne
        t := Fusionner(gauche => t(debut..milieu),
                       droite => t(milieu+1..fin)) ;
      end ;
    end if ;
  end Tri_Parallele ;

  task body Trieuse is
    type pttable is access table ;
    ma_tranche : pttable ;   --  t local à la tache : longueur ?
  begin
    accept Lancer(t : in table) do
       ma_tranche := new table'(t) ;  --  création dynamique d'une
    end Lancer ;                      --  table de la dimension
                                     --  de t
   Tri_Parallele(ma_tranche.all) ;

    accept Rendre(t : out table) do
       t := ma_tranche.all ;
    end Rendre ;
  end Trieuse ;
  function Fusionner(gauche, droite : table)
     return table is ... end ;
...  --  les autres tris
end Les_Tris ;
```

La tâche **Trieuse** récupère sur son entrée **Lancer** un tableau de taille inconnue : elle ne peut pas le stocker dans une variable locale de la bonne dimension, puisque la dimension n'est connue qu'après le rendez-vous. C'est pourquoi la tâche ne déclare qu'une variable accès sur une table, et que la table est créée dynamiquement lors du rendez-vous. Comme dans l'exemple précédent, la procédure **Trier** ne déclare les deux tâches locales que si l'intervalle de tri le justifie.

On pourrait améliorer cet algorithme : ici, chaque tâche **Trieuse** se crée une copie locale de la tranche qu'elle a à trier. Comme chaque tâche opère sur des intervalles disjoints de la table initiale, ces copies sont inutiles : la tâche peut travailler *in situ* dans la table. Il faut pour cela changer le paramétrage des entrées. Mais cette amélioration n'en est pas une : si l'on utilise l'algorithme parallèle, c'est pour exploiter une machine multiprocesseur. Dans ce cas, il est souhaitable de faire trier les tranches dans la mémoire locale de chaque processeur ; un accès à une mémoire commune, s'il n'y a pas copie des tranches, ferait perdre vraisemblablement l'avantage du parallélisme.

Pour être complet, nous donnons la fonction **Fusionner** :

```
function Fusionner(gauche, droite : table) return table is
  ig : INTEGER := INTEGER(gauche'FIRST) ;
  id : INTEGER := INTEGER(droite'FIRST) ;
  resultat : table(1..gauche'LENGTH + droite'LENGTH) ;
  i : indice := 0 ; --  indice dans résultat
begin
  --  gauche et droite sont triés
   loop           --  faire jusqu'à fin de gauche, fin de droite
     exit when id > INTEGER(droite'last) ;
     exit when ig > INTEGER(gauche'last) ;
    i := i + 1 ;
     if not (droite(indice(id)) < gauche(indice(ig))) then
      resultat(i) := gauche(indice(ig)) ;
      ig := ig + 1 ;
     else
      resultat(i) := droite(indice(id)) ;
      id := id + 1 ;
     end if ;
   end loop ;
  --  en sortie, recopier la fin par copie de tranche
   if ig > INTEGER(gauche'LAST) then
    resultat(i+1..resultat'LAST) := droite(indice(id)..droite'LAST) ;
   elsif id > INTEGER(droite'LAST) then
    resultat(i+1..resultat'LAST) := gauche(indice(ig)..gauche'LAST) ;
   end if ;
   return resultat ;
end Fusionner ;
```

La fusion de deux tableaux non contraints ***gauche*** et ***droite*** consiste à parcourir ces deux tableaux (indices ***ig*** et ***id***), et à ranger à chaque itération le plus petit élément des deux dans le tableau local ***resultat***. La déclaration du tableau ***resultat*** apporte la contrainte d'indice nécessaire à toute déclaration d'entité tableau : la taille du tableau est la somme des tailles des tableaux ***gauche*** et ***droite***. On notera que :

— une comparaison comme :

```
gauche(ig) <= droite(id)
```

n'est pas valide, puisque seul l'opérateur ***"<"*** est défini sur le type générique privé ***element***.

— l'algorithme est tel que les indices ***ig*** et ***id*** peuvent déborder des tableaux lors de leur incrémentation, et ils peuvent donc sortir du domaine du type générique ***indice*** : c'est pourquoi ils sont déclarés ici comme entier, ce qui entraîne de nombreuses conversions (qui ne coûtent qu'à la compilation) entre les types ***indice*** et ***INTEGER***.

13.4 Choix des rendez-vous : l'attente sélective

13.4.1 Généralités

Pour s'exécuter, le rendez-vous a besoin que la tâche appelante et la tâche appelée soient en phase : l'appelante sur l'appel d'entrée, et l'appelée sur l'instruction **accept** correspondante. Dans le cas contraire, les tâches attendent, et cela n'est souvent pas souhaitable.

Les instructions **select** (fig. 13.10) permettent à la tâche appelée de choisir ses

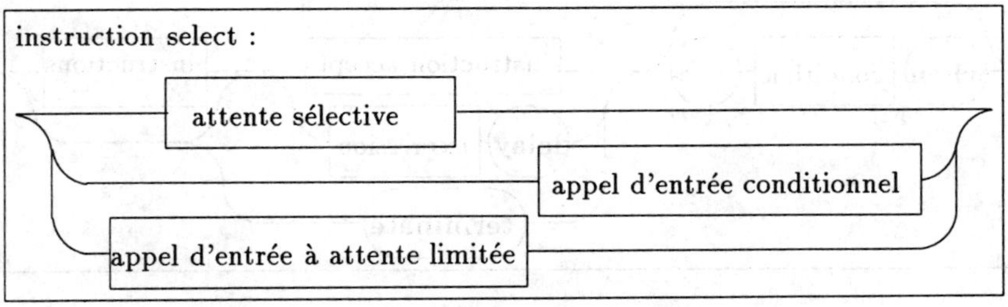

FIG. 13.10 : Instruction **select**.

rendez-vous en fonction des appels, et aux tâches appelantes d'éviter de se bloquer si la tâche appelée n'est pas prête à les rencontrer.

13.4.2 Le select côté appelé

L'instruction d'attente sélective (fig. 13.11) est exécutée par la tâche appelée. Un peu à la façon de l'"instruction cas", elle présente plusieurs alternatives, ici séparées par le mot-clé **or**, et est éventuellement terminée par une partie **else** : la syntaxe évoque la possibilité pour la tâche d'exécuter l'une ou l'autre des alternatives, ou si aucune n'est possible d'exécuter la partie **else**.

Ainsi, la tâche appelée se met en attente de plusieurs événements et traite le premier qui se présente. Dans la plupart des cas cependant, le traitement de l'événement n'est possible que si la tâche est dans le bon état : les alternatives ne sont pas forcément *ouvertes* toutes à la fois. Pour mettre en place cette condition d'état

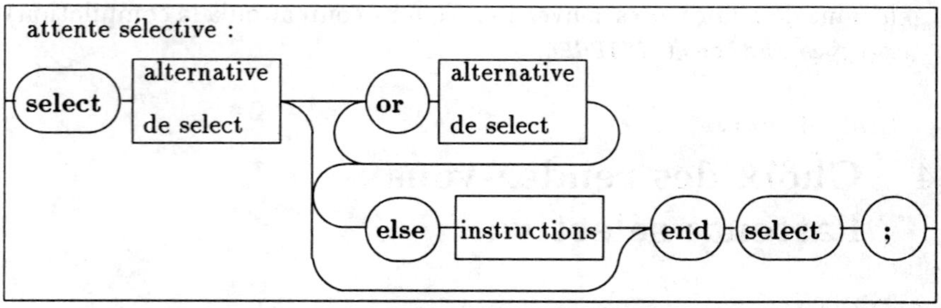

FIG. 13.11 : Attente sélective.

et ouvrir ou fermer une alternative, chaque alternative peut être gardée : on appelle *garde* la condition booléenne placée après le **when** de la figure 13.12.

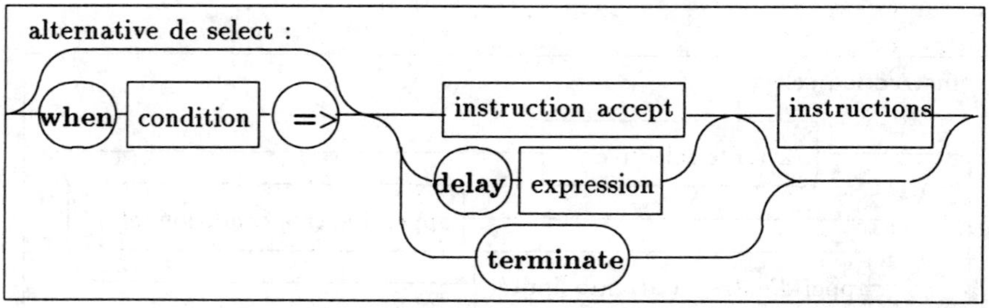

FIG. 13.12 : Alternative de **select**.

Cette même figure montre qu'il y a trois sortes d'alternatives :

— l'alternative normale est composée d'une instruction **accept** pour exécuter le rendez-vous, et peut être suivi d'autres instructions ;

— l'alternative de délai ne comprend pas de rendez-vous ;

— l'alternative de terminaison ne contient que le mot-clé **terminate**.

L'attente sélective doit comporter au moins une alternative normale, et au plus une alternative de terminaison. Avant de donner le fonctionnement de tous ces mécanismes, donnons un exemple fictif d'une instruction d'attente sélective comportant les différentes variantes syntaxiques :

```
task Fictive is
   entry E1 ;
   entry E2(...) ;
```

```
entry E3(...) ;
end Fictive ;

task body Fictive is
  etat : NATURAL := 0 ;
begin
  ...
  select
    accept E1 do            -- alternative normale non gardée
      ...                   -- composée seulement d'une instruction
    end E2 ;                -- accept
  or when etat > 5 =>
     accept E3(...) do      -- alternative normale gardée
       ...                  -- composée d'un rendez-vous
     end E3 ;               -- et d'autres
     ...                    -- instructions
  or when etat > 10 =>
     accept E2(...) do      -- alternative normale gardée
       ...
     end E2 ;
  else
     ...                    -- instructions "ordinaires"
  end select
  ...
end Fictive ;
```

Lorsque la tâche **Fictive** exécute son instruction **select**, le fonctionnement est le suivant :

— elle détermine d'abord quelles sont les alternatives *ouvertes* : une alternative est ouverte quand sa garde est vraie ou qu'elle n'a pas de garde. Ici, l'alternative du rendez-vous *E1* est toujours ouverte, tandis que les deux autres sont toutes les deux ouvertes si l'état est supérieur à 10, ou toutes les deux fermées si l'état est inférieur ou égal à 5, ou l'une est ouverte et l'autre fermé si l'état est supérieur à 5 mais inférieur ou égal à 10 ;

— elle détermine ensuite les alternatives *franchissables* : une alternative de rendez-vous est franchissable s'il y a au moins un appel d'entrée en attente ;

— si plusieurs alternatives de rendez-vous sont franchissables, alors l'exécutif choisit arbitrairement l'une d'elle : le rendez-vous avec le premier appelant bloqué sur l'entrée a lieu (l'instruction **accept** s'exécute), puis, lorsque le rendez-vous est terminé, l'exécution des éventuelles instructions qui suivent l'instruction **accept** a lieu, et l'instruction **select** est terminée ;

— si par contre aucune alternative de rendez-vous n'est franchissable, alors elle exécute la partie **else**, et le **select** est terminé.

— en l'absence de partie **else**, et si aucune alternative de rendez-vous n'est franchissable, alors la tâche `Fictive` attend qu'une branche devienne franchissable, c'est-à-dire qu'une tâche appelante demande un rendez-vous. C'est le seul moyen de débloquer la situation, puisque l'état de la tâche ne peut pas changer.

L'*alternative de terminaison* peut être sélectionnée si toutes les tâches qui sont susceptibles d'appeler les entrées de la tâche qui exécute le **select** sont soit achevées, soit elles-mêmes sur une alternative de terminaison : la tâche active meurt alors, ainsi que les tâches qui dépendaient de sa mort.

Notons également que l'exception *PROGRAM_ERROR* est déclenchée si toutes les alternatives sont fermées et s'il n'y a pas de partie **else**.

13.4.3 Les producteurs-consommateurs

En règle générale, une instruction d'attente sélective sert à fabriquer des serveurs : l'instruction **select** est alors insérée dans une instruction de boucle. L'alternative de terminaison sert à arrêter le serveur. Prenons l'exemple classique connu sous le nom du producteur-consommateur : des processus identiques, appelés les producteurs, produisent des objets de type *T*, à leur propre cadence ; l'autre famille de processus, les consommateurs, traitent ces objets. Les cadences de production et de consommation étant différentes, et à vrai dire inconnues, il est indispensable de placer entre les producteurs et les consommateurs un tampon pour amortir les différences de débit :

```
generic
   type T is private ;
package Tampon is
   procedure Produire(e : in T) ;
   function Consommer return T ;
end Tampon ;
```

Pour ne pas bloquer les producteurs, on pourrait gérer le tampon dynamiquement, en créant un nouveau récipient à chaque nouvelle production d'un objet *T*. Cependant, les consommateurs doivent être arrêtés si le tampon est vide. Dans le schéma mis en place par le système UNIX avec le mécanisme du tube reliant les entrées-sorties standard de deux processus, le tampon est un tableau de taille bornée. Quand il est plein, le tube émet un signal pour bloquer le producteur ; quand il est vide, le tube émet un signal pour bloquer le consommateur ; enfin quand il est vide et que le producteur est mort (fin normale) ou qu'il est plein et que le consommateur est mort (fin anormale), alors le tampon disparaît.

Si l'on reproduit ce comportement classique pour gérer le paquetage ***Tampon***, on doit le munir d'un tableau borné et d'une tâche pour réguler son remplissage et son vidage :

```
package body Tampon is
  n : constant NATURAL := 5 ;
  tab : array(0..n - 1) of T ;
  nb_vide : NATURAL := n ;  --  nombre de places vides dans tab
  nb_plein : NATURAL := 0 ; --  nombre de places occupées dans tab
  iprod, icons : NATURAL range 0..n - 1 := 0 ;
                               --  indices de production et de consommation dans tab
   task Serveur is
     entry Prod(e : in T) ;
     entry Cons(e : out T) ;
   end Serveur ;

   procedure Produire(e : in T) is
   begin
     Serveur.Prod(e) ;
   end Produire ;
   function Consommer return T is
     e : T ;
   begin
     Serveur.Cons(e) ;
      return e ;
   end Consommer ;
  ...
end Tampon ;
```

Dans cette programmation, on a fait apparaître les variables qui servent à gérer le tampon ***tab*** dans les déclarations du corps du paquetage : on aurait pu toutes les déclarer dans le corps de la tâche ***Serveur***, car sa durée de vie est celle de l'exemplaire du paquetage qui encapsule sa déclaration. La tâche ***Serveur*** est une tâche sans fin qui accepte le rendez-vous des producteurs s'il reste au moins une place dans le tampon, et qui accepte le rendez-vous des consommateurs s'il reste au moins un objet dans le tampon.

Pour simplifier la programmation, on utilise deux variables d'état :

— ***nb_vide*** compte le nombre de places vides;

— ***nb_plein*** compte le nombre de cases occupées.

Si le tampon a ***n*** cases, la tâche doit maintenir l'invariant ***n = nb_vide + nb_plein***.

Les conditions de synchronisation entre les producteurs-consommateurs et le serveur s'expriment en fonction de ces variables d'état, et servent à concevoir les gardes des rendez-vous.

Le tampon ci-dessous est géré en file circulaire, pour assurer que les consommations se font dans l'ordre des productions. L'indice de remplissage n'est modifié que par les consommateurs; l'indice de vidage n'est modifié que par les producteurs. Leurs modifications, ainsi que celles de l'état, sont faites en dehors du rendez-vous (cela ne concerne pas les tâches appelantes), en séquence dans l'instruction **select**.

```
task body Serveur is
begin
  loop
    select
      when nb_vide /= n =>
         accept Cons(e : out T) do
           e := tab(icons) ;
         end Cons ;
        nb_plein := nb_plein - 1 ; nb_vide := nb_vide + 1 ;
        icons := (icons + 1) mod n ;
    or when nb_plein < n =>
         accept Prod(e : in T) do
           tab(iprod) := e ;
         end Prod ;
        nb_plein := nb_plein + 1 ; nb_vide := nb_vide - 1 ;
        iprod := (iprod + 1) mod n ;
    or terminate ;
    end select ;
  end loop ;
end Serveur ;
```

La tâche ***Serveur*** est activée comme conséquence de l'élaboration du paquetage : initialement, l'état est *(nb_vide = n* **et** *nb_plein = 0)*. Par conséquent, l'évaluation des gardes de l'instruction **select** montre qu'une seule des branches est ouverte, celle qui attend les producteurs. Lors de chaque production ou consommation, l'invariant du tampon est respecté par la mise à jour simultanée des états ***nb_plein*** et ***nb_vide***. On démontre facilement que cet état implique que les deux gardes ne peuvent pas être fermées simultanément : l'exception ***PROGRAM_ERROR*** ne se déclenchera pas.

13.5 Variables partagées

La synchronisation d'un ensemble de tâches peut se faire de deux manières :

— soit par des échanges de messages de synchronisation entre les tâches;

— soit par consultation et modification d'un état global du système.

Nous regardons dans ce paquetage comment mettre en œuvre la seconde solution. Même si elle n'est pas la plus efficace, surtout dans un contexte décentralisé, elle est cependant la plus simple à concevoir. Le problème posé est donc la consultation et la mise à jour d'un état matérialisé par une ou plusieurs valeurs, par un ensemble de tâches concurrentes.

13.5.1 Un seul accès à la fois

Pour assurer que les tâches ne font pas des accès anarchiques à l'état global, les matériels offrent des mécanismes de bas niveau comme l'instruction *test and set* ou les sémaphores. Ici, on peut fabriquer une tâche responsable de l'état et qui accepte de délivrer sa valeur, ou bien de la modifier :

```
task Acces_Unique is
   entry Consulter(valeur : out un_etat) ;
   entry Mise_a_jour(valeur : in un_etat) ;
end Acces_Unique ;
task body Acces_Unique is
  etat : un_etat := etat_initial ;
begin
   loop
      select
         accept Consulter(valeur : out un_etat) do
           valeur := etat ;
         end ;
      or
         accept Mise_a_jour(valeur : in un_etat) do
           etat := valeur ;
         end ;
      or
         terminate ;
      end select ;
   end loop ;
end Acces_Unique ;
```

Peu importe le type `un_etat` et sa constante `etat_initial` : la tâche `Acces_Unique` accepte soit une consultation de l'état, soit une mise à jour, en utilisant la sémantique de l'instruction **select**.

13.5.2 Plusieurs accès simultanés

Ce mécanisme d'accès exclusif peut être appliqué à tout objet soumis à la concurrence de tâches. Dans un système transactionnel gérant les accès aux données d'une base de données, où l'on suppose que les consultations sont bien plus fréquentes que les modifications, la méthode précédente serait trop restrictive : s'il faut bien assurer qu'une seule tâche fasse une mise à jour à un instant donné, rien n'empêche logiquement plusieurs consultations en même temps. Ce problème est connu sous le nom des lecteurs et des rédacteurs. Pour accéder à une donnée de type ***une_donnee***, on construit le paquetage suivant :

```
generic
   type une_donnee is private ;
package Acces_Simultane is
   function Consultation return une_donnee ;
   procedure Etablir(valeur : in une_donnee) ;
end Acces_Simultane ;
```

En exprimant les conditions d'accès par des variables comptant le nombre de lecteurs en cours de consultation et le nombre d'écrivains en cours de mise à jour, on obtient :

— condition pour lire : nombre d'écrivains = 0 ;

— condition pour écrire : nombre de lecteurs = 0 **et** nombre d'écrivains = 0.

Ce sont là des expressions faciles à introduire dans les gardes d'une instruction **select**. Cependant, pour calculer correctement le nombre de lecteurs par exemple, il faut incrémenter ce nombre en acceptant la lecture, puis il faut le décrémenter lorsque le lecteur a terminé ; or, il faut dissocier ces deux opérations, si l'on veut que la tâche qui gère les accès puisse accepter un nouveau lecteur avant que le précédent ait terminé : l'opération de consultation est nécessairement en dehors d'un rendez-vous.

On arrive alors à une tâche synchronisatrice des lecteurs et des rédacteurs à quatre entrées : deux pour augmenter les compteurs avant un accès, deux pour diminuer les compteurs après l'accès :

```
package body Acces_Simultane is
  donnee : une_donnee ;
   task Acces_Lecteurs is
      procedure Demande_a_lire ;
      procedure Demande_a_ecrire ;
      procedure Fin_lecture ;
      procedure Fin_Ecriture ;
```

```
   end Acces_Lecteurs ;

   function Consultation return une_donnee is
     v : une_donnee ;
   begin
     Demande_a_lire ;
     v := donnee ;          -- lecture
     Fin_lecture ;
      return v ;
   end Consultation ;

   procedure Etablir(valeur : in une_donnee) is
   begin
     Demande_a_ecrire ;
     donnee := valeur ; -- écriture
     Fin_Ecriture ;
   end Etablir ;

   task body Acces_Lecteurs is ... end ;
end Acces_Simultane ;
```

La lecture et l'écriture de la donnée sont ainsi réalisées en dehors de la tâche qui assure le contrôle : les lectures peuvent donc s'exécuter en parallèle. Bien entendu, cela est surtout valable si lecture et écriture ne sont pas des opérations atomiques.

```
task body Acces_Lecteurs is
  nb_lecteurs : NATURAL := 0 ;  --  nombre de lecteurs simultanés
  nb_redacteur : NATURAL := 0 ; --  nombre d'écrivain, 0 ou 1
begin
  loop
    select
       when nb_redacteur = 0 =>
        accept Demande_a_lire do
         nb_lecteurs := nb_lecteurs + 1 ;
        end ;
    or when nb_lecteurs + nb_redacteur = 0 =>
        accept Demande_a_ecrire do
         nb_redacteur := nb_redacteur + 1 ;
        end ;
    or
      accept Fin_lecture do
        nb_lecteurs := nb_lecteurs - 1 ;
      end ;
```

```
    or
      accept Fin_Ecriture do
        nb_redacteur := nb_redacteur - 1 ;
      end ;
    or
      terminate ;
    end select ;
  end loop ;
end Acces_Lecteurs ;
```

L'algorithme de la tâche de contrôle ***Acces_Lecteurs*** peut entraîner une famine des rédacteurs : les écrivains sont en effet bloqués sur la file d'attente de l'entrée ***Demande_a_ecrire*** tant qu'il reste au moins un lecteur. On peut pallier ce défaut en n'acceptant les demandes de lecture qu'en l'absence d'écrivain sur cette file, et en ajoutant à la garde de l'entrée ***Demande_a_lire*** l'expression ***Demande_a_ecrire'-COUNT = 0***.

```
task body Acces_Redacteurs is
 nb_lecteurs, nb_redacteur : NATURAL := 0 ;
begin
  loop
    select
      when nb_redacteur + Demande_a_ecrire'COUNT = 0 =>
       accept Demande_a_lire do ... end ;
    or when nb_lecteurs + nb_redacteur = 0 =>
       accept Demande_a_ecrire do ... end ;
    or
      accept Fin_lecture do ... end ;
    or
      accept Fin_Ecriture do ... end ;
    or
      terminate ;
    end select ;
  end loop ;
end Acces_Redacteurs ;
```

13.5.3 Réutilisation des tâches

Nous venons de voir trois algorithmes de contrôle d'accès à une variable partagée, mis en œuvre par les tâches ***Acces_Unique***, ***Acces_Lecteurs*** et ***Acces_Redacteurs***. Il est normal d'essayer de fabriquer un composant réutilisable pour fournir un accès protégé à une variable partagée, en se basant sur l'interface du paquetage

Acces_Simultanes de la page 288. Pour être général, on aimerait pouvoir ajouter en paramètre générique le modèle de tâche choisie pour faire le contrôle. Pour transformer ce paquetage en pourvoyeur d'un type abstrait d'entités protégées, on voudrait le définir ainsi :

```
generic
   type Protegeur is ...      -- le modèle de tâche de contrôle
   type valeur_protegee is private ;  --  type de l'entité à protéger
package Acces_Protege is
   type entite_protegee is limited private ; --  l'entité et son protecteur
   function Consultation(entite : entite_protegee)
            return valeur_protegee ;
   procedure Etablir(entite : in entite_protegee ;
                          v : out valeur_protegee) ;
private
   ...
end Acces_Protege ;
```

Pour protéger des valeurs de type *t* avec la méthode *Acces_lecteurs*, il suffirait alors d'exemplariser le paquetage *Acces_Protege* ainsi :

```
package Acces_t is new Acces_Protege
    (Protegeur => Type_Acces_Lecteurs,
     valeur_protegee => t
    ) ;
```

puis de déclarer les entités à protéger comme des variables du type *Acces_t.entite_protegee*. Dans le corps du paquetage *Acces_Protege*, le type *entite_protegee* est déclaré comme un article comprenant une valeur du type générique *valeur_protegee* et une tâche de contrôle du type *Protegeur*.

Cette programmation n'est pas possible : si nous avons laissé en attente la déclaration du paramètre générique *Protegeur*, c'est que le langage ne donne pas la solution. Parmi les types formels génériques légaux, un seul convient :

type *Protegeur* **is limited private** ;

Le *Protegeur* devient alors un type abstrait aux propriétés inconnues, et il n'est pas possible d'écrire dans le corps du paquetage une instruction d'appel d'entrée au *Protegeur* : on ne sait même pas que c'est une tâche.

Une deuxième tentative consiste non pas à déclarer un type générique, mais une entité générique de type tâche :

Protegeur : **in out** *Tache_de_Controle* ;

Cette solution a deux défauts rédhibitoires : le type *Tache_de_Controle* implique une seule sorte de contrôle, alors que l'on voulait choisir, et, surtout, la tâche protectrice doit être déclarée avant l'exemplarisation du paquetage, et toutes les variables du type `entite_protege` sont protégées par une unique tâche, ce qui n'est évidemment pas ce que l'on voulait.

On doit donc resteindre ses ambitions, et offrir trois paquetages pour les trois sortes de contrôles pour fournir des types abstraits d'entités protégées. Par exemple, si l'on reprend le modèle de l'accès unique, on déclarera le paquetage suivant :

```
generic
   type valeur_protegee is private ;  --  type de l'entité à protéger
package Des_Acces_Uniques is
   type Protegeur is limited private ;
   function Consultation(entite : Protegeur) return valeur_protegee ;
   procedure Etablir(entite : in Protegeur ;
                     v : in valeur_protegee) ;
private
   task type Acces_Unique is
      entry Consulter(valeur : out valeur_protegee) ;
      entry Mise_a_jour(valeur : in valeur_protegee) ;
   end Acces_Unique ;
   type Protegeur is record
      acces : Acces_Unique ;
   end record ;
end Des_Acces_Uniques ;

package body Des_Acces_Uniques is
   function Consultation(entite : Protegeur) return valeur_protegee is
      v : valeur_protegee ;
   begin
      entite.acces.Consulter(v) ;
      return v ;
   end Consultation ;
   procedure Etablir(entite : in Protegeur ;
                     v : in valeur_protegee) is
   begin
      entite.acces.Mise_a_jour(v) ;
   end Etablir ;

   task body Acces_Unique is ... end ;
end Des_Acces_Uniques ;
```

Si `Acces_t` est une exemplarisation du paquetage `Des_Access_Uniques` pour le type `t`, la déclaration d'une variable `vp` de type `Des_Acces_Uniques.Protegeur` déclare le couple valeur plus tâche de contrôle associée.

Nous utiliserons ce paquetage un peu plus loin, mais examinons son interface : par rapport à l'interface que nous proposions page 291 dans le paquetage ***Acces_Protege***, l'entité transmise en paramètre est le protecteur lui-même. En effet, la valeur protégée est nécessairement déclarée dans la tâche de contrôle. La partie privée explique la réalisation du ***Protegeur***. Le passage par un type article est rendu nécessaire pour encapsuler le type tâche. Nous pouvons envisager les solutions suivantes :

— définir dans la partie privée le type ***Protegeur*** comme équivalent au type tâche ***Acces_Unique*** : cela n'est pas possible puisque les équivalences ne sont possibles que via les sous-types, et qu'on ne peut pas déclarer de sous-type privé ;

— exporter le sous-type ***Protegeur***, en le définissant comme équivalent au type tâche : cela oblige à définir le type tâche dans la partie visible du paquetage ; en contrepartie, il n'y a plus de partie privée ;

— la solution proposée plus haut.

L'introduction syntaxiquement nécessaire du type article est préférable, puisqu'elle supprime l'exportation du type tâche : si, dans ce cas, les procédures d'accès ***Consultation*** et ***Etablir*** ont un protocole simple, ce ne serait pas le cas avec les tâches de contrôles permettant les accès parallèles, et il est donc fortement souhaitable d'interdire l'utilisation directe du type tâche.

Le corps de la tâche de contrôle est quasiment le même que celui de la page 287 :

```
task body Acces_Unique is
 ma_valeur : valeur_protegee ;
begin
  loop
    select
      accept Consulter(valeur : out valeur_protegee) do
        valeur := ma_valeur ;
      end ;
    or
      accept Mise_a_jour(valeur : in valeur_protegee) do
        ma_valeur := valeur ;
      end ;
    or
      terminate ;
    end select ;
  end loop ;
end Acces_Unique ;
```

Notons également qu'une autre solution est possible si l'on veut offrir le choix du contrôle sur une entité déclarée dans le paquetage d'accès (et qui donc n'est plus un pourvoyeur de type abstrait protégé), en exploitant les mécanismes de la compilation séparée que nous verrons au chapitre 14. Cela consiste à déclarer un objet formel générique de type tâche, à séparer le corps de la tâche qui servira lors de l'exemplarisation de sa déclaration, et à jouer sur les composants de bibliothèque pour lier le corps de la tâche choisie : si les trois tâches de contrôle sont définies avec le même interface (ce que nous n'avons pas fait ici, mais qu'il est facile de faire), les trois corps peuvent être rattachés à la même spécification dans des bibliothèques différentes.

13.6 Les rendez-vous et le temps

À partir du moment où une tâche s'est engagée dans un rendez-vous, que ce soit par une instruction d'appel d'entrée ou par une instruction **accept**, elle se trouve coincée jusqu'à ce que l'autre partenaire partage le rendez-vous. Pour éviter de s'engager à la légère, d'autres formes de l'instruction **select** permettent de se désengager au bout d'un certain temps.

13.6.1 Branche de temporisation

Les alternatives de l'instruction **select** de la page 282 montrent l'existence d'une alternative de temporisation introduite par une instruction **delay**. L'exemple qui suit représente une phase du déroulement d'un jeu télévisé dans lequel les deux candidats, celui de gauche et celui de droite, ont une minute pour donner la réponse à la question posée par le meneur de jeu :

```
select
   accept Reponse_a_gauche(r : in une_reponse) do
     ...
   end ;
  point_a_gauche := point_a_gauche + 1 ;
or
   accept Reponse_a_droite(r : in une_reponse) do
     ...
   end ;
  point_a_droite := point_a_droite + 1 ;
or
   delay 1.0 * 60 ;  --  une minute
   --  coup nul
end  select ;
```

La sémantique est la suivante : si aucun appel à ***Reponse_a_gauche*** ou à ***Reponse_a_droite*** n'est reçu dans un délai de 1 minute, c'est la troisième branche de l'instruction **select** qui est choisie, et les instructions qui suivent l'instruction **delay**, s'il y en a, sont exécutées. Une telle branche peut être gardée, et une instruction **select** peut en comporter plusieurs, bien que cela n'ait pas d'intérêt.

Nous pouvons résumer toutes les sémantiques de l'instruction **select** du côté appelé, en fonction des alternatives présentes et des valeurs des gardes :

instruction **select** coté appelé	s'il y a au moins une branche franchissable	s'il y a au moins une branche ouverte mais si aucune n'est franchissable	s'il n'y a pas de branche ouverte
avec une partie **else**	le	exécution de la partie **else**	exécution de la partie **else**
avec une branche de terminaison ouverte	rendez-vous	on attend le rendez-vous ou la terminaison	on attend la terminaison
avec une branche de temporisation ouverte	est	l'attente du rendez-vous est limitée dans le temps	on attend l'expiration du délai
avec seulement une branche de rendez-vous	immédiat	on attend le rendez-vous	déclenchement de l'exception ***PROGRAM_ERROR***

13.6.2 Appel d'entrée à attente limitée

Coté appelant, une instruction d'appel d'entrée peut être munie d'un chien de garde en l'enrobant dans une instruction **select** (fig. 13.13).

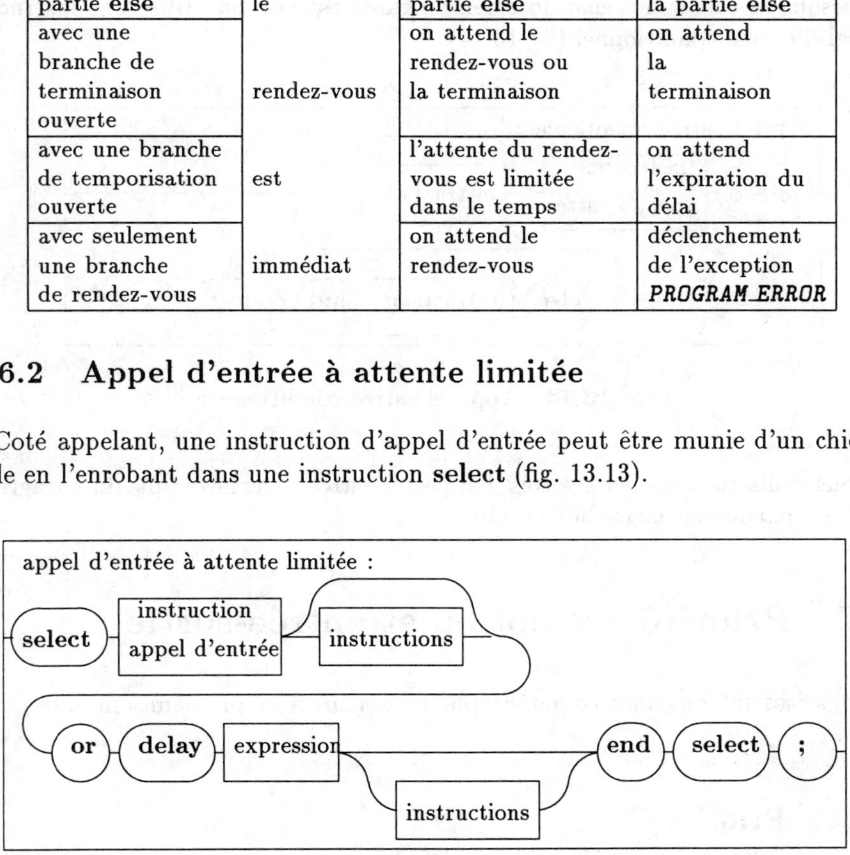

FIG. 13.13 : Appel d'entrée à attente limitée.

La tâche appelante met en place un chien de garde matérialisé par l'instruction **delay** avant de s'engager dans le rendez-vous : si la tâche appelée n'a pas accepté le rendez-vous avant l'expiration du délai, alors la demande d'appel d'entrée est annulée, et les instructions qui suivent la branche du chien de garde sont exécutées.

Cette instruction peut causer des erreurs chez l'appelé si l'algorithme de l'appelé repose sur l'utilisation de l'attribut ***COUNT*** des entrées : lorsqu'une tâche utilise une instruction d'appel d'entrée avec attente limitée sur l'entrée ***E*** de la tâche ***A***, alors l'attribut ***COUNT*** de l'entrée ***E*** est incrémenté. Si le délai expire avant que la tâche ***A*** ait réagi, alors la tâche appelante est retirée de la file d'attente ***E*** et l'attribut ***COUNT*** est décrémenté.

13.6.3 Appel d'entrée conditionnel

Lorsque la valeur du délai du chien de garde est nul, on utilise une instruction d'appel d'entrée conditionnel (fig 13.14).

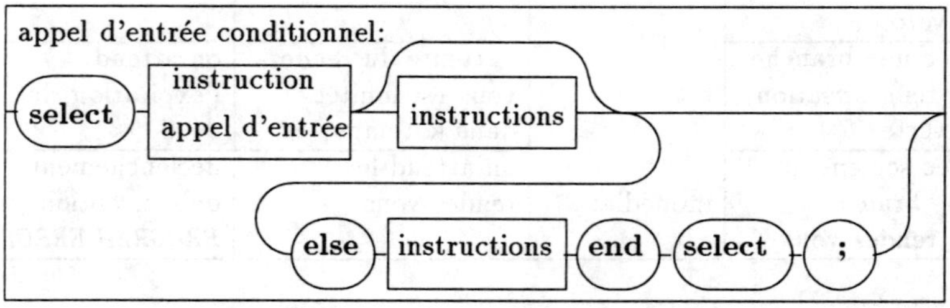

FIG. 13.14 : Appel d'entrée conditionnel.

Nous utiliserons ces deux sortes d'appels d'entrée dans l'exemple du paragraphe 13.8.1, en particulier pages 307 et 310.

13.7 Priorité, exception et entrée-sortie

Nous rassemblons dans ce paragraphe trois sources de problèmes induits par les tâches.

13.7.1 Priorité

C'est l'exécutif Ada qui réalise l'ordonnancement des tâches. Une tâche active perd la main-mise sur le processeur lorsque :

— elle exécute une instruction **delay** ;

— elle se bloque sur un rendez-vous ;

— elle réalise une entrée-sortie ;

— elle a épuisé la tranche de temps que lui a donné l'exécutif.

Théoriquement, l'exécutif considère que toutes les tâches sont égales vis-à-vis de leur compétition pour obtenir le processeur. On peut modifier cette égalité en attribuant une priorité à certaines tâches avec le pragma *PRIORITY* :

pragma *PRIORITY(n)*

La valeur *n* est du type *SYSTEM.PRIORITY*, un sous-type du type *INTEGER* dont l'intervalle dépend de la mise en œuvre. La priorité la plus faible a donc la valeur *SYSTEM.PRIORITY'FIRST*.

Les priorités ne s'utilisent que dans le cadre des applications temps réel. Lorsque des priorités sont données aux tâches, l'exécutif doit assurer qu'entre deux tâches éligibles qui attendent le (même) processeur, il ne choisira pas d'exécuter la tâche de plus faible priorité des deux. Le manuel de référence ne dit rien si une des deux tâches n'a pas de priorité.

Lorsque des tâches avec priorité exécutent un rendez-vous, le rendez-vous est exécuté avec la plus grande priorité ; si l'une de tâches n'a pas de priorité, le rendez-vous est exécuté avec une priorité au moins aussi grande que celle de l'autre tâche. Les priorités n'affectent pas le fonctionnement des files d'attente des entrées.

13.7.2 Exception

Le mécanisme de propagation des exceptions est forcément perturbé par les tâches : avec un seul fil d'exécution, il est facile de faire remonter une exception non traitée jusqu'au programme, mais que faire avec des tâches indépendantes ? Examinons dans l'ordre chronologique de l'exécution ce qui peut arriver.

13.7.2.1 À l'élaboration de la tâche

Quelle que soit l'exception déclenchée lors de l'élaboration d'une tâche, l'exception *TASKING_ERROR* est déclenchée chez le père de la tâche erronée (qui, bien entendu, ne démarre pas, et passe dans l'état achevé). Le père est bloqué tant que dure les élaborations de ses tâches filles, mais il ne reçoit qu'une seule exception si plusieurs filles sont en erreur. En arrivant sur son **begin**, le père reçoit alors *TASKING_ERROR*, et les tâches filles correctement élaborées démarrent de façon indépendante.

En cours d'exécution, le père reçoit également l'exception *TASKING_ERROR* en exécutant l'allocateur **new** pour créer une tâche qui déclenche une exception.

13.7.2.2 Lors de l'exécution normale

Les exceptions habituelles, comme *CONSTRAINT_ERROR* ou *Les_Piles.Vide*, ne peuvent pas être propagées au-delà de la tâche qui les a déclenchées. Un traiteur d'exception introduit par **when others** en fin de tâche est bien utile pour la mise au point.

13.7.2.3 Pendant les interactions entre tâches

Une exception peut survenir dans l'exécution d'un rendez-vous ; si le rendez-vous n'a pas le traiteur correspondant (forcément dans un bloc interne), l'exception est déclenchée chez l'appelant et est propagée normalement chez l'appelé.

La tâche appelante, exécutant un appel d'entrée d'une tâche qui est dans l'état anormal ou achevé, reçoit l'exception *TASKING_ERROR*; il en est de même si l'appelé passe à l'état anormal (on l'a tué par une instruction **abort** par exemple) avant d'exécuter l'instruction **accept** qui attendait l'appelant.

13.7.2.4 Attribut

On peut éviter le déclenchement de l'exception précédente en utilisant les attributs qui donnent une information sur l'état d'une tâche *T*.

L'attribut *T'TERMINATED* est vrai si la tâche *T* est terminée.

L'attribut *T'CALLABLE* est vrai, sauf si la tâche est anormale, achevée ou terminée. Lorsque cet attribut est faux, on sait qu'il ne faut pas appeler la tâche *T*. Par contre, la tâche peut très bien devenir anormale ou achevée entre le moment où on évalue l'attribut et le moment où on exécute l'appel d'entrée.

13.7.3 Entrée-sortie

Les opérations d'entrée-sortie ont ceci de particulier qu'elles font intervenir des processus extérieurs au programme, et qui s'exécutent en dehors du processeur. Ces opérations sont en général longues, et leurs exécutions sont souvent l'occasion pour l'exécutif Ada de changer la tâche active. Nous examinons dans ce paragraphe plusieurs interactions avec les tâches : au niveau des effets de bord dus à l'ordonnancement, au niveau de l'intervention des processus externes, et au niveau de la réalisation par le système d'exploitation.

13.7.3.1 Partage d'un support d'entrée-sortie

Les opérations d'entrée-sortie réalisées par les paquetages prédéfinis du chapitre 12 supposent qu'un fichier est ouvert par une seule tâche à la fois. Si ce n'est pas le cas, on doit le protéger par un serveur utilisant l'un des algorithmes des lecteurs-rédacteurs des paragraphes précédents.

Considérons en particulier les affichages sur l'écran : si plusieurs tâches envoient leur message ou leur trace d'exécution par des instructions *TEXT_IO.PUT_LINE*, leurs traces seront mélangées sur l'écran parce qu'il y a de grandes chances pour que l'exécutif Ada active son ordonnanceur après chaque *PUT_LINE*. Ce comportement est normal, et il permet de visualiser à peu près correctement le déroulement parallèle des tâches. Par contre, si la composition d'un message est réalisée par plusieurs instructions *PUT* et terminée par un *PUT_LINE*, alors le message risque d'être fragmenté et illisible sur l'écran. C'est par exemple ce qui arriverait si l'on utilisait le paquetage *Les_Fenetres* de la page 147 dans plusieurs tâches : la procédure *Afficher* est décomposée en plusieurs appels à la procédure *Mettre* qui affiche un seul caractère à la fois, avec positionnement du curseur une seule fois évidemment, en début d'affichage.

Ainsi, pour utiliser le paquetage *Les_Fenetres* pour permettre à différentes tâches d'afficher leur trace d'exécution dans des fenêtres différentes, doit-on considérer les opérations de sortie sur l'écran comme indivisibles : ici, c'est donc le paquetage *Acces_Exclusif* de la page 271 qu'il convient d'utiliser. On doit donc fabriquer un nouveau paquetage, avec les mêmes spécifications, qu'on appellera *Les_Fenetres_en_multitache* :

```
with Les_Fenetres ;
package Les_Fenetres_en_multitache is
   type une_fenetre is new Les_Fenetres.une_fenetre ;
   procedure Ouvrir(f : in out une_fenetre ;
                    en_x : in Les_Fenetres.hauteur_ecran ;
                    en_y : in Les_Fenetres.largeur_ecran ;
                    h : in Les_Fenetres.hauteur_ecran ;
                    l : in Les_Fenetres.largeur_ecran
                   ) ;
   procedure A_la_ligne(f : in out une_fenetre) ;
   procedure Afficher(f : in out une_fenetre ;
                      la_chaine : STRING) ;
   procedure Cadre(f : in out une_fenetre ;
                   titre : STRING) ;
end Les_Fenetres_en_multitache ;
```

Ce paquetage exemplarise le paquetage *Acces_exclusif* et protège quand c'est nécessaire les accès à l'écran : lorsqu'il trace un cadre de fenêtre et lorsqu'il fait un affichage.

```
with Acces_Exclusif ;
package body Les_Fenetres_en_multitache is
   package Ecran is new Acces_Exclusif ;  --  accès à l'écran
   procedure Ouvrir(f : in out une_fenetre ;
                    en_x : in Les_Fenetres.hauteur_ecran ;
                    en_y : in Les_Fenetres.largeur_ecran ;
                    h : in Les_Fenetres.hauteur_ecran ;
                    l : in Les_Fenetres.largeur_ecran
                   ) is
   begin
     Les_Fenetres.Ouvrir(Les_Fenetres.une_fenetre(f),
                         en_x, en_y, h, l) ;
   end Ouvrir;
```

```
    procedure A_la_ligne (f: in out une_fenetre) is
    begin
      Ecran.JePrend ;
      Les_Fenetres.A_la_ligne(Les_Fenetres.une_fenetre(f)) ;
      Ecran.JeRend ;
    end A_la_ligne;

    procedure Afficher (f: in out une_fenetre;
                        la_chaine: STRING) is
    begin
      Ecran.JePrend ;
      Les_Fenetres.Afficher(Les_Fenetres.une_fenetre(f), la_chaine) ;
      Ecran.JeRend ;
    end Afficher;

    procedure Cadre (f : in out une_fenetre;
                     titre : STRING) is
    begin
      Ecran.JePrend ;
      Les_Fenetres.Cadre(Les_Fenetres.une_fenetre(f), titre) ;
      Ecran.JeRend ;
    end Cadre;
end Les_Fenetres_en_multitache;
```

13.7.3.2 Influence du système d'exploitation

Les opérations d'entrée-sortie ne sont pas réalisées directement par l'exécutif Ada : elles sont sous-traitées au système d'exploitation. C'est donc vers la documentation du système qu'il faut se tourner pour savoir ce qui va advenir du réel parallélisme des tâches qui réalisent des entrées-sorties. Le système UNIX par exemple propose des entrées-sorties bloquantes ; comme nous l'avons remarqué au début de ce chapitre, la plupart des exécutifs Ada implantent toutes les tâches d'un programme Ada dans un seul processus UNIX. La conséquence est qu'une opération d'entrée-sortie bloque non seulement la tâche qui effectue l'opération, mais aussi toutes les autres tâches, puisque c'est le processus UNIX tout entier qui est bloqué.

13.7.3.3 Programmation d'entrée-sortie

Le paquetage prédéfini *LOW_LEVEL_IO* offre deux opérateurs pour encapsuler proprement des entrées-sorties de bas niveau : une procédure *SEND_CONTROL* pour envoyer une commande ou une donnée sur un coupleur, et une procédure *RECEIVE_CONTROL* pour lire un registre d'état ou une donnée sur un coupleur :

```
package LOW_LEVEL_IO is
  procedure SEND_CONTROL
    (device : device_type ;
     data : in out data_type) ;
  procedure RECEIVE_CONTROL
    (device : device_type ;
     data : in out data_type) ;
end LOW_LEVEL_IO ;
```

Le paquetage n'est pas générique, et les procédures ***SEND_CONTROL*** et ***RECEIVE_CONTROL*** doivent être surchargées s'il y a plusieurs dispositifs externes à programmer : les types des paramètres, définis par la mise en œuvre, doivent donc être différents. Bien entendu, le corps du paquetage est à programmer en fonction du dispositif ou à mettre en œuvre par des appels au pilote fourni par le système d'exploitation. Nous donnerons un exemple d'utilisation au paragraphe 13.8.2.7.

13.7.3.4 Lien avec les interruptions

Une interruption peut être vue comme l'appel d'une entrée spéciale d'une tâche. La spécialisation est définie par une clause d'adresse que nous verrons au chapitre 15, page 359 : ce peut être une interruption matérielle ou logicielle (par exemple, un signal UNIX).

13.8 Plusieurs exemples

Nous présentons dans ce paragraphe deux exemples d'utilisation des tâches, et nous illustrons quelques constructions du langage qui n'ont pas reçu d'application, comme les familles d'entrée.

13.8.1 Le restaurant

Le langage Ada est conçu pour écrire des applications temps réel ; il n'est pas conçu comme un langage de simulation. Il est tentant cependant d'utiliser les constructions du langage pour faire des simulations : on a en effet besoin de décrire des processus parallèles et d'expliquer leur comportement dans le temps. Bien que l'horloge Ada soit une horloge temps réel, on peut quand même l'utiliser pour autre chose, en particulier pour concevoir les primitives d'un langage de simulation. On trouvera une programmation de ces primitives dans [OGOR 90]. Plus modestement ici, nous utilisons le formalisme des tâches et l'écoulement du temps réalisé par l'instruction **delay**.

Nous vous proposons donc de simuler le fonctionnement d'un restaurant, en se limitant à la durée d'un service (celui du déjeuner ou du dîner). La simulation peut avoir comme objectif de calculer le nombre optimal de serveurs pour obtenir une bonne rotation des tables, compte tenu des différents paramètres que sont la loi d'arrivée des clients, le nombre de tables, la durée d'un repas, etc. Dans l'étude qui suit, nous installons simplement la simulation du "monde réel". On sait qu'il sera facile d'y greffer les mesures ou les calculs ultérieurement.

Dans un restaurant, les protagonistes sont nombreux. Nous retiendrons :

— les clients, comprenant à la fois ceux qui s'installent et qui mangent, et ceux qui refusent d'attendre trop longtemps qu'une table se libère, et qui repartent sans manger ;

— les majordomes, qui prennent les commandes ;

— les cuisiniers, qui assurent la préparation et la délivrance des plats ;

— les plongeurs, qui nettoient la vaisselle au fur et à mesure qu'elle revient de la salle ;

— les serveurs, qui servent et qui desservent.

Le schéma de la figure 13.15 montre tous les processus que nous allons implanter : un protagoniste comme le client y est représenté sous deux aspects, celui du client qui ne mange pas encore ou qui ne mange plus (les ronds de droite), et celui du client attablé, qui est connu des employés du restaurant non pas comme une personne, mais comme une table : il y a celui du 3, ceux du 5, 3 et 5 étant les numéros attribués aux tables. Ainsi, le client est matérialisé par les tâches ***Client*** et ***Les_Tables***.

Par contre, cuisiniers et plongeurs sont associés dans la même tâche, la ***Cuisine*** ; nous ne détaillerons pas le fonctionnement précis de cette entité, mais un raffinement ultérieur pourrait très bien exhiber les différents processus qui la composent. La tâche ***Service*** est en fait l'horloge du restaurant, et son rôle est essentiellement d'indiquer l'heure de la fin du service. Bien entendu, la fin du service n'implique pas qu'on mette les clients dehors.

13.8.1.1 Analyse organisationnelle

Pour simplifier la mise en œuvre et l'utilisation du simulateur, nous devons identifier et séparer les grandes fonctions qu'il contient. Nous retiendrons :

— le comportement du restaurant, qui est matérialisé par les relations entre les tâches ;

— les paramètres de la simulation, qui comprennent les données numériques sur les quantités (de tables, de serveurs,...) et sur les durées (pour servir, pour débarrasser, pour préparer une commande,...) ;

— l'extraction des résultats, qui peuvent comporter les calculs d'optimisation ou se ramener à une trace d'exécution exploitable ultérieurement.

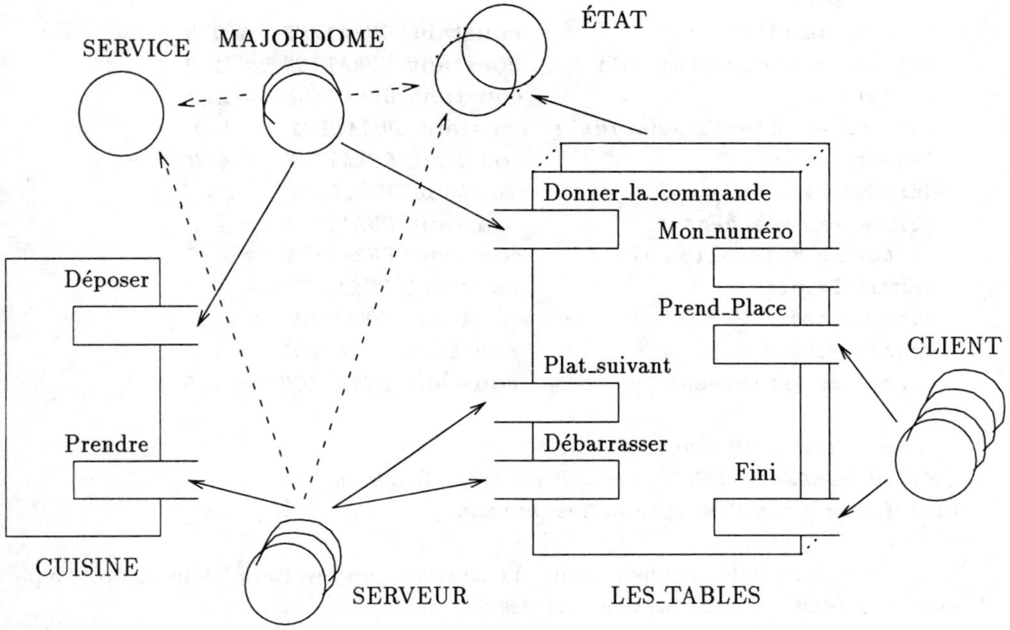

FIG. 13.15 : Le restaurant.

Le paquetage ***Parametres_Simulation_Restaurant*** ci-dessous est purement déclaratif. On pourrait lui adjoindre un corps pour initialiser les valeurs qu'il exporte à partir d'un fichier. La base de temps utilisée ici est approximativement de 1 pour cinq minutes.

```
with CALENDAR, Les_Naturels ;
use CALENDAR, Les_Naturels ;
package Parametres_Simulation_Restaurant  is
 --  paramètres pour la simulation du restaurant
   --  nombres et types
 nb_table :        constant naturel := 5 ;  --  nb de tables
 nb_serveur :      constant naturel := 2 ;  --  nb de serveurs
 nb_majordome :    constant naturel := 1 ;  --  nb de majordomes
 nb_client :       constant naturel := 8 ;  --  nb de clients
 nb_plat :         constant naturel := 2 ;  --  nb de plats par menu
  subtype une_table is     naturel range 1..nb_table ;
  subtype un_serveur is    naturel range 1..nb_serveur ;
  subtype un_majordome is  naturel range 1..nb_majordome ;
  subtype un_plat is       naturel range 0..nb_plat ;
```

```
    --  délais
  voir_si_se_libere :               constant DURATION := 0.5 ;
  reflexion_sur_la_commande :       constant DURATION := 1.0 ;
  savoure :                         constant DURATION := 2.0 ;
  voir_si_le_client_se_decide :     constant DURATION := 1.0 ;
  vaquer :                          constant DURATION := 4.0 ;
  duree_service :                   constant DURATION := 30.0 ;
  qu_ils_se_depechent :             constant DURATION := 4.0 ;
  porter_la_vaisselle_sale :        constant DURATION := 0.5 ;
  servir_le_plat :                  constant DURATION := 0.3 ;
  quel_foutoir :                    constant DURATION := 0.1 ;
  souffler_un_peu :                 constant DURATION := 1.0 ;
  entre_les_arrivees :              constant DURATION := 2.5 ;

    --  mode d'affichage
  F : BOOLEAN := TRUE ; --  F est vrai : fenêtrage
end Parametres_Simulation_Restaurant ;
```

Le paramètre ***F*** détermine le mode d'extraction des résultats. Dans ce prototype, nous proposons simplement deux formes de « calcul » des résultats :

— soit l'affichage d'une trace d'exécution à l'écran ;

— soit la fabrication d'un fichier contenant cette trace, et un affichage des activités de plusieurs des protagonistes dans des fenêtres séparées.

C'est le paquetage ***Outil_Restaurant*** qui exporte les fonctions d'affichage. Pour ne pas polluer le simulateur lui-même, les trois opérateurs qu'il exporte sont indépendants du mode d'affichage choisi dans le paquetage ***Parametres_Simultation_Restaurant***. La procédure la plus importante est la procédure ***Message*** chargée de la fabrication d'une ligne de la trace d'exécution :

```
procedure Message (numero : in num_fenetre ; t : in un_message)
```

Son premier paramètre identifie la tâche entière émettrice. La convention est la suivante :

— les numéros de 1 à ***nb_table*** identifient les clients occupant les tables 1 à ***nb_table*** ;

— le numéro ***nb_table + 1*** identifie les serveurs et les majordomes ;

— le numéro ***nb_table + 2*** identifie les clients quand ils ne sont pas attablés.

Son deuxième paramètre est une chaîne et contient le texte de la trace.

```
with Parametres_Simulation_Restaurant, Les_Naturels ;
use Parametres_Simulation_Restaurant, Les_Naturels ;
```

```
package Outil_Restaurant is
  subtype un_message is STRING ;
  nb_fenetre :  constant naturel := nb_table + 2 ;
   --  1 pour clients, et 1 pour serveurs et majordomes
  subtype num_fenetre is naturel range 1..nb_fenetre ;
  nf_client : num_fenetre := nb_table + 2 ; --  no. fenêtre des clients
  nf_serveur : num_fenetre := nb_table + 1 ; --  no. fenêtre des autres
  procedure Message(numero : in num_fenetre; t : in un_message) ;
   --  Affiche le message t pour une tâche, avec mise en colonne
   --  des messages par numéro, et/ou affichage dans une fenêtre
   --  connue par son numéro
  procedure Installer_fenetre_table(num : une_table) ;
   --  Installe éventuellement une fenêtre d'affichage pour une table
  procedure Installer_autres_fenetres ;
   --  Idem pour les autres protagonistes
end Outil_Restaurant ;
```

Les deux autres opérateurs du paquetage **`Outil_Restaurant`** ont une action positive seulement si le paramètre **`F`** du paquetage **`Paramètres_Simulation_Restaurant`** est vrai : ils installent des fenêtres de visualisation.

13.8.1.2 Analyse comportementale du restaurant

Il y a deux sortes de protagonistes : ceux qui s'activent et qui se déplacent, comme les clients quand ils entrent et qu'ils repartent, et comme les serveurs et les majordomes ; et ceux qui restent sur place et attendent les événements, comme les cuisiniers et les clients quand ils sont à table. Aux premiers vont correspondre des tâches Ada qui font des appels d'entrée, et aux seconds vont correspondre des tâches qui acceptent les événements.

Les données échangées par les tâches sont celles du monde réel : les clients passent une commande composée d'une liste de mets, les majordomes notent la commande sur une fiche, et les serveurs apportent les mets fabriqués à la cuisine. Dans le programme **`Simulation_Restaurant`**, nous avons identifié les mets par une lettre, et la commande par une chaîne, bornée statiquement dans la commande ; les algorithmes qui suivent ne sont pas réduits par cette option simplificatrice.

Une autre donnée n'est pas vraiment échangée, mais joue un rôle tout aussi capital dans le fonctionnement du restaurant : elle caractérise l'état d'une table, et elle est consultée par les majordomes et par les serveurs lorsqu'ils jettent un coup d'œil sur les clients pour savoir s'ils doivent intervenir. Le type **`etat_table`** identifie ces différents états. Les premières données (les commandes, les fiches et les mets) qui sont réellement échangées correspondent à des paramètres des points de rendez-vous, tandis que les deuxièmes, les états des tables, sont accessibles à tout moment (on peut toujours regarder “où en est la 4”) et ne sont donc pas des paramètres.

On en déduit le début du programme de simulation :

```
with Parametres_Simulation_Restaurant, ... ;
procedure Simulation_Restaurant is
  subtype un_met is CHARACTER range 'a'..'z' ; -- les plats du menu
  met_vide : constant un_met := 'z' ;
                                   -- quand la cuisine n'a rien à donner
  subtype une_commande is STRING ; -- un plat est désigné par une lettre
  type une_fiche is record -- pour prendre la commande
     c : une_commande(1..POSITIVE(nb_plat)) ;
     t : une_table ; -- numéro de la table
    end record ;
  type etat_table is (libre,              -- pas de client
                      attente_commande,   -- le client attend le majordome
                      attente_plat,       -- attente suite du menu
                      on_s_en_occupe,     -- un serveur a noté l'attente
                      attente_debarasser  -- attente après un plat
                      ) ;

  task type Client ;       -- le client qui va au restaurant
  task type Majordome ;    -- les preneurs de commande
  task type Serveur ;      -- amènent les plats et débarassent
  task type Table is       -- une table du restaurant, libre ou occupée
    entry Mon_Numero(n : in une_table) ; -- les tables sont numérotées
    entry Prend_Place ;                  -- la table devient occupée
    entry Donne_la_commande(com : out une_commande) ;
                                         -- accepte la prise de commande
    entry Plat_Suivant(p : in un_met) ; -- accepte le plat suivant
    entry Debarasser ;                   -- accepte qu'on change les assiettes
    entry Fini ;                         -- la table redevient libre
  end Table ;
  task Cuisine is -- reçoit les commandes et les honore
    entry Deposer(f : une_fiche) ;
    entry Prendre(m : out un_met ; pour : in une_table) ;
  end Cuisine ;
  ...
end Simulation_Restaurant ;
```

Un autre état est consulté par les serveurs et les majordomes, tout du moins quand leurs jambes deviennent fatiguées : l'horloge qui indique la fin du service. Ces deux sortes d'état ne doivent cependant pas être traités de la même façon :

— tous les serveurs peuvent consulter l'horloge en parallèle pour se préparer à quitter le service quand l'horloge dépasse l'heure attendue : la tâche ***Service*** tient à jour la variable globale ***C_Est_L_Heure***; elle seule la modifie, les autres tâches la consultent;

— tous les serveurs peuvent également consulter l'état d'une table, mais un seul à la fois : un seul serveur constate qu'on peut débarrasser la 4 et la débarrasse effectivement; un seul serveur constate qu'on peut servir le plat suivant à la 5 et va le chercher.

On va donc matérialiser l'heure générale par une variable globale mise à jour par un seul processus et consultable par tous sans aucune précaution, tandis que les états des tables doivent être protégés pour éviter que deux serveurs à la fois réalisent la même opération. Pour cela, on exemplarise le paquetage ***Des_Acces_Uniques*** qui répond à cet objectif. La suite du programme ***Simulation_Restaurant*** est donc la suivante :

```
task Service ;    --  définit le temps du service et positionne le
                  --  global C_Est_L_Heure en fin de service
les_tables : array(une_table) of Table ; --  statique : le restaurant
package Mes_Etats is new Des_Acces_Uniques(etat_table) ;
etat : array(une_table) of Mes_Etats.Protegeur ;
       --  l'état doit être connu à tout moment
C_Est_L_Heure : BOOLEAN := FALSE ;  --  vrai en fin de service
```

Le paquetage générique ***Des_Acces_Uniques*** doit figurer dans un clause de contexte du programme.

13.8.1.3 Comportement des tâches

Il est difficile de trouver un modèle unique pour décrire le comportement des clients du monde réel. Mais comme nous n'avons pas la prétention de faire un vrai calcul d'optimisation, notre modèle est unique et forcément caricatural. Nous supposons ici que le placement est en libre service : ce n'est pas le majordome qui guide le client vers une table libre, c'est le client qui recherche seul une place. Pour cela, il parcourt le restaurant, tente d'investir une table qui pourrait être libre, et passe à la suivante au bout du temps ***voir_si_se_libere*** si la table ne se libère pas : la tâche ***Client*** fait donc un appel d'entrée à temps limité . Si le client trouve une place, il s'assoit et devient matérialisé par la tâche ***Table*** correspondant à la table qu'il a prise, et la tâche ***Client*** se bloque alors sur l'entrée ***Fini*** de la tâche ***Table***.

```
task body Client is
  --  Entre, cherche une table en attendant de voir si les convives
  --  actuels sont prêts à partir, reste ou sort.
  il_reste : BOOLEAN := FALSE ;
  num_table : une_table ;  --  sa table s'il reste
```

```
begin
  Message(nf_client, "Un client arrive") ;
   for i in une_table loop
     select
       les_tables(i).PrendPlace ;
       il_reste := TRUE ; num_table := i ;
        exit ;
     or
        delay voir_si_se_libere ; --  le temps de voir si ça va se libérer
     end select ;
   end loop ;
   if not il_reste then
     Message(nf_client, "C'est plein, le client repart") ;
   else
     Message(num_table, "Arrive'e a' la " & num_table) ;
     --  il attend les services et mange
     les_tables(num_table).Fini ;
     Message(num_table, "Le client s'en va") ;
   end if ;
end Client ;
```

Les messages sont produits en tant que client (numéro ***nf_client***) ou en tant que table (***num_table***).

Une tâche ***Table*** commence par recevoir (virtuellement peut-être) le petit carton qui porte son numéro. Simultanément, son état indique qu'elle est libre. Elle se poursuit par une boucle infinie comportant une instruction **select** pour accepter qu'un client prenne place ou pour terminer. Une fois attablé, le client prépare sa commande, ce qui lui prend un certain temps (***reflexion_sur_la_commande***), attend le majordome pour donner sa commande, puis se met alternativement à attendre un plat, à manger, à attendre qu'on le débarrasse, et cela tant que sa commande n'est pas épuisée.

```
use Mes_Etats ;
task body Table is
      --  comportement du client à sa table
   n_plat : un_plat ;
   ma_commande : une_commande(1..POSITIVE(nb_plat)) ;
   numero : une_table ; --  numéro de la table
   procedure Preparation_Commande is
   begin
      ma_commande(1) := un_met'VAL(un_met'POS('a') + numero) ;
      ma_commande(2) := un_met'SUCC( ma_commande(1)) ;
      delay reflexion_sur_la_commande ; --  le client réfléchit à sa commande
   end Preparation_Commande ;
```

```
  procedure Mange is
  begin
    delay savoure ;
  end Mange ;
begin
  accept Mon_Numero(n : in une_table) do  --  avant le début du service
   numero := n ;
  end;
 Etablir(etat(numero), libre) ;  --  la table est prête et libre
  loop                           --  durant tout le service, faire
    select
      accept Prend_Place ;        --  un client s'assoit
      Etablir(etat(numero), attente_commande) ;
      Preparation_commande ;
      accept Donne_la_commande(com : out une_commande) do
       com := ma_commande;
      end ;
      n_plat := 0 ;
      loop
        Etablir(etat(numero), attente_plat) ;
        accept Plat_Suivant(p : in un_met) ;
         --  on ne se sert pas du p, on le mange
        n_plat := n_plat + 1 ;
        Mange ;
        Etablir(etat(numero), attente_debarasser) ;
        exit when n_plat = nb_plat ;
        accept Debarasser ;
      end loop ;
      accept Fini ;
      accept Debarasser ;
      Etablir(etat(numero), libre) ;
    or
      terminate ;
    end select ;
  end loop ;
end Table ;
```

La clause **use** *Mes_Etats* permet d'établir directement les états successifs par lesquels passe la table au cours du repas.

Le majordome est matérialisé par une tâche active : il fait la tournée des tables, et si un client est en attente de commande, il reste un certain temps derrière lui (*voir_si_le_client_se_decide*) et passe au suivant, vraisemblablement après avoir donné quelques renseignements sur le menu, si le client ne se décide pas encore. Si la prise de commande à lieu, il la porte à la cuisine. La terminaison du majordome est fonction de l'horloge du service.

```
task body Majordome is
 f : une_fiche ;            -- pour la prise de commande
 c_est_fait : BOOLEAN ; --  il a trouvé une commande
begin
  loop       -- jusqu'à la fin du service
    c_est_fait := FALSE ;
    for i in une_table loop  --  fait la tournée des tables
      if Consultation(etat(i)) = attente_commande then
          -- pour voir s'il y a une commande à prendre
        select
          les_tables(i).Donne_la_commande(f.c) ;
          c_est_fait := TRUE ;
          f.t := i ;  --  note pour qui c'est sur la fiche
          exit ;
        or
          delay voir_si_le_client_se_decide ; --  n'attend pas plus
        end select ;
      end if ;
    end loop ;
    if c_est_fait then  --  porter la fiche sur le panneau de la cuisine
     Message(f.t, "Commande prise") ;
     Cuisine.Deposer(f) ;
    end if ;
    delay vaquer ;  --  fait autre chose
    exit when C_Est_L_Heure ;
  end loop ;
  Message(nf_serveur, "un majordome s'en va") ;
end Majordome ;
```

Le modèle du serveur est simplifié à l'extrême, et son algorithme est malheureusement celui qu'on a l'impression de trouver dans certains restaurants : le service va vite à certaines tables, et se traîne à d'autres. Le serveur est construit sur le modèle du majordome : c'est une boucle qui se termine à la fin du service. Alternativement, le serveur va desservir une table puis apporter un plat, pas forcément à la même table. Nous avons laissé deux causes d'erreur dans notre algorithme :

```
task body Serveur is
 met : un_met ;
begin
  loop --  pendant la durée du service
    for i in une_table loop   --  voir s'il faut débarrasser une table
```

```
    if Consultation(etat(i)) = attente_debarrasser then
      select
        les_tables(i).Debarrasser ;
        Message(i, "On de'barrasse") ;
        delay porter_la_vaisselle_sale ; --  à la cuisine
      else
       Message(nf_serveur, "Y savent pas ce qu'ils veulent " &
                              " a' la " & i) ;
      end select ;
    end if ;
  end loop ; --  pour débarrasser
   --  c'est fait, et donc on peut servir
  for i in une_table loop  --  voir qui servir
    if Consultation(etat(i)) = attente_plat then
      delay 0.01 ; --  un moment d'absence ...
      Etablir(etat(i), on_s_en_occupe) ;  --  en espérant être le seul ...
      select
        Cuisine.Prendre(met, i) ;
        if met /= met_vide then
          delay servir_le_plat ;  --  porter le plat à table
          les_tables(i).Plat_Suivant(met) ;  --  on sert
          Message(i, "On a servi " & CHARACTER'IMAGE(met)) ;
        else --  le plat a été pris par un autre serveur
          Message(nf_serveur, "Qui a pris le plat de la " &
                                   i & " ?") ;
        end if ;
      else
       Message(nf_serveur, "Y sont trop lents a' la cuisine") ;
      end select ;
      exit ;
    end if ;
  end loop ;
  delay souffler_un_peu ; --  le patron n'est pas d'accord sur ce point
  exit when C_Est_L_Heure ;
 end loop ;
 Message(nf_serveur, "un serveur s'en va") ;
end Serveur ;
```

Le serveur jette un coup d'œil pour voir s'il peut débarrasser, et il est le seul à le faire. Mais il peut avoir un moment d'absence à se décider à effectivement débarrasser, et un autre serveur peut lui passer devant : concrètement, le serveur devrait faire un *test_and_set* sur l'état de la table, et comme il ne le fait pas, rien n'empêche que l'exécutif lui retire le contrôle entre la consultation de l'état et le changement de l'état. Pour éviter le blocage qui s'ensuivrait, le serveur exécute une instruction **select** d'appel d'entrée conditionnel.

Le même problème se pose lorsqu'il constate qu'on peut servir une table : il va chercher à la cuisine un plat qu'un autre serveur a pu prendre avant lui, et ramène un plat vide. Le défaut évident de l'algorithme est l'état de famine dans lequel vont se trouver les tables de fort numéro ; là n'est pas le problème, on construit seulement le simulateur.

La tâche *Service* se suspend pendant la durée du service, et ne positionne l'heure d'arrêt que lorsque les clients qui sont encore à table ont terminé.

```
task body Service is -- l'horloge du restaurant, située en cuisine
  fini : BOOLEAN ;
begin
   delay duree_service ; -- durée normale du service ;
   loop               -- on attend si certaines tables n'ont pas fini
     fini := TRUE ;
     for i in une_table loop
        if Consultation(etat(i)) /= libre then
          -- au moins une table occupée, on attend
          fini := FALSE ;
          exit ;
        end if ;
     end loop ;
     exit when fini ;
     delay qu_ils_se_depechent ; -- dit le personnel impatient
   end loop ;
  C_Est_L_Heure := TRUE ;
  Message(nf_serveur, "DING !!") ;
end Service ;
```

La cuisine, enfin, est modélisée par une tâche qui enregistre les fiches déposées par les majordomes sur son tableau de cuisine, *preparation*. Une préparation pour une table contient la commande de la table et un repère sur le plat suivant à préparer. L'erreur d'un serveur consistant à venir chercher un plat déjà pris par un autre serveur provoque un débordement du repère : l'algorithme évite ce débordement et rend le plat vide au serveur. Comme ce cas est anormal pour le serveur, on simule l'altercation qu'il pourrait avoir avec le cuisinier en introduisant une instruction **delay** dans le rendez-vous : l'accès à la cuisine, pour les majordomes comme pour les autres serveurs, est donc totalement bloqué. On a vu qu'un serveur allant chercher un plat demande un rendez-vous immédiat, et n'est donc pas bloqué, alors que les majordomes restent eux bloqués sur l'appel *Deposer* : en fait, ils tentent sans doute de calmer le jeu.

```
task body Cuisine is
   type une_preparation is record
```

```
      c : une_commande(1..POSITIVE(nb_plat)) ;
      suivant : naturel range 0..nb_plat ;
        --  numéro du plat suivant. suivant = max => fini
    end record ;
  preparation : array(une_table) of une_preparation ;
begin
  loop
    select
      accept Deposer(f : une_fiche) do
        preparation(f.t).c := f.c ;
        preparation(f.t).suivant := 0 ;
      end ;
    or
      accept Prendre(m : out un_met ; pour : in une_table) do
        if preparation(pour).suivant = preparation(pour).c'LENGTH
          then --  Pas normal : le serveur et le cuisinier s'apostrophent
          delay quel_foutoir ; --  bloquant ainsi l'accès à la cuisine !
         m := met_vide ;
        else
         preparation(pour).suivant := preparation(pour).suivant + 1 ;
         m:=preparation(pour).c(POSITIVE(preparation(pour).suivant));
        end if ;
      end ; --  Prendre
    or
      terminate ;
    end select ;
  end loop ;
exception
  when others =>
   Message(nf_serveur, "Trop de pagaille, le cuisinier abandonne") ;
   --  heureusement, cela n'arrive pas !
end Cuisine ;
```

13.8.1.4 Lancement et terminaison des tâches

Tous les types tâches présentés et les tâches ***Service*** et ***Cuisine*** sont prévus avec leur terminaison : soit avec des branches de terminaison dans une instruction **select**, soit par la fin normale de la partie instruction. Les serveurs et les majordomes existent préalablement au service : leur démarrage est statique. On peut, par exemple, déclarer dans le programme des entités du type ***Majordome*** et du type ***Serveur*** dans des tableaux bornés par les paramètres de simulation ***nb_serveur*** et ***nb_majordome***.

Les clients par contre sont activés dynamiquement, même si on n'utilise pas de loi de probabilité pour leur arrivée dans le restaurant. Pour cela, les clients sont créés par l'allocateur **new** à partir du type *p_client*. Les déclarations du programme *Simulation_Restaurant* sont les suivantes (outre les types tâches et les tâches déjà présentés) :

```
    -- qq acteurs, déclarés ici statiquement
Preneur_d_ordre : array(un_majordome) of Majordome ;
S : array(un_serveur) of Serveur ;
    -- les clients arrivent dynamiquement : on ne déclare pas de tâche
 type p_client is access Client ;
c : p_client ;
```

La partie instruction du programme consiste à numéroter les tables, à installer d'éventuelles fenêtres de visualisation, et à faire arriver les clients. Notez que *entre_les_arrivees* peut être syntaxiquement un appel de fonction :

```
 begin  -- Simulation_Restaurant
   for i in une_table loop
     les_tables(i).Mon_Numero(i) ;   -- on numérote les tables
     Installer_fenetre_table(i) ;    -- on installe éventuellement une
                                     -- fenêtre de visualisation
   end loop ;
     -- on installe éventuellement des fenêtres pour les autres
   Installer_autres_fenetres ;
     -- on ouvre le service
   for i in 1..nb_client loop
     c := new Client ;
      delay entre_les_arrivees ;
   end loop ;
 exception
   when others =>
     TEXT_IO.PUT_LINE("Programme avorte'") ;
 end Simulation_Restaurant ;
```

L'exception qui est récupérée par le traiteur **when others** est normalement l'erreur *erreur_fenetre* propagée par le paquetage *Outil_Restaurant* ; comme elle n'est pas visible ici, le choix **others** est nécessaire.

13.8.1.5 L'environnement du programme

Pour terminer, montrons une réutilisation du paquetage *Les_Fenetres* pour réaliser l'affichage sélectif des traces. Les fenêtres associées aux tâches sont numérotées comme on l'a précisé plus haut : cela permet d'avoir un seul opérateur d'affichage, *Message*. La variable *f_table* est un tableau utilisé pour les fenêtres correspondant aux tables pour la tranche ***f_table(1.. nb_table)***, tandis que les deux autres entrées sont utilisées pour une question de lisibilité par les noms ***f_serveur*** et ***f_client*** obtenus par renommage, un procédé que l'on verra au chapitre 14 .

Ce sont bien entendu les fenêtres du paquetage ***Les_Fenetres_en_multitache*** qui sont utilisées. Dans la présentation réalisée par les procédures d'installation des fenêtres, la taille est fonction du nombre de tâches auxquelles sont associées une fenêtre. Cela peut conduire à des résultats illisibles si les fenêtres sont trop nombreuses. La solution adoptée permet de s'adapter à la taille de la fenêtre du système hôte : le paquetage ***Terminal_Unix*** utilisé exporte les variables ***maxcol*** et ***maxligne*** qui donnent la taille de l'écran réel, qui, s'il s'agit d'un écran *X-Windows*, peut avoir une taille quelconque. Ce paquetage est programmé plus loin, page 373.

```
with Divers_Fichiers ;  --  pour l'ouverture/création de fichier
with TEXT_IO ;
with Les_Naturels, Les_Fenetres, Les_Fenetres_en_multitache ;
with Terminal_Unix ;     --  pour la taille de l'écran
use Les_Fenetres_en_multitache, TEXT_IO, Les_Naturels ;
package body Outil_Restaurant is
  --  Gestion des fenêtres d'affichage, en fonction de
  --  Parametres_Simulation_Restaurant.F

  f : FILE_TYPE ; --  pour afficher la trâce
  l_fenetre : naturel := naturel(Terminal_Unix.maxcol) / nb_table-1 ;
       --  largeur d'une fenêtre de table
  h_fenetre : naturel := naturel(Terminal_Unix.maxligne) / 2 - 2 ;
       --  hauteur
  fois : constant := 5 ;           --  Facteur de cadrage;

  f_tables : array(num_fenetre) of
                   Les_Fenetres_en_multitache.une_fenetre ;
  f_serveur : Les_Fenetres_en_multitache.une_fenetre
              renames f_tables(nf_serveur) ;
  f_client : Les_Fenetres_en_multitache.une_fenetre
              renames f_tables(nf_client) ;

   procedure Blancs(nb : in naturel) is   --  Affiche nb blancs
    segment_blanc : STRING(1..Terminal_Unix.maxcol) :=
                              ( others => ' ') ;
   begin
     if not Parametres_Simulation_Restaurant.F then
      PUT(segment_blanc(1..POSITIVE(nb))) ;
     else PUT(f, segment_blanc(1..POSITIVE(nb))) ;
     end if ;
   end Blancs ;
```

```
procedure Message(numero : in num_fenetre ; t : in un_message) is
  -- si Parametres_Simulation_Restaurant.F = Faux :
  --    Affichage à n positions de la marge du numéro
  --    suivi du message t; n = numero * fois
  -- si Parametres_Simulation_Restaurant.F = vrai :
  --    l'affichage précédent se fait dans le fichier f
  --    et les activités sont rapportées dans des fenêtres
begin -- Message
  if not Parametres_Simulation_Restaurant.F then
    Blancs(fois * numero) ;
    PUT_LINE(numero & " " & t) ;
  else
    Les_Fenetres_en_multitache.Afficher(f_tables(numero), t) ;
    Les_Fenetres_en_multitache.A_la_ligne(f_tables(numero)) ;
    Blancs(fois * numero) ;
    PUT_LINE(f, numero & " " & t) ;
  end if ;
end Message ;

procedure Installer_fenetre_table(num : une_table) is
   -- on installe éventuellement une fenêtre de visualisation par table
begin
  if Parametres_Simulation_Restaurant.F then
    for i in une_table loop
      Ouvrir(f_tables(i), en_x => 1,
             en_y => Les_Fenetres.largeur_ecran(
                                   (l_fenetre + 1)*(i - 1)+ 1),
             h => Les_Fenetres.hauteur_ecran(h_fenetre),
             l => Les_Fenetres.largeur_ecran(l_fenetre)) ;
      Cadre(f_tables(i), " TABLE " & i) ;
    end loop ;
  end if ;
exception
  when Les_Fenetres.erreur_fenetre =>
    TEXT_IO.PUT_LINE("Ve'rifiez la taille de vos fene^tres") ;
    raise ;
end Installer_fenetre_table ;

procedure Installer_autres_fenetres is
   -- pour les serveurs et majordomes, et pour les clients
begin
  if Parametres_Simulation_Restaurant.F then
    Ouvrir(f_serveur,
```

```
            en_x => Les_Fenetres.hauteur_ecran(h_fenetre + 1),
            en_y =>  1,
            h => Les_Fenetres.hauteur_ecran(h_fenetre),
            l => Les_Fenetres.largeur_ecran(
                          Terminal_unix.maxcol / 2 - 2)) ;
      Ouvrir(f_client,
            en_x => Les_Fenetres.hauteur_ecran(h_fenetre) + 1,
            en_y => Les_Fenetres.largeur_ecran
                            (Terminal_unix.maxcol / 2),
            h => Les_Fenetres.hauteur_ecran(h_fenetre),
            l => Les_Fenetres.largeur_ecran
                          (Terminal_unix.maxcol / 2 - 2)) ;
      Cadre(f_serveur, " LES SERVEURS") ;
      Cadre(f_client, " CLIENT hors table") ;
    end if ;
  exception
    when Les_Fenetres.erreur_fenetre =>
      TEXT_IO.PUT_LINE("Ve'rifiez la taille de vos fene^tres") ;
      raise ;
  end Installer_autres_fenetres ;
begin --   Outil_Restaurant
  if Parametres_Simulation_Restaurant.F then
    Divers_Fichiers.Ouvrir(f => f, nom => "simu_resto.t") ;
  end if ;
exception
  when USE_ERROR =>
    PUT_LINE("Rajoutez les droits pour cre'er le fichier de trace") ;
    raise ;
end Outil_Restaurant ;
```

En plus d'offrir les outils d'affichage, le paquetage *Outil_Restaurant* crée et ouvre un fichier de traces de nom conventionnel si l'affichage utilise les fenêtres. Les exceptions qui peuvent être déclenchées par l'affichage dans les fenêtres sont toutes traitées par le paquetage, et elles sont également propagées chez l'appelant.

Le schéma de la figure 13.16 ci-après récapitule l'ensemble des unités de bibliothèque qui sont utilisées par le programme *Simulation_Restaurant*.

13.8.2 La voie unique

Les feux rouges volants installés sur les portions de route en travaux ont un fonctionnement standard paramétré par le temps normal nécessaire pour franchir la portion à voie unique : une horloge cadence alternativement les passages dans un sens puis dans l'autre. En l'absence de capteurs détectant la présence des autos,

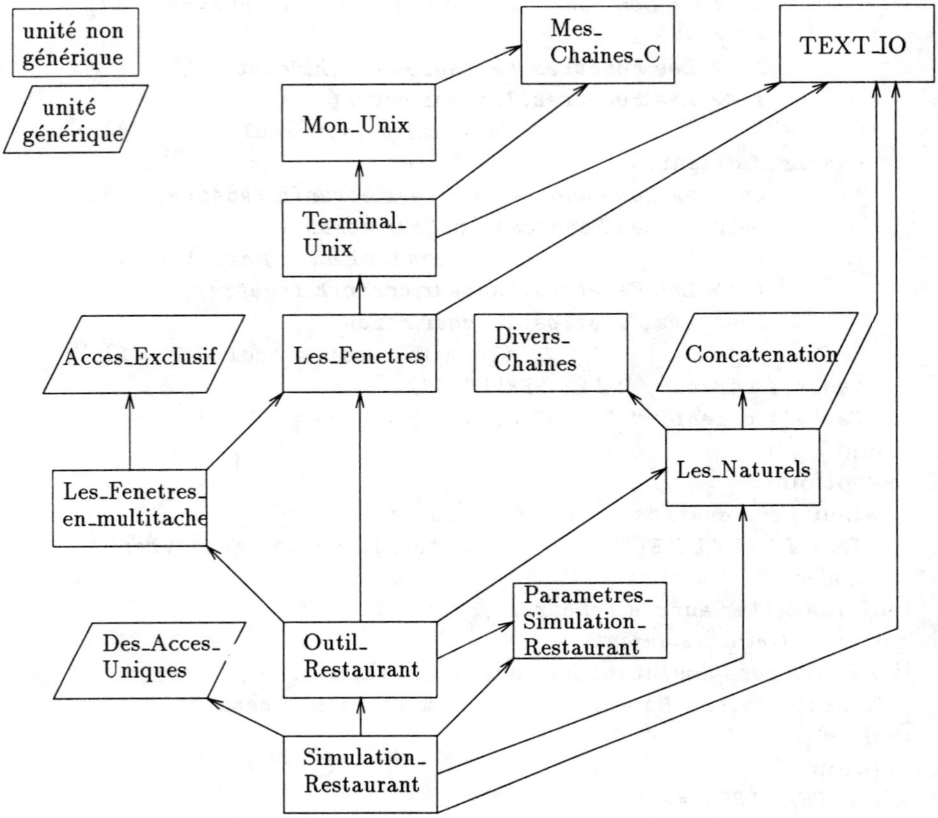

FIG. 13.16 : Les unités du programme ***Simulation_Restaurant***.

c'est évidemment une méthode raisonnable, mais combien irritante lorsque le flot des véhicules s'écoule très majoritairement dans un seul sens. Nous envisageons ici plusieurs algorithmes qu'on pourrait implanter dans la commande pilotant les deux feux, à condition d'installer quelques capteurs détectant le passage des autos.

Dans un premier temps, nous proposons une simulation pour vérifier le bien-fondé des algorithmes, comme nous l'avons fait pour le restaurant, puis nous établissons le pilotage des feux pour une implantation physique dans la centrale de commande.

13.8.2.1 Le mécanisme physique

La figure 13.17 montre le mécanisme installé sur la voie en travaux : les deux feux et leurs capteurs.

Si l'on veut trouver des algorithmes différents de celui de l'horloge, on a besoin

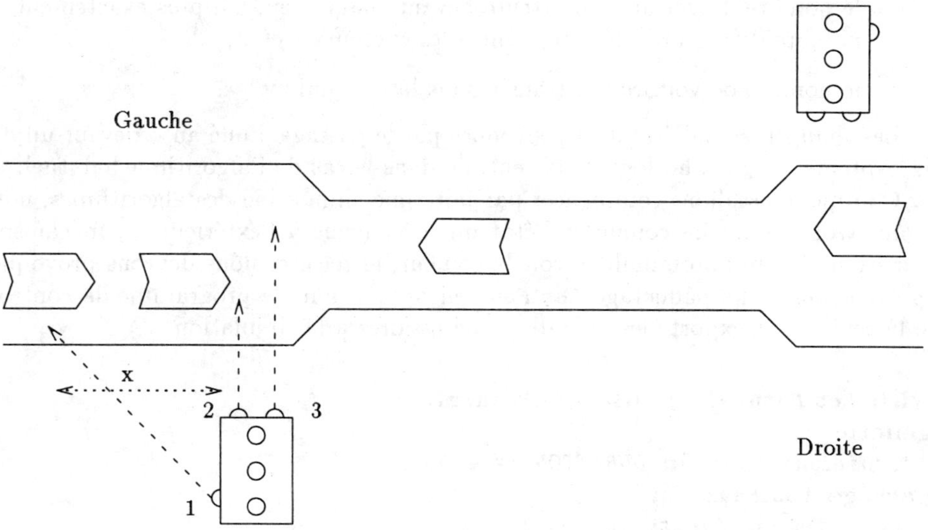

FIG. 13.17 : La voie unique.

de connaître à tout moment l'état de la voie. Les capteurs dont sont équipés les feux permettent de compter les véhicules :

— le capteur 1 détecte l'arrivée d'un véhicule à une distance x du feu, telle que le véhicule a le temps de s'arrêter si le feu passe au rouge ;

— le capteur 2 détecte le passage du véhicule dans le sens concerné par le feu ;

— le capteur 3 détecte le passage d'un véhicule dans l'autre sens, donc un véhicule qui quitte la voie unique.

Si l'on admet qu'un véhicule qui entre dans la voie unique en sort toujours après un délai moyen connu (le paramètre habituel de la centrale), et qu'aucun véhicule ne peut quitter la voie si son entrée n'a pas d'abord été détectée, alors on peut maintenir un état exact de la voie, c'est-à-dire le nombre de véhicules dans la section unique et le nombre de véhicules qui attendent devant les feux. Cette hypothèse est fausse en général, car des véhicules de chantier peuvent entrer dans la section et en ressortir beaucoup plus tard, et peut-être du côté par lequel ils sont entrés. Néanmoins, nous adopterons cette hypothèse simplificatrice.

13.8.2.2 États et changements d'états

L'état global du mécanisme est caractérisé par les grandeurs suivantes :

— la couleur des feux ; il y a trois états possibles, vert + rouge, rouge + rouge, et rouge + vert ;

— le nombre de voitures en attente devant chaque feu, ou, plus exactement, le nombre de voitures détectées entre les capteurs 1 et 2 ;

— le nombre de voitures en transit dans la voie unique.

Les changements d'état sont provoqués par le passage d'une auto devant un des six capteurs, et par l'horloge de la centrale dans le cas de l'algorithme habituel.

Comme nous allons commencer par faire une simulation des algorithmes, nous allons avoir besoin de connaître l'état du mécanisme à l'extérieur du mécanisme (par exemple, un automobiliste voit la couleur du feu), et nous devrons provoquer les événements. Le paquetage ***Les_Feux*** encapsule donc le programme de contrôle de la centrale et exporte les opérateurs nécessaires à la simulation :

```
with Les_Naturels ;  use Les_Naturels ;
generic
 t_voie_unique :  in DURATION := 4.00 ;
package Les_Feux  is
  type feu  is (vert, rouge) ;
  type un_sens  is (G, D) ;
  function Quelle_Couleur(s : un_sens)  return feu ;
  function Combien_bloquees(s : un_sens)  return naturel ;
  procedure Arrive_devant(s : un_sens) ;
  procedure Entre_par(s : un_sens) ;
  procedure Sort_de(s : un_sens) ;
end Les_Feux ;
```

Le paramètre générique est le paramètre physique réglable sur la centrale. Le type ***feu*** caractérise les couleurs affichables : si les feux disposent également de la couleur orange, les transitions entre le vert et le rouge via l'orange sont réalisées automatiquement et ne sont pas réglables ni programmables. Le type ***un_sens*** est nécessaire pour distinguer les deux sens du traffic. On parlera du feu de gauche et de celui de droite, de la gauche et de la droite, par référence au schéma de la figure 13.17.

Les deux fonctions donnent une partie de l'état global, selon le sens des véhicules.

Les trois procédures correspondent aux événements détectés par les capteurs.

Le corps du paquetage contient les variables d'état et le pilotage de la centrale. Pour l'instant, nous ne donnons que les variables d'état et les opérateurs de consultation :

```
with Fonction_Aleatoire ;  use Fonction_Aleatoire ;
with TEXT_IO ;
--   version 1 : feu piloté uniquement par l'horloge
package  body Les_Feux  is
   c   :  array(un_sens)  of feu      := (vert, rouge) ;
   nb  :  array(un_sens)  of naturel := (0, 0) ;
```

```
nbV : array(un_sens) of naturel := (0, 0) ;
type un_etat is (vert_a_gauche, vert_a_droite, rouge_partout) ;
etat : un_etat := vert_a_gauche ;
periode : constant DURATION := 12.0 ;

procedure Etablir(e : un_etat) is
begin
  etat := e ;
    case etat is
      when vert_a_droite =>
        c(G) := rouge ; c(D) := vert ;
      when vert_a_gauche =>
        c(D) := rouge ; c(G) := vert ;
      when rouge_partout =>
        c(D) := rouge ; c(G) := rouge ;
    end case ;
end Etablir ;

function Quelle_Couleur(s : un_sens) return feu is
begin return c(s) ; end ;
function Combien_bloquees(s : un_sens) return naturel is
begin
  if nb(s) /= 0 then
    return nb(s) - 1 ;
  else
    return 0 ;
  end if ;
end ;
...
end Les_Feux ;
```

L'état global est matérialisé par trois variables :

— **etat** indique la valeur des feux ;

— *nb* indique le nombre de véhicules détectés entre les capteurs 1 et 2 ;

— *nbV* indique le nombre de véhicules sur la voie unique.

Pour simplifier la programmation, *nbV* est, comme *nb*, un tableau indicé par le sens des véhicules. Il est clair cependant que si *nbV(G)* n'est pas nul, alors forcément *nbV(D)* est nul, et réciproquement.

La variable *C* n'est utilisée que pour l'affichage de l'état interne du feu, et ne participe pas dans le fonctionnement du mécanisme. Les initialisations des variables *C* et **etat** sont cependant indissociablement liées.

13.8.2.3 La simulation

Le programme de simulation lance des autos aléatoirement dans les deux sens, et avec un débit également aléatoire. Chaque auto prend un numéro pour qu'on puisse suivre son parcours sur la trace d'exécution, arrive devant le capteur 1, consulte la couleur du feu, entre dans la voie unique si le feu est vert, ou s'arrête devant le feu s'il est rouge. Dans ce cas, le conducteur garde les yeux sur le feu, et démarre dès qu'il passe au vert ou que la voiture arrêtée devant lui démarre.

Pour pouvoir suivre le déroulement des opérations, le programme active également la tâche ***Instantanee*** qui affiche régulièrement la couleur des feux. Cette tâche est tuée lorsqu'il n'y a pas plus d'autos dans le circuit.

```
with Fonction_Aleatoire ;  use Fonction_Aleatoire ;
with Les_Naturels ;  use  Les_Naturels ;
with Les_Feux, TEXT_IO, SYSTEM ;
use TEXT_IO ;
procedure Simulation  is
  t_voie_unique :  constant DURATION := ... ;
   package Mes_Feux  is  new Les_Feux(t_voie_unique) ;
   package ES_de_sens  is  new  TEXT_IO.ENUMERATION_IO(Mes_Feux.un_sens) ;
   package ES_de_feu  is  new  TEXT_IO.ENUMERATION_IO(Mes_Feux.feu) ;
   task  type Une_Auto  is
     entry Init(n : naturel ; s : Mes_Feux.un_sens) ;
   end Une_Auto ;
  nb_autos :  constant naturel := ... ;
   type p_autos  is  access Une_Auto ;
  auto : p_autos ;

   function Son_Sens  return Mes_Feux.un_sens  is
   begin
     if Alea(1, 2) = 1  then
        return Mes_Feux.un_sens(Mes_Feux.G) ;
     else  return Mes_Feux.un_sens(Mes_Feux.D) ;
     end  if ;
   end Son_Sens ;

   task  body Une_Auto  is
    numero : naturel ;
    sens : Mes_Feux.un_sens ;
    c : Mes_Feux.feu ;

     procedure Mess(n : naturel)  is
     begin
```

```
    PUT("L'auto " & numero) ;
     case n is
        when 1 =>
         PUT(" arrive de la ") ; ES_de_sens.PUT(sens) ; NEW_LINE ;
        when 2 =>
         PUT_LINE(" arrive au feu") ;
        when 3 =>
         PUT_LINE(" ne s'arrete pas au feu") ;
        when 4 =>
         PUT_LINE(" s'arrete au feu derrie're" &
             Mes_Feux.Combien_Bloquees(sens) & " autos") ;
        when 5 =>
         PUT_LINE(" passe le  feu") ;
        when 6 =>
         PUT_LINE(" quitte la voie unique") ;
        when others =>
          null ;
     end case ;
  end Mess ;
begin -- Une_Auto
  accept Init(n : naturel ; s : Mes_Feux.un_sens) do
   numero := n ; sens := s ;
  end ;
 Mess(1) ;
  delay DURATION(Alea(1, 1)) ;
 Mess(2) ;
 Mes_Feux.Arrive_devant(sens) ;
 if Mes_Feux."="(Mes_Feux.Quelle_Couleur(sens), Mes_Feux.vert) then
   Mess(3) ;
 else Mess(4) ;
    loop -- attend le feu vert
       delay 0.1 ;
       exit when
        Mes_Feux."="(Mes_Feux.Quelle_Couleur(sens), Mes_Feux.vert) ;
    end loop ;
 end if ;
 Mes_Feux.Entre_par(sens) ;
 Mess(5) ;
  delay t_voie_unique ;
 Mes_Feux.Sort_de(sens) ;
 Mess(6) ;
end Une_Auto ;

use Mes_Feux ;
```

```
procedure Afficher_Feux is
begin
  PUT("                              Couleur   ");
  ES_de_feu.PUT(Quelle_Couleur(G)) ; PUT("   ") ;
  ES_de_feu.PUT(Quelle_Couleur(D)) ; NEW_LINE ;
  PUT_LINE("                               nb devant " &
      Combien_Bloquees(G) & "     " & Combien_Bloquees(D)) ;
end Afficher_Feux ;

task Instantanee is
  pragma PRIORITY(SYSTEM.PRIORITY'FIRST) ;
end ;
task body Instantanee is
begin
  loop
    delay 1.0 ;
    Afficher_Feux ;
  end loop ;
end Instantanee ;

begin
 Afficher_Feux ;
  for i in 1..nb_autos loop
   auto := new Une_Auto ;
   auto.all.Init(i, Son_Sens) ;
    delay DURATION(Alea(3, 6)) ;
  end loop ;
  loop
    exit when Combien_Bloquees(G) + Combien_Bloquees(D) = 0 ;
    delay 1.0 ;
  end loop ;
  delay t_voie_unique ;
  abort Instantanee ;
end Simulation ;
```

Le programme `Simulation` nous permet d'expérimenter plusieurs algorithmes de fonctionnement des feux.

La place de la clause **use** *Mes_Feux* dans le programme ci-dessus est volontairement curieuse : tant que cette clause n'est pas mise, on doit utiliser les noms développés pour accéder aux opérateurs du paquetage *Mes_Feux*, comme *Combien_Bloquées* ou =; dans le cas du signe égal, une clause de renommage (chapitre suivant) permet d'utiliser la notation infixe habituelle. Par la suite, la visibilité est directe sur le paquetage *Mes_Feux*, et la programmation de la procédure *Afficher_Feux*, de la tâche *Instantanee* et du programme s'en trouve allégée : on estime qu'après avoir lu tous les noms développés, on est capable à présent de reconstituer les noms simples utilisés.

13.8.2.4 Cadencement par l'horloge

Bien que nous ayons critiqué ce fonctionnement en présentant le problème, nous commençons par programmer cet algorithme simple. Il met en jeu deux tâches :

— la tâche d'horloge qui, indépendamment de tout le reste, change la couleur des feux à intervalle régulier ;

— la tâche de commande, facultative dans la mise en œuvre réelle sans les capteurs, mais qui ici va maintenir à jour les compteurs de l'état global.

La tâche horloge ne pose pas de difficulté. Elle doit maintenir un état local lorsque les feux sont au rouge des deux côtés pour réaliser correctement le changement des couleurs.

Il faut seulement veiller à l'initialisation, pour placer correctement les délais : l'état est au ***rouge_partout*** pendant le temps ***t_voie_unique***, le paramètre effectif générique du paquetage ***Les_Feux***, et l'état est au ***vert_a_gauche*** ou au ***rouge_a_gauche*** pendant le temps ***periode***, non paramétrable ici :

```
task Horloge ;
task body Horloge is
  ancien : un_etat ;
  procedure Etat_suivant is
  begin
    case etat is
      when vert_a_gauche | vert_a_droite =>
        ancien := etat ; Etablir(rouge_partout) ;
      when rouge_partout => case ancien is
          when vert_a_gauche => Etablir(vert_a_droite) ;
          when vert_a_droite => Etablir(vert_a_gauche) ;
          when rouge_partout => null ;
        end case ;
    end case ;
  end Etat_suivant ;
begin -- Horloge
  loop
    delay periode ;
    Etat_suivant ;
    delay t_voie_unique ;
    Etat_suivant ;
  end loop ;
end Horloge ;
```

La tâche ***Horloge*** comme la tâche ***Un_Feu*** sont déclarées dans le paquetage ***Les_Feux***. La tâche ***Un_Feu*** possède trois entrées correspondant aux trois événements déclenchés par les capteurs.

Le paramétrage de ces entrées n'est pas le même pour toutes :

— lorsqu'une auto arrive devant le capteur 1 ou le capteur 3, le conducteur ne s'arrête pas, et la tâche doit seulement mettre à jour les compteurs d'état ; ce sont des variables indicées par le sens : les entrées correspondantes ont comme paramètre le sens de l'auto ;

— lorsqu'une auto passe un feu, c'est qu'elle en a le droit, et donc le feu est au vert ; réciproquement, la tâche ne peut pas accepter qu'une auto passe le feu s'il est au rouge : cette entrée est gardée, et la mise à jour de l'état n'est pas la même selon la garde. On est dans le cas où la famille d'entrées trouve son utilité.

```
task Un_Feu is
  entry Arrive_en_x(s : un_sens) ;      --  capteur 1
  entry Passe_le_feu(un_sens) ;         --  capteur 2
  entry Quitte_le_feu(s : un_sens) ;    --  capteur 3
end Un_Feu ;
```

La spécification de la tâche ***Un_Feu*** contient ainsi deux entrées normales, ***Arrive_en_x*** et ***Quitte_le_feu***, paramétrées par le sens, et une famille d'entrées, ***Passe_le_feu***, indicée par le sens ; cette famille ne contient bien entendu que deux entrées. Le corps de la tâche contient une instruction **select** pour accepter les quatre entrées dont deux sont gardées :

```
task body Un_Feu is
begin
  loop
    select
      accept Arrive_en_x(s : un_sens) do
        nb(s) := nb(s) + 1 ;
      end ;
    or when etat = vert_a_gauche =>
      accept Passe_le_feu(G) do
        nb(G) := nb(G) - 1 ;
        nbV(G) := nbV(G) + 1 ;
      end ;
    or when etat = vert_a_droite =>
      accept Passe_le_feu(D) do
        nb(D) := nb(D) - 1 ;
        nbV(D) := nbV(D) + 1 ;
```

```
      end ;
    or
      accept Quitte_le_feu(s : un_sens) do
        nbV(s) := nbV(s) - 1 ;
      end ;
    or terminate ;
    end select ;
  end loop ;
end Un_Feu ;

procedure Arrive_devant(s : un_sens) is
begin Un_Feu.Arrive_en_x(s) ; end ;

procedure Entre_par(s : un_sens) is
begin Un_Feu.Passe_le_feu(s) ; end ;

procedure Sort_de(s : un_sens) is
begin Un_Feu.Quitte_le_feu(s) ; end ;
```


Les trois opérateurs exportés du paquetage ***Les_Feux*** ne font qu'appeler les quatre entrées de la tâche ***Un_Feu***.

13.8.2.5 Fonctionnement dirigé par les autos

Les capteurs jouent ici pleinement leur rôle : ce sont les autos qui conditionnent les changements de couleurs, et ce sur deux événements :

— lorsqu'une voiture passe devant le capteur 1 et que le feu est vert, l'état est inchangé ; si par contre le feu est rouge, et si le passage est libre dans l'autre sens, alors les couleurs sont immédiatement alternées : le vert devient rouge, le rouge devient vert ;

— lorsqu'une voiture passe devant le capteur 3 (lorsqu'elle quitte la voie unique) et qu'elle est la dernière dans ce sens-là, et si une auto attend ou arrive dans l'autre sens, alors encore une fois les couleurs sont immédiatement alternées.

Les sous-programmes suivants vont aider à mettre en place l'algorithme :

```
function Passage_libre(s : un_sens) return BOOLEAN is
begin return nb(s) + nbV(s) = 0 ; end ;

function Arrivee(s : un_sens) return BOOLEAN is
begin return nb(s) /= 0 ; end ;

function Autre_sens(s : un_sens) return un_sens is
begin
```

```
    if s = G then return D ; else return G ; end if ;
  end Autre_sens ;

  procedure Changer_2_couleurs is
  begin
    case etat is
      when vert_a_gauche => Etablir(vert_a_droite) ;
      when vert_a_droite => Etablir(vert_a_gauche) ;
      when rouge_partout => null ;
    end case ;
  end Changer_2_couleurs ;

  function Pas_bon(s : un_sens) return BOOLEAN is
  begin
    return (s = G and etat /= vert_a_gauche)
        or (s = D and etat /= vert_a_droite) ;
  end Pas_bon ;

  function Bon(s : un_sens) return BOOLEAN is
  begin return not Pas_bon(s) ; end ;
```

L'état `rouge_partout` n'a plus raison d'être : tant qu'il y a des autos dans un sens, les feux restent inchangés, et le feu reste donc au vert quand la dernière voiture, celle qui provoquera le passage au rouge, s'engage puis sort de la voie unique. La tâche *Un_Feu* modifie les couleurs dans les entrées `Arrive_en_x` et `Quitte_le_feu`. Dans ce second cas, l'entrée contient une deuxième entrée de la famille d'entrées `Passe_le_feu` : cependant une seule entrée est nécessaire pour la famille, car l'indice est connu et a été communiqué en paramètre à l'entrée `Quitte_le_feu`.

```
task body Un_Feu is
begin
  loop
    select
      accept Arrive_en_x(s : un_sens) do
        nb(s) := nb(s) + 1 ;
        if Pas_bon(s) and then Passage_libre(Autre_sens(s)) then
          Changer_2_couleurs ;
        end if ;
      end ;
    or when etat = vert_a_gauche =>
      accept Passe_le_feu(G) do
        nb(G) := nb(G) - 1 ;
        nbV(G) := nbV(G) + 1 ;
      end ;
```

```
    or  when etat = vert_a_droite =>
      accept Passe_le_feu(D)  do
        nb(D) := nb(D) - 1 ;
        nbV(D) := nbV(D) + 1 ;
      end ;
    or
      accept Quitte_le_feu(s : un_sens)  do
        nbV(s) := nbV(s) - 1 ;
        if Passage_libre(s)  and Arrivee(Autre_sens(s))  then
          Changer_2_couleurs ;
           accept Passe_le_feu(Autre_sens(s))  do
             nb(Autre_sens(s)) := nb(Autre_sens(s)) - 1 ;
             nbV(Autre_sens(s)) := nbV(Autre_sens(s)) + 1 ;
           end ;
        end  if ;
      end ;
    or  terminate ;
    end  select ;
  end  loop ;
end Un_Feu ;
```

Comme les feux ne sont jamais simultanément au rouge, le débit des autos est maximum. Cet algorithme est cependant inapplicable, car il comporte un risque évident de famine.

13.8.2.6 Réintroduction de l'horloge

Il faut donc réintroduire l'horloge, seule capable de se prémunir contre la famine. Pour ne pas retomber dans le travers du premier algorithme, l'horloge ne doit être activée que lorsqu'on a besoin d'elle : lorsqu'une auto arrive devant le feu rouge et qu'il y a des autos dans l'autre sens. En armant alors l'horloge, l'auto est sûre de ne pas attendre plus longtemps qu'une période.

La dernière voiture qui, dans l'autre sens, passe devant le capteur 3, peut conduire à un basculement des feux : il faut dans ce cas-là arrêter l'horloge si elle fonctionne. Concrètement, l'horloge n'est plus une tâche statique, mais une tâche dynamique qui est activée et tuée, puis réactivée selon les besoins. La tâche ***Horloge*** se transforme donc en un type tâche ***Horloge***, son corps restant inchangé :

```
task  type Horloge ;
type phorloge  is  access horloge ;
attente : phorloge ;

task  body Horloge  is
  procedure Etat_suivant  is
```

```
   begin
      case etat is
         when vert_a_gauche | vert_a_droite =>
           ancien := etat ; Etablir(rouge_partout) ;
         when rouge_partout => case ancien is
               when vert_a_gauche => Etablir(vert_a_droite) ;
               when vert_a_droite => Etablir(vert_a_gauche) ;
               when rouge_partout => null ;
            end case ;
      end case ;
   end eTat_suivant ;
begin -- Horloge
   loop
      delay periode ;
     Etat_suivant ;
      delay t_voie_unique ;
     Etat_suivant ;
   end loop ;
end Horloge ;
```

Armer l'horloge correspond à créer par l'allocateur **new** un exemplaire d'horloge, via la variable `attente`, tandis que désarmer l'horloge correspond à tuer l'exemplaire, c'est-à-dire `attente.all`, à l'aide de l'instruction **abort**.

```
procedure Armer_Horloge is
begin attente := new Horloge ; end ;

procedure Desarmer_Horloge is
begin
  if attente /= null then -- on n'a plus besoin de cette horloge
    abort attente. all ;
  end if ;
end Desarmer_Horloge ;

task body Un_Feu is
begin
  loop
    select
      accept Arrive_en_x(s : un_sens) do
        nb(s) := nb(s) + 1 ;
         if Pas_bon(s) then
           if Passage_libre(Autre_sens(s)) then
             Changer_2_couleurs ;
           else -- armer l'horloge pour ne pas trop attendre
```

```
          Armer_Horloge ;
        end if ;
      end if ;
    end ;
  or when etat = vert_a_gauche =>
    accept Passe_le_feu(G) do
      ... -- inchangé
  or when etat = vert_a_droite =>
    accept Passe_le_feu(D) do
      ... -- inchangé
  or
    accept Quitte_le_feu(s : un_sens) do
      nbV(s) := nbV(s) - 1 ;
      if Passage_libre(s) and Arrivee(Autre_sens(s)) then
        Desarmer_Horloge ;
        Changer_2_couleurs ;
        accept Passe_le_feu(Autre_sens(s)) do
          nb(Autre_sens(s)) := nb(Autre_sens(s)) - 1 ;
          nbV(Autre_sens(s)) := nbV(Autre_sens(s)) + 1 ;
        end ;
      end if ;
    end ;
  or terminate ;
  end select ;
 end loop ;
end Un_Feu ;
```

Les deux entrées ***Arrive_en_x*** et ***Quitte_le_feu*** du corps de la tâche ***Les_Feux*** qui tiennent compte du nouvel algorithme, tandis que les deux entrées primaires de la famille **Passe_le_feu** sont inchangées.

13.8.2.7 Pilotage en temps réel

En anticipant sur le chapitre 15, passons de la simulation au pilotage d'un processeur qui possède un coupleur relié au dispositif d'allumage des feux, un coupleur pour programmer une horloge externe, et un coupleur relié aux capteurs. Dans sa mémoire est implanté un exécutif Ada et un paquetage ***LOW_LEVEL_IO*** permettant d'envoyer des commandes aux coupleurs. Les commandes aux coupleurs sont des octets ; on suppose qu'on désarme l'horloge avec une commande dont le bit de poids fort est à 1, on arme l'horloge avec une commande dont le bit de poids fort est à 0 : les 7 bits restant servent à exprimer le délai au bout duquel l'horloge enverra son interruption ; le codage est de 1 pour 10 secondes. Le type **dispositif** a pour valeur des adresses pour les ports de commande des coupleurs. Les déclarations suivantes permettent ainsi de piloter les feux et l'horloge :

```
type commande_horloge is range 0..255 ;
for commande_horloge'SIZE use 8 ;
type commande_feu is range 0..255 ;
for commande_feu'SIZE use 8 ;

subtype dispositif is SYSTEM.ADDRESS ;

desarmer : constant commande_horloge := 16#80# ;
armer_periode :
   constant commande_horloge := commande_horloge(periode / 10) ;
armer_passage :
   constant commande_horloge := commande_horloge(t_voie_unique / 10) ;
registre_horloge : constant dispositif := ... ;
registre_feu : constant dispositif := ... ;
com_vert_a_droite : constant commande_feu := ... ;
com_vert_a_gauche : constant commande_feu := ... ;
com_rouge_partout : constant commande_feu := ... ;
```

Les trois procédures ***Etablir***, ***Armer_Horloge*** et ***Desarmer_Horloge*** du paquetage ***Les_Feux*** dans sa dernière version sont à remplacer : on n'établit plus les couleurs dans la variable ***C***, on n'utilise plus la tâche ***Horloge***, on pilote des coupleurs. Les commandes ci-dessus sont envoyées sur les ports de commande avec les procédures ***SEND_CONTROL*** du paquetage ***LOW_LEVEL_IO*** :

```
procedure Etablir(e : un_etat) is
begin
  etat := e ;
  case etat is
    when vert_a_droite =>
      SEND_CONTROL(registre_feu, com_vert_a_droite) ;
    when vert_a_gauche =>
      SEND_CONTROL(registre_feu, com_vert_a_gauche) ;
    when rouge_partout =>
      SEND_CONTROL(registre_feu, com_rouge_partout) ;
  end case ;
end Etablir ;

procedure Armer_Horloge is
begin
  SEND_CONTROL(registre_horloge, armer_periode) ;
end Armer_Horloge ;
```

```
procedure Desarmer_Horloge is
begin
  SEND_CONTROL(registre_horloge, desarmer) ;
end Armer_Horloge ;
```

La programmation de la tâche *Un_Feu* reste inchangée : elle caractérise l'algorithme de gestion des passages. Par contre, la tâche **Horloge**, logicielle, disparaît au profit de l'horloge externe, matérielle ; les tâches **Une_Auto** qui activaient les capteurs sont remplacées par une seule tâche chargée de surveiller les interruptions provoquées par le passage des vraies voitures devant les capteurs. On suppose que le type **un_capteur** définit les six valeurs possibles qui repèrent les six capteurs de l'installation, et on suppose que l'interruption d'un capteur véhicule une de ces valeurs. Dans ces conditions, on déclare dans le paquetage **Les_Feux** la tâche **Interruption** qui récupère les interruptions de tous les capteurs et de l'horloge :

```
type un_capteur is (g_1, g_2, g_3, d_1, d_2, d_3) ;
task Interruptions is
  entry it_capteur(n : in un_capteur) ;
  for it_capteur use at ... ;
  entry it_horloge ;
  for it_horloge use at ... ;
end Interruptions ;
```

Les clauses **use at** assurent la liaison entre l'entrée de la tâche **Interruption** et l'adresse du contexte lié à la cause de l'interruption sur le processeur ; cette clause, avec d'autres exemples, est étudiée au chapitre 15 : elle dépend évidemment du processeur utilisé et de l'exécutif Ada implanté.

Le corps de la tâche **Interruption** traite donc les deux interruptions. Lorsque l'interruption provient d'un capteur, il suffit d'appeler correctement la bonne entrée de la tâche *Un_Feu*. Lorsque l'interruption provient de l'horloge, il faut reprendre la programmation de la tâche **Horloge** abandonnée, et réarmer correctement l'horloge. On obtient la programmation suivante :

```
task body Interruptions is
begin
  loop
    select
      accept it_capteur(n : in un_capteur) do
        case n is
          when g_1 => Un_Feu.Arrive_en_x(G) ;
          when g_2 => Un_Feu.Passe_le_feu(G) ;
          when g_3 => Un_Feu.Quitte_le_feu(G) ;
          when d_1 => Un_Feu.Arrive_en_x(D) ;
```

```
          when d_2 => Un_Feu.Passe_le_feu(D) ;
          when d_3 => Un_Feu.Quitte_le_feu(D) ;
        end case ;
      end it_capteur ;
    or
      accept it_horloge do
        case etat is
          when vert_a_gauche | vert_a_droite =>
            ancien := etat ; Etablir(rouge_partout) ;
            SEND_CONTROL(registre_horloge, armer_passage) ;
          when rouge_partout => case ancien is
            when vert_a_gauche => Etablir(vert_a_droite) ;
            when vert_a_droite => Etablir(vert_a_gauche) ;
            when rouge_partout => null ;
          end case ;
         SEND_CONTROL(registre_horloge, armer_periode) ;
        end case ;
      end it_horloge ;
    or terminate ;
  end select ;
end Interruptions ;
```

L'implantation de l'algorithme optimal de pilotage des feux consiste à installer le paquetage ***Les_Feux*** dans la mémoire du processeur de la centrale de commande, après avoir programmé dans son corps l'initialisation correcte des coupleurs : à la mise sous tension, les feux sont dant l'état (non programmable) orange clignotant. Il reste à prévoir le programme qui déclenche la mécanique, sur activation d'un bouton et après réglage de la valeur ***t_voie_unique*** : le programme exemplarise le paquetage ***Les_Feux*** et le système se met en route. Le traitement de toutes les exceptions consiste à envoyer à la centrale la commande qui établit l'état orange clignotant, et sans doute à déclencher une sonnerie pour prévenir les ouvriers...

Bien entendu, notre algorithme est tout sauf robuste : même si les feux sont installés de part et d'autre d'un pont étroit où il n'y a aucune possibilité de se garer, le mécanisme repose entièrement sur la capacité des capteurs à faire le bon décompte des véhicules. Mais cet exemple nous a permis de montrer comment on pouvait arriver à une programmation en temps réel à partir d'une simulation, et ce grâce à toutes les propriétés des tâches.

CHAPITRE 14

Structuration des programmes

Nous reprenons dans ce chapitre plusieurs concepts qui forment un tout et qui ont été introduits dans les chapitres précédents : les bibliothèques, le programme principal, la construction modulaire, les règles de visibilité et les clauses de contexte. Nous y ajoutons des propriétés voisines, comme la compilation séparée et le renommage. Enfin, nous donnons une vue générale sur l'organisation des déclarations et des entités de compilation.

Ce chapitre n'apporte rien de fondamental du point de vue du langage, et les nouvelles constructions qu'il contient auraient pu être introduites plus tôt.

14.1 Compilations, bibliothèques et programme

Les langages des années 70, comme C et Pascal, permettent la compilation fractionnée des différents composants d'un programme, et laissent le soin à *l'éditeur de liens* du système d'exploitation de rassembler les morceaux compilés pour fabriquer un programme exécutable. L'éditeur de liens n'a aucune connaissance sur les types des objets manipulés par les fragments compilés, il sait tout juste reconnaître si un identificateur est absolu ou translatable. Il ne peut par conséquent faire aucune vérification sur les liaisons qu'il crée en rapprochant, par exemple, un appel de sous-programme d'un fragment avec la déclaration du même sous-programme dans un autre fragment.

Dans le langage Ada, les mécanismes de compilation fractionnée assurent la cohérence entre les fragments, et un nouvel outil, le *relieur*, est chargé de faire les vérifications que l'éditeur de liens ne peut pas faire. Pour cela, il est nécessaire que le compilateur et le relieur aient accès aux descriptifs des spécifications Ada : pour compiler un appel d'une primitive d'un paquetage, il faut connaître la spécification du paquetage. La solution Ada consiste à rassembler tous ces descriptifs dans une *bibliothèque*. Une bibliothèque Ada possède les fonctions d'une bibliothèque de programmes habituelle, mais le format des entités qu'elle contient n'est pas le format attendu par l'éditeur de liens, mais un format interne propre au compilateur et au relieur.

Dans une bibliothèque Ada, on trouve donc des descriptifs de :

— spécifications de paquetages et de sous-programmes ;

— spécifications de génériques (sous-programmes ou paquetages) ;

— modules objets correspondant à des corps de sous-programme ou de paquetage ;

— modules objets correspondant à des exemplarisations de générique.

On soumet au compilateur une compilation : c'est-à-dire qu'on fournit un texte source composé de une ou de plusieurs unités de compilation (fig. 14.1 et 14.2).

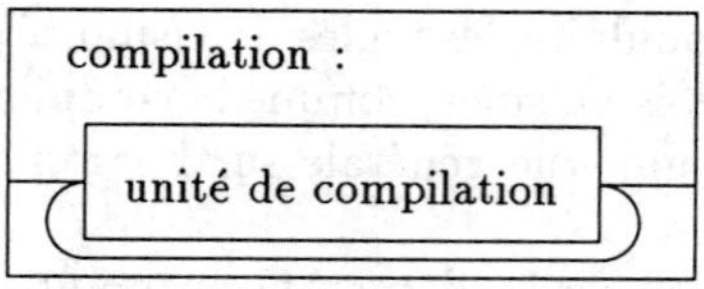

FIG. 14.1 : Compilation.

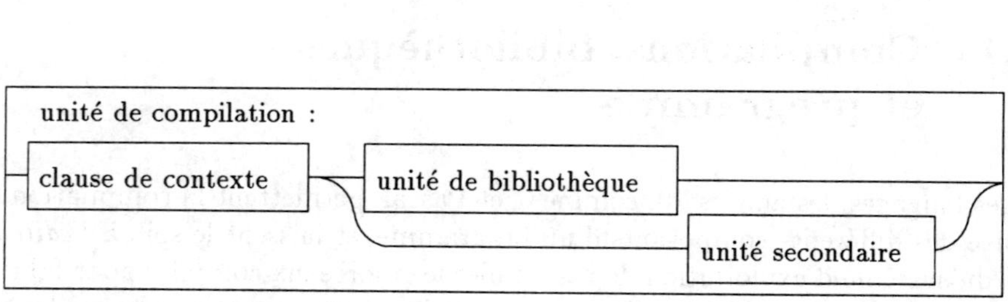

FIG. 14.2 : Unité de compilation.

Ces unités vont former des *unités de bibliothèque* (elles ont un descriptif dans la bibliothèque, voir figure 14.3), mais peuvent être aussi des unités secondaires (par exemple, un corps de paquetage est une unité secondaire qui dépend de l'unité de bibliothèque spécification du paquetage). À aucun moment on ne soumet au compilateur le "programme principal" : ce n'est pas une notion Ada, qui reconnaît à la place celle de "composant logiciel". Par contre, le système d'exploitation réclame un "programme". C'est lors de la reliure et de l'édition de liens que l'on distingue un composant parmi les autres pour en faire le "programme". Ce composant doit être un sous-programme. Une mise en œuvre du langage Ada peut imposer des

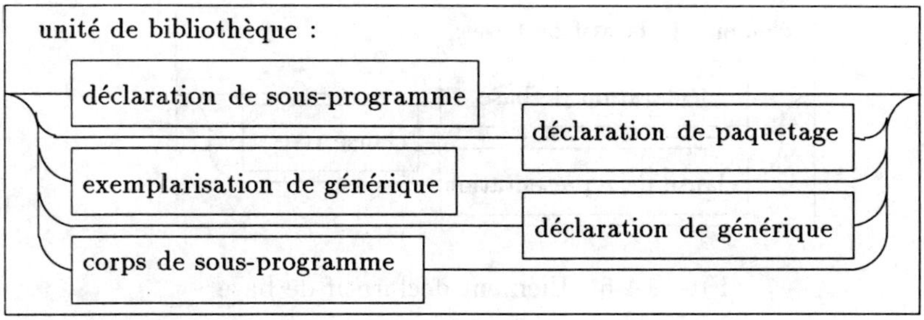

FIG. 14.3 : Unité de bibliothèque.

règles ou des restrictions sur les paramètres de ce sous-programme : le langage exige simplement qu'une procédure sans paramètre, unité de compilation, puisse devenir un "programme".

La gestion des bibliothèques ne fait pas partie de la définition du langage, mais de son environnement. Chaque compilateur est donc accompagné d'outils spécifiques pour gérer les bibliothèques et faire les reliures.

14.2 La partie déclarative d'un bloc

Les déclarations des objets, des modèles d'objets, des entités exécutables ou des exceptions peuvent se faire à deux endroits :

— dans un corps : on parle de partie déclarative (fig. 14.4) ;

— dans une spécification : on parle d'élément déclaratif de base (fig. 14.5).

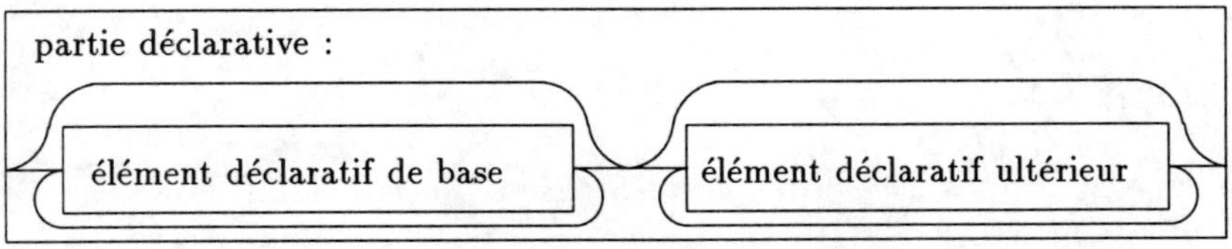

FIG. 14.4 : Partie déclarative.

On n'y déclare pas tout à fait la même chose.

Les éléments déclaratifs de base incluent toutes les déclarations de base. Les déclarations de base (fig. 14.6) incluent les spécifications de paquetage, de tâches et de sous-programmes, mais pas les déclarations des corps de ces entités, qui sont

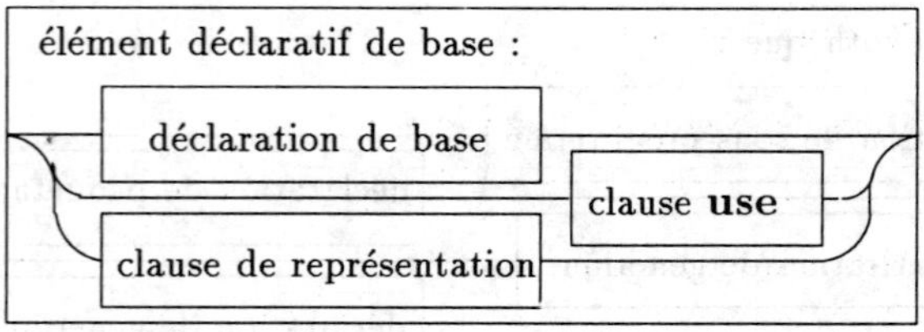

FIG. 14.5 : Élément déclaratif de base.

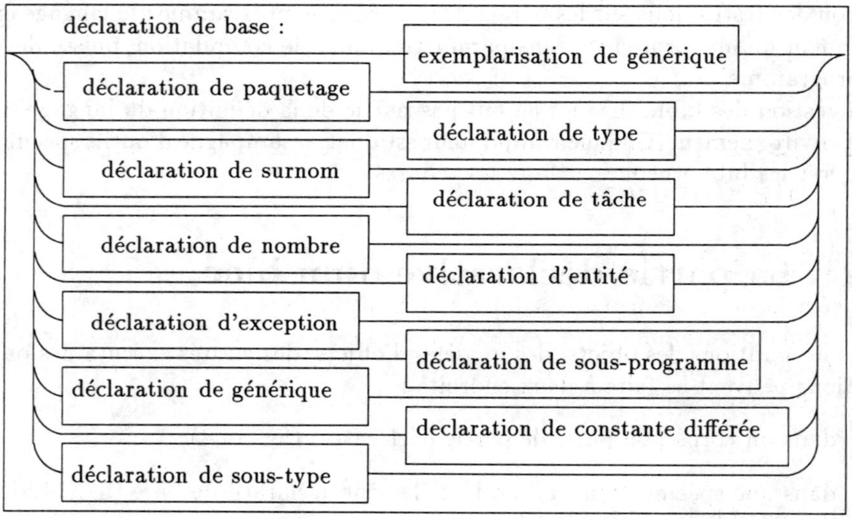

FIG. 14.6 : Déclaration de base.

des éléments déclaratifs ultérieurs (fig. 14.7). Si une déclaration d'un paquetage, d'un sous-programme, d'une tâche ou d'un générique fait partie d'une partie déclarative, alors le corps de l'unité correspondante doit être déclaré dans la même partie déclarative (ou spécifié comme étant compilé séparément).

On notera que la règle partie déclarative implique que les corps soient déclarés après les spécifications correspondantes.

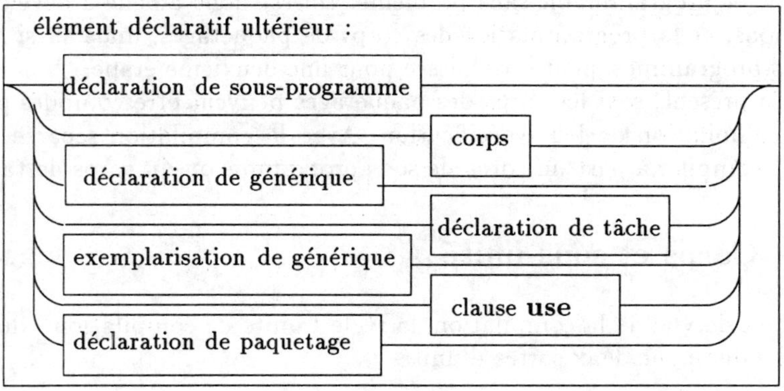

FIG. 14.7 : Élément déclaratif ultérieur.

14.3 Compilations séparées et méthodes de développement

On a vu au premier paragraphe de ce chapitre qu'on pouvait compiler séparément une spécification de paquetage et un corps de paquetage : il en résulte qu'on peut compiler un "programme" sans avoir compilé aucun des corps des paquetages qu'il utilise. Cette possibilité est utilisée par la méthode de développement dite de haut en bas, ou descendante, mais également par la méthode dite de bas en haut, ou ascendante.

14.3.1 Méthode ascendante

On commence par construire les paquetages élémentaires, d'intérêt général. Puis on s'appuie sur ces premières entités pour en développer d'autres, plus complexes : on construit ainsi une bibliothèque de composants, à partir de laquelle la fabrication d'un programme se ramène à un simple assemblage.

Dans cette méthode, les corps des paquetages doivent être écrits au fur et à mesure de l'établissement des spécifications, afin de pouvoir tester les nouvelles constructions.

14.3.2 Méthode descendante

On procède ici en sens inverse, en partant du problème initial, en le décomposant en sous-problèmes, et ainsi de suite, jusqu'à obtenir des éléments ayant une solution simple et programmable sans problème. On est donc amené à développer des spécifications, et la programmation des corps de paquetages, mais aussi de tâches et de sous-programmes, peut être laissée pour une deuxième étape.

Jusqu'à présent, seul les corps des paquetages peuvent être compilés plus tard, après la compilation de leur spécification. Avec la compilation séparée, on peut également compiler à part un corps de sous-programme ou un corps de tâche.

14.3.3 Corps et sous-unité

Du point de vue de la compilation, la règle "unité de compilation" du premier paragraphe distingue deux sortes d'unités :

— les unités primaires, ou unités de bibliothèques (déclaration de paquetage, sous-programme, générique, mais aussi corps de sous-programme et exemplarisation de générique) ;

— les unités secondaires, qui dépendent d'une unité primaire, dite parente. Une unité secondaire (fig. 14.8) est un corps d'unité de bibliothèque (fig. 14.9), ou une sous-unité.

FIG. 14.8 : Unité secondaire.

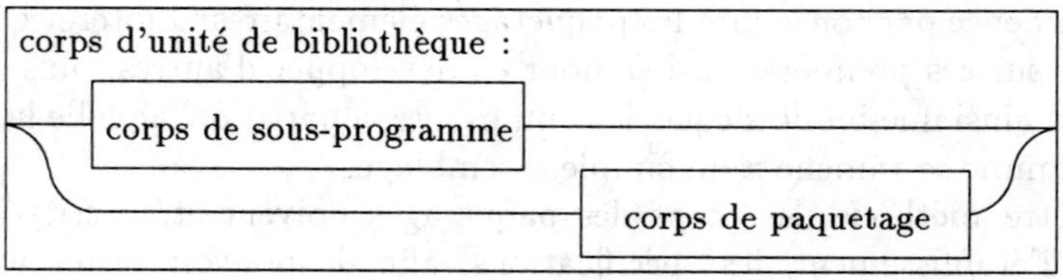

FIG. 14.9 : Corps d'unité de bibliothèque.

Une sous-unité (fig. 14.11) est le corps d'une entité qui ne peut constituer une unité de compilation. Cette sous-unité doit être déclarée dans son unité parente : c'est la règle "corps" (fig. 14.10) qui apparaît dans la règle "élément déclaratif

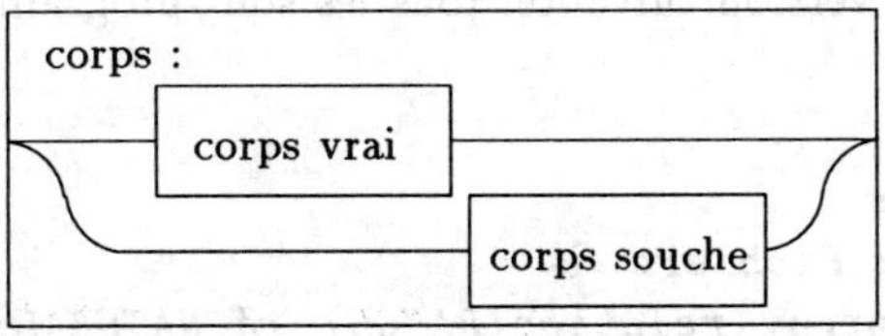

FIG. 14.10 : Corps.

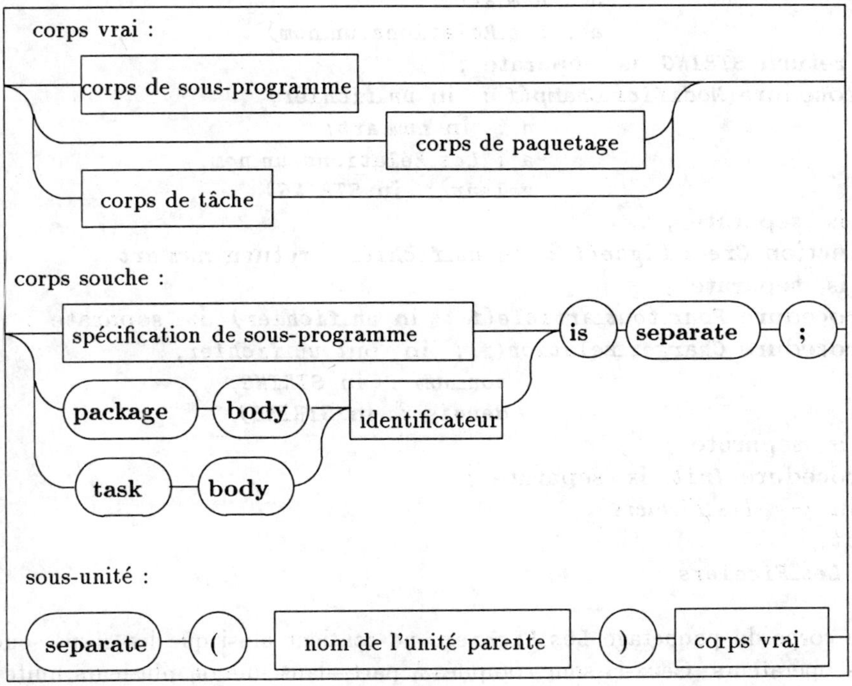

FIG. 14.11 : Corps vrai, corps souche et sous-unité.

ultérieur" dans la partie déclarative d'un bloc. Un "corps vrai" est un vrai corps, c'est-à-dire un corps complet, tandis qu'un "corps souche" est la déclaration de compilation séparée du corps, corps qui apparaîtra plus tard dans une sous-unité. La liaison entre l'unité secondaire et l'unité parente se fait dans la sous-unité, qui rappelle qu'elle est une compilation séparée d'une souche de l'unité parente.

À titre d'exemple, reprenons le paquetage ***Les_Fichiers*** du paragraphe 12.23. Le corps de ce paquetage est composé de déclarations de variables et de sous-programmes. Dans la version suivante, tous les sous-programmes sont compilés séparément :

```
with Les_Relations ;
package body Les_Fichiers is
 debch, finch : array(relation'RANGE) of NATURAL;
  procedure Ouvrir(f : in out un_fichier; son_nom : in STRING)
    is separate ;
  procedure Fermer(f : in out un_fichier) is separate ;
  function Lire_Champ(f : un_fichier;
                      n : num_art;
                      a : Les_Relations.un_nom)
    return STRING is separate ;
  procedure Modifier_Champ(f : in un_fichier;
                           n : in num_art;
                           a : Les_Relations.un_nom;
                           valeur : in STRING)
    is separate ;
  function Creer_Ligne(f : in un_fichier) return num_art
    is separate ;
  procedure Pour_tout_article(f : in un_fichier) is separate ;
  procedure Charger_relation(f : in out un_fichier;
                             son_nom : in STRING;
                             depuis : in STRING)
    is separate ;
  procedure Init is separate ;
begin -- Les_Fichiers
 Init;
end Les_Fichiers;
```

Le corps du paquetage **Les_Fichiers** ne contient ainsi que les corps souches de ses opérateurs. Ceux-ci sont compilés à part, dans une ou plusieurs unités de compilation. Par exemple, l'opérateur **Lire_Champ** forme la sous-unité suivante :

```
with Les_Relations, DIRECT_IO ;
separate(Les_Fichiers)
  function Lire_Champ(f : un_fichier ;
                      n : num_art ;
                      a : Les_Relations.un_nom)
      return STRING is
    art : article ; -- l'article à lire
    col : POSITIVE range relation'RANGE
                := Les_Relations.Num_Col(relation, a) ;
       -- numéro de la colonne de l'attribut a
```

```
    --  peut lever erreur_nom
begin
  READ(f, ITEM => art, FROM => fichart.COUNT(n)) ;
  return art(debch(col)..finch(col)) ;
exception
  when Les_Relations.erreur_nom => raise mauvais_attribut ;
  when fichart.END_ERROR | fichart.DATA_ERROR =>
        raise ligne_absente ;
end Lire_Champ ;
```

Dans le corps vrai de ***Lire_Champ***, la visibilité sur les variables globales comme ***debch*** ou ***fichart*** est la même que s'il n'y avait pas compilation séparée. Il faut cependant remettre les clauses de contexte nécessaires à la compilation ; on a par contre retiré de l'unité contenant le corps du paquetage ***Les_Fichiers***, les clauses qui ne servaient plus (comme la clause **with** *DIRECT_IO*).

14.4 Ordre de compilation et recompilations

L'ordre des compilations des différentes unités constituant un programme obéit aux règles suivantes :

— une unité de compilation doit être compilée après toutes les unités qu'elle cite dans sa clause de contexte **with** ;

— une unité secondaire du type corps de paquetage ou de sous-programme doit être compilée après sa spécification ;

— une sous-unité doit être compilée après l'unité parente.

Dans le cas de recompilation, la compilation réussie d'une unité rend caduques toutes les unités potentiellement influencées par cette unité : une unité est potentiellement influencée par les unités de bibliothèque qu'elle cite dans sa clause de contexte **with**, une unité secondaire est potentiellement influencée par une modification de la spécification correspondante, et une sous-unité est potentiellement influencée par la recompilation de l'unité parente.

Le compilateur ne sait pas calculer l'ordre des compilations ni construire le graphe des dépendances entre les unités. L'environnement Ada correspondant au compilateur propose toujours (du moins faut-il l'espérer) un outil qui fabrique ce graphe et engendre automatiquement les ordres de compilation nécessaires. Sous le système Unix, un tel outil peut engendrer un fichier *makefile* si les modules objets dans les bibliothèques sont des fichiers Unix.

14.5 Exécution d'un programme

L'exécution d'un programme Ada commence par l'élaboration des unités citées dans sa clause de contexte, et ce de façon transitive si ces unités ont elles-mêmes des clauses de contexte **with**. Si une unité est citée plusieurs fois dans plusieurs clauses de contexte, elle n'est élaborée qu'une fois. Ces élaborations se font dans n'importe quel ordre compatible avec l'ordre partiel défini par les règles d'ordre de compilation.

L'exception *PROGRAM_ERROR* est déclenchée si cette élaboration conduit à exécuter des entités non encore élaborées. Nous avons déjà rencontré deux programmes où l'exception *PROGRAM_ERROR* était déclenchée à cause de l'ordre des élaborations :

— l'élaboration de la spécification du paquetages *Les_Fichiers* exécute une fonction du paquetage *Les_Relations* lors de l'élaboration du sous-type *article* (voir page 247) :

```
subtype article is STRING (1..Les_Relations.Taille_ligne(R)) ;
```

Si le corps de *Taille_Ligne* n'est pas compilé, l'exception est déclenchée. La solution consiste à forcer l'élaboration du corps nécessaire avec le pragma *ELABORATE* :

```
with Les_Relations, DIRECT_IO ;
pragma ELABORATE(Les_Relations) ;
generic
  relation : Les_Relations.une_relation ;
package Les_Fichiers is
  ...
end Les_Fichiers ;
```

— une des solutions au problème de la mise en facteur de code, au paragraphe 11.5.5, page 207, consistait à exemplariser des procédures génériques *P1, P2, P3* dans la spécification d'un paquetage ; cependant le corps du modèle générique devait être dans le corps du paquetage : l'élaboration de la déclaration des procédures *P1* à *P3* provoque donc fatalement l'exception *PROGRAM_ERROR*, et le pragma *ELABORATE* n'est dans ce cas d'aucun secours. Nous avons dû trouver une autre solution.

14.6 Portée et visibilité des identificateurs

Nous avons développé ces deux notions au chapitre 3, page 49. Reprenons-les rapidement dans le cadre général de leur application.

La portée d'une déclaration est la région du texte où l'effet de la déclaration existe : les identificateurs déclarés existent. Elle commence au début de la déclaration et s'étend jusqu'à la fin de la région déclarative où elle figure. La région déclarative peut être scindée en deux : c'est le cas pour les entités comme les sous-programmes, paquetages et tâches qui ont une partie spécification et un corps, ou comme l'entrée d'une tâche. Dans les autres cas (déclaration de type article, instruction bloc ou instruction de boucle), la région est une portion continue de texte.

La visibilité d'un identificateur définit dans quelle région de sa portée cet identificateur peut être vu. Dans sa portée, un identificateur peut être masqué par un autre identificateur plus local que lui, ou surchargé par un homonyme du même bloc (s'il est identificateur de sous-programme, de littéral d'énumération, ou s'il est opérateur). La règle de masquage est la même qu'en Pascal : dans un bloc donné, les identificateurs visibles sont ceux du bloc et ceux des blocs emboîtants, à moins que ces derniers ne soient cachés par un homonyme plus local.

La visibilité se fait aussi par sélection : on préfixe l'identificateur par le nom de l'instruction bloc, de l'article, du sous-programme, du paquetage, de la tâche, suivi d'un point.

Pour pouvoir sélectionner le nom d'une entité exportée par un paquetage, on doit utiliser une clause de contexte **with**. Cette clause de contexte se place devant l'unité soumise à compilation (fig. 14.12 et 14.13). La portée de cette clause est la seule unité préfixée : si une unité de compilation comprend plusieurs déclarations (de sous-programmes ou paquetages) qui utilisent le même paquetage, la clause **with** doit être répétée autant de fois.

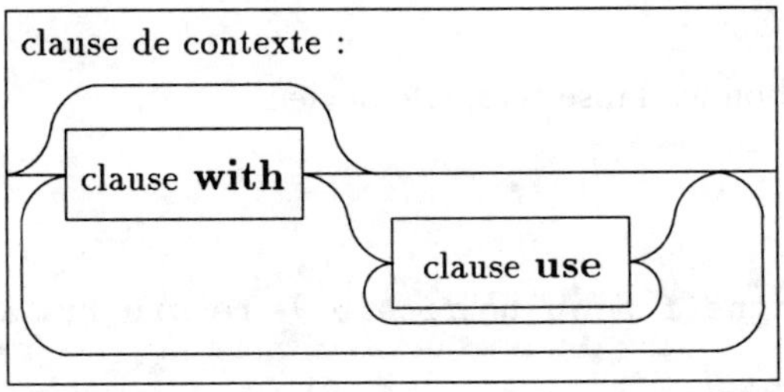

FIG. 14.12 : Clause de contexte.

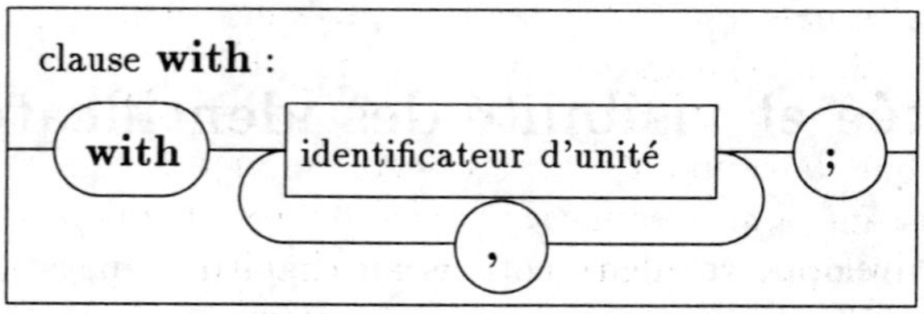

FIG. 14.13 : Clause with.

La clause de contexte **with** est donc une clause d'importation de portée, mais pas de visibilité. La visibilité directe est obtenue par la clause **use**. Nous l'avons introduite au chapitre 4, et on se reportera à la page 70 pour une discussion sur cette clause.

Résumons les règles de portée et de visibilité sur un squelette d'unités Ada comprenant un paquetage *P* et une procédure *P1*. Sur le schéma de la figure 14.14, les numéros entre chevrons étiquettent des identificateurs d'entités ou des régions. Les traits verticaux, étiquetés par les numéros des entités, indiquent la portée de l'identificateur (trait pointillé) et sa visibilité (trait plein). Ainsi, dans la région <9>, `a` désigne l'entité <8>, *c.a* désigne l'entité <6>, *p1.a* l'entité <3> et *P.a* l'entité <1>.

Nous avons très peu utilisé la clause **use** dans les exemples des chapitres précédents : dans un ouvrage didactique comme celui-ci, il importe de ne pas surcharger le lecteur avec les problèmes de visibilité. Si les noms développés sont quelquefois lourds à manier, au moins apportent-ils toute la connaissance pour une compréhension rapide de l'origine des identificateurs. Notons cependant que la clause **use** peut aussi accroître la lisibilité. Nous avons écrit dans le paquetage *Les_Fichiers* du chapitre 12 la procédure suivante (page 253) :

```
function Creer_Ligne(f : in un_fichier) return num_art is
begin
  return num_art(fichart."+"(fichart.SIZE(fichart.FILE_TYPE(f)),1)) ;
end Creer_Ligne ;
```

En rajoutant la bonne clause **use**, elle devient :

```
use fichart ;
  ...
function Creer_Ligne(f : in un_fichier) return num_art is
begin
  return num_art(SIZE(f) + 1) ;
end Creer_Ligne ;
```

ce qui est beaucoup plus simple et plus compréhensible. La possiblité du paragraphe suivant est une alternative à l'utilisation de la clause **use** et permet d'éviter les ambiguïtés que plusieurs clauses **use** peuvent apporter.

Dans la pratique, le couple des clauses **with** et **use** groupées en début d'unité est un moyen puissant pour paramétrer l'unité : si deux paquetages *A* et *B* exportent des opérateurs similaires, de même profil et identifiés par les mêmes noms, alors la programmation de l'unité *U* précédée des clauses **with** *A* ; **use** *A* ; reste inchangée si l'on remplace *A* par *B*.

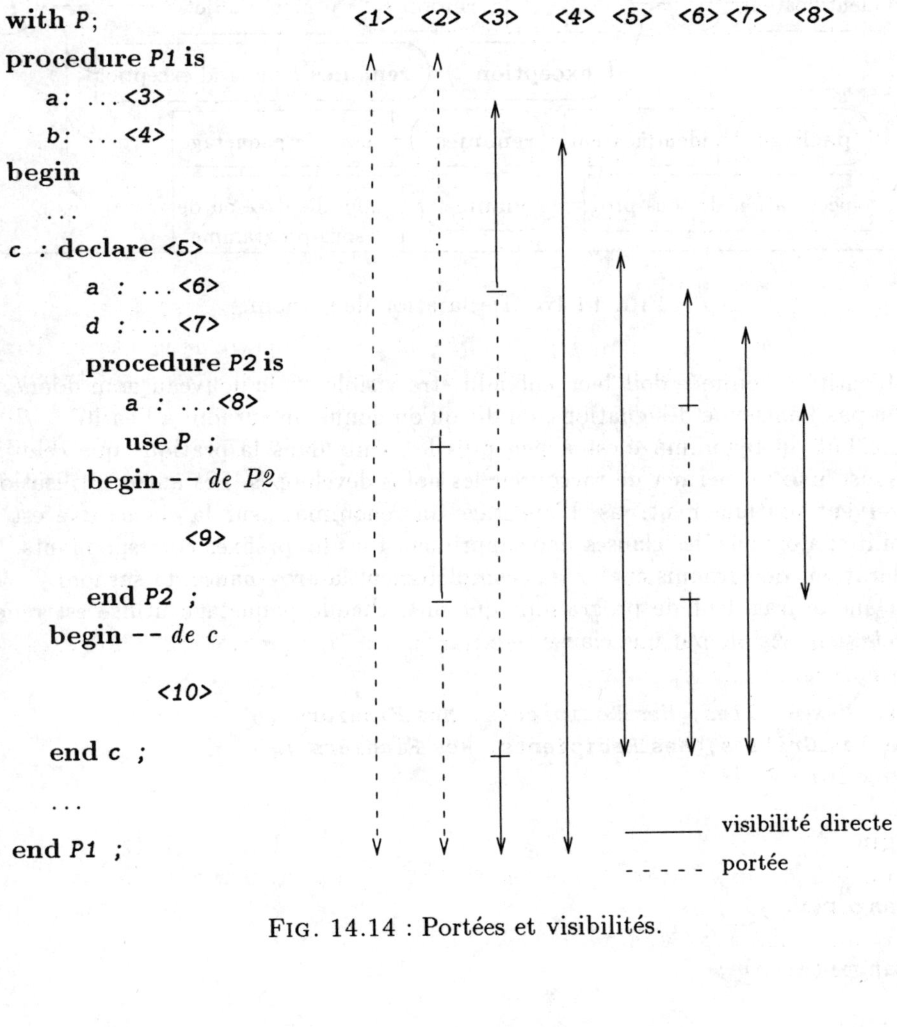

FIG. 14.14 : Portées et visibilités.

14.7 Le renommage

Le renommage est une déclaration d'un nouveau nom pour une variable, une constante, une exception, un sous-programme, une entrée de tâche, ou enfin pour un paquetage (fig. 14.15).

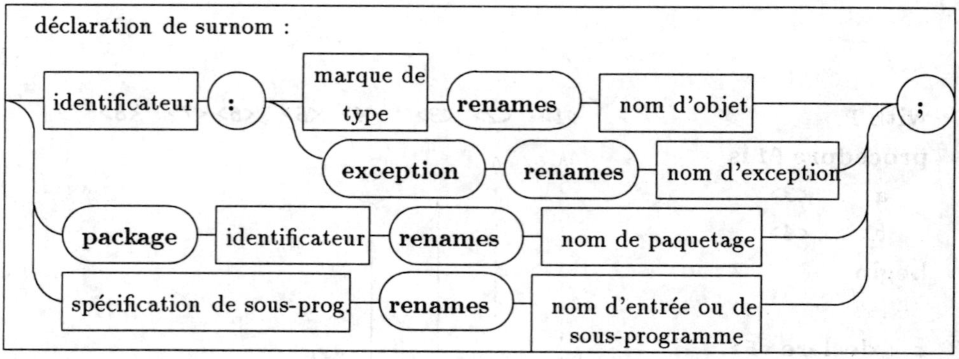

FIG. 14.15 : Déclaration de surnom.

L'entité renommée doit bien entendu être visible, et le nouveau nom donné ne cache pas l'ancienne désignation : on dit qu'on donne un surnom à l'entité.

Le but du renommage est à peu près le même dans la pratique que celui de la clause **use** : il permet de raccourcir les noms développés. Les autres utilisations ne servent pratiquement pas. L'avantage du renommage sur la clause **use** est sa lisibilité : alors que des clauses **use** suppriment tous les préfixes correspondants, les déclarations de surnoms explicitent complètement la provenance du surnom.

Dans le fragment de programme qui suit, chaque paquetage utilisé est rendu directement visible par une clause **use** :

```
with Mes_Grilles, Mes_Recipients, Mes_Fichiers ;
use Mes_Grilles, Mes_Recipients, Mes_Fichiers ;
procedure P  is
  ...
begin
  ...
  Ranger(x, y) ;
  ...
  Ranger(a, b) ;
  ...
end P ;
```

Pour savoir de quel paquetage provient chaque occurrence de ***Ranger***, il faut examiner les types de paramètres, et si ce n'est pas suffisant, aller voir les spécifications des trois paquetages importés. Avec des déclarations de surnoms, seules les déclarations locales sont à consulter.

```
with Mes_Grilles, Mes_Recipients, Mes_Fichiers ;
procedure P is
  procedure Ranger(g :  in  out Mes_Grilles.une_grille ;
                   e :  in element)
     renames Mes_Grilles.Ranger ;
  procedure Ranger(g :  in  out Mes_Recipients.une_grille ;
                   e :  in element)
     renames Mes_Recipients.Ranger ;
...
begin
  ...
  Ranger(x, y) ;
  ...
  Ranger(a, b) ;
  ...
end P ;
```

Le renommage est particulièrement indiqué pour les sous-programmes. Lors du renommage d'un sous-programme ou d'une entrée, on peut changer le nom des paramètres formels et même leur valeur par défaut s'ils ont le mode **in** : les paramètres effectifs qui sont transmis en utilisant l'association par nom nommeront les nouveaux noms des paramètres formels si l'on utilise le surnom, ou les anciens noms si l'on utilise le nom d'origine. Dans le cas des fonctions, le renommage est encore plus utile : il permet également de renommer des attributs dont la spécification est une fonction. Voyons ces différents cas.

Le paquetage ***Les_Naturels*** de la page 72 fabrique un type naturel par dérivation du type entier : il est donc muni des opérateurs sur les entiers, comme l'opérateur plus. Comme il n'exporte pas les opérateurs sur les entiers, nous avions dit qu'en absence de clause **use**, toute procédure utilisant les naturels doit utiliser le nom développé de l'opérateur, comme dans l'instruction suivante, dans laquelle ***x*** est de type ***Les_Naturels.naturel*** :

```
x := Les_Naturels."+"(1, x) ;
```

La déclaration d'un surnom pour l'opérateur plus permet à nouveau la notation infixe :

```
function "+"(x, y : Les_Naturels.naturel) return Les_Naturel.naturel
   renames Les_Naturel."+" ;
...
x := x + 1 ;
```

Soit maintenant un paquetage générique paramétré par un type privé et un opérateur de succession sur ce type :

```
generic
   type element is private ;
   with function Suivant(e : element) return element is <> ;
package P is
   ...
```

Pour exemplariser ce paquetage avec les types discrets, on utilise l'attribut *SUCC* pour le paramètre générique *suivant*. Sous la forme d'attribut cependant, *SUCC* n'est pas syntaxiquement une possibilité. On renommera donc au préalable l'attribut. Pour le type *une_couleur* par exemple, on aura :

```
function Suivant(c : une_couleur) return une_couleur
     renames une_couleur'SUCC ;
package Mon_P is new P(une_couleur) ;
```

Remarquons que les attributs *VAL* et *POS* ne peuvent pas être renommés, car ils manipulent le type fictif entier universel : on ne peut pas les spécifier sous forme de fonction.

Le renommage de variables, de nombres ou de composants de variable (champ d'article ou élément de tableau) n'est pas conseillé. Cependant, nous l'avons utilisé pour nommer les fenêtres dans le programme de la page 315, dans le but d'accroître la lisibilité du source.

Le renommage peut être utilisé pour donner un deuxième nom à un opérateur : si l'on reprend encore la paquetage *Les_Fenetres* qui exporte les opérateurs *Afficher* une chaîne et *A_la_ligne*, on peut l'uniformiser avec *TEXT_IO* en ajoutant les noms d'opérateurs équivalents de *TEXT_IO* :

```
procedure A_la_ligne(f : in out une_fenetre) ;
procedure NEW_LINE(f : in out une_fenetre) renames A_la_ligne ;
procedure Afficher(f : in out une_fenetre ;
                   la_chaine : STRING) ;
procedure PUT(f : in out une_fenetre ;
              la_chaine : STRING) renames Afficher ;
```

Le renommage n'est pas possible pour un composant d'une entité de type non contraint, une variable générique formelle, ni pour un paramètre formel dont le type est non contraint lorsque les discriminants ont des valeurs par défaut.

Le renommage des exceptions est utilisé dans la bibliothèque standard : les paquetages prédéfinis d'entrée-sortie renomment les exceptions, qu'ils importent du paquetage *IO_EXCEPTIONS*.

14.8 Surcharge et visibilité

Le concept de surcharge a d'abord été présenté au chapitre 2, page 27, lors de l'introduction des types dérivés, puis repris au chapitre 3, pages 47 et 57. Les valeurs et les opérateurs sont surchargés lorsqu'ils “ appartiennent ” à plusieurs types visibles simultanément. Qualification et conversion sont les deux moyens pour différencier les valeurs surchargées.

Un opérateur en surcharge un autre quand il prend le même nom, mais il s'en distingue par le profil de ses paramètres. Les problèmes de visibilité de tels opérateurs surviennent lorsqu'on fabrique un nouvel opérateur ayant le même profil que l'opérateur qu'il surcharge. Nous avons rencontré un tel problème page 200 en introduisant un paquetage générique sur la base (au-dessus) d'un autre paquetage générique; nous ne reprenons pas ici la discussion, et nous invitons le lecteur à reconsidérer la solution que nous avons donnée.

Ce problème de la surcharge survient en fait dès que l'on construit un nouveau type à partir d'un ancien, et que la mise en œuvre des opérateurs du nouveau type utilise à la fois les anciens et les nouveaux opérateurs. Considérons le cas des types privés limités : on a souvent besoin de leur adjoindre la fonction d'égalité. Si le type privé est limité, c'est la plupart du temps parce que l'égalité offerte en standard par le langage ne convient pas, comme dans l'exemple pas très heureux des piles à la page 152. Le paquetage suivant défini un type abstrait liste comme étant privé limité :

```
generic
  type une_info is private ;
package Les_Listes_Simples is
    -- gestion de listes en tant que récipients
  type une_liste_simple is limited private;
  procedure Ajouter(l : in out une_liste_simple; info : une_info);
    -- ajoute info dans l
  procedure Retirer(l : in out une_liste_simple; info : une_info);
    -- retire info de l
  generic
    with procedure Action(info : une_info) ;
  procedure Pour_Tout(l : in une_liste_simple) ;
    -- balayage de l avec application de Action
```

```
   function "=" (g, d : une_liste_simple) return boolean;
private
   ...
end Les_Listes_Simples;
```

Pour mettre en œuvre une liste avec un constructeur dynamique, le type abstrait *une_liste_simple* est forcément un type accès. Le corps de l'opérateur d'égalité qu'on veut définir va parcourir en parallèle les listes qui sont les opérandes gauche et droit de l'opérateur d'égalité tout en comparant deux à deux les valeurs des éléments de listes. La programmation qui suit n'est pas correcte :

```
generic
   type une_info is private ;
package Les_Listes_Simples is
   ...
private
   type item ;
   type une_liste_simple is access item ;
end Les_Listes_Simples ;

package body Les_Listes_Simples is
   type item is record
     valeur : une_info ;
     suivant : une_liste_simple ;
   end record ;

   function "=" (g, d : une_liste_simple) return BOOLEAN
        is separate ;
   procedure Ajouter(l : in out une_liste_simple ; info : une_info)
        is separate ;
   procedure Retirer(l : in out une_liste_simple ; info : une_info)
        is separate ;
   procedure Pour_Tout(l : in une_liste_simple)
        is separate ;
end Les_Listes_Simples ;

separate(Les_Listes_Simples)
   function "=" (g, d : une_liste_simple) return BOOLEAN is
     p_gauche : une_liste_simple ;
     p_droit  : une_liste_simple ;
   begin
      while p_gauche /= null and p_droit /= null loop
        if (p_gauche = null or p_droit = null) or else
              p_gauche.valeur /= p_droit.valeur then
```

```
      return FALSE ;
    else
      p_gauche := p_gauche.suivant ;
      p_droit := p_droit.suivant ;
    end if ;
  end loop ;
  return TRUE ;
end "=" ;
```

En effet, les tests entre les pointeurs de parcours *p_gauche* ou *p_droite* et la valeur **null** utilisent forcément l'opérateur de comparaison égal qui est en train d'être défini : cet opérateur a le même profil et le même nom que l'opérateur d'égalité défini sur les type accès, et il est déclaré plus localement. Que va-t-il se passer à l'utilisation de la nouvelle fonction d'égalité ? Il y aura appel récursif de la fonction, donc création d'un contexte d'exécution dans la pile d'exécution pour stocker au moins les paramètres, la valeur délivrée, et comme il n'y a aucun test d'arrêt de la récursivité, l'exception *STORAGE_ERROR* se déclenchera quand la mémoire sera saturée par ces contextes.

On a besoin de l'ancien opérateur d'égalité défini primitivement sur les types accès. Pour le garder visible, la solution la plus simple consiste à créer un type intermédiaire pour lequel le nouvel opérateur d'égalité ne s'appliquera pas, en dérivant le type *item*. La partie privée de la spécification du paquetage est alors la suivante :

```
generic
  type une_info is private ;
package Les_Listes_Simples is
  type une_liste_simple is limited private ;
  ...
private
  type item ;
  type une_liste_effective is access item ;
  type une_liste_simple is new une_liste_effective ;
end Les_Listes_Simples ;
```

La nouvelle fonction d'égalité est ainsi définie sur le type *une_liste_simple*, mais pas sur le type *une_liste_effective* : on utilisera donc des comparaisons de valeurs d'accès avec l'opérateur d'égalité sur les pointeurs d'*une_liste_effective*.

```
separate(Les_Listes_Simples)
  function "=" (g, d : une_liste_simple) return BOOLEAN is
    p_gauche : une_liste_effective := une_liste_effective(g) ;
    p_droit  : une_liste_effective := une_liste_effective(d) ;
```

```
  begin
    while p_gauche /= null and p_droit /= null loop
      if (p_gauche = null or p_droit = null) or else
          p_gauche.valeur /= p_droit.valeur then
        return FALSE ;
      else
        p_gauche := une_liste_effective(p_gauche.suivant) ;
        p_droit := une_liste_effective(p_droit.suivant) ;
      end if ;
    end loop ;
    return TRUE ;
  end "=" ;

separate(Les_Listes_Simples)
  procedure Ajouter(l : in out une_liste_simple ; info : une_info)
      is
    nouveau : une_liste_effective := new item'(valeur => info,
                                               suivant => l) ;
  begin
    l := une_liste_simple(nouveau) ;
  end Ajouter ;

separate(Les_Listes_Simples)
  procedure Pour_Tout(l : in une_liste_simple) is
    p : une_liste_effective := une_liste_effective(l) ;
  begin
    while p /= null loop
      Action(p.valeur) ;
      p := une_liste_effective(p.suivant) ;
    end loop ;
  end Pour_Tout ;

end Les_Listes_Simples ;
```

En fait, tout problème a une solution, et même plusieurs. On aurait pu envisager ici d'introduire autrement le type dérivé : en définissant dans le corps du paquetage `Les_Listes_Simples`, une fonction générique d'égalité entre deux éléments de liste munie des fonctions de succession et de comparaison de valeur en tant que paramètre générique ; l'exemplarisation de cette fonction pour le type `une_liste_simple` aurait fourni l'opérateur cherché.

CHAPITRE **15**

Les moyens d'adaptation

On appelle moyens d'adaptation l'ensemble des concepts du langage qui vont permettre d'assouplir les règles sur les types et qui vont tenir compte d'une implantation particulière dans un environnement donné. Les moyens d'adaptation se présentent sous la forme d'attributs, de pragmas, de clauses de représentation, d'insertion de code machine. Le paquetage ***SYSTEM*** permet une liaison avec le système d'exploitation.

Ce chapitre vise donc une utilisation très particulière du langage : un programmeur qui a besoin des services qu'il présente, est forcément un programmeur confirmé, et il a autant besoin de l'annexe F de son compilateur que des informations présentées ici. C'est pourquoi nous donnerons très peu d'exemples, sauf pour les traits qui interviennent dans la réutilisation des composants logiciels.

Le programmeur va pouvoir notamment, par des pragmas ou des clauses de représentation, demander que tel objet soit implanté à telle adresse, que les objets de tel type aient telle implantation, et signaler que tel sous-programme est écrit dans tel langage. Il va pouvoir également insérer du texte en langage machine, et détourner les contraintes de vérification du langage : on le voit, l'ensemble de ces moyens d'adaptation vise surtout la programmation système, ou permet la réalisation de logiciels écrits dans d'autres langages.

15.1 Représentation en machine

15.1.1 Attributs de représentation

Une clause de représentation (fig. 15.1) indique comment mettre en œuvre un type donné. Certaines caractéristiques liées à la mise en œuvre peuvent être connues par des attributs. Pour toute entité, unité de programme, étiquette ou entrée ***x*** :

x'ADDRESS adresse (de type ***SYSTEM_ADDRESS***) de l'objet.

Pour tout objet, type, ou sous-type **x** :

x'SIZE taille en bits de l'objet, ou d'un objet du type.

Pour tout champ **c** d'un article **a** :

a.*c'POSITION* adresse relative de **c** dans **a** (en unités adressables de mémoire) ;

a.*c'FIRST_BIT* adresse relative de **c** dans **a** (en bits) ;

a.*c'LAST_BIT* adresse relative du dernier bit de **c** dans **a** (en bits).

Les clauses de représentation doivent figurer dans la même partie déclarative que l'objet ou que le type qu'elles complètent (voir fig. 14.5 page 338).

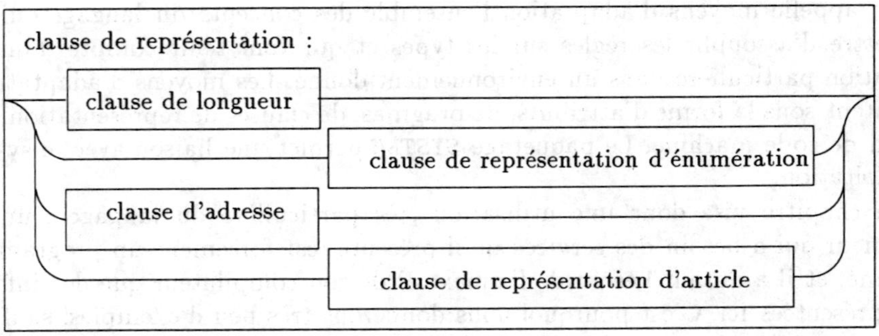

FIG. 15.1 : Clause de représentation.

15.1.2 Clause de longueur

Une clause de longueur (fig. 15.2) spécifie la quantité de mémoire à associer à un type. Pour un type *T* donné, les attributs admis sont : *SIZE*, *STORAGE_SIZE* et *SMALL*.

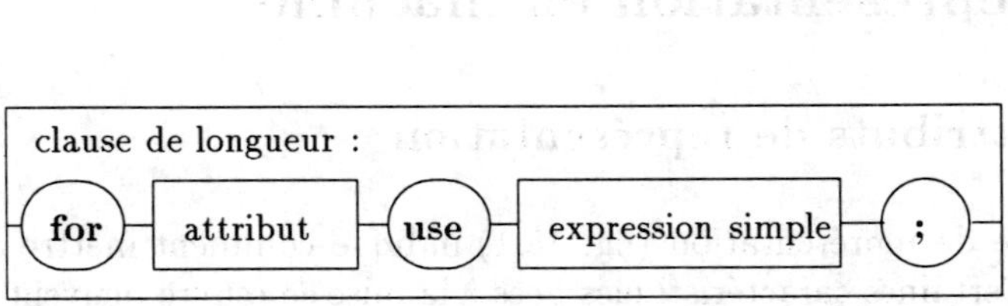

FIG. 15.2 : Clause de longueur.

Exemple :

```
type octet is range -128..+127 ;
for octet'SIZE use 8 ; --   un objet de type octet sera implanté sur 8 bits
```

L'attribut *SMALL* sert à spécifier la longueur des valeurs de type de base point fixe *T*.

15.1.3 Pragma PACK

Le pragma *PACK* est le seul pragma de représentation. Il demande à ce qu'il n'y ait pas d'espace inoccupé dans la représentation d'un type composé :

```
pragma PACK(identificateur de type) ;
```

Par défaut, le compilateur est libre d'allouer comme il veut les variables : un booléen peut occuper un octet au lieu d'un bit. Les entités du type **demi_mot** suivant occupent peut-être 128 bits ; avec le pragma, les entités n'en occupent que 16 :

```
type un_bit is new BOOLEAN ;
for un_bit'SIZE use 1 ;
type demi_mot is array(1..16) of un_bit ;
pragma PACK(demi_mot) ;
```

15.1.4 Clause de représentation d'énumération

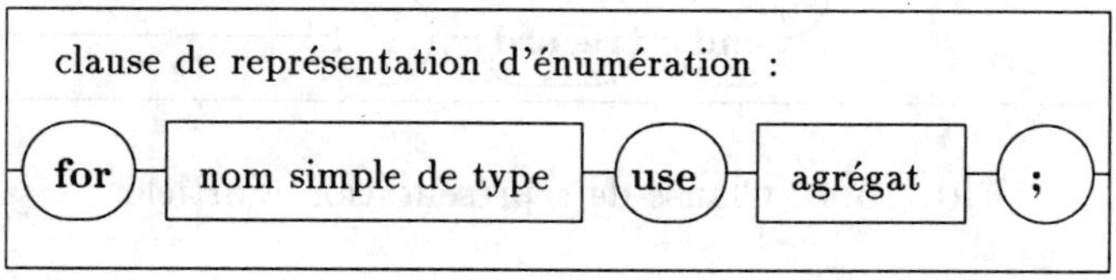

FIG. 15.3 : Clause de représentation d'énumération.

Cette clause permet d'attribuer une valeur précise à chaque littéral d'énumération (fig. 15.3). Les valeurs données doivent être statiques et toutes différentes.

Exemple :

```
type etatcoupleur is
    (tamponvide, tamponplein, errsynchro, errparite, errsurcharge,
```

```
    break) ;
  --  coupleur ACE 8250 du compatible PC
for etatcoupleur'SIZE use 8 ;
for etatcoupleur use
  (tamponvide   => 2#00100000#,  --  bit 5
   tamponplein => 2#00000001#,   --  bit 0
   errsynchro  => 2#00001000#,   --  bit 3
   errparite   => 2#00000100#,   --  bit 2
   errsurcharge =>2#00000010#,   --  bit 1
   break       => 2#00010000#    --  bit 4
  ) ;
```

15.1.5 Clause de représentation d'article

Une clause de représentation d'article (fig. 15.4) définit l'ordre, la position et la taille de chaque composant de l'article, et peut comporter une clause d'alignement. La clause d'alignement (**at mod**) force chaque article du type à être implanté à

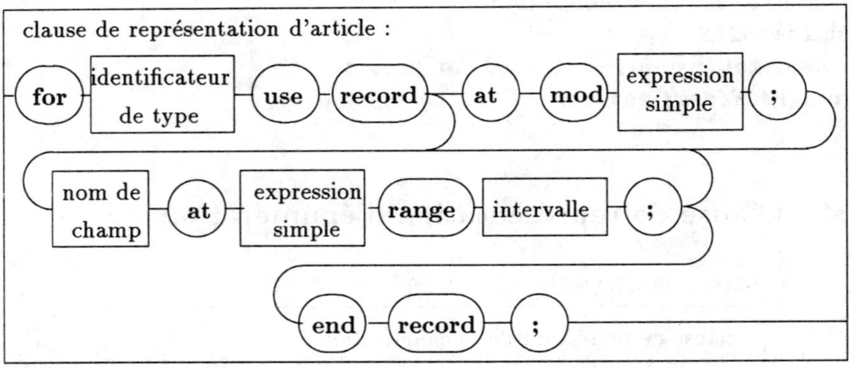

FIG. 15.4 : Clause de représentation d'article.

une adresse qui est un multiple de l'expression simple fournie. **at mod** 2 sur une machine à octets indique une implantation sur (à partir de) un octet d'adresse paire.

Chaque champ est implanté sur le mot défini par l'expression simple derrière **at** (par mot, comprendre la plus petite unité d'adressage de la mémoire), avec une numérotation à partir de zéro, et sur les bits déterminés par l'intervalle, avec une numérotation à partir de zéro en bit de poids fort.

Exemple :

```
type un_registre is range 0..7 ;
```

```
type un_codop is (mov, add, ...) ;
type une_adresse is 0..16#FFFF# ;
type i1 is    -- un type d'instruction machine de l'UC 80x86
  record codop : un_codop ; reg : un_registre ; op : une_adresse ;
  end record ;
for i1 use
  record  -- pas de clause d'alignement
    codop at 0 range 0..4 ;
    reg at 0 range 5..7 ;
    op at 1 range 0..15 ;  -- 2 octets
  end record ;
```

On peut voir ce que cela donne sur le schéma de la figure 15.5 correspondant à cette implantation :

	0	1	2	3	4	5	6	7
0	codop					reg		
1	op (pf)							
2	op (PF)							

FIG. 15.5 : Représentation du type *i1*.

15.1.6 Clause d'adresse et interruptions

Une clause d'adresse (fig. 15.6) définit l'adresse d'implantation d'un objet. Le codage de l'adresse est lié à la machine et dépend à la fois du compilateur et du calculateur. Une clause d'adresse peut être associée à une variable (adresse de la variable), à un sous-programme, un paquetage ou une tâche (adresse du code machine associé au corps correspondant), ou à une entrée de tâche.

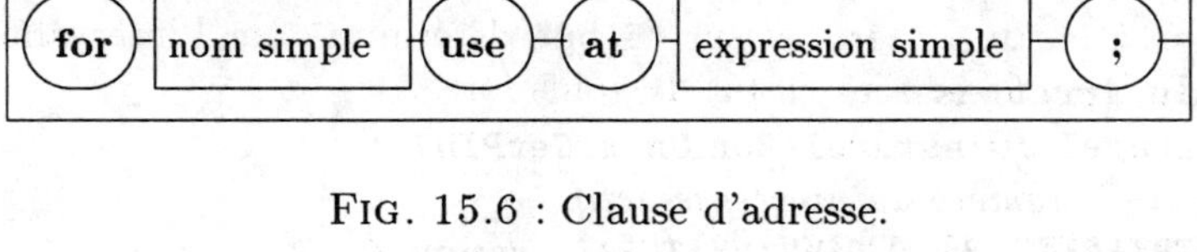

FIG. 15.6 : Clause d'adresse.

Dans ce dernier cas, il s'agit d'attacher une entrée à une adresse d'interruption du calculateur. Une interruption agit comme un appel d'entrée en provenance d'une tâche matérielle ultra prioritaire. Selon la nature de l'interruption, l'appel d'entrée peut être un appel d'entrée ordinaire, un appel d'entrée en temps limité ou un appel d'entrée conditionnel.

Exemple :

```
task Traite_it is
   entry it ;
   for it use at 4 * 16#0C# ; -- coupleur ACE 8250
end ;

task body Traite_it is
begin
   loop
      accept it do
         ...
      end ;
   end loop ;
end Traite_it ;
```

Le deuxième exemple est celui d'une tâche que l'on peut placer dans tout programme interactif qui veut demander la confirmation d'arrêter le programme en cas de frappe d'un caractère d'arrêt (*Break*, ou `intr` sous UNIX, c'est-à-dire `^C` en général). On se place dans le cas du système UNIX, pour lequel quelques éléments d'interface avec le noyau sont donnés plus loin. La tâche `Arret` a une seule entrée reliée au signal `SIGINT` déclenché par la frappe du caractère `intr`. On suppose que la fonction `Signal` calcule l'adresse système correspondant au signal :

```
task Arret is
   entry Intr ;
   for Intr use at Signal(SIGINT) ;
end Arret ;
```

La tâche `Arret` est élaborée dans les déclarations du programme, et démarre donc juste avant lui. Quand l'utilisateur frappe le caractère `intr`, l'entrée `Intr` est activée par le système. Si l'usager confirme sa décision d'arrêter le programme, la tâche `Arret` déclenche elle-même le signal `SIGKILL` pour tuer le processus courant, dont le numéro a été initialisé au démarrage de la tâche :

```
task body Arret is
  pid : naturel := naturel(Mon_Unix.GetPID) ;
          -- numéro du processus actif
  rep : STRING(1..3) ; fin : NATURAL range 0..3 ;
```

```
    etat : Unix_Environment.exit_status ;
            --  code retour d'une commande Unix
  begin
    loop
      select
        accept Intr ;
        TEXT_IO.PUT("Voulez-vous vraiment quitter ? ") ;
        TEXT_IO.GET_LINE(rep, fin) ;
        case rep(1) is
          when 'o' | 'O' | 'y' | 'Y' =>
            etat := Unix_Environment.Exec_command("kill -9 " & pid) ;
              --  9 = signal SIGKILL
          when others => null ;
        end case ;
      or
        terminate ;
      end select ;
    end loop ;
  end Arret ;
```

Nous avons ici utilisé deux techniques différentes pour communiquer avec le système :

— le numéro du processus UNIX courant est obtenu par un appel au noyau enrobé par une fonction Ada du paquetage ***Mon_Unix*** de la page 373 ;

— l'envoi du signal ***SIGKILL*** est réalisé par la commande UNIX ***kill***, par l'intermédiaire de la procédure ***Exec_command*** du paquetage ***Unix_Environment*** de la page 365 ; cet envoi aurait pu être également réalisé par un appel au noyau qu'on aurait enrobé dans le paquetage ***Mon_Unix***.

Pour utiliser la tâche ***Arrêt***, le programme doit être précédé de la clause de contexte **with** qui cite les deux paquetages ***Mon_Unix*** et ***Unix_Environment***.

Dans la réalité, l'exécutif Ada possède des traiteurs pour la plupart des signaux : il en utilise certains pour son propre fonctionnement. Ainsi, la clause d'adresse que nous avons donnée n'est pas forcément suffisante : il faut aussi inhiber le traiteur standard de l'exécutif, et cela évidemment dépend de l'exécutif. Les compilateurs Alsys offrent le paquetage ***Interrupt_Manager***, pour masquer les traiteurs de son exécutif : on initialise le mécanisme par l'appel ***Init_Interrupt_Manager***, qui prend comme paramètre le nombre de tampons nécessaires pour tamponner tous les signaux entre deux traitements, et la taille de la zone des paramètres de l'entrée. Puis on fournit l'adresse de son propre traiteur de signaux par la procédure ***Install_Handler***.

Si l'on encapsule la tâche ***Arrêt*** dans le paquetage ***Attrape_signal***, on obtient le programme suivant :

```
package Attrape_Signal is
end Attrape_Signal ;

with Interrupt_Manager, Unix_Environment, SYSTEM,
 UNCHECKED_CONVERSION, Les_Naturels, TEXT_IO ;
use Les_Naturels ;
package body Attrape_Signal is
  subtype un_signal is INTEGER range 0..32 ;
  SIGINT : un_signal := 2 ;  --  signal Unix envoyé par le caractère intr
  function Signal is new
              UNCHECKED_CONVERSION(un_signal, SYSTEM.ADDRESS) ;
  task Arret is
    entry Intr ;
    for Intr use at Signal(SIGINT) ;
  end Arret ;

  procedure Traiteur_Intr is
  begin
   Arret.Intr ;
  end Traiteur_Intr ;

  procedure Init_it is
  begin
   Interrupt_Manager.Init_Interrupt_Manager
      (number_of_buffers => 1,
       max_param_area_size => 0) ;
   Interrupt_Manager.Install_Handler
      (handler_address => Traiteur_Intr'ADDRESS,
       sig => Signal(SIGINT));
  end Init_it ;

  task body Arret is
   ... --  comme précédemment
  end Arret ;

begin --  Attrape_Signal
 Init_it ;
end Attrape_Signal ;
```

Pour bénéficier donc du mécanisme de rattrapage du signal d'arrêt, il suffit d'inclure le paquetage dans la clause **with** de tout programme. On remarquera que nous avons explicité ici l'opérateur ***signal*** qui donne l'adresse logicielle correspondant au signal UNIX ***SIGINT*** : c'est une exemplarisation de la fonction ***UNCHECKED_CONVERSION*** que nous verrons à la page 375.

15.1.7 Changement de représentation

Une seule clause de représentation pour un type *T* donné est autorisée. Si on en veut plusieurs, on doit définir un nouveau type *NT* dérivé du premier. Les affectations de variables des deux types seront possibles grâce aux conversions.

Exemple :

```
type T is ...
for T use ...
type NT is new T ;
for NT use ...
X : NT ; Y : T ;
  ...
X := NT(Y) ;
```

15.1.8 Insertion de code machine

Le code machine doit figurer dans des procédures qui ne contiennent que du code machine et les déclarations de ce code machine. Les instructions du code machine sont décrites par des articles et des clauses de représentation, dans la spécification du paquetage qui doit s'appeler *MACHINE_CODE*.

Exemple :

```
package MACHINE_CODE is
  type i1 is ...        --   tous les types et les clauses du paragraphe 15.1.5
end MACHINE_CODE;

with MACHINE_CODE;  use MACHINE_CODE;
procedure charger1_2(v1, v2 :  in SYSTEM'ADDRESS);
   --   charge les registres 1 et 2 avec le contenu des variables
   --   d'adresse v1 et v2
begin
  i1'(codop => mov, reg => 1, op => v1);
  i1'(codop => mov, reg => 2, op => v2);
end;
  --   Appel : charger1_2(x'ADDRESS, y'ADDRESS);
```

15.2 Liaison avec le système

15.2.1 Le paquetage SYSTEM

Ce paquetage est décrit dans l'annexe F. Il doit obligatoirement contenir les déclarations qui suivent (elles sont données ici pour une machine à mots de 32 bits, et dont le système d'exploitation est UNIX) :

```
type NAME is (UNIX, SPARC, VAX, ...);
 SYSTEM_NAME   : constant NAME := UNIX;
 STORAGE_UNIT  : constant := 8;
 MEMORY_SIZE   : constant := 2**32;
 MIN_INT       : constant := -(2**31);
 MAX_INT       : constant := 2**31 - 1;
 MAX_DIGITS    : constant := 15;
 MAX_MANTISSA  : constant := 31;
 FINE_DELTA    : constant := 2#1.0#e-31;
 TICK          : constant := 1.0;
type ADDRESS is private;
 NULL_ADDRESS  : constant ADDRESS;
subtype PRIORITY is INTEGER range 1..127;
```

On peut modifier par des pragmas certaines de ces constantes :

```
pragma SYSTEM_NAME(nouveau nom);
   --   nouveau nom doit être du type SYSTEM.NAME
pragma STORAGE_UNIT(valeur);
pragma MEMORY_SIZE(valeur);
```

15.2.2 Paquetages spécifiques à un système

Pour intégrer pleinement une application dans un environnement donné, on peut rarement se passer des services offerts par le système hôte. Comme ces services sont dépendants du système, ils ne peuvent pas être formalisés dans un paquetage prédéfini pour toute implantation, et c'est pourquoi on n'en trouve pas dans l'annexe F du langage Ada 83.

Cependant, plusieurs compilateurs Ada, anticipant la norme Ada 9X, sont livrés avec de tels paquetages. Par exemple, un environnement Ada fonctionnant dans un univers UNIX doit comprendre un paquetage comme le paquetage *Unix_Environment* minimum qui suit :

```
package Unix_Environment is
--  primitives classiques de liaison avec Unix
        --  Paramètres de programme :
  function Arg_count return POSITIVE;
    --  nombre d'arguments de la commande qui lance l'application
  function Arg_value(ind : NATURAL) return STRING ;
    --  valeur de l'argument numéro ind.
    --    Peut déclencher illegal_ind
  function Arg_length(ind : NATURAL) return NATURAL ;
    --  longueur de l'argument numéro ind. Peut déclencher illegal_ind
  illegal_ind : exception ; --  argument inexistant
        --  Environnement du processus Unix
  function Env_value(n : STRING) return STRING ;
    --  valeur de la variable d'environnement de non n.
    --    Peut déclencher illegal_env
  function Env_length(n : STRING) return NATURAL ;
    --  longueur de la valeur de la variable n. Peut déclencher illegal_env
  illegal_env : exception ; --  variable inexistante
        --  Gestion des exécutions
  type exit_status is range 0..255 ;
    --  type des codes de retour des commandes et applications Unix
  function Exec_command(com : STRING) return exit_status ;
    --  exécute la commande Unix com en la passant au shell
  procedure Set_exit_status(s : in exit_status) ;
    --  positionne le code de retour de l'application
end Unix_Environment ;
```

Le langage fournit bien évidemment les moyens de fabriquer un tel paquetage s'il n'est pas délivré par le vendeur du compilateur. Nous programmerons du reste une de ces fonctions à la page 372.

15.3 Gestion de la mémoire

L'exécutif Ada organise la gestion de la mémoire comme le font ceux de Pascal ou de C. Nous examinons brièvement ici les différents aspects que cette gestion recouvre et les moyens que donne le langage pour la modifier éventuellement.

15.3.1 Principe

Si l'on considère qu'un programme Ada, incluant les tâches qu'il crée, s'exécute dans un seul processus du système d'exploitation, comme c'est, on l'a vu au chapitre 13, le cas le plus fréquent, alors toutes les entités créées automatiquement par les activations de sous-programmes, de paquetages et de tâches, sont allouées dans le segment de pile du processus. L'espace occupé dans la pile est récupéré automatiquement lorsque la tâche, le paquetage ou le sous-programme achèvent leur exécution (principe de la structure de bloc).

Les entités créées par l'allocateur **new**, que ce soit des variables ou des tâches, sont allouées en tas, dans une partie réservée du segment de pile, ou dans le segment de données du processus. Ces entités sont allouées dynamiquement par exécution de l'allocateur, et non automatiquement par activation d'un bloc ; leur durée de vie n'est pas liée à la durée de vie de la variable accès qui a servi à les créer.

En théorie, l'exécutif Ada doit contenir un ramasse-miettes, c'est-à-dire un programme qui libère l'espace mémoire occupé par les entités créées dynamiquement lorsqu'il n'y a plus aucun accès qui les repère. En pratique, les exécutifs Ada ne fournissent pas ce ramasse-miettes, car c'est un programme qui se déclenche lorsque l'espace réservé au tas devient inférieur à un seuil donné, et qu'on ne peut pas prévoir si justement à ce moment là, toute la puissance de l'unité centrale n'est pas requise pour d'autres tâches plus prioritaires.

15.3.2 Contrôle sur les entités dynamiques

Le langage fournit deux moyens pour contrôler l'allocation et la désallocation des entités dynamiques.

1. Le pragma ***CONTROLLED*** informe l'exécutif qui possède un ramasse-miettes, qu'il ne doit pas récupérer les entités désignées par les valeurs du type accès donné en argument. Sa syntaxe est la suivante :

   pragma ***CONTROLLED (nom simple de type accès)***

   Le pragma doit se trouver dans la partie déclarative qui déclare le type accès, après la déclaration de ce dernier ; il ne s'applique pas aux types dérivés. La récupération est autorisée lorsque les valeurs du type accès ne sont plus accessibles, c'est-à-dire lorsque le bloc qui a déclaré le type accès est achevé.

2. L'attribut ***STORAGE_SIZE*** s'applique sur un type accès ou tâche, ou sur une tâche ; il délivre le nombre total d'unités mémoires réservées dans le tas pour les entités associées au type accès ou pour chaque activation de tâche. On peut limiter cette quantité en utilisant une clause de longueur. Par exemple,

le texte suivant réserve l'espace mémoire nécessaire pour 50 éléments de type *elem* :

```
type p is acces elem ;
for p'STORAGE_SIZE use 50 * (elem'SIZE / SYSTEM.STORAGE_UNIT) ;
   -- réservation pour les éléments de liste repérables par le
   -- type p de 50 places. Valable aussi pour les types accès sur
   -- les types tâches.
```

15.3.3 Désallocation des entités dynamiques

On a toujours besoin de récupérer l'espace occupé par les entités dynamiques inutilisables : la mémoire n'est pas infinie, et de nombreux programmes ont une activité longue. En absence de ramasse-miettes, ou si le ramasse-miettes est désactivé pour des raisons de performances, c'est au programmeur d'assurer cette récupération. Il y a deux sortes de méthodes possibles ; toutes deux sont simples techniquement parlant, mais aussi délicates à utiliser l'une que l'autre.

La première méthode consiste à programmer un paquetage générique de gestion des entités dynamiques. Le paquetage exporte deux opérateurs, l'un pour allouer une entité, l'autre pour la désallouer :

```
generic
  type elem is private ;
package Allocateur is
  type pt_elem is access elem ;
  function Allouer return pt_elem ;
  procedure Desallouer(p : in pt_elem) ;
end Allocateur ;
```

Le corps du paquetage gère une liste des éléments libres ; initialement, cette liste est vide. À chaque appel de la fonction *Allouer*, l'allocateur délivre une valeur d'accès sur l'élément en tête de la liste des libres si c'est possible, sinon il a recours à l'allocateur **nex**. Un appel à *Desallouer* place l'entité repérée par le paramètre *p* dans la liste des libres.

Cette méthode est très classique et simple à programmer. On en trouvera une version dans [BERGÉ 89].

La deuxième méthode consiste à réellement demander à l'exécutif Ada de récupérer l'espace mémoire d'une entité devenue inutile. Pour ce faire, la bibliothèque standard contient la procédure générique *UNCHECKED_DEALLOCATION* :

```
generic
  type OBJECT is limited private
```

```
type NAME is access OBJECT ;
procedure UNCHECKED_DEALLOCATION(x : in out NAME) ;
```

Ainsi, pour désallouer une entité de type **elem** repérée par une valeur d'accès du type ***pt_elem***, doit-on créer un exemplaire de cette procédure générique. Voici comment s'utilise cette procédure :

```
  procedure Desallouer is
    new UNCHECKED_DEALLOCATION(elem, pt_elem) ;
...
pe : pt_elem := new elem ;
...
Desallouer(pe) ;
```

Les deux solutions que nous avons présentées peuvent être difficiles à utiliser : lorsqu'on a créé une structure complexe faite d'éléments de types différents créés dynamiquement, il faut parcourir complètement la structure et désallouer un à un les composants. Il faut également être certain qu'on ne désalloue pas une variable qui est accessible par une autre variable accès à la suite d'une affectation. Ces solutions sont donc un pis-aller, et la sécurité commande d'utiliser le ramasse-miettes de l'exécutif.

15.4 Interface avec les autres langages

15.4.1 Introduction

Ainsi que nous l'avons mentionné au chapitre 3, le langage Ada donne les moyens de réutiliser des composants logiciels écrits dans d'autres langages de programmation. Cette réutilisation est concrètement réalisée par l'éditeur de liens du système d'exploitation. C'est donc l'éditeur de liens qui conditionne en dernier ressort ce qui peut être réutilisé. En fait, l'éditeur de liens manipule des entités très pauvres : il ne fait que la liaison entre des identificateurs (connus par la chaîne qui les représente) qui désignent des entités absolues (comme les constantes) ou translatables (comme les variables, les étiquettes et les noms de sous-programmes). Parmi ces entités, le langage Ada ne va accepter que les identificateurs qui désignent des sous-programmes : c'est, en effet, la seule unité structurée qu'on peut considérer comme un composant.

L'interface entre le langage Ada et un autre langage se ramène donc à la définition en Ada de sous-programmes écrits dans d'autres langages. Utiliser dans un programme Ada un sous-programme sans paramètre écrit dans un autre langage ne pose ainsi aucune difficulté. Si ***SANSPARAM*** est un sous-programme Fortran sans paramètre, on déclarera en Ada une spécification de sous-programme et on remplacera son corps par le pragma *INTERFACE* :

```
procedure SANSPARAM ; --   spécification en Ada du sous-programme
pragma INTERFACE(FORTRAN, SANSPARAM) ; --   le corps externe, en Fortran
```

Il est fortement recommandé de regrouper dans des paquetages les sous-programmes externes, afin de bien les isoler du code Ada. Si les sous-programmes externes sont exportés par le paquetage, le pragma d'interface est placé dans la partie privée du paquetage qui alors n'a pas besoin de corps.

Si la procedure *F_SSPARAM* est le seul sous-programme Fortran dont on a besoin, on déclarera le paquetage suivant :

```
package En_Fortran is
   procedure F_SSPARAM ;
private
   pragma INTERFACE(FORTRAN, F_SSPARAM) ;
   pragma INTERFACE_NAME(F_SSPARAM, SANSPARAM) ;
end En_Fortran ;
```

15.4.2 Transmission de paramètres

La difficulté de l'interfaçage vient bien sûr des paramètres, tant par leur type que par leur mode de transmission. La façon dont sont transmis les paramètres d'un sous-programme dépend du compilateur. Par exemple, les paramètres d'entrée (**in**) de type scalaire ou accès sont passés par copie et tous les autres paramètres sont passés par référence avec un compilateur Alsys sur SUN.

Les paramètres sont empilés par Ada au moment de l'appel, dans l'ordre dans lequel les attend le sous-programme externe. Il est impératif que la taille des objets empilés soit égale à la taille des objets dépilés par le sous-programme externe.

Les règles à suivre sont les suivantes :

— consulter le manuel de programmation du langage à interfacer, et regarder comment les paramètres sont transmis ; en déduire s'il faut les déclarer dans la spécification Ada avec le mode **in**, **out** ou **in out** ; ainsi, des paramètres Fortran seront déclarés en **out** ou **in out** selon les besoins ; des paramètres C seront déclarés en **in** s'ils ne sont pas des tableaux ni des adresses, et en **out** sinon ;

— consulter l'annexe F du manuel Ada pour voir comment sont implantés les types de base, consulter le manuel du langage à interfacer et en déduire le type Ada correspondant au type du paramètre du sous-programme à interfacer ; en général, *INTEGER* correspond aux types **int** de C et entier de Fortran ;

— suivre le dernier point pour déduire le type de la fonction Ada quand le sous-programme à interfacer est une fonction ; une fonction C qui rend **void** est une procédure en Ada.

La suite de ce paragraphe est une application de ces règles pour une interface avec le langage C.

15.4.3 Exemple : interface avec le langage C

15.4.3.1 Gestion du terminal

Nous avons déclaré au chapitre 4 et programmé au chapitre 9 (page 147) un paquetage de gestion de fenêtres qui utilise un paquetage modélisant les opérations élémentaires applicables au terminal sur lequel les fenêtres s'affichent. Si l'on est dans un environnement UNIX, un paquetage gérant l'ensemble des terminaux de l'installation peut être écrit. Sur un système UNIX en effet, la base de données ***/etc/termcap*** décrit toutes les caractéristiques des terminaux de l'installation et une bibliothèque associée fournit des opérateurs d'accès à cette base.

Si l'on sait accéder à cette base de données depuis un programme Ada, on pourra automatiquement "calculer" les paramètres génériques effectifs à fournir au paquetage ***Les_Fenetres*** à partir du nom du terminal sur lequel travaille l'utilisateur : la clé d'accès à la base est en effet le nom de ce terminal, qu'on peut connaître en appelant une fonction du noyau UNIX. On se propose ici, non pas de rendre disponible les opérateurs sur la base ***termcap***, mais plutôt de fabriquer un paquetage qu'on appellera ***Terminal_Unix*** et qui fera en sorte d'offrir les primitives de gestion du terminal, comme les opérateurs ***EffacerLEcran***, ***AllerEn***, ***EnRelief*** et ***SansRelief***. Rappelons la spécification du paquetage que nous voulons écrire :

```
package Terminal_Unix is
   --  Module définissant la taille et la gestion d'écran en
   --  utilisant la bibliothèque termlib sous UNIX
  maxcol   : NATURAL := 80 ;    --  écran ; valeurs calculées par
  maxligne : NATURAL := 24 ;    --  le module
  procedure AllerEn(nc : NATURAL ; nl : NATURAL) ;
                                    --  Envoi du curseur en nl, nc
  procedure EffacerLEcran ;          --  Effacer l'écran
  procedure EnRelief ;               --  mise en mode relief
  procedure SansRelief ;             --  mise en mode normal
end Terminal_Unix ;
```

15.4.3.2 Les opérateurs C

La source C ci-après est une liste de prototypes de fonctions C qu'on trouve en consultant le manuel de la bibliothèque ***termlib*** (ou ***curses*** suivant les versions) et du noyau UNIX. Le manuel nous apprend que pour accéder à la base de données ***termcap***, il faut avant tout appeler l'opérateur ***tgetent*** qui, à partir du nom du terminal (trouvé dans l'environnement du processus en appelant ***getenv("TERM")***), initialise un tampon avec les informations de ***termcap*** relatives au terminal[1]. Ensuite, la fonction ***tgetstr*** extrait du tampon la séquence de caractères qu'il faut envoyer à l'écran pour obtenir la réalisation d'un effet particulier, nommé dans ***termcap*** par un mot-clé de deux caractères, et la fonction ***tgetnum*** délivre la valeur entière des caractéristiques numériques, comme la taille de l'écran.

Dans ***Terminal_Unix***, on utilisera les mots-clés de ***termcap*** suivants :

cl	chaîne de caractères pour effacer l'écran
so	chaîne de caractères pour passer en inverse-vidéo
se	chaîne de caractères pour revenir en mode normal
cm	chaîne de caractères pour envoyer le curseur en x, y
li	nombre de lignes de l'écran (ou de la fenêtre active)
co	nombre de colonnes de l'écran (ou de la fenêtre active)

```
int tgetent( char * bp,  char * name) ;
char * tgetstr( char * id,  char ** area) ;
char * tgoto( char * cm,  int destcol,  int destline) ;
int tgetnum( char * id) ;
```

Un prototype de fonction C comme :

char * ***getenv*** (**char** ****name***);

définit une fonction de nom ***getenv***, délivrant une valeur de type **char***. Une fonction délivrant **void** est une procédure. Le type **char *** définit une valeur de pointeur repérant une chaîne. Le type **char * *[]*** définit une valeur de pointeur sur un tableau de chaînes.

15.4.3.3 Les mêmes opérateurs en Ada

Nous ne construisons pas ici le paquetage ***Unix_Environment*** décrit à la page 365, mais nous montrons comment réaliser l'interface de bas niveau entre les langages C et Ada. Les fonctions qui suivent servent à construire le paquetage ***Unix_Environment*** de telle sorte que ce dernier soit dépendant d'UNIX et non d'un UNIX particulier.

L'interface de bas niveau doit régler le problème de la représentation du type **char *** de C.

[1] Dans un environnement de multi-fenêtrage, ces fonctions exploitent la variable ***TERMCAP*** qui contient les mêmes informations que celles de la base de données, mais elles sont maintenues à jour en tenant compte des changements de taille de la fenêtre système.

Clairement, la fonction :

```
function Env_value(n : STRING) return STRING ;
```

du paquetage ***Unix_Environnement*** ne peut pas être mise en œuvre directement par la fonction C ***getenv*** : une chaîne n'a pas la même représentation ni la même désignation dans les deux langages. La solution qui vient à l'esprit est de définir un type Ada correspondant au type **char *** de C, à partir d'un type accès :

```
type ptchaine is acces chaine ; -- type char *
```

Le type ***chaine*** correspond à une chaîne C et doit être muni des opérateurs de conversion vers le type ***STRING***. Le manuel du compilateur Ada est ici consulté pour définir le type ***chaine*** en fonction de la présentation prévue pour l'interface avec C : le type **char** de C est en fait un type entier, signé ou pas. Dans la programmation qui suit, le type **char** correspond au type prédéfini par notre compilateur ***SHORT_SHORT_INTEGER*** :

```
type chaine is array( NATURAL range <>) of SHORT_SHORT_INTEGER ;
  -- contenant de char[] de C; dépend de l'implémentation
```

Les types ***chaine***, ***ptchaine*** et les deux opérateurs qui suivent (les seuls dont nous avons besoin dans notre application) sont exportés par le paquetage (non présenté) ***Mes_Chaines_C*** :

```
procedure ChaineC(cc : out chaine ;
                  vc : STRING) is
   -- conversion de STRING en "chaine"
   i : natural ;
begin -- ChaineC
  for i in 1 .. vc'LAST
  loop
    cc(i) := CHARACTER'POS(vc(i)) ;
  end loop ;
 cc(vc'LAST + 1) := 0 ; -- une chaîne C se termine par 0
end ChaineC ;

procedure AfficherChaineC (ptcc : ptchaine) is
 i : natural ;
begin
 i := 1 ;
 while ptcc. all(i) /= 0 loop
   PUT(CHARACTER'VAL(INTEGER(ptcc. all(i)))) ;
```

```
    i := i + 1 ;
  end loop ;
end ; --  AfficherChaineC
```

À l'aide du paquetage ***Mes_chaines_C***, on peut construire le paquetage d'interface de bas niveau qui comprend la primitive de bas niveau dont nous avons besoin :

```
with Mes_Chaines_C ;  use Mes_Chaines_C ;
package Mon_Unix  is
  subtype tampon  is chaine ;
  type pttampon  is  access tampon;
  function GetEnv(v : chaine)  return ptchaine ;
    --  fonction C, valeur de la variable d'environnement v
  pragma INTERFACE(C, getenv) ;
  function TGetStr(capcode : chaine;
                   captamp : pttampon) return ptchaine;
    --  fonction de termlib qui délivre la valeur de la
    --  possibilité capcode extraite du tampon initialisé
    --  par TGetEnt
  pragma INTERFACE(C, tgetstr) ;
  function TGetEnt(t : tampon; nom : chaine)  return INTEGER ;
    --  procedure de termlib initialisant le tampon t avec les
    --  informations pour le terminal nom external;
  pragma INTERFACE(C, tgetent) ;
  function TGoto(capcode : chaine; nc : numcol;
                 nl : numligne)  return ptchaine;
    --  fonction de termlib pour envoyer le curseur en nc, nl
  pragma INTERFACE(C, tgoto) ;
  function TGetNum(capcode : chaine)  return NATURAL ;
    --  fonction de termlib pour retourner la valeur de la
    --  caractéristique entière capcode
  pragma INTERFACE(C, TGetNum) ;
  function GetPID  return INTEGER ;
    --  donne le numéro du processus courant
  pragma INTERFACE(C, GetPID) ;
  ...
end Mon_Unix ;
```

Les divers opérateurs Ada correspondant aux fonctions C d'accès de la bibliothèque **termlib** s'écrivent désormais facilement. Le corps du paquetage ***Terminal_Unix*** qui suit, dépend de l'environnement UNIX, et de l'environnement UNIX particulier par les clauses de contexte **with** :

```
with Mes_Chaines_C, Mon_Unix, TEXT_IO ;
use Mes_Chaines_C, Mon_Unix, TEXT_IO ;
package body Terminal_Unix is
 pCL, pCM : ptchaine ; -- code CL (Clear Screen) et CM (Cursor hoMe)
 pSO, pSE : ptchaine ; -- code SO (begin Stand Out)
       -- et SE (Stand End), mise en relief et normal, dans termcap
  procedure AllerEn(nc : NATURAL ; nl : NATURALnumligne) is
    -- Envoi du curseur en nl, nc
   la : ptchaine ; -- code terminal d'affichage
  begin
   la := TGoto(pCM. all, nc, nl);
   AfficherChaineC(la);
  end AllerEn ;

  procedure InitTerminal is -- locale, à appeler d'abord
     term : chaine ;      -- valeur $TERM
     pterm : ptchaine ; -- pt sur le type du terminal
     ptamp : pttampon ; -- nécessaire pour TGetEnt
     tamp : tampon ;      -- nécessaire pour TGetEnt
     capcode : chaine ; -- code de termcap
     coderet : INTEGER range -1..1 ; -- Réponse de TGetEnt
 begin
  ChaineC(term, "TERM");
  pterm := GetEnv(term);
  coderet := TGetEnt(tamp, pterm. all);
   if coderet = 1 then -- ok
    ptamp := null;
    ChaineC(capcode, "cl"); pCL := TGetStr(capcode, ptamp);
    ChaineC(capcode, "cm"); pCM := TGetStr(capcode, ptamp);
    ChaineC(capcode, "so"); pSO := TGetStr(capcode, ptamp);
    ChaineC(capcode, "se"); pSE := TGetStr(capcode, ptamp);
    ChaineC(capcode, "li") ; maxligne := TGetNum(capcode) ;
    ChaineC(capcode, "co") ; maxcol := TGetNum(capcode) ;
  else
    PUT_LINE("ATTENTION, CA N'IRA PAS !!");
    PUT_LINE("TERMINAL MAL DEFINI sous Unix") ;
  end if ;
 end InitTerminal;

 procedure EffacerLEcran is -- Effacer l'écran
 begin
  AfficherChaineC(pCL);
 end EffacerLEcran ;
```

```
procedure EnRelief is --  mise en mode relief
begin
  AfficherChaineC(pSO);
end EnRelief ;
procedure SansRelief is --  mise en mode normal
begin
  AfficherChaineC(pSE);
end FinRelief ;

begin --  Terminal_Unix
  InitTerminal ;
end Terminal_Unix ;
```

15.5 Programmation sans vérification

On peut effectuer en Ada des conversions de type qui outrepassent les règles du langage pour faire des *EQUIVALENCE*s à la Fortran, des *REDEFINES* à la Cobol ou des **unions** à la C. La fonction générique :

```
generic
  type SOURCE is limited private;
  type TARGET is limited private;
function UNCHECKED_CONVERSION(s : SOURCE) return TARGET;
```

délivre la valeur du paramètre source sans l'interpréter (délivre une chaîne de bits).

15.5.1 Exemple élémentaire

Utilisons d'abord les types définis dans les exemples précédents. Si on lit la valeur du registre d'état d'un coupleur, on reçoit un octet du type `octet` vu dans ce chapitre ; pour traiter cette valeur, on l'interprète comme étant du type `etatcoupleur`. On commence donc par exemplariser une fonction de conversion :

```
function conv_etat is new UNCHECKED_CONVERSION(octet, etatcoupleur) ;
```

puis on déclare deux objets de type `octet` et `etatcoupleur` :

```
octetlu : octet;        --  valeur du registre d'état lu sur le port d'état
etat : etatcoupleur; --  tous les bits sont nommés
```

et une fois l'octet lu, on calcule **etat** par :

```
etat := conv_etat(octetlu) ;
```

15.5.2 Utilisation des widgets Motif

Le deuxième exemple est, en fait, un problème complexe qui demande réflexion pour être correctement traité, et qui, finalement, a besoin de faire une conversion sans vérification.

15.5.3 Définition du problème

Les applications utilisent de plus en plus des systèmes de fenêtrage complexes pour offrir une interface conviviale. Le système *X-Windows* offre, par l'intermédiaire de plusieurs bibliothèques de fonctions C ou C++, de tels systèmes de fenêtrage. Par exemple, la bibliothèque *Motif* fournit toute une panoplie de widgets (gadgets qui sont des fenêtres) comportant des fenêtres de saisie, des fenêtres d'affichage avec ascenseurs, des boutons, des jauges, etc. Le concepteur de l'application doit choisir les widgets qu'il veut afficher sur le plan de travail, il doit les positionner, et il doit leur affecter les opérateurs qu'ils doivent déclencher quand ils sont activés par un bouton de la souris.

Nous n'allons pas prendre le problème complet de l'interfaçage de l'application Ada avec la bibliothèque *Motif*, notre but étant d'illustrer une utilisation de la programmation sans vérification. Pour simplifier, on suppose qu'un widget est mis en place avec la procédure **Mise_en_Place** (propre à un type de widget) et qu'on veuille lui attacher la procédure réactive **Reaction**, propre à l'application, déclenchée par le bouton de la souris. Il y a bien entendu autant de procédures **Mise_en_Place** que de types de widget utilisés, et autant de procédures **Reaction** que de types de réaction proposés par l'application. On ne s'intéresse pas ici à la détection du clic sur le bouton qui doit provoquer l'exécution de la procédure **Reaction** (c'est du ressort du système *X-Windows*) ; on cherche seulement à définir un modèle qui assure le comportement souhaité, à savoir :

— afficher le widget lors de sa déclaration (ou comme conséquence d'une réaction) ;

— exécuter la procédure réactive associée lors d'un clic sur le widget.

15.5.3.1 Première approche

On cherche à modéliser n'importe quel widget ; comme un widget a un comportement dynamique, on pense à lui associer une tâche. Le rôle de la tâche est d'activer la procédure de réaction quand elle-même détecte le clic. Pour que le modèle soit adaptable à tous les widgets, il doit être paramétré par les deux procédures caractérisant un widget, ***Mise_en_Place*** et ***Reaction*** : c'est donc un paquetage générique dont on a besoin, puisque c'est le seul moyen d'avoir des procédures en paramètres :

```
generic
  with procedure Mise_en_place is <> ;
  with procedure Reaction is <> ;
package Proto_Widget is
     --  installe le widget en exécutant Mise_en_place
     --  et crée une tâche qui exécutera Reaction à chaque
     --  activation de Activer
  procedure Activer ;
end Proto_Widget ;
```

Le paquetage ***Proto_Widget*** installe le widget en exécutant sa procédure ***Mise_en_Place***, et il crée une tâche qui exécutera sa procédure ***Reaction*** chaque fois que la procédure ***Activer*** sera appelée. Si ***Widget1*** et ***Widget2*** sont deux paquetages décrivant deux sortes de widgets et exportant les deux procédures ***Mise_en_Place*** et ***Reaction***, on en déclare deux exemplaires dans l'application par deux exemplarisations :

```
with Widget1 ;  use Widget1 ;
package W1  is  new Proto_Widget ;
with Widget2 ;  use Widget2 ;
package W2  is  new Proto_Widget ;
```

Cette solution laisse en suspens la correspondance entre la détection du clic sur tel widget du plan de travail et le déclenchement de la bonne réaction, celle du widget concerné. En simplifiant le problème, nous n'avons associé qu'une réaction à un seul clic : les souris ont, en fait, de un à trois boutons, et il peut donc y avoir trois réactions possibles ; cette simplification n'a rien à voir avec le problème du rattachement de la réaction au clic. En effet, examinons le code suivant :

```
type un_clic  is (clic1, clic2, clic3) ;
  --  souris à trois boutons
clic : un_clic ;
...
case clic  is  --  déclenchement de la réaction
  when clic1 => ?.Activer1 ;
  when clic2 => ?.Activer2 ;
  when clic3 => ?.Activer3 ;
end  case ;
```

Le point d'interrogation matérialise le problème de la correspondance : quel est le widget excité par la souris ?

15.5.3.2 Approche Motif

On ne peut pas tenter une solution sans regarder l'interface de la bibliothèque *Motif.* On s'aperçoit alors qu'un widget est toujours repéré par un pointeur ; lorsque la souris reçoit un clic, elle active la procédure de réaction qui est atteinte à travers le pointeur sur le widget sur lequel se trouve la souris à ce moment là. La tâche qui modélise la souris exécute donc quelque chose comme :

```
loop
  select
    accept Clic1(pt_widget) do
       -- bouton 1 de la souris, active la réaction du widget
      Activer1(pt_widget) ;
    end Clic1 ;
  or
    accept Clic2(pt_widget) do
      ...
  or
    terminate ;
  end select ;
end loop ;
```

en admettant que les entrées, telles **clic1**, sont activées lorsque le bouton correspondant est enfoncé.

Donc, on doit différencier les widgets non pas par une constante (le nom d'un exemplaire de paquetage générique comme dans la première approche), mais par une variable : c'est bien ce qui est fait dans le langage C, dans lequel ***pt_widget*** pourrait être un pointeur sur une structure (le widget) ou même directement sur la procédure de réaction à activer.

En reprenant la simplification d'une souris à un seul bouton, la spécification du paquetage de modélisation d'un widget est donc transformée comme suit :

```
generic
  mon_pt_widget : in out pt_widget ;
  with procedure Mise_en_place is <> ;
  with procedure Reaction is <> ;
package Proto_Widget is
  procedure Activer(w : in pt_widget) ;
end Proto_Widget ;
```

La déclaration des deux widgets de l'application se feraient alors en deux temps : déclaration du pointeur ***ptw*** sur un widget, puis exemplarisation du paquetage qui installe le widget, lance la tâche associée, et le lie avec ***ptw***. Pour le premier widget, cela donnerait :

```
ptw1 : pt_widget ;
package W1 is new Proto_Widget
    (mon_pt_widget => ptw1,
     Mise_en_place => Widget1.Mise_en_place ;
     Reaction => Widget1.Reaction
    ) ;
```

Comment dans ces conditions définir le type ***pt_widget***, ou plutôt quel est le type lié au type accès ***pt_widget***? Ce ne peut pas être un type de données, car on ne peut pas y stocker d'opérateurs (comme la procédure ***Reaction***). Par contre, un type tâche est tout indiqué, puisqu'on modélise justement le comportement du widget par une tâche. Décrivons donc la tâche ***Comportement_du_Widget*** :

```
task type Comportement_du_widget is
   entry Installation ;
   entry Reagir ;
end Comportement_du_widget ;

task body Comportement_du_widget is
begin
   accept Installation do
    Mise_En_Place ;
   end Installation ;
   loop
     select
       accept Reagir do
         Reaction ;
       end Reagir ;
     or
       terminate ;
     end select ;
   end loop ;
end Comportement_du_widget ;
```

Plusieurs problèmes demeurent encore :

— ce type tâche ne peut pas être déclaré en dehors du paquetage ***Proto_Widget***, puisqu'il doit connaître une procédure (***Reaction***) qui n'est connue qu'à l'exemplarisation d'un widget ;

— on n'a toujours pas associé par du déclaratif la procédure **Reaction** avec l'objet de type accès **ptw**;

— on n'a pas lié le type **pt_widget** avec le type **Comportement_du_widget**.

On semble arriver devant une impasse : le type tâche **Comportement_du_Widget** doit être déclaré dans le paquetage générique **Proto_Widget**, mais le type accès sur le type tâche doit être connu à l'extérieur du paquetage générique! Il reste une solution pas très élégante certes, et qui consiste à avoir deux types tâches :

— le vrai type **Comportement_du_Widget**, qui sert de modèle pour chaque tâche attachée à un widget; le type accès sur ce type tâche, **pt_tache_locale**, est déclaré au même niveau, dans le paquetage **Proto_Widget**;

— un faux type **Modele_du_widget**, qui n'est le modèle d'aucune tâche réelle, mais qui est déclaré à l'extérieur du paquetage générique, et dont le type accès correspondant **pt_widget** est visible depuis l'application.

On doit donc enrober ce faux type, son type accès associé, et le paquetage générique dans un autre paquetage, qu'on appelera **Les_Widgets**, et qui exportera :

— le paquetage générique **Proto_Widget**;

— le type accès sur le faux modèle de tâche, **pt_widget**;

— la procédure **Activer** de **Proto_Widget**, paramétrée par un repère de widget (**pt_widget**), pour associer la réaction du widget avec son pointeur;

— la procédure **Installer**, paramétrée comme **Activer**, pour mettre en place le widget.

Ainsi, la modélisation d'un widget est-elle définie par le paquetage suivant :

```
package Les_Widgets is
  type pt_widget is private ;
  procedure Installer(w : in pt_widget) ;
    -- installe le widget
  procedure Activer(w : in pt_widget) ;
    -- active le widget quand on clique dessus
  generic
    type pt_local is private ;    -- le type accès sur le vrai type tâche
   mon_pt_widget : in out pt_local ;
                              -- repère la tâche associée au widget
    with procedure Mise_en_place ;
    with procedure Reaction ;
  package Proto_Widget is         -- on a "sorti" les procédures
  end Proto_Widget ;              -- Activer et Installer
private
```

```
  type Modele_du_widget ;          -- le faux type tâche, différé
  type pt_widget is access Modele_du_widget ;
end Les_Widgets ;
```

L'utilisation de ce paquetage par une application n'est pas modifiée. On déclarera le premier widget par :

```
ptw1 : Les_Widgets.pt_widget ;    -- repère sur le widget
package W1 is new Les_Widgets.Proto_Widget
   (pt_local => Les_Widgets.pt_widget,       -- association des types
    mon_pt_widget => ptw1,      -- association et initialisation
                                -- des repères et des
    Mise_En_Place => Widget1.Mise_en_Place,  -- opérateurs
    Reaction => Widget1.Reaction
   ) ;
```

si *Widget1* est le paquetage modélisant le widget, et on activera la procédure de réaction d'un widget quelconque connu par son pointeur *ptw* par :

```
Les_Widgets.Activer(ptw) ;
```

Le corps du paquetage *Les_Widgets* donne la définition du type *Modele_du_widget*, qui est, rappelons-le, un type tâche qui n'aura aucune descendance. Cependant ce type tâche doit avoir deux entrées appelées *Installation*, et *Reagir*, comme le vrai type tâche :

```
package body Les_Widgets is
  task type Modele_du_widget is
    entry Installation ;
    entry Reagir ;
  end Modele_du_widget ;

  task body Modele_du_widget is
  begin  -- jamais exécuté...
    accept Installation ;
    accept Reagir ;
  end Modele_du_widget ;

  procedure Installer(w : in pt_widget) is
  begin
   w.Installation ;
  end Installer ;

  procedure Activer(w : in pt_widget) is
  begin
```

```
    w.Reagir ;   --  active le rendez-vous de la vraie tâche
  end Activer ;

  package body Proto_Widget is ... end ;
end Les_Widgets ;
```

Les procédures `Installer` et `Activer` appelées par l'application ne font que prendre les rendez-vous avec la vraie tâche associée au widget.

Le paquetage générique `Proto_Widget` déclare donc le type accès `pt_tache_locale` sur le type de la vraie tâche `Comportement_du_Widget` ; ce type `pt_tache_locale` est local au paquetage générique. Lors de l'exemplarisation de ce paquetage, le paramètre générique `pt_local` sera associé au type privé exporté par le paquetage `Les_Widgets` pour repérer un widget, le type `pt_widget`. Il faut donc associer le type paramètre générique `pt_local` qui sera le pointeur de widget de motif avec le type `pt_tache_locale`. Ces deux types sont évidemment incompatibles pour Ada. Cependant, comme nous avons soigneusement développé les correspondances, on peut utiliser la procédure de conversion sans vérification entre ces deux types, ce qui nous permettra de pouvoir affecter une variable accès sur un `Modele_du_widget` à une variable accès sur un `Comportement_du_widget`.

On en arrive à la programmation suivante du corps du paquetage `Proto_Widget`; il déclare la variable `Cycle_du_widget`, repère de la vraie tâche, affectée dans la partie instruction du paquetage, une partie qui sera donc exécutée à la déclaration d'un widget lors de l'exemplarisation, par le type accès délivré par l'allocateur qui crée la vraie tâche :

```
package body Proto_Widget is
  task type Comportement_du_widget is
    entry Installation ;
    entry Reagir ;
  end Comportement_du_widget ;

  type pt_tache_locale is access Comportement_du_widget ;
  Cycle_du_widget : pt_tache_locale ; --  repère de la vraie tâche;

  task body Comportement_du_widget is
  begin   --  le vrai modèle, exécuté par la tâche Cycle_du_widget
    accept Installation do
      Mise_En_Place ;
    end Installation ;
    loop
      select
        accept Reagir do
          Reaction ;
        end Reagir ;
```

```
      or
        terminate ;
      end select ;
    end loop ;
  end Comportement_du_widget ;

  function Conv_pt_tache is new UNCHECKED_CONVERSION
              (SOURCE => pt_tache_locale,
               TARGET => pt_local
              ) ;

begin --  paquetage Proto_Widget
   --  création de la tâche associée
 Cycle_du_widget := new Comportement_du_widget ;
   --  initialisation du repère sur la tâche, dans le type exporté
   --  par Les_Widgets, qui est le paramètre générique variable de
   --  Proto_Widget
 mon_pt_widget := Conv_pt_tache(Cycle_du_widget) ;
exception
  when others =>
   TEXT_IO.PUT_LINE("Proto_widget : Erreur") ;
   --  ici, quelque chose qui signale que la tâche n'est
   --  vraisemblablement pas partie !
end Proto_Widget ;
```

Concluons sur cette approche de solution :

— l'empaquetage n'est pas complètement réussi : la déclaration par une application d'un widget se fait par deux déclarations Ada, une pour le repère sur le widget, et une pour créer l'exemplaire du paquetage générique (déclarations du ***ptw1*** et du paquetage ***W1*** page 381) ;

— par contre, c'est par déclaration et non par instruction que l'application installe et rend actif les widgets : l'exemplarisation du paquetage ***Proto_Widget*** (le paquetage ***W1*** de la page 381) initialise le repère ***ptw1*** sur le widget, le met en place et lance la tâche qui assure son fonctionnement ;

— il a fallu déclarer un faux type tâche pour abuser le compilateur et utiliser une conversion de type non vérifiée : les valeurs à convertir sont ici de même nature, et la conversion ne provoque pas d'effets de bord insolites.

Nous nous sommes intéressés ici à une approche de solution qui utilise un type accès pour repérer les widgets, comme le fait la bibliothèque *Motif*. Nous n'avons pas cependant réalisé une interface avec cette bibliothèque, et beaucoup de travail reste à faire pour cela : le but de l'exercice est simplement de montrer jusqu'où peut aller l'utilisation de la programmation sans vérification.

15.6 Récapitulatif sur les pragmas

Les pragmas sont des directives données au compilateur ; il peut les ignorer. Nous avons rencontré la plupart des pragmas dans les chapitres précédents, mais pas tous. Nous les récapitulons ici par ordre alphabétique, comme dans l'annexe B du manuel de référence.

15.6.1 *CONTROLLED*

Ce pragma indique qu'on ne veut pas de la récupération automatique de l'espace mémoire occupée par les entités dynamiques liées au type accès donné en paramètre. Voir ce chapitre, page 366.

15.6.2 *ELABORATE*

L'élaboration des composants logiciels est exécutée suivant un ordre cohérent avec l'ordre partiel défini par les clauses de contexte **with**. Cependant un ordre cohérent avec l'ordre partiel n'est pas forcément suffisant pour assurer qu'un corps sera absolument élaboré avant un autre. Nous avons rencontré ce problème au chapitre 12, page 344 : il est nécessaire que le corps du paquetage ***Les_Relations*** soit élaboré avant le corps du paquetage ***Les_Fichiers***, car la déclaration du type **article** contient une initialisation par une fonction exportée par le paquetage ***Les_Relations***. Cependant, le compilateur ne peut pas savoir qu'il doit élaborer le corps du paquetage ***Les_Relations*** avant le corps du paquetage ***Les_Fichiers***. C'est donc au programmeur d'indiquer, en même temps que la clause **with**, cette obligation, avec le pragma ***ELABORATE***, dont la syntaxe est la suivante :

pragma ***ELABORATE (un ou plusieurs noms simples d'unité de bibliothèque, séparés par une virgule)***

Dans le cas de l'exemple de la base de données, on placera donc devant le corps du paquetage ***Les_Fichiers***, les deux lignes suivantes :

```
with Les_Relations ;  pragma ELABORATE (Les_Relations) ;
package body Les_Fichiers is
   ...
```

15.6.3 *INLINE*

Ce pragma sert à demander une expansion en ligne d'un sous-programme ou des exemplaires d'un sous-programme générique : le compilateur doit donc renoncer à implanter un appel de sous-programme, et le remplacer par une recopie du sous-programme. On utilise ce pragma lorsque les performances en temps s'avèrent primordiales : on gagne en effet l'empilement des paramètres et l'instruction d'appel de sous-programmes.

Le pragma se situe dans une partie déclarative, avant le corps d'une unité. Il admet un ou plusieurs paramètres :

pragma *INLINE (un ou plusieurs noms de sous-programmes, séparés par une virgule)*

15.6.4 *INTERFACE*

On a vu ce pragma dans ce chapitre, page 369. Il sert à remplacer le corps d'un sous-programme écrit dans un autre langage :

pragma *INTERFACE (nom du langage, nom du sous-programme)*

Ce pragma n'est pas défini pour les sous-programmes génériques.

15.6.5 *LIST*

Ce pragma influe sur la fabrication de la liste de compilation : **pragma** *LIST (OFF)* interrompt la fabrication du listing, et **pragma** *LIST (ON)* la reprend.

15.6.6 *MEMORY_SIZE*

Autorisé seulement en début de compilation, ce pragma, qui prend un littéral numérique en paramètre, sert à positionner le nombre ***MEMORY_SIZE*** du paquetage ***SYSTEM*** (voir paragraphe 15.2.1).

15.6.7 *OPTIMIZE*

Situé dans la partie déclarative d'un bloc, ce pragma, qui a comme argument l'un des indentificateurs ***TIME*** ou ***SPACE***, invite le compilateur à engendrer du code pour ce bloc en optimisant le temps d'exécution ou l'espace occupé.

15.6.8 *PACK*

L'argument du pragma est un nom simple de type article ou tableau. Il indique que la représentation choisie pour les entités du type doit économiser l'espace. On a vu un exemple d'utilisation page 357.

15.6.9 *PAGE*

Ce pragma sans argument demande un saut de page du listing de compilation.

15.6.10 *PRIORITY*

Son argument est une expression statique du type prédéfini ***PRIORITY*** du paquetage ***SYSTEM***. Placé dans la partie déclarative du sous-programme qui sert de programme ou dans la spécification d'une tâche, ce pragma spécifie la priorité du programme ou de la tâche. ***PRIORITY'FIRST*** est la plus faible priorité, et ***PRIORITY'LAST*** est la plus forte. Sans pragma, la priorité d'une tâche est indéfinie. On reprendra la discussion de la page 296 sur ce sujet .

15.6.11 *SHARED*

Ce pragma indique que la variable de type simple ou de type accès nommée en paramètre est une variable partagée par plusieurs tâches. Chaque accès à cette variable est alors un point de synchronisation. On a parlé de ce pragma à la page 275.

15.6.12 *STORAGE_UNIT*

Avec la même syntaxe que celle du pragma ***MEMORY_SIZE*** vu ci-dessus, ce pragma sert à modifier la valeur du nombre ***STORAGE_UNIT*** du paquetage ***SYSTEM*** (voir paragraphe 15.2.1).

15.6.13 *SUPPRESS*

Ce pragma demande la suppression de certaines vérifications qui peuvent déclencher des exceptions :

pragma ***SUPPRESS (identificateur)***
pragma ***SUPPRESS (identificateur, nom)***

L'identificateur désigne la vérification que l'on veut supprimer. Le nom désigne une entité, un type ou un sous-type, une tâche, une unité générique ou un sous-programme. Le pragma est placé dans une partie déclarative, et la suppression de vérification démarre à la déclaration du pragma et s'étend à la région correspondant à l'unité de programme englobante. Bien entendu, l'exécution d'un programme qui aurait déclenché une exception si elle n'avait pas été masquée par ce pragma est erronée et indéterminée. Les identificateurs de vérification qui suivent sont relatifs à des causes de déclenchement de l'exception ***CONSTRAINT_ERROR***. S'il y a un nom dans le pragma, il doit dénoter une variable ou un type :

ACCESS_CHECK vérifier que la valeur d'accès à un composant sélecté, indexé, une tranche, un attribut, une entité repérée par une valeur d'accès, n'est pas nulle.

DISCRIMINANT_CHECK vérifier que le discriminant a la valeur imposé par la contrainte de discriminant, ou qu'il existe des valeurs pour les discriminants d'accès à des composants d'articles.

INDEX_CHECK toute vérification de valeur d'index par un accès à un composant indexé ou à une tranche.

LENGTH_CHECK vérification des longueurs pour des opérations globales sur des tableaux.

RANGE_CHECK vérification d'une valeur pour un intervalle, d'une contrainte pour une marque de type, d'une valeur d'indice ou de discriminant pour un agrégat, d'une contrainte résultant d'une exemplarisation de générique.

Les vérifications qui suivent sont relatives à des causes de déclenchement de l'exception :

NUMERIC_ERROR le nom doit désigner un type numérique.

DIVISION_CHECK vérification de diviseur pour les opérateurs /, **mod** et **rem**

OVERFLOW_CHECK vérification du dépassement de capacité.

La vérification qui suit est relative à l'exception ***PROGRAM_ERROR***. Le nom doit désigner une tâche, une unité générique ou un sous-programme :

ELABORATION_CHECK vérifier que le corps de l'unité correspondant à un appel de sous-programme, une activation de tâche ou à une exemplarisation de générique, est déjà élaboré.

Enfin, la vérification suivante est relative à l'exception ***STORAGE_ERROR***. Les noms peuvent désigner des types accès, des tâches ou des sous-programmes :

STORAGE_CHECK vérification qu'il reste assez d'espace pour une nouvelle allocation ou pour une activation de tâche ou de sous-programme.

15.6.14 *SYSTEM_NAME*

Utilisé en début de compilation, ce pragma prend un littéral énuméré du type ***SYSTEM.NAME*** comme argument pour définir la valeur de la constante ***SYSTEM_NAME*** du paquetage ***SYSTEM*** (voir page 364).

15.6.15 Autres pragmas

Tout compilateur peut définir d'autres pragmas. À titre d'exemple, nous avons vu page 369 le pragma ***INTERFACE_NAME*** défini par les compilateurs ALSYS.

CHAPITRE **16**

Le projet Ada 9X

16.1 Une simple évolution

Le langage Ada décrit dans les chapitres 1 à 15 est désigné par la suite le langage Ada 83 : la norme Ada de l'ANSI date de 1983, et elle est devenue norme ISO en 1987. C'est en 1988 qu'a commencé le processus de mise à jour de la norme : en s'appuyant sur les nombreux projets développés en Ada 83, sur les nouvelles techniques d'analyse dites "orientées objets", et enfin sur les problèmes rencontrés dans les applications temps réel, le projet mené par l'AJPO (*Ada Joint Program Office*) vise à étendre le langage Ada 83 en en conservant l'esprit et en restant compatible avec lui. Comme la date de la fin du projet n'est pas prévue avec exactitude, cette nouvelle norme est connue actuellement sous le nom de Ada 9X.

Le projet Ada 9X présente plusieurs aspects :

— il tente de supprimer les "cas particuliers" de la norme Ada 83 ;

— il se met au goût du jour en proposant une solution pour faire de la programmation à objets ;

— il s'adapte aux environnements actuels qui réclament du "pointeur sur les sous-programmes" ;

— il prend en compte les coûts de recompilation, en proposant de structurer les unités en sous-systèmes ;

— il révise ses mécanismes de programmation parallèle, et en ajoute d'autres pour plus d'efficacité ;

— il admet le bien-fondé des représentations des nombres "à la COBOL" et introduit les types décimaux ;

— il invente le concept d'annexe non-obligatoire, sorte de préfiguration d'une bibliothèque standardisée de composants à vocation spécifique.

La notion d'annexe est très importante : elle donne un cadre pour les développements particuliers tout en restant dans un esprit de norme. Les compilateurs ne sont pas obligés d'être accompagnés des fonctionnalités décrites dans ces annexes, mais s'ils offrent ces fonctionnalités, alors ils ont intérêt à respecter les spécifications des annexes : les contenus des annexes passeront eux aussi la procédure de certification.

Le but de ce chapitre est de donner une idée précise de ce que sera la future norme. Le projet Ada 9X est suffisamment avancé pour que l'état actuel ne soit pas bouleversé à l'avenir. Cependant, rien n'est définitivement acquis, et les informations qui suivent sont à prendre au conditionnel. L'état de la norme considéré ici est celui du printemps 1993.

16.2 Réduction des cas particuliers

Les propositions Ada 9X tentent de supprimer les cas particuliers posés par la norme de 1983 :

— il est possible désormais de surcharger l'opérateur d'égalité (c'est réservé aux types limités en Ada 83) ; cette surcharge induit celle de l'opérateur d'inégalité ;

— tous les types composés peuvent avoir un discriminant (seuls les types articles, privés ou pas, peuvent en avoir en Ada 83) ; cela permet également de mettre en œuvre les chaînes de longueurs variables sans passer par les articles ;

— l'ordre des déclarations n'impose plus aux corps de figurer après les déclarations de types et d'entités : on peut ainsi regrouper des variables locales d'un sous-programme à la fin de ses déclarations pour les cacher à ses sous-programmes locaux ;

— des cas particuliers lorsque le choix **others** est utilisé dans un agrégat de tableaux (et dont nous n'avons pas parlé au chapitre 8) sont supprimés ; on peut par contre donner un nom à un indice dans un agrégat ;

— on peut déclarer et exporter une constante différée dans un paquetage, même si son type n'est pas privé ;

— une notation d'intervalle d'indice pour un tableau comme -10.. +10 est illégale en Ada 83 (page 121) ; dans Ada 9X, où un *entier_universel* est remplacé par un *entier_racine*, les bornes de l'intervalle -10.. +10 sont interprétables comme étant du type *entier_racine* ou *entier_racine*'**CLASS**, mais l'intervalle est toujours considéré comme un intervalle du type ***STANDARD.INTEGER***;

— les objets de types privés limités, et donc les objets tâches, peuvent être transmis en paramètre de mode **out** (voir page 79).

16.3 Mise à jour des caractères et des chaînes

16.3.1 Les caractères

Le type ***CHARACTER*** défini dans le paquetage ***STANDARD*** de Ada 83 est tellement désuet avec ses 128 valeurs seulement qu'on n'a pas attendu la norme Ada 9X pour le remplacer : certains compilateurs Ada 83 possèdent déjà le nouveau type ***CHARACTER*** à 256 valeurs (8 bits) fondé sur la norme ISO 8859, plus connue sous le nom *ISO-Latin* : les programmeurs européens disposeront ainsi prochainement des caractères accentués et les programmes français pourront enfin afficher du français. Remarquons que c'était évidemment possible : un bon logiciel français peut afficher un é par ***"e" & ASCII.BS & "'"*** à la place du ***e'*** de nos programmes, mais ce n'est pas très naturel !

Le nouveau type ***WIDE_CHARACTER***, implanté sur 16 bits, s'appuiera sur une des deux normes de fait en vigueur actuellement.

D'autres paquetages, facultatifs, peuvent également fournir un type ***CHARACTER*** (comme un paquetage ***EBCDIC***).

16.3.2 Les chaînes

Le type ***STRING*** s'appuie sur le nouveau type des caractères, et le type ***WIDE_-STRING*** s'appuie sur le type étendu.

Comme les tableaux peuvent avoir un discriminant, la programmation des chaînes de longueur variable que nous avons donnée page 156 devient inutile : on peut désormais avoir de telles chaînes sans passer par un article, et rester compatible avec le type ***STRING*** :

```
type longueur_de_chaine is naturel range 0..255 ;
type une_chaine(longueur : longueur_de_chaine := 0) is
  new STRING(1..longueur) ;
```

Grâce à l'initialisation par défaut du discriminant, on peut déclarer des variables de type ***une_chaine***. Comme ***une_chaine*** est dérivée de ***STRING***, sa conversion en ***STRING*** se fait avec la notation habituelle ***STRING(...)***.

16.3.3 Les traitements de chaînes

Le paquetage ***GENERIC_STRING_HANDLING*** est défini dans une annexe. Il contient les opérateurs habituels de traitement de chaînes : recherche de la première position d'un élément, recherche de la première sous-chaîne, etc. Ce paquetage est générique et est paramétré par le type des caractères et des chaînes utilisés.

16.4 La programmation à objets

Le langage Ada est traditionnellement associé avec la méthode de conception dite orientée objet décrite dans [BOOCH 91]. Cette méthode repose sur les concepts d'objets (des entités caractérisées par leur structure et leur état), d'opérateurs (actions qu'on peut appliquer sur les objets) et de type abstrait (encapsulation des définitions des modèles d'objets et de leurs opérateurs, en exportant le nécessaire et en cachant la réalisation). On peut remarquer que les exemples donnés dans les chapitres précédents ont été conçus avec les mêmes idées.

La programmation à objets, plus récente au niveau industriel (l'ancêtre des langages à objets, SIMULA, date de 1967), a apporté de nouveaux concepts :

— le concept de *classe*, qui sert à factoriser les propriétés des objets sans forcément définir toutes ces propriétés ;

— le concept d'*héritage*, qui permet d'enrichir une classe à partir d'une autre, ou au contraire de spécialiser une classe ;

— les concepts qui en découlent, comme le *polymorphisme* et la *liaison dynamique*.

Les atouts de la programmation à objets résident dans les gains obtenus sur plusieurs plans :

— en réduisant le volume de code des applications, par une meilleure réutilisation des composants logiciels ;

— en réduisant les recompilations, car on ne modifie pas une classe déjà utilisée, on en recrée une nouvelle qui hérite de la première ;

— en réduisant les coûts de maintenance dus aux extensions inévitables des logiciels, grâce à l'extensibilité des classes.

Le projet Ada 9X intègre ces qualités sans déroger à la règle fondamentale de la vérification stricte des types des entités, en modifiant la notion de type dérivé, seule notion du langage Ada 83 qui permet une sorte d'héritage (c'est du reste comme ça que nous l'avons présentée).

16.4.1 Les types marqués

Une classe désigne en Ada 83 un ensemble de types obtenus à partir d'une dérivation et ayant même ancêtre : on parle de la classe des entiers, de la classe des réels, etc.

Le même terme de classe est repris en Ada 9X et étendu pour des classes de types définis par l'utilisateur. Toute définition d'un *type spécifique* ***T*** (c'est-à-dire d'un type "ordinaire" de Ada 83, dénommé spécifique pour le différencier des types élargis) entraîne automatiquement la déclaration implicite d'un *type élargi* associé, qui est désigné par ***T'CLASS*** (on dit que ***T*** est le *type racine* du type ***T'CLASS***).

Le domaine des valeurs d'un type élargi est l'union des domaines des valeurs des types dérivés à partir de ***T*** et de ***T*** lui-même. Ces types dérivés peuvent être des types marqués.

Un *type marqué* est un type article qui possède un champ non défini par la déclaration du type (mais il y a le mot-clé **tagged** pour indiquer sa présence) et qu'on appelle une *marque*. La marque, gérée par l'exécutif, va servir à connaître le type de l'objet à l'exécution et donc à régler les problèmes des liaisons dynamiques. Un type marqué est un type extensible par héritage.

Prenons comme exemple un article identifiant, une publication par son titre, sa date de parution, son éditeur et son prix :

```
type publication is tagged
  record
    titre : une_chaine ;
    date_parution : une_date ;
    editeur : un_editeur ;
    prix_ht : franc ;
  end record ;
```

Le mot-clé **tagged** ne fait ici qu'indiquer la présence de la marque d'identification. Avec ou sans ce mot-clé, cette déclaration induit celle du type élargi ***publication'CLASS***.

Comme pour tout type spécifique, on peut déclarer des opérateurs sur le type ***publication***, mais aussi sur le type élargi, à condition que les deux déclarations, celle de l'opérateur et celle du type, soient faites dans la même partie déclarative. Ces opérateurs sont appelés les *opérateurs primitifs* du type. Par exemple, l'opérateur ***Changer_le_tarif*** est un opérateur du type élargi, c'est-à-dire qu'il s'applique aux objets du type ***publication*** et aux objets des futurs types dérivés de la racine publication :

```
procedure Changer_le_tarif
              (de_la_publication : in out publication'CLASS) ;
               avec_le_taux : in reel);
function Image(de_la_publication : in publication) return STRING ;
```

16.4.2 Héritage

Dériver un type marqué peut se faire comme en Ada 83, mais ce peut être l'occasion de rajouter des champs au type dérivé. Ainsi, un périodique étant une publication, on définira le type ***periodique*** à partir du type publication ; on fera de même pour caractériser un livre. Une revue ou un journal sont par contre des publications périodiques. On obtient ainsi plusieurs types dérivés qui sont tous à des degrés divers des publications :

```
type livre is new
 publication with
   record
     isbn : un_isbn ;
     auteur : liste_d_auteurs ;
     collection : une_collection ;
   end record ;
type periodique is new
 publication with
   record
     periode, numero : naturel ; --  période en jours
   end record ;
type revue is new
 periodique with
   record
     issn : un_issn ;
   end record ;
type journal is new
 periodique with
   record
     num_commission_de_presse : un_ncpp ;
   end record ;
```

Les types dérivés héritent à la fois des composants de leurs pères (directs et indirects) et des opérateurs définis sur le type élargi : un objet de type `journal` possède donc les quatre champs d'une ***publication***, les deux champs d'un ***périodique***, et son propre champ. On peut lui changer son tarif et obtenir son image. Cependant, l'image obtenue est bien évidemment celle de sa partie publication.

On peut spécialiser l'image de chaque sorte de publication :

```
function Image(du_periodique : in periodique) return STRING ;
function Image(du_livre : in livre) return STRING ;
function Image(du_journal : in journal) return STRING ;
```

Ainsi, chaque sorte peut être affichée avec toutes ses caractéristiques. Si *j* est un journal, l'opération ***PUT(Image(j))*** affichera ses caractéristiques. De même, l'opération ***Changer_le_tarif(j)*** ne pose pas de problème.

16.4.3 Liaison dynamique

Supposons maintenant que l'on a défini un opérateur d'affichage spécialisé pour le type élargi :

```
procedure Afficher(publi : in publication'CLASS) is
begin
  ...
  PUT(Image(publi)) ;
  ...
end Afficher ;
```

Lors de la compilation de l'instruction ***PUT***, l'évaluation du paramètre décèle un opérateur d'un type élargi, mais le paramètre effectif correspondant à ***publi*** est inconnu : c'est seulement à l'exécution que l'exécutif pourra déterminer, grâce à la marque possédée par tous les objets dérivés à partir du type racine ***publication***, si le paramètre est une publication ou un journal, un périodique ou une revue. Le mécanisme de liaison dynamique, mis en place à la compilation, permettra alors d'exécuter dynamiquement la fonction ***Image*** correspondant au type exact du paramètre effectif. On dit que les opérateurs primitifs sur les types marqués sont des opérateurs à relais, lorsque leurs opérandes sont de type marqué (comme ceux de ***Image***), et non élargis (comme celui de ***Afficher***).

16.4.4 Type abstrait

La notion de type abstrait est poussée encore plus loin : on peut définir en Ada 9X un type par des opérateurs différés, c'est-à-dire des opérateurs qui n'ont pas de corps (on les appelle de ce fait des opérateurs abstraits).

Reprenons le paquetage de la page 181 qui donne un type ***une_pile*** : même si le type et les opérateurs ne sont pas liés à une mise en œuvre, la partie **private** laisse voir que le type ***pile*** est en fait un type accès sur une pile. Avec Ada 9X, on peut déclarer un type marqué vide, et forcer les opérateurs à être redéfinis avec les types dérivés correspondant à une mise en œuvre précise.

```
generic
  type element is private ;
package Les_Piles is
```

```
  type une_pile is tagged limited private ;
  procedure Empiler(sur : in out une_pile ;
                    objet : in element) is <> ;
  procedure Depiler(de : in out une_pile;
                    objet : out element) is <> ;
 vide : exception ;
private
  type une_pile is tagged
    record
      null ;
    end record ;
end Les_Piles ;
```

Sans la notation d'opérateur abstrait (la boite <>), un type dérivé aurait hérité des opérateurs ***Empiler*** et ***Depiler*** de son type racine. Cet héritage n'est pas obtenu pour les fonctions qui délivrent une valeur du type marqué : la partie extension du résultat n'est bien évidemment pas connue pour cet opérateur lorsqu'on définit les opérateurs primitifs du type racine.

16.4.5 Utilisation de la programmation à objets

La notion de classe des langages à objets n'a pas été introduite en Ada 9X : ainsi, le coût caché dû à la liaison dynamique n'existe pas systématiquement. Si l'on a besoin de faire de la programmation à objets, alors on déclare un type marqué, et le mot-clé **tagged** indique que l'on peut avoir ce coût supplémentaire.

La programmation avec héritage résout le problème des logiciels en couches que nous avons illustré page 199 : si le type ***une_grille*** est un type marqué (il suffit de rajouter le mot-clé **tagged** dans la spécification et dans la partie privée), alors la fabrication du type ***une_grille*** du paquetage ***Les_Matrices_de_base*** héritera automatiquement des opérateurs ***Ranger*** et ***Consulter***, et l'on n'aura donc pas à reprogrammer ces opérateurs dans le corps du paquetage, comme nous avions dû le faire page 200.

Elle permet aussi beaucoup plus de souplesse pour l'extension des logiciels. Si l'on reprend l'exemple des publications, il est commode de rajouter une nouvelle sorte de publication sans rien changer au logiciel existant. Pourvu que la nouvelle sorte de publication soit munie de son opérateur ***Image***, les opérateurs primitifs sur le type élargi comme la procédure ***Afficher*** n'ont pas à être modifiés. Avec Ada 83, on doit introduire un type énuméré comme :

```
type une_publication is (livre, periodique, journal, revue,...) ;
```

et tous les opérateurs ayant ***une_publication*** en paramètre, comme ***Afficher***, possède une “instruction cas” pour discriminer la sorte effective et appeler la bonne fonction **`Image`**.

Nous avons utilisé ce genre de programmation à la page 193 : la procédure **`Traiter_Commande`** a un paramètre de type énumératif **`une_commande`**, et comporte une “instruction cas” sur son paramètre. Avec les types marqués, **`une_commande`** est un type marqué qui possède l'opérateur primitif **`Traiter_Commande(com : in une_commande'CLASS)`**, et qui appelle **`Traiter(com)`**. L'opérateur **`Traiter`** est un opérateur relais défini pour chaque sorte de commandes, chaque sorte étant définie par un type dérivé de **`une_commande`**.

Dans ce genre de programmation, on a intérêt à munir également chaque type dérivé de l'opérateur **`Defaire`** pour aisément pouvoir revenir en arrière ; le principe général de ces logiciels interactifs est exposé dans [MEYER 90].

16.5 La programmation parallèle

Les innovations en ce domaine sont si nombreuses et si variées qu'il faudrait un gros chapitre pour les approfondir. Nous allons simplement les passer en revue.

16.5.1 Les articles protégés

C'est l'innovation principale. Les accès simultanés à une variable partagée nécessitent avec Ada 83 la définition d'une tâche pour garantir l'unicité de leur exécution (comme, par exemple, la tâche **`Acces_Unique`** de la page 287). Ce mécanisme est lourd, et ce d'autant plus que le nombre de variables partagées est grand. Un *article protégé* est un mécanisme de synchronisation par les données qui ressemble un peu aux moniteurs de Hoare : c'est une structure de données associée avec des opérateurs dont on garantit l'exclusivité d'exécution grâce à un verrou implicite.

Il y a trois sortes d'opérateurs :

— les fonctions peuvent s'exécuter en parallèle : elles donnent l'accès en consultation ;

— les procédures s'exécutent en exclusion ; aucune file d'attente n'est associée à la procédure ;

— les entrées s'exécutent comme les procédures, en exclusion, mais possèdent une barrière (une garde) et une file d'attente.

Un article protégé est une unité de compilation qui possède une spécification avec une partie privée, et un corps si elle a des opérateurs. Comme pour les tâches, on peut également définir des types articles protégés.

Lorsqu'une tâche appelle une entrée d'un article protégé, elle acquiert le verrou d'accès, puis la barrière de l'entrée est évaluée ; si la condition délivre faux, la tâche est mise dans la file d'attente, et l'accès à l'article protégé est réouvert. Lorsqu'une tâche qui vient d'exécuter une procédure ou une entrée s'apprête à quitter l'article protégé, et s'il y a des tâches bloquées sur une des barrières, les barrières sont réévaluées. Si l'une des conditions a changé de valeur, alors l'appel de l'entrée correspondante est lancé quand la tâche qui en a terminé sort effectivement de l'article protégé. Si plusieurs barrières ont changé, l'appel d'entrée qui est choisi dépend de la mise en œuvre.

Les exemples qui suivent sont inspirés de [MR 9X]. Le compteur suivant délivre toujours un nouvel entier à chaque appel :

```
protected Compteur is
   procedure Incrementer(nlle_valeur : out naturel) ;
private record
  valeur : naturel := 0 ;
end Compteur ;

protected body Compteur is
   procedure Incrementer(nlle_valeur : out naturel) is
   begin
     valeur := valeur + 1 ;
     nlle_valeur := valeur ;
   end Incrementer ;
end Compteur ;
```

Même si *n* tâches appellent simultanément la procédure `Incrementer`, chacune d'elles repartira avec un unique entier entre 1 et *n*. La taille d'un `Compteur` est celle du champ valeur plus celle du verrou d'accès.

L'exemple suivant est un modèle de sémaphore booléen :

```
protected type Semaphore_booleen is
   procedure V ;
   entry P ;
private record
  ouvert : BOOLEAN := TRUE ;
end Semaphore_booleen ;
protected body Semaphore_booleen is
   procedure V is
   begin
     ouvert := TRUE ;
   end V ;
   entry P when ouvert is
   begin
     ouvert := FALSE ;
   end P ;
end Semaphore_booleen ;
```

L'opérateur `P` est forcément une entrée : on ne peut passer le sémaphore que s'il est ouvert, il y a donc une barrière (introduite, comme une garde, par le mot-clé **when**), et une file d'attente associée. Lorsque l'opérateur `V` est exécuté, la tâche exécutante regarde la file d'attente de l'entrée : comme elle vient d'ouvrir la barrière, elle relâche une tâche bloquée, s'il y en a une.

La mise en œuvre des articles protégés est de bas niveau : elle est du type *test_and_set* sur le verrou d'accès ; les accès sur les entrées et les tests sur le verrou peuvent être réalisés par des attentes actives sur multiprocesseur, ou par suppression de la préemption sur monoprocesseur.

On trouvera un autre exemple, avec une entrée en partie privée, page 399.

16.5.2 Discrimination entre les tâches

Comme tous les types composés de Ada 9X, les types tâches, et même les tâches, peuvent avoir un discriminant : cela permet souvent d'éviter l'entrée d'initialisation qui sert à particulariser un exemplaire de tâche. Par exemple, l'entrée `Mon_Numero` du type tâche `Table` de la page 308 est supprimée si l'on déclare ainsi le type `Table` :

```
task type Table(numero : une_table) is...
```

16.5.3 L'instruction de remise en attente

Il arrive qu'après avoir accepté une requête, une tâche ne puisse totalement la satisfaire : il faut dans ce cas remettre en attente l'appelante, jusqu'à ce que la ressource attendue soit disponible. La programmation de ce genre de situation avec Ada 83 consiste à déléguer le problème chez l'appelant, en lui offrant deux requêtes dont l'une ne sert qu'à l'avertir si la ressource est totalement disponible ou non (on trouvera une telle programmation dans [BARNES 88]).

L'instruction de remise en attente est un appel d'entrée précédé du mot-clé **requeue** (et éventuellement suivi de la clause **with abort**) qui indique bien qu'il y a remise en attente, sur la même entrée ou sur une nouvelle. Outre l'exemple de l'allocateur de ressources ci-dessus, une utilisation typique est la programmation d'un serveur de spoule : le client appelle une entrée qui peut accepter sa requête, l'entrée lance l'opération d'entrée-sortie, et l'appelant est remis en attente pour attendre la fin de l'entrée-sortie.

L'exemple qui suit est tiré de [MR 9X]. L'article protégé `Evenement` gère un événement non persistant qu'il s'agit de diffuser à toutes les tâches bloquées en attente de son apparition.

```
protected Evenement is
  entry Attendre ;
  entry Signaler ;
private
  entry Re_Init ; --  non visible à l'extérieur
record
 present : BOOLEAN := FALSE ;
end Evenement ;

protected body Evenement is
  entry Attendre when present ;
    --  pas de corps pour cette entrée
  entry Signaler when TRUE is
    --  la barrière est toujours ouverte : pas d'attente
  begin
    if Attendre'COUNT > 0 then
     present := TRUE ;
      requeue Re_Init ;
    end if ;
  end Signaler ;
  entry Re_Init when Attendre'COUNT = 0 is
  begin
   present := FALSE ;
  end Re_Init ;
end Evenement ;
```

Le fonctionnement est le suivant : une tâche appelle ***Evenement.Attendre***, s'empare du verrou d'accès, trouve la barrière fermée, se bloque donc sur l'entrée, et relâche le verrou. D'autres tâches peuvent avoir le même comportement, et se bloquent de la même manière. Puis le signal arrive, et donc une tâche appelle ***Evenement.Signaler*** : celle-ci se saisit du verrou, trouve la barrière ouverte (elle est toujours à "vrai" !), bascule le booléen, et se remet en attente sur l'entrée ***Re_Init*** : il faudra bien un jour rebasculer le booléen quand le signal aura été diffusé. Avant de relâcher le verrou, la tâche signalante réévalue les barrières des entrées (c'est la sémantique des articles protégés) : la première tâche bloquée sur ***Attendre*** peut repartir, puisque le booléen est vrai. En quittant l'article protégé, cette ex-tâche bloquée réévalue elle aussi les barrières, débloquant également une tâche bloquée sur ***Attendre***, et ainsi de suite jusqu'à la fin de la diffusion : lorsque la dernière tâche bloquée évalue les barrières, alors ***Attendre'COUNT*** est égal à zéro, et c'est donc la tâche signalante, bloquée sur ***Re_Init***, qui démarre, et qui clôt la diffusion en basculant le booléen.

Si une tâche remise en attente est détruite par une instruction **abort**, sa destruction est retardée jusqu'à ce qu'elle sorte de la file, sauf si l'option **with abort** est donnée dans l'instruction **requeue**.

16.5.4 Extension des instructions select

Les familles d'entrées sont traitées plus facilement grâce à un *itérateur* (introduit par le mot-clé **for**) placé en tête de l'alternative du **select**. Ainsi, les entrées de la famille d'entrées de la tâche *Un_Feu* de la page 328 peuvent être regroupées en une seule alternative :

```
...
 or  --  deuxième et troisième alternatives confondues
   for s in un_sens
     when Bon(s) =>
       accept Passe_le_feu(s) do
         nb(s) := nb(s) - 1 ;
         nbV(s) := nbV(s) + 1 ;
       end Passe_le_feu ;
...
```

Les instructions **select** côté appelant (appel d'entrée conditionnel et appel d'entrée à attente limitée) sont regroupées dans une instruction d'appel d'entrée sélectif ; cette instruction peut se terminer soit par la partie **else** de l'appel d'entrée conditionnel, soit par une nouvelle partie introduite par la séquence **then abort** (suivie d'instructions), ou par rien de spécial. L'instruction d'appel d'entrée sélectif se compose donc d'une ou plusieurs alternatives, éventuellement gardées, comportant un appel d'entrée (l'une peut-être un **delay**), et est éventuellement terminée par la partie **else** ou la partie **then abort**.

Une alternative ouverte est sélectionnée quand l'entrée appelée s'exécute, et cela entraîne l'abandon des autres appels d'entrée. S'il y a une partie **else** et qu'aucune alternative ouverte ne peut être immédiatement sélectionnée, tous les appels sont abandonnés et la partie **else** s'exécute. S'il y a une partie **then abort** et qu'aucune alternative ouverte ne peut être sélectionnée, alors la partie **abort** démarre, mais les appels d'entrée ne sont pas abandonnés. Si alors la partie **abort** termine avant qu'une entrée puisse être sélectionnée, alors les appels d'entrée sont abandonnés ; ainsi, c'est la partie **abort** qui est abandonnée, et l'appel d'entrée a lieu.

L'exemple suivant, donné dans le manuel Ada 9X, est un extrait de la boucle d'un interpréteur de commandes :

```
loop
  select
    Terminal.Attendre_le_signal_d_arret ;
    PUT_LINE("Int\'errompu") ;
  then abort
    --  cette partie est abandonnée si l'utilisateur tape le signal
```

```
    PUT(invite) ;
    GET_LINE(commande, fin) ;
    Traiter_commande(commande(1..fin)) ;
  end select ;
end loop ;
```

La justification de cette sémantique compliquée tient dans les nombreux cas où le pendant de l'instruction **select** côté appelé de Ada 83 se fait sentir pour le côté appelant. C'est le cas par exemple d'une attente sur plusieurs événements : on attend la fin du service normal, mais on reste à l'écoute d'autres événements, même lorsqu'on traite la fin du service (partie **abort**).

Enfin, l'instruction **select** de Ada 9X peut mélanger les deux formes (côté appelant et côté appelé), c'est-à-dire contenir à la fois des alternatives avec appel d'entrées et des alternatives avec des **accept** ; dans ce cas, il ne peut y avoir de partie **else** ni de partie **abort**.

16.5.5 Annexes spécialisées

Les annexes concernant la programmation parallèle sont nombreuses. On peut y trouver les sujets suivants :

— gestion des interruptions : le paquetage *INTERRUPT_MANAGER* que nous avons utilisé page 361 pour traiter les interruptions matérielles ou logicielles, devient officiel ;

— ordonnancement : la politique d'ordonnancement des tâches peut être choisie à partir de pragma ; elle est définie en terme de gestion de files de tâches ; la politique par défaut est celle du langage Ada 83 (premier entrée, premier servi) ;

— priorité : un paquetage offre des opérateurs pour modifier dynamiquement la priorité d'une tâche, ou, plus généralement, d'un type élargi de tâches ;

— système distribué : les unités de bibliothèque sont réparties dans des partitions ; les partitions dites actives (elles peuvent contenir plusieurs fils d'activité) peuvent exécuter des appels de sous-programmes distants sur des partitions dites passives (elles ne possèdent que des données partagées) ; le paquetage *REMOTE_CALL_INTERFACE* donne les moyens pour faire ces appels distants.

16.5.6 Le temps

Le paquetage *MONOTONIC* fournit une horloge (*MONOTONIC.CLOCK*) dont les valeurs ne sont jamais décroissantes (*CALENDAR.CLOCK* peut être sujette à des réajustements). La nouvelle forme de l'instruction **delay** permet une programmation immédiate des tâches cycliques : le paramètre de l'instruction **delay until** n'est plus un intervalle de temps, mais une date, évitant ainsi les problèmes de dérive que nous avons évoqués page 262.

16.6 La généricité

Les unités génériques peuvent être paramétrées par des paquetages : cela est nécessaire pour pouvoir paramétrer un composant par un type abstrait lui aussi représenté par un paquetage générique ; ainsi, la nouvelle unité n'a pas à importer tous les types et les opérateurs du modèle abstrait.

Un paramètre formel générique qui est un paquetage utilise la notation d'une exemplarisation de générique, précédé du mot-clé **with** ; il dénote l'exemplarisation du paramètre effectif correspondant.

Notons également qu'une exemplarisation de sous-programmes peut tenir lieu de corps de sous-programme (c'est forcément une déclaration en Ada 83) : la première des solutions que nous avons proposées page 206 au problème de la mise en facteur de code est donc légale en Ada 9X.

16.7 Les unités de bibliothèque

Les unités de bibliothèque du langage Ada 83 forment un seul niveau. Pour les organiser, on est donc amené à les répartir dans plusieurs bibliothèques ; plusieurs gestionnaires de bibliothèques utilisent la hiérarchie des répertoires du système de fichiers de l'installation pour organiser les bibliothèques. D'autre part, la modification d'une unité de base (qui se trouve être dans le niveau bas d'un logiciel conçu en couches) entraîne la disparition de la bibliothèque de toutes les unités qui utilisent cette unité de base, même si la modification avait seulement pour but d'ajouter une nouvelle fonctionnalité, sans toucher au reste. Par exemple, si l'on ajoute un opérateur au paquetage ***Les_Naturels***, la majorité des unités utilisées dans le programme ***Simulation_Restaurant*** devient périmé (voir le schéma de la page 318).

16.7.1 Unité descendante

La notion d'unité racine et d'unité descendante vient de ce double constat :

— il faut pouvoir organiser les unités au niveau du langage (uniformisant ainsi l'organisation) ;

— cette organisation doit permettre d'éviter les recompilations fastidieuses quand elles ne sont pas nécessaires.

Une *unité racine* est une unité de bibliothèque de Ada 83 ; avec ses unités descendantes, elle forme un sous-système d'unités organisées en arbre.

Une *unité descendante* dépend logiquement de son parent, comme si elle était incluse dans la partie privée de son parent : ainsi, l'unité descendante voit aussi bien la partie visible que la partie privée de son parent (mais elle ne voit pas son corps). Une unité descendante est désignée par un nom développé : le préfixe est le nom de son parent. Une unité descendante, sous-programme ou paquetage, éventuellement générique, peut également avoir des unités descendantes.

Définir une unité descendante est donc une méthode pour étendre les propriétés d'un type, et elle se combine facilement avec les types marqués. Supposons que le type ***une_fenetre*** du paquetage ***Les_Fenetres*** soit un type marqué :

```
type une_fenetre is tagged private ;
```

Si l'on veut offrir des fenêtres de couleurs, on définit l'unité descendante ***Les_Fenetres.Colorees*** en ajoutant un opérateur exporté pour établir la couleur :

```
with Les_Couleurs ;
package Les_Fenetres.Colorees is  -- le point indique un descendant
  type une_fenetre_coloree is new une_fenetre with private ;
  procedure Donner_Couleur(f : in out une_fenetre_coloree ;
                           c : in Les_Couleurs.une_couleur) ;
private
  type une_fenetre_coloree is new une_fenetre with
    record
      sa_couleur : Les_Couleurs.une_couleur ;
    end record ;
end Les_Fenetres.Colorees ;
```

Tous les opérateurs définis sur ***une_fenetre*** sont hérités par le type ***une_fenetre_coloree***. Une unité descendante peut être déclarée privée (mot-clé **private** devant la spécification) : elle n'est alors pas visible en dehors du sous-système auquel elle appartient.

16.7.2 Partition

Pour les besoins de l'informatique répartie, les unités de bibliothèque peuvent être regroupées en partition. Chaque *partition* contient un programme désigné lors de la reliure. Les unités d'une partition sont chacunes élaborées par la tâche qui exécute chaque programme.

Le langage ne dit pas comment fabriquer les partitions, ni comment les répartir : c'est le rôle de pragmas spécialisés. La communication entre les unités de différentes partitions se fait par l'intermédiaire de paquetages spécialisés (voir page 402).

16.8 La programmation de gestion

Qui a jonglé avec les exemplarisations du paquetage *FIXED_IO* pour faire des lectures formatées de réels sait qu'il n'est pas aisé de programmer en Ada "à la COBOL". En fait, le besoin de pouvoir manipuler des réels dans tous les formats externes possibles, de faire des éditions suivant des formats conventionnels, de s'interfacer avec les SGBD, a conduit les auteurs du projet à définir de nouveaux types réels, les types décimaux.

16.8.1 Les types décimaux

Les *types décimaux* sont une variété de type réel à point fixe. La définition du type décimal td suivant :

```
type td is delta pas digits chiffre range debut..fin ;
```

est équivalent aux définitions suivantes :

```
type anonyme is
    delta pas range (-10**chiffre)+1)*pas..((10**chiffre)-1)*pas) ;
for anonyme'SMALL use pas ;
subtype td is anonyme range anonyme(debut)..anonyme(fin) ;
```

Les attributs habituels des types en point fixe restent valables. On représentera par exemple les valeurs définies en COBOL par *PIC 9(4)V99* par le type décimal suivant :

```
type PIC_9999V99 is delta 0.01 digits 6 ; -- -9_999.99 .. +9_999.99
```

Lorsqu'une unité générique est paramétrée par un type décimal, le paramètre formel générique utilise la notation suivante :

```
type le_parametre is delta <> digits <> ;
```

16.8.2 Opérations sur les types décimaux

Comme ce sont des types à point fixe, les opérations arithmétiques sont applicables. Les conversions vers un type décimal *td* par l'opérateur *td(expression)* délivrent une valeur soit arrondie, soit tronquée, soit dans l'intervalle modèle le plus proche : c'est défini par la mise en œuvre. Par contre, les attributs ***ROUND*** et ***TRUNCATE*** font des conversions vers le type **td** avec arrondi (***td'ROUND(expression)***) ou avec troncature (***td'TRUNCATE(expression)***).

La procédure ***GENERIC_DIVIDE*** est une division qui délivre à la fois le quotient et le reste : c'est une opération nécessaire sur les réels en gestion :

```
generic
  type dividend_type   is delta <> digits <> ;
  type divisor_type    is delta <> digits <> ;
  type quotient_type   is delta <> digits <> ;
  type remainder_type  is delta <> digits <> ;
procedure Generic_Divide(dividend  : dividend_type ;
                         divisor   : divisor_type ;
                         quotient  : out quotient_type ;
                         remainder : out remainder_type ;
                         rounded   : BOOLEAN := FALSE) ;
```

16.8.3 Représentation externe

Les données externes sont traitées comme des chaînes d'octets. L'interprétation de la chaîne est donnée en paramètre des opérateurs *VALID*, *INPUT*, *OUTPUT* et *EDIT* qui sont de nature attribut. Le paramètre d'interprétation est du type *EXTERNAL_REP* (défini dans le paquetage *DECIMAL)* qui a la définition suivante :

```
type EXTERNAL_REP is
 (binary_big_endian,
  binary_little_endian,
  zoned_unsigned,                -- [espaces] chiffres [espaces]
  zoned_leading_separate,        -- [espaces] signe chiffres [espaces]
  zoned_trailing_separate,       -- [espaces] chiffres signe [espaces]
  zoned_leading_nonseparate,     -- [espaces] chiffre_signé [chiffres] [espaces]
  zoned_trailing_nonseparate,    -- [espaces] [chiffres] chiffre_signé [espaces]
  packed_signed,
  packed_unsigned,
  ...) ;
```

L'attribut *VALID* vérifie si une chaîne est valide vis-à-vis de la représentation donnée, *INPUT* et *OUTPUT* font les conversions de représentations interne et externe. En particulier, si **chaine** est le résultat délivré par ***td'OUTPUT(valeur, format)***, alors ***td'INPUT(chaine, format) = valeur***.

L'attribut *EDIT* a deux profils, et délivre la représentation éditée à partir de la représentation externe ou de la représentation interne, en fonction d'un troisième paramètre, la chaîne *PICTURE*. Des conventions ont été choisies pour représenter dans *PICTURE* le symbole monétaire, le point décimal, un chiffre, le signe, etc. Un pragma permet d'établir la valeur affichée du symbole monétaire, du point décimal, et du séparateur des milliers.

16.9 Les extensions des types accès

Les types accès de Ada 83 ont des valeurs qui désignent uniquement des variables ou des tâches allouées dans le tas ; on les appelle désormais des types accès spécifiques à un groupe. Les valeurs des nouveaux types accès, ou *types d'accès général*, peuvent désigner aussi bien des constantes, des sous-programmes, des variables de la pile, ou des variables du tas. Enfin, un discriminant ou un paramètre formel d'entrée peut être d'un type de paramètre accès.

16.9.1 Accès à des sous-programmes

Les valeurs de ces types accès sont données par l'attribut *ACCESS*. Un type accès sur des sous-programmes est associé à un profil donné de sous-programme. L'exemple suivant est donné dans [MR 9X] : le paquetage *Bouton_Poussoir* gère un bouton d'un système de fenêtrage :

```
package Bouton_Poussoir is
  type un_bouton is private ;
  type une_action is access procedure ;
  type une_retro_action is
    access procedure (b : in out un_bouton) ;
  function Creer return un_bouton ;
  procedure Pousser(b : in out un_bouton) ;
  procedure Etablir_l_action(b : in out un_bouton ;
                             a : in une_action) ;
  procedure Etablir_la_retro_action(b : in out un_bouton ;
                                    r : in une_retro_action) ;
  procedure Surbrillance(b : in out un_bouton) ;
  procedure Tut ;
private
  type un_bouton is --  ses champs sont des accès sur les actions
    record
      action : une_action := Tut'ACCESS ;
      retro_action : une_retro_action := Surbrillance'ACCESS ;
    end record ;
end Bouton_Poussoir ;
```

On notera que le profil du sous-programme se ramène à une spécification des paramètres formels (plus le type délivré dans le cas d'une fonction). Un bouton est caractérisé par deux actions qui sont à exécuter quand le bouton est enfoncé, ces deux actions ont les valeurs par défaut des accès aux sous-programmes ***Tut*** et ***Surbrillance***.

```
package body Bouton_Poussoir is
  procedure Pousser(b : in out un_bouton) is
  begin
    b.retro_action(b) ;
    b.action.all ;
  end Pousser ;
  procedure Etablir_l_action(b : in out un_bouton ;
                                          a : in une_action) is
  begin
    b.action := a ;
  end Etablir_l_action ;
  ...
end Bouton_Poussoir ;
```

Dans un appel de sous-programme via une valeur d'accès, la notation **.all** est reprise lorsqu'il n'y a pas de paramètre : c'est le cas de l'appel du champ **action**.

16.9.2 Les types d'accès général

Ces types sont identifiés par le mot-clé qui suit le mot-clé **access** dans la définition du type : si c'est **constant**, alors les objets désignés ne pourront pas être modifiés ; si c'est **all**, ils le pourront.

Les objets désignables par les types d'accès généraux peuvent être des objets Ada ou des objets créés par d'autres programmes (dans d'autres langages). Les objets Ada doivent être déclarés avec le mot-clé **aliased** ; les objets non-Ada doivent être indentifiés par le pragma ***INTERFACE_OBJECT***.

On le voit, Ada fait des concessions à C, mais il met des garde-fous importants pour pouvoir contrôler la situation. Cependant, la situation peut rester incontrôlable si le programmeur utilise des conversions non contrôlées...

16.9.3 Les types de paramètres accès

Un tel paramètre est défini par le mot-clé **access** qui précède le type dans la déclaration du paramètre formel. C'est implicitement un type accès général, mais sa valeur est constante pour une activation du sous-programme. Il sert à accéder aux variables déclarées avec le mot-clé **aliased**.

16.10 Conclusion

Redisons-le, présenter une norme avant sa parution, prévue pour décembre 1994, est un exercice périlleux. Il parait pourtant difficile de publier actuellement un livre sur Ada qui ignore Ada 9X, à l'heure où les éditeurs de logiciel proposent déjà des compilateurs "compatibles avec la nouvelle norme" (sic). Le planing de l'AJPO prévoit les premières certifications de compilateurs pour 1995.

L'exposé précédent est loin d'être complet : nous n'avons pas parlé des annexes pour la programmation système, pour la programmation numérique, pour la sécurité et la sûreté, etc.

Nous espérons cependant que les concepts importants sont bien apparus.

Les nouveaux concepts du langage sont introduits dans la continuité et dans l'esprit du langage Ada 83 ; la comptabilité ascendante est presque totalement vérifiée (au type ***CHARACTER*** et aux cinq nouveaux mots-clés près), les mécanismes de contrôle sont améliorés, mais, par ailleurs, le langage ouvre de nouvelles perspectives pour approcher d'autres modes de pensée : cela va de l'informatique de gestion à la programmation des interfaces graphiques à la mode C, de la programmation à objets à l'informatique répartie.

Gageons que le langage Ada, qui n'avait pas vraiment fait un malheur parmi les concepteurs de logiciels, s'affirmera avec ses nouveaux moyens comme un partenaire indispensable pour la construction des logiciels "zéro défaut".

ANNEXE **A**

Table des Programmes

Cette table est un index des paquetages et des sous-programmes présentés dans cet ouvrage. Elle permet de retrouver rapidement les différentes versions d'un paquetage, ou les spécifications des paquetages cités dans les clauses **with**.

ANNEXE **B**

Table des règles de grammaire

Cet index regroupe l'ensemble des règles de grammaire du langage Ada 83, classées par ordre alphabétique, pour permettre de retrouver rapidement un composant d'une règle citée dans un diagramme syntaxique. Les numéros indiqués sont des numéros de page.

ANNEXE **C**

Table des mots-clés

Les mots-clés du langage Ada 83 sont les suivants :

abort	**delay**	**goto**	**out**	**separate**
abs	**delta**	**if**	**package**	**subtype**
accept	**digits**	**in**	**pragma**	**task**
access	**do**	**is**	**private**	**terminate**
all	**else**	**limited**	**procedure**	**then**
and	**elsif**	**loop**	**raise**	**type**
array	**end**	**mod**	**range**	**use**
at	**entry**	**new**	**record**	**when**
begin	**exception**	**not**	**rem**	**while**
body	**exit**	**null**	**renames**	**with**
case	**for**	**of**	**return**	**xor**
constant	**function**	**or**	**reverse**	
declare	**generic**	**others**	**select**	

Le projet de norme Ada 9X introduit les cinq nouveaux mots-clés suivants :

aliased	**protected**	**requeue**	**tagged**	**until**

ANNEXE **D**

L'environnement prédéfini

Cette annexe contient l'annexe C du manuel de référence : elle décrit sommairement la spécification du paquetage ***STANDARD*** qui contient tous les identificateurs prédéfinis du langage, ainsi que la liste des unités de bibliothèque prédéfinies :

```
package STANDARD is
  type BOOLEAN is (FALSE, TRUE) ;

   --  Les opérateurs relationnels prédéfinis pour ce type sont :
 --  function "="  (left, right : BOOLEAN) return BOOLEAN ;
 --  function "/=" (left, right : BOOLEAN) return BOOLEAN ;
 --  function "<"  (left, right : BOOLEAN) return BOOLEAN ;
 --  function "<=" (left, right : BOOLEAN) return BOOLEAN ;
 --  function ">"  (left, right : BOOLEAN) return BOOLEAN ;
 --  function ">=" (left, right : BOOLEAN) return BOOLEAN ;

  --  Les opérateurs logiques prédéfinis sont :
 --  function "and" (left, right : BOOLEAN) return BOOLEAN ;
 --  function "or"  (left, right : BOOLEAN) return BOOLEAN ;
 --  function "xor" (left, right : BOOLEAN) return BOOLEAN ;
 --  function "not" (right : BOOLEAN) return BOOLEAN ;

  --  Le type entier_universel est prédéfini
  type INTEGER is défini_par_l_implémentation ;

  --  Les opérateurs prédéfinis pour ce type sont :
 --  function "="  (left, right : INTEGER) return BOOLEAN ;
 --  function "/=" (left, right : INTEGER) return BOOLEAN ;
 --  function "<"  (left, right : INTEGER) return BOOLEAN ;
 --  function "<=" (left, right : INTEGER) return BOOLEAN ;
 --  function ">"  (left, right : INTEGER) return BOOLEAN ;
```

```
-- function ">=" (left, right : INTEGER) return BOOLEAN ;
-- function "+"  (right : INTEGER) return INTEGER ;
-- function "-"  (right : INTEGER) return INTEGER ;
-- function "abs"(right : INTEGER) return INTEGER ;
-- function "+"  (left, right : INTEGER) return INTEGER ;
-- function "-"  (left, right : INTEGER) return INTEGER ;
-- function "*"  (left, right : INTEGER) return INTEGER ;
-- function "/"  (left, right : INTEGER) return INTEGER ;
-- function "rem"(left, right : INTEGER) return INTEGER ;
-- function "mod"(left, right : INTEGER) return INTEGER ;
-- function "**" (left : INTEGER ; right : INTEGER)
--                 return INTEGER ;

-- Toute mise en oeuvre peut fournir des types entiers prédéfinis
-- supplémentaires. Il est recommandé que les noms de ces types se
-- terminent par INTEGER, comme dans SHORT_INTEGER,
-- SHORT_SHORT_INTEGER ou LONG_INTEGER.

   -- Le type réel_universel est prédéfini
 type FLOAT is défini_par_l_implémentation ;

 -- Les opérateurs prédéfinis pour ce type sont :
-- function "=" (left, right : FLOAT) return BOOLEAN ;
-- function "/=" (left, right : FLOAT) return BOOLEAN ;
-- function "<" (left, right : FLOAT) return BOOLEAN ;
-- function "<=" (left, right : FLOAT) return BOOLEAN ;
-- function ">" (left, right : FLOAT) return BOOLEAN ;
-- function ">=" (left, right : FLOAT) return BOOLEAN ;
-- function "+" (right : FLOAT) return FLOAT ;
-- function "-" (right : FLOAT) return FLOAT ;
-- function "abs"(right : FLOAT) return FLOAT ;
-- function "+" (left, right : FLOAT) return FLOAT ;
-- function "-" (left, right : FLOAT) return FLOAT ;
-- function "*" (left, right : FLOAT) return FLOAT ;
-- function "/" (left, right : FLOAT) return FLOAT ;
-- function "**" (left : FLOAT ; right : INTEGER) return FLOAT ;

-- Toute mise en oeuvre peut fournir des types point flottants
-- prédéfinis supplémentaires. Il est recommandé que les noms de
-- ces types se terminent par FLOAT.

   -- De plus, les opérateurs suivants sont prédéfinis pour les
   -- types universels :
```

```
-- function "*"(left : entier_universel ; right : réel_universel)
--   return réel_universel ;
-- function "*"(left : réel_universel ; right : entier_universel)
--   return réel_universel ;
-- function "/"(left : réel_universel ; right : entier_universel)
--   return réel_universel ;

  -- Le type fixe_universel est prédéfini ; les opérateurs sur ce
  -- type sont :

-- function "*" (left : tout_type_point_fixe ;
--               right : tout_type_point_fixe)
--   return fixe_universel ;
-- function "/" (left : tout_type_point_fixe ;
--               right : tout_type_point_fixe)
--   return fixe_universel ;


    -- Les caractères suivants forment le jeu de caractères normalisé
    -- Ascii. Les littéraux caractères correspondant aux caractères
    -- de contrôle (en italique ici) ne sont pas des identificateurs.

  type CHARACTER is
    (nul, soh, stx, etx,     eot, enq, ack, bel,
     bs,  ht,  lf,  vt,      ff,  cr,  so,  si,
     dle, dc1, dc2, dc3,     dc4, nak, syn, etb,
     can, em,  sub, esc,     fs,  gs,  rs,  us,
     ' ', '!', '"', '#',     '$', '%', '&', ''',
     '(', ')', '*', '+',     ',', '-', '.', '/',
     '0', '1', '2', '3',     '4', '5', '6', '7',
     '8', '9', ':', ';',     '<', '=', '>', '?',

     '@', 'A', 'B', 'C',     'D', 'E', 'F', 'G',
     'H', 'I', 'J', 'K',     'L', 'M', 'N', 'O',
     'P', 'Q', 'R', 'S',     'T', 'U', 'V', 'W',
     'X', 'Y', 'Z', '[',     '\', ']', '^', '_',

     '`', 'a', 'b', 'c',     'd', 'e', 'f', 'g',
     'h', 'i', 'j', 'k',     'l', 'm', 'n', 'o',
     'p', 'q', 'r', 's',     't', 'u', 'v', 'w',
     'x', 'y', 'z', '{',     '|', '}', '~',  del) ;


  for CHARACTER use -- Jeu des 128 caractères ASCII sans trou
```

```
(0, 1, 2, 3, 4, 5, ..., 125, 126, 127) ;

    -- Les opérateurs prédéfinis pour le type CHARACTER sont
    -- ceux des types énumératifs

package ASCII is
  -- caractères de contrôle :

NUL : constant CHARACTER := NUL ;  SOH : constant CHARACTER := SOH ;
STX : constant CHARACTER := STX ;  ETX : constant CHARACTER := ETX ;
EOT : constant CHARACTER := EOT ;  ENQ : constant CHARACTER := ENQ ;
ACK : constant CHARACTER := ACK ;  BEL : constant CHARACTER := BEL ;
BS  : constant CHARACTER := BS ;   HT  : constant CHARACTER := HT ;
LF  : constant CHARACTER := LF ;   VT  : constant CHARACTER := VT ;
FF  : constant CHARACTER := FF ;   CR  : constant CHARACTER := CR ;
SO  : constant CHARACTER := SO ;   SI  : constant CHARACTER := SI ;
DLE : constant CHARACTER := DLE ;  DC1 : constant CHARACTER := DC1 ;
DC2 : constant CHARACTER := DC2 ;  DC3 : constant CHARACTER := DC3 ;
DC4 : constant CHARACTER := DC4 ;  NAK : constant CHARACTER := NAK ;
SYN : constant CHARACTER := SYN ;  ETB : constant CHARACTER := ETB ;
CAN : constant CHARACTER := CAN ;  EM  : constant CHARACTER := EM ;
SUB : constant CHARACTER := SUB ;  ESC : constant CHARACTER := ESC ;
FS  : constant CHARACTER := FS ;   GS  : constant CHARACTER := GS ;
RS  : constant CHARACTER := RS ;   US  : constant CHARACTER := US ;
DEL : constant CHARACTER := DEL ;

-- Autres caractères

  EXCLAM     : constant CHARACTER := '!' ;
  QUOTATION  : constant CHARACTER := '"' ;
  SHARP      : constant CHARACTER := '#' ;
  DOLLAR     : constant CHARACTER := '$' ;
  PERCENT    : constant CHARACTER := '%' ;
  AMPERSAND  : constant CHARACTER := '&' ;
  COLON      : constant CHARACTER := ':' ;
  SEMICOLON  : constant CHARACTER := ';' ;
  QUERY      : constant CHARACTER := '?' ;
  AT_SIGN    : constant CHARACTER := '@' ;
  L_BRACKET  : constant CHARACTER := '[' ;
  BACK_SLASH : constant CHARACTER := '\' ;
  R_BRACKET  : constant CHARACTER := ']' ;
  CIRCUMFLEX : constant CHARACTER := '^' ;
  UNDERLINE  : constant CHARACTER := '_' ;
  GRAVE      : constant CHARACTER := '`' ;
```

```
   L_BRACE    : constant CHARACTER := '{' ;
   BAR        : constant CHARACTER := '|' ;
   R_BRACE    : constant CHARACTER := '}' ;
   TILDE      : constant CHARACTER := '~' ;

     -- Lettres minuscules
   LC_A : constant CHARACTER := 'a' ;
   ...
   LC_Z : constant CHARACTER := 'z' ;
  end ASCII ;

     -- Sous-types prédéfinis
  subtype NATURAL  is INTEGER range 0 .. INTEGER'LAST ;
  subtype POSITIVE is INTEGER range 1 .. INTEGER'LAST ;

     -- Les chaînes
  type STRING is array(POSITIVE range <>) of CHARACTER ;
  pragma PACK(STRING) ;

     -- Les opérateurs prédéfinis pour ce type sont :
-- function "="  (left, right : STRING) return BOOLEAN ;
-- function "/=" (left, right : STRING) return BOOLEAN ;
-- function "<"  (left, right : STRING) return BOOLEAN ;
-- function "<=" (left, right : STRING) return BOOLEAN ;
-- function ">"  (left, right : STRING) return BOOLEAN ;
-- function ">=" (left, right : STRING) return BOOLEAN ;
-- function "&" (left : STRING ;    right : STRING)
--    return STRING ;
-- function "&" (left : CHARACTER ; right : STRING)
--    return STRING ;
-- function "&" (left : STRING ;    right : CHARACTER)
--    return STRING ;
-- function "&" (left : CHARACTER ; right : CHARACTER)
--    return STRING ;

   type DURATION is delta défini_par_l_implémentation
                    range défini_par_l_implémentation ;

      -- Les opérateurs prédéfinis pour le type DURATION sont les
      -- mêmes que ceux des types point_fixe

      -- Les exceptions prédéfinies

   CONSTRAINT_ERROR : exception ;
```

```
    NUMERIC_ERROR    : exception ;
    PROGRAM_ERROR    : exception ;
    STORAGE_ERROR    : exception ;
    TASKING_ERROR    : exception ;

end STANDARD ;
```

La définition du langage prédéfinit les unités de bibliothèque suivantes :

— le paquetage ***CALENDAR*** (voir page 260) ;

— le paquetage ***SYSTEM*** (voir page 364) ;

— le paquetage ***MACHINE_CODE*** (voir page 363) ;

— la procédure générique ***UNCHECKED_DEALLOCATION*** (voir page 367) ;

— la fonction générique ***UNCHECKED_CONVERSION*** (voir page 375) ;

— le paquetage générique ***SEQUENTIAL_IO*** (voir page 210) ;

— le paquetage générique ***DIRECT_IO*** (voir page 215) ;

— le paquetage ***TEXT_IO*** (voir page 219) ;

— le paquetage ***IO_EXCEPTIONS*** (voir page 209) ;

— le paquetage ***LOW_LEVEL_IO*** (voir page 300) ;

ANNEXE **E**

Glossaire

Cette annexe regroupe un certain nombre de termes avec leur traduction originale et une brève description de leur signification.

`Access` (*access*) Les variables de types accès correspondent aux pointeurs des autres langages de programmation.

`Agrégat` (*aggregate*) Un agrégat est une valeur de type structuré (tableau, article, ou combinaison des deux).

`Allocateur` (*allocator*) Un allocateur sert à créer une variable dynamique ; il délivre une valeur d'accès qui désigne la variable créée.

`Article` (*record*) Un article ou enregistrement, est un type structuré de composants de types différents.

`Article protégé` (*protected record*) Un article protégé est un ensemble de valeurs et un ensemble d'opérateurs d'accès à ces valeurs ; lorsque des tâches parallèles appellent les opérateurs, la consistance de leur action est garantie ; c'est un concept Ada 9X.

`Attribut` (*attribute*) Un attribut est une fonction avec une syntaxe particulière ; on ne peut pas définir de nouveaux attributs ; les attributs sont propres à un type donné.

`Barrière` (*barrier condition*) Une barrière protège l'accès à une entrée d'un article protégé ; une barrière ressemble à une garde, mais sa sémantique n'est pas la même ; c'est un concept Ada 9X.

`Clause de contexte` (*context clause*) Une clause de contexte nomme les unités de compilation dont dépend l'unité qui utilise la clause.

`Contrainte` (*constraint*) Une contrainte détermine un sous-ensemble des valeurs d'un type. Une contrainte de discriminant spécifie une valeur pour chaque discriminant d'un type article ou privé. Une contrainte de tableau (ou d'indice) spécifie les bornes de chaque dimension du tableau.

Dérivé (*derived*) Un type dérivé est muni des mêmes valeurs et des mêmes opérateurs que son type père, mais c'est un type différent du type père. On doit utiliser des conversions pour passer d'une valeur d'un type dérivé à une valeur d'un autre type dérivé de même père.

Discriminant (*discriminant*) Un discriminant est un composant particulier d'un type article ; il peut servir à lui donner des propriétés particulières. Tous les types structurés de Ada 9X peuvent avoir un discriminant.

Élaboration (*elaboration*). L'élaboration d'une déclaration, qui a lieu lors de l'activation d'un bloc (sous-programme, paquetage, tâche,...) est le processus par lequel la déclaration produit ses effets, comme la création des variables, l'activation des tâches, etc.

Entrée (*entry*) Une entrée est un point d'accès dans une tâche (ou dans un article protégé en Ada 9X) ; une entrée est appelée de façon analogue à un sous-programme.

Exception (*exception*) Une exception est une erreur qui survient à l'exécution ; elle peut être récupérée et traitée dans un traite-exception, en fin de bloc.

Exemplaire (*instance*) Un exemplaire est une occurrence d'un paquetage ou d'un sous-programme générique, obtenu par une exemplarisation de générique.

Exemplarisation (*instanciation*) L'exemplarisation est l'opération qui consiste à fabriquer un exemplaire de paquetage ou de sous-programme générique en lui fournissant des paramètres effectifs. C'est une déclaration en Ada 83, ce peut être un corps d'unité en Ada 9X.

Fonction (*function*) Voir Opérateur.

Garde (*guard*) Une garde est une expression booléenne qui sert à protéger l'accès d'une entrée de tâche dans une instruction **select**.

Généricité (*genericity*) Une unité de compilation générique est un modèle pour un ensemble de sous-programmes ou de paquetages. Le modèle peut avoir des paramètres constants, variables, types, sous-programmes, ou même, en Ada 9X, paquetages.

Nom développé (*expanded name*) Un nom développé est une suite de noms simples séparés par un point ; tous les noms simples sauf le dernier forment le préfixe dénotant la construction dans laquelle le dernier nom simple est déclaré. Il sert à désigner une entité non directement visible.

`Opérateur` (*operator, subprogram*) Traditionnellement, un opérateur est une fonction avec une notation particulière. Pour un type abstrait, un opérateur est toute procédure ou fonction d'accès aux valeurs du type accès. Les fonctions servent d'opérateurs d'acquisition d'état, les procédures servent d'opérateurs de changement d'état.

`Paquetage` (*package*) Le paquetage est l'unité de structuration de base de Ada ; la spécification du paquetage définit l'interface du paquetage (entités exportées) ; le corps cache la réalisation de la machine ou du type abstrait modélisé (en général) par le paquetage.

`Pragma` (*pragma*) Un pragma est une directive au compilateur.

`Procédure` (*procedure*) Voir Opérateur.

`Qualification` (*qualification*) On doit qualifier une expression lorsque son interprétation est ambiguë, en la faisant précéder de son type ou sous-type.

`Surcharge` (*overloading*) Un identificateur peut avoir plusieurs significations en un même point d'un programme : il est alors surchargé. L'opérateur d'addition (+) est un opérateur surchargé : il peut avoir des opérandes entiers, réels, etc. Un programmeur peut surcharger ses propres identificateurs.

`Tâche` (*task*) Une tâche est une unité exécutable qui s'exécute en parallèle avec d'autres tâches. Le programme principal est une tâche implicite.

`Type` (*type*) Un type caractérise un ensemble de valeurs et un ensemble d'opérateurs sur ces valeurs. Ada est un langage fortement typé : le mélange de valeurs de types différents est très réglementé.

`Type marqué` (*tagged type*) Ada 9X introduit le type marqué pour pouvoir étendre ultérieurement ses valeurs (ou sa structure) et ses opérateurs.

`Type élargi` (*class-wide type*) La déclaration de tout type, marqué ou pas, entraîne en Ada 9X la déclaration du type élargi associé ; il n'est vraiment nécessaire que si le type est marqué, pour être le dénominateur commun de tous les types dérivés ultérieurement avec extension.

Unité (*unit*) Une unité de compilation est un texte Ada qu'on peut présenter au compilateur ; le résultat de la compilation va dans une bibliothèque.

ANNEXE **F**

Bibliographie Commentée

Une bibliographie complète sur le langage Ada comprendrait plusieurs milliers d'articles et documents de travail, et plus d'une centaine de livres ; comme il s'en publie toujours, elle ne serait jamais exhaustive. Nous nous limitons ici à quelques ouvrages en français qui sont complémentaires du présent ouvrage.

[ACCART 92] Accart Hardin, T., Donzeau-Gouge Viguié V., *Concepts et outils de programmation, le style fonctionnel, le style impératif, avec CAML et ADA*. InterÉditions, 1992.

Ce n'est pas un ouvrage sur Ada, mais c'est une introduction au langage Ada pour des lecteurs qui ne connaîtraient que le style fonctionnel, actuellement souvent enseigné comme premier langage.

[BARNES 88] Barnes, J., *Programmer en Ada*. InterÉditions, 1988 (Traduction de *Programming in Ada*. Addison-Wesley, Londres, 1984).

Ce fut le premier livre important publié sur le langage Ada ; il est écrit par l'un des membres de l'équipe initiale de Jean Ichbiah. C'est un ouvrage didactique qui fait ressortir les points critiques du langage. On peut regretter qu'il y ait peu d'exemples complets : ce sont plutôt des fragments de programmes destinés à illustrer les constructions étudiées.

[BERGÉ 89] Bergé, J.M., Donzelle, L.O., Olive, V., Rouillard, J., *Ada avec le sourire*. Presses polytechniques romandes, Lausanne, 1989.

L'apprentissage du langage est facilité par un texte débordant d'humour au premier degré : on prend un réel plaisir à lire cet ouvrage et accessoirement à découvrir les qualités et les défauts du langage. On ne sait par contre pas très bien quel plan ont voulu suivre les auteurs : on apprend les clauses de spécification de représentation dès le chapitre 4 (sur 19), juste avant les types accès, les traitements de liste et la procédure ***UNCHECKED_DEALLOCATION***.

[GAUTHIER 89] Gauthier, M., *Ada, un apprentissage*. Dunod, Paris, 1989.

Autant l'ouvrage *Ada avec le sourire* glisse sur les difficultés à l'aide d'une pirouette, autant ici le sérieux est de mise et les cactus sont bien en évidence. Débordant de la simple description du langage, cet ouvrage consacre plusieurs chapitres à la méthodologie de programmation, aux façons de commenter les programmes, de les vérifier et de conduire les jeux d'essais. Mais qu'on ne s'y trompe pas, malgré son apparence austère et sa typographie difficile, ce livre sort des sentiers battus et propose des exemples autrement plus complexes et plus productifs que les précédents de la liste, et l'humour est aussi présent, mais au deuxième degré, plus difficile d'accès comme tout l'ouvrage.

[BOOCH 91] Booch, G, *L'ingénierie du logiciel avec Ada*. InterÉditions, Paris, 1991 (Traduction de *Software engineering with Ada*. Benjamin Cummings, 1987).

Comme l'ouvrage précédent, il n'est pas destiné aux débutants, mais à ceux qui veulent connaître la fameuse méthode de conception orientée objet de Grady Booch. Les premiers chapitres de présentation ne sont pas illustrés d'exemples sérieux, et les bons exemples, à la hauteur de l'ambition de l'ouvrage, commencent bien tard : finalement, seuls les bons côtés du langage sont étudiés et illustrés.

[MEYER 90] Meyer, B, *Conception et programmation par objets*. InterÉditions, Paris, 1990 (Traduction de *Oject-oriented software construction*. Prentice-Hall, 1988).

C'est l'ouvrage fondamental pour appréhender les techniques et les bénéfices de la programmation à objets, en visant la construction de logiciels de qualité. Bien que l'ouvrage soit plutôt tourné vers le langage Eiffel, il contient une intéressante comparaison des langages Ada 83, C++, Eiffel et Simula entre autres. On peut conclure de cette comparaison qu'il était nécessaire pour Ada de prendre en compte les techniques à objets.

[MR 83] *Ada, Manuel de référence du langage de programmation*. Presses polytechniques romandes, Lausanne, 1987 (Traduction de *Reference Manual for the Ada programming language*. Alsys, 1983).

Le manuel de référence est indispensable : outre qu'il donne bien sûr la norme du langage dans sa totalité (mais aussi dans sa sécheresse), il numérote toutes les sections, les paragraphes et jusqu'aux alinéas de la présentation. Ces numéros, repris en général dans les messages d'erreurs des compilateurs validés, permettent un accès direct à la définition de la construction mal utilisée.

[MR 9X] *Ada 9X Mapping Rationale*, version 4.1. Document AJPO, Cambridge (Massachusetts), 1992.

Les deux documents *Ada 9X Mapping Specifications* et *Ada 9X Mapping Rationale* présentent l'état courant du projet de norme, en tant que manuel de référence et en tant que manuel explicatif des choix qui ont été faits. Dans cet ouvrage, nous nous sommes référés à la version de décembre 1991 du manuel de référence, et à celle de mars 1992 pour les explications.

[OGOR 90] Ogor, R., Rannou, R., *Langage Ada et algorithmique*. Hermes, Paris, 1990.

Cet ouvrage pour débutant se caractérise par une multitude de programmes complets, directement compilables et exécutables : même si bon nombre d'entre eux sont naïfs, ils ont le mérite d'expliquer totalement les concepts étudiés. On retiendra surtout l'important chapitre sur les tâches (plus de 80 pages).

Une bibliographie Ada doit comporter également des références à des catalogues de composants. En fait, plusieurs éditeurs de logiciels fournissent des composants Ada, et il suffit de s'adresser au fournisseur du compilateur pour avoir ces références. Par contre, plusieurs sites informatiques donnent libre accès à leur bibliothèque ; on peut également accéder aux documents Ada 9X. Nous ne donnons que deux sites, accessibles par un **`ftp`** anonyme.

`wuarchive.wustl.edu` Site américain sous système UNIX qui possède une copie de l'officiel *Ada repository*, un ensemble important de composants Ada dénommé PAL (*Public Ada Library*). Les composants sont classés par thèmes ou par origines de fabrication ; de nombreux fichiers explicatifs facilitent la recherche.

`cnam.cnam.fr` Site parisien qui offre ses propres composants (interface avec le système UNIX, *Paradise*), qui détient une copie de tous les derniers documents sur le projet Ada 9X, et une copie du *Ada repository*. On peut également y acquérir AdaEd, un interpréteur Ada écrit en C, et la liaison écrite par *Rational* pour la bibliothèque *Xlib* .

`ftp.cs.fsu.edu` Site américain qui propose les composants PART (*POSIX Ada-RunTime system library)* pour l'interface avec la norme POSIX.

Index

ACHEVÉ D'IMPRIMER
EN JUILLET 1994
PAR L'IMPRIMERIE LOUIS-JEAN
05003 GAP
N° d'éditeur : 896
Dépôt légal : 517 – JUILLET 1994
IMPRIMÉ EN FRANCE